혜환 이용휴 산문 전집

下

The Complete Prose of Hyehwan

옮긴이 조남권(趙南權, Cho Nam Kwon)은 1928년 충남 부여 출생으로 1989년 온지서당(溫知書堂)을 개설, 후학들에게 한적(漢籍) 강독을 실시하면서 한적의 국역 사업을 지속해 오고 있다. 1995년 3월 이래 한서대학교 부설 동양고전연구소 소장으로 재직중이며, 2005년 7월 이래 사단법인 온지학회 이사장으로 있다. 저서로는 『조용문선생집(趙龍門先生集)』, 『양심당집(養心堂集)』, 『역주악기(樂記)』(공역), 『한국 고전 비평론 자료집』 1~3권(공역), 『김택영의 조선시대사 韓史綮』(공역), 『혜환 이용휴 시전집』(공역), 『송구봉시전집』(공역), 『오언당음(五言唐音)』(공역), 『칠언당음(七言唐音)』(공역), 『중국화론(中國畫論)』 1~3권(공역) 등이 있다.

옮긴이 박동욱(朴東昱, Pak Dong Wuk)은 1970년 서울 출생으로 한양대 국문과를 졸업하고 성균관대에서 박사학위를 받았다. 현재 한서대 부설 동양고전연구소 연구원으로 있다. 2001년 『라쁠륨』 가을호에 현대시로 등단하였다. 저서로는 『혜환 이용휴 시전집』(공역), 『살아있는 한자교과서』(공저), 『19세기 조선 지식인의 생각 창고』(공역) 등이 있다.

한서대학교 부설 동양고전연구소 국역총서 21

혜환 이용휴 산문 전집(下)

1판 1쇄 인쇄 2007년 10월 01일
1판 1쇄 발행 2007년 10월 10일

지은이 / 신지연
펴낸이 / 박성모
펴낸곳 / 소명출판
출판고문 / 김호영
등록 / 제13-522호
주소 / 137-878 서울시 서초구 서초동 1621-18 (란빌딩 1층)
대표전화 / (02) 585-7840
팩시밀리 / (02) 585-7848
somyong@korea.com / www.somyong.co.kr

값 23,000원

ISBN 978-89-5626-259-8 04810
ISBN 978-89-5626-257-4 (전2권)

THE COMPLETE PROSE OF HYEHWAN

혜환 이용휴 산문전집

下

이용휴 지음 | 조남권 · 박동욱 옮김

소명출판

◆ 일러두기

1. 필자가 편의상, 본편 1, 본편 2, 부록 1, 부록 2, 부록 3, 부록 4로 나누었다.
2. 본편 1－『惠寰雜著』 6, 7, 8권을 번역하였다.
3. 본편 2－『惠寰雜著』 9, 10, 11, 12권을 번역하였다.
4. 본편 1, 2는 모두 『탄만집(歎數集)』에 소재한 글과 교감하였다.
5. 부록 1－『惠寰雜著』 이외에 소재한 작품들을 모아 번역하였다.
6. 부록 2－『惠寰公札』에 실려 있는 10통의 편지를 번역하였다.
7. 부록 3－혜환 주변 문인들이 남긴 詩文 중에 혜환과 관련된 글들을 모아 번역하였다.
8. 부록 4－후대인들이 남긴 혜환의 평가 부분들을 수록하였다.
9. 서명은 『 』, 편명 · 작품명은 「 」, 인용문은 " ", 강조는 ' ', 한글 표기와 한자 표기 병행 시 음가가 다른 경우는 [ ]를 약물로 표시했다.
10. 번역은 직역을 원칙으로 하되, 의미가 분명히 드러나지 않을 경우에는 주석을 달고 의역하였다.
11. 번역문의 중요한 한자는 한글과 병기하여 표기하였다.
12. 동일한 인명(人名)이나 내용이 반복해서 나올 경우, 처음 한 번만 각주로 달았다.
13. 인명과 서명등 주요 항목을 쉽게 검색할 수 있도록 색인을 부록으로 붙였다.
14. '[缺]'은 원본의 두식(蠹蝕)으로 인하여 판독 불가한 글자를 뜻한다.

역자 서문

우리나라 한문학계 선대(先代)의 문인(文人) 중에서 가장 기발(奇拔)하고 난해(難解)한 글을 쓴 작가는 아마 '혜환(惠寰) 이용휴(李用休)이다'라고 해도 틀린 말은 아닐 것 같다. 선인들의 글에 공의 글을 연암(燕巖) 박지원(朴趾源)과 병칭한 것이 전혀 지나치지 않다고 느껴진다. 그러나 문장이 기발한 면에 있어서는 공이 연암보다 더하지 않은가 하는 생각이 들기도 한다. 공의 정신세계는 물론 유가정신(儒家精神)이 주를 이루고 있다. 그리고 유가는 글을 쓸 적에도 '언사(言辭)는 의사(意思)를 전달할 따름'이라는 가르침을 본령(本領)으로 삼는 것이 통례(通例)이다. 그런데 공에 있어서는 사뭇 달랐다. 그의 문장은 난해한 기문(奇文)으로 유명한 장자(莊子) 못지 않은 필치를 거침없이 구사하고 있다고 느껴졌다. 그는 거침없이 썼지마는 후세에 보는 사람은 난해하기만 하다.

공이 보여주는 교유의 폭은 넓고도 다채롭다. 때로는 사단(詞壇)의 중진이나 신예를 막론하고 교유하였으며, 사대부에서부터 중인층에 이르기까지 폭넓게 교유하였다. 어떤 이는 문인이었고 또 다른 이들은 예술가나 여행가, 의원에 이르기까지 다양했다. 그가 가진 사고의 유연성은 이러한 넓고 깊은 교유의 폭을 가지게 했다. 나이와 지위 또는 직업에 구애받지 않고 망년(忘年)·망형(忘形)의 다양한 교유를 통하여 그 자신도 종합적인 발전을 이루었으며, 교유했던 인물들에게도 많은 영향을 끼쳤다. 공은 학문에 있어서도 유학(儒學)뿐 아니라 불교(佛敎)와 도교(道敎)까지도 무관하지 않아 널리 섭렵하고 이해한 흔적이 보인다.

지난번에 필자는 박군과 함께 『혜환 이용휴 시전집』을 국역하여 펴낸 바 있다. 그 서문에서 필자는 '박군은 진일보하여 공의 산문유고(散文遺稿)인 『탄만집(㠪數集)』 국역에 착수하여 매진하고 있는 중이니 오래지 않아 또 완역의 개가를 올리게 될 것'이라 소개한 적이 있었다. 그 날이 바로 4년이 지난 오늘이 되었으니, 서창(書窓)의 세월은 4년이 4일이다.

여기서 먼저 말하고 싶은 것은 박군의 이에 대한 열정(熱情)이다. 혜환의 글은 종합하여 정리된 것이 하나도 없었다. 책 이름도 혜환집(惠寰集) 또는 탄만집(㠪數集) 등 다른 이름으로 흩어져 있을 뿐 아니라, 그에 대한 여러 인사들의 논평은 더욱이 그의 교유 관계를 일일이 추적하여 찾아내야만 했다. 그런데 박군은 자신이 하는 과업(課業)에도 없는 짬을 내어 여러 곳을 뒤져서 빠뜨림 없이 이를 찾아내어 정리하였으니, 박군이 아니라면, 또 그가 혜환의 문학에 심취(心醉)한 학도가 아니라면 생각조차 할 수 없는 일이다.

그 다음으로는 국역(國譯) 과정(過程)인데, 그의 시를 번역할 때에도 겪은 고생이었지만 이번에는 그 고생이 더 많았다고 할 수 있다. 옛 이야기에 '육경(六經)에는 떡고자[餻字]가 없기 때문에 고자운(餻字韻)의 시를 짓지 못했다'는 것은 혜환에게는 통하지 않는 말만 같았다. 어디에서 끌어 쓴 단어인지 아무리 찾아도 출처를 알 수 없는 단어들이 항다반사(恒茶飯事)로 많이 나왔는데, 달리 생각하면 혜환이 쓴 것이 근거가 없는 것이 아니라, 우리가 그것을 알지 못하는 것인지도 모를 일이다. 여하튼 이렇게 난삽(難澁)한 단어들을 그래도 많이 찾아낼 수 있었던 것 또한 박군의 컴퓨터 실력에 의존함이 많았다는 것을 밝힌다. 필자야 박군과 매주 한 시간씩 하는 강독에 참여했고 한 차례의 교정을 보기는 했으나 그밖에는 이따금 그의 질문에만 응했을 뿐이었는데 이제 이만한 성과를 보이게 되었으니 다시 박군의 정열과 노고에 칭찬을 아끼지 않는 바이다.

이번 작업에도 많은 분들의 도움이 적지 않았다. 먼저 여러 면에서 자문에 응해 주고 도움을 주신 한양대학교 덕산(德山) 정민(鄭珉) 교수에게 감사를 드린다. 그리고 지금도 우리 연구소의 고전 강독에 참여하고 있는 박은정(朴恩正) 박사가 마치 자신의 원고처럼 꼼꼼히 여러 번의 교정을 도와주었음에 감사하며, 출판계의 사정이 여러모로 어려운 이때인데, 지난번의 시집에 이어 이번에도 출간을 흔쾌히 수락한 소명출판의 박성모 사장과 그 직원 모두에게 감사함을 전한다.

끝으로 박군은 혜환의 학맥을 찾아 그의 제자인 이우상(李虞裳)의 시고(詩稿)를 연찬(硏鑽)했고 지금은 그 아들인 금대(錦帶) 이가환(李家煥)의 유고(遺稿)를 읽고 있으니 오래지 않아 속속 발간될 것임을 기다리면서 이 글을 맺는다.

2007년 7월

한서대학교 부설 동양고전연구소

소장 趙南權

해제

첨신(尖新)과 각오(覺悟)의 산문 미학

1.

혜환(惠寰) 이용휴(李用休, 1708~1782)는 18세기 문단의 문제적 인물이다. 18세기 문단은 무엇보다도 변화를 갈망하였다. 익숙함과 전범(典範)을 벗어나려는 다양한 실험이 시도되었다. 최신의 중국 서적들이 수입되었고, 많은 명말청초(明末淸初)의 사조들이 유행하였다. 또, 주목할 문인(文人)이 등장했고 문학적 실험도 빈번했다.

혜환 이용휴는 이러한 변화의 중심에 있었다. 그는 당대 문단의 핵심 인물이었다. 그의 제자들로는 뛰어난 중인(中人)들이 포진해 있었고, 그가 교유하던 문인들 역시 남인문단(南人文壇)의 중요 인물이었다. 그의 작품들은 내밀하게 그들에게 영향을 주면서 당대 문단의 향방을 주도해 나갔다. 그가 가진 폭발력이 바로 여기에 있었다.

당대인의 혜환에 대한 기록을 통해서도 그의 위상(位相)은 쉽게 짐작

할 수 있다. 그에 대한 기록은 주로 만시(挽詩)와 시화(詩話)에 많이 남아 있다. 먼저 정약용(丁若鏞)의 『여유당전서(與猶堂全書)』에 있는 혜환의 아들 이가환(李家煥)의 묘지명인 「정헌묘지명(貞軒墓誌銘)」을 살펴보자.

> 이분[李沉]이 휘(諱) 용휴(用休)를 낳았는데 이미 진사(進士)가 되고는 다시는 과거 시험장에 출입하지 않았다. 온전히 문사(文詞)에만 열중하여 우리나라의 속됨을 씻어내고 힘써 중국을 좇으니 그의 글은 기굴(奇崛)하고 신교(新巧)하여 요컨대 전겸익과 원굉도의 아래에 있지 않았다. 자호(自號)하기를 혜환거사(惠寰居士)라 했으니 원릉(元陵) 말년(末年)에 명성이 당대에 으뜸이었다. 무릇 연마하여 스스로 새롭게 하려는 사람들은 모두 문장을 배우려고 찾아왔다. 몸은 포의(布衣)의 반열에 있으면서도 손으로 문원의 저울대[權]를 잡은 것이 30여 년이었으니 예로부터 있지 않았던 일이다. 그러나 우리나라 선배들의 글에 있는 흠을 도려냄이 매우 심해서 이 때문에 속류(俗流)들이 그를 원망했다.[1)]

이 글은 혜환에 대한 평가로 가장 잘 알려져 있는 글 중의 하나인데, 그에 대해 간략하지만 흥미로운 몇 가지 사실을 제시해 준다. 첫째, 그가 중국문학에 경도 되었다는 사실이다. 둘째, 그의 글이 기굴(奇崛)하고 신교(新巧)하다는 점이다. 셋째, 남인, 소북 문인들과 교유하며 문단의 향배를 주도해 갔다는 것이다. 그리고 끝으로는 지나친 문학적 실험으로 비난의 중심에 있었던 점을 들 수 있다. 이런 몇 개의 키워드를 통해 그의 당대 문학적 위치를 추적해 본다.

첫째, 그가 중국문학에 경도되었다는 사실에 대해 살펴보자. 여기서 문면 그대로 우리 것을 배척하고 중국의 것만을 일방적으로 수용한 것으로 판단해서는 곤란하다. 그는 중국의 최신 서적을 탐독하고 자신의

1) 是生諱用休, 旣爲進士, 不復入科場. 專心攻文詞, 淘洗東俚, 力追華夏, 其爲文奇崛新巧, 要不在錢虞山袁石公之下. 自號曰惠寰居士, 當元陵末年, 名冠一代. 凡欲琢磨以自新者, 咸就斧正. 身居布衣之列, 手操文苑之權者三十餘年, 自古以來未之有也. 然抉剔邦人先輩文字之瑕太甚, 以故俗流怨之.

문학 작품에 반영 또는 발전적 변용을 꾀했다. 혜환의 문학적 궤적을 탐색하는데 중국문학의 독서나 수용 관계를 살피는 것은 유의미한 작업이다.

둘째는 기굴(奇崛)하고 신교(新巧)하다는 평이다. 대가(大家)의 평이 아니더라도 그의 문학이 기이하고 독특함은 충분히 알 수 있다. 시는 산문처럼 쓰고 산문은 시처럼 썼으며, 형식에 내용이 압도당하지 않았다. 어떤 작품들은 지금의 관점에서도 매우 파격적이다. 보통 혜환은 가장 진보적인 문인 군(群)에 자리 매김 된다. 그에 대한 기이하고 참신하다는 평가는 양면성이 있다. 이러한 평가는 그에게 비난과 명예를 함께 가져다주었다. 그를 반대하는 문인들에게는 비난의 공적(公敵)이 되었고, 그를 따르는 문인에게는 진보의 선성(先聲)이 되었다. 유만주(兪晩柱)는 『흠영(欽英)』에서 이 기이함의 실체에 대해서 이렇게 말하고 있다.

> 혜환의 시 백여 편은 시축으로 만들어 봄이 마땅하다. 이 사람의 문장은 매우 괴이해서 문장에서는 지(之)나 이(而)와 같은 글자를 구사하지 않으나, 시에서는 지(之)나 이(而)와 같은 글자를 전혀 피하지 않으니 결단코 다른 사람들하고는 다를 것을 요구하고 있다. 이것은 진실로 하나의 병통이기는 하나, 또 하나의 기이한 점이기도 했다. 혜환의 장서는 매우 많아서 소유한 것이 모두 기이한 문장과 특이한 서책으로 평범한 것은 한 질도 없었으니, 대개 그의 기이함은 참으로 천성에서 나온 것이었다.[2]

유만주 또한 혜환의 독특한 일면을 지적한 셈이다. 내용은 언급하지 않았지만 일단 형식만으로도 대단히 파격적이란 평가를 내리고 있다. 그 파격의 근저에는 색다른 독서 이력(履歷)이 있었음도 지적했다. 그의 문학적 도정(道程)을 추적하기 위해서는 그의 독서 이력에 대해서 면밀

---

2) 제17책, 甲辰(1784)年 正月 十三日條 : 惠寰詩百餘篇, 當以軸覽. 此人文章極怪, 於文則全不使之而字, 而於詩則全不避之而字, 決要殊異於衆, 此固一病而亦一奇也. 惠寰藏書頗富, 而所有皆奇文異冊, 無平常者一秩, 蓋其奇實天性也.

한 검토가 필요하다. 그의 독서의 파격성은 사유의 파격성과 연결되어 있기 때문이다.

셋째, 남인, 소북 문인들과 교유하며 문단의 향배를 주도해 나갔다는 점이다. 이 점은 이언진(李彦瑱)을 위시하여 한 일군의 중인 문인들에게 많은 영향을 끼쳤다.[3] 그리고 직간접적으로 남인, 소북 문인들과 교유하며 문단의 향배를 주도해 나갔다. 또, 조선 제일의 천재로 꼽히는 아들 이가환(李家煥)과 여주 이씨(驪州李氏) 문인에 대한 영향력을 들지 않을 수 없다. 혜환은 이들과 6언시를 실험했으며,[4] 생지명(生誌銘[5])을 통해 서로의 존재를 확인했다. 그의 학문이나 문학이 뚜렷한 학맥(學脈)과 시맥(詩脈)으로 전달되지는 않지만, 그의 영향력이 여타 메이저급 작가에 전혀 뒤지지 않음은 쉽게 알 수 있다.

넷째, 과도한 문학적 실험으로 비난에 있었던 점이다. 그는 당대의 문인은 물론 후대 문인들에게 적지 않은 충격을 주었다. 거기에는 긍정적인 평가도 있지만 부정적인 평가도 적지 않았다. 그러한 부정적 평가의 이면에는 정치적인 고려도 있었던 것으로 보인다. 색목(色目)을 달리한 심노숭(沈魯崇, 1762~1837)의 평가를 보면 이러한 측면이 잘 드러난다.

> 서류(庶類)인 이덕무(李德懋)와 박제가(朴齊家)는 당대에 명성이 있었다. 선군[沈樂洙]께서는 그들이 지은 작품을 보시고 탄식하며 말하시길 "영조 말년에 이런 일종의 사음(邪淫)한 이용휴(李用休) 이봉환(李鳳煥) 같은 무리가 있

---

3) 유경종(柳慶種), 『해암별고(海巖別稿)』 「유감(有感)」. '기혜환(寄惠寰)'에 "명성이 아래로 여항까지 미쳐서, 이서(吏胥)의 무리들 열너덧 따랐네. 사람마다 범속함을 벗어났었고, 각자마다 의취를 품고 있었네[下逮閭巷間 吏胥十四五 種種脫凡陋 色色有意趣]"라고 했다.

4) 그의 6언시 창작과 관련된 흥미로운 기록이 있다. 유만주, 갑신(甲辰, 1784)년 5월 24일조. 237면에 "손님 중에 육언시를 잘 짓는 사람이 있어서 그 두세 편을 들어보니 이들도 혜환 이용휴와 송목관 이언진의 유파였다[客有善六言詩者, 聽其二三, 是亦惠寰松穆二李之流派也]"라고 나와 있다.

5) 정민, 「18세기 우정론의 맥락에서 본 이용휴의 생지명고(生誌銘攷)」, 『한국학논집』 34집, 한양대 한국학연구소, 2000.

었다. 이 무리들이(이덕무·박제가) 그들을 본받아 마침내 여기에 이르렀으니 그 풍기(風氣)를 볼 수 있다. 이 무리들은 말할 것도 없고 사대부의 자제들도 본받고 있으니 세도(世道)에 작은 걱정거리가 아니다.[6]

그가 문단에서 갖는 파급력에 주목했으며, 부정적인 감염력에 대해 우려했다. 위의 심노숭의 평가에서 언급된 인물 중 혜환은 가장 앞선 시기에 자리한다. 이덕무나 박제가는 모두 혜환과 연관이 있었다. 그렇다면 그가 18세기 문단 변화의 가장 핵심적이며 가장 선도적 위치를 점했다는 사실을 예측하기 어렵지 않다.

혜환의 산문은 편폭이 매우 짧다. 그렇지만 그 안에 담겨 있는 발상과 서사는 조선 후기 어떤 문인들과 비교해 보아도 손색이 없을 것이다. 편편마다 담겨 있는 전고(典故)나 높은 학적(學的) 수준은 그의 저술을 온전히 읽어 내는 것을 어렵게 한다. 그러나 지금의 독자들이 그의 산문을 몇 편만 읽어보더라도 시대를 뛰어넘는 독특한 문학적 성취를 느끼기에 부족함이 없으리라 생각된다.

2.

나를 어떻게 보는가의 문제는 대단히 중요하다. 실제로 이 문제는 타자(他者)와 세계를 어떻게 인식하고 있는가의 문제와 맞닿기 때문이다. 혜환의 시문에는 나에 대한 문제가 자주 등장한다. 이것을 통해서도 그

6) 『적선세가(積善世家)』 「선부군언행기(先府君言行記)」: 庶類李德懋·朴齊家有時名, 先君見其所爲, 歎曰: "英廟末有爲此一種邪淫, 如李用休·李鳳煥之徒. 此輩祖之, 遂至於此, 可以見風氣. 此輩無足言, 士大夫子弟款之, 非世道小憂也."

가 세계를 온전히 이해하기 위해 얼마나 각고의 노력을 기울였던가를 알 수 있다.

> "겨우 나의 한 쪽을 떠난다면 비록 옥황상제(玉皇上帝)의 쪽으로 향해 달려간다 하더라도 또한 옳지는 않다"고 한 것이 참으로 격언(格言)이다. 내가 능히 나를 지킨다면 사물도 능히 나를 옮길 수 없는 것이다. 그러므로 말하기를 "하늘이 정해준 운수가 있으니 사람이 하늘과 더불어 다툴 수가 없고, 사람에게는 정해진 이치가 있으니 하늘 또한 사람과 더불어 다툴 수가 없다"라고 하였다. 조화가 나를 재정(裁定)하는 데에 맡기니 나는 스스로 입명(立命)할 따름이다. 내가 유여(幼輿)의 최근 언동을 보니 자못 가학(家學)의 규모(規模)가 있어 매우 기쁘기에 이 글을 써서 주노라. 비록 그렇기는 하나 네가 이미 방향을 안다 이르지 말고 더욱더 면려할 지어다. 실을 삶아 물들이는 것[湅絲之涅]과 그윽한 집이 밝게 되는 것[幽室之亮]은 단지 한 번 물들이고 한 번 비추는 데에 있는 것이다.[7]

혜환은 집요하게 나에 대한 문제를 천착한다. 모든 문제의 핵심은 나이다. 처음에 인용된 격언은 출처를 알 수 없지만 매우 의미심장하다. 나를 버린다면 제 아무리 좋은 것이라도 의미가 없다는 뜻이다. 내가 변하면 모든 것을 바꿀 수 있다는 평범한 진리를 역설하고 있다. 그렇다면 가장 중요한 것은 나이다. 또, 하늘과 사람은 하나가 다른 하나를 구속할 수 없다는 말도 매우 상징적인 의미를 함의하고 있다. 여기에서는 절대성이나 전범(典範)에 대한 강한 부정을 엿볼 수 있다.

혜환은 끊임없이 참된 나를 찾기 위해 노력했으며, 절대성이나 전범에 대해서도 단호히 거부했다. 그것은 비단 삶의 자세 뿐 아니라, 문학

---

7) 『혜환잡저』 「서증종손유여진사(書贈從孫幼輿進士)」: "纔離我一邊, 雖走向玉皇上帝邊去, 亦不是者." 眞格言也. 我能守我, 物不能移. 故曰: "天有定數, 人不得與天爭, 人有定理, 天亦不得與人爭." 任造化裁我, 我惟自立命耳. 余觀幼輿近日言動, 頗有家學規模, 甚喜, 書此以贈. 雖然, 勿謂我已知方, 益加勉焉. 湅絲之涅, 幽室之亮, 只在一染一照.

에 대한 지향과도 관계가 있다. 끊임없이 참 문학을 실천하고 모색한 것은 이러한 참 자아 찾기와 연관되어 있다. 그렇다면 자아를 보는 새로운 시각이 그의 문학의 중요한 바탕이 되었음은 당연한 것이다.

혜환의 참 문학을 찾기 위한 노정(路程)은 자아 찾기와 매우 닮아 있다. 혜환 문학론의 중요한 특질은 크게 '전범의 부정'과 '자기 목소리 내기'라는 두 가지로 정리할 수 있다. 그는 전범에 대해서 익숙해지기를 거부한다. 「이화국유초서(李華國遺草序)」에서는 당시(唐詩)만을 도습하는 문단에 대해 비판했고, 「제송원시초(題宋元詩鈔)」에서는 당송시(唐宋詩)만을 높이는 풍조에 반하여, 원시(元詩)의 가치를 재고(再考)하였다. 또 「제족손광국시권(題族孫光國詩卷)」에서는 "옛날에는 옛것에 합치되는 것을 취해 묘(妙)하다고 하였으나, 이제는 옛것을 벗어나는 것을 취하여 신묘하게 여기는 것이다[昔取合古爲妙, 今取離古爲神]"라고 말했다. 정민 교수는 「18세기 지식인의 자의식 변모와 그 방향성」[8]이란 글에서 18세기 지식인들에게 보이는 새로운 가치관의 변화로 '옛날'과 '저기'에서 '지금'과 '여기'에 대한 관심으로의 전환을 들고 있다. 혜환은 이러한 변화의 최전선에 위치한다. 그는 같아지려는 사고에서 달라지려는 사고로 전환했을 뿐만 아니라 중국문학에 대한 흉내가 아닌 바로 우리의 문학을 하려고 애썼다.

그는 이러한 전범의 부정을 통해 자기의 목소리를 내고자 한 것이다. 「송목관집서(松穆館集序)」에서는 "從己起見"을, 「괴곡유고서(槐谷遺稿序)」에서는 "信己師心"을 강조했다. 여기에서도 가장 중요한 가치는 역시 바로 자신[己]이다. 혜환은 "모의해서 지은 시가 어찌 시인가[模擬爲詩豈是詩]?"[9]라는 극단적인 표현도 서슴지 않는다. 내 목소리를 내지 않고

8) 이 논문은 2005.4.14.~16, 미국 컬럼비아 대학에서 개최된 조선 후기 문화 이미지를 주제로 한 컨퍼런스에서 "Representation of the Self in Paratextual Space : New discourses of 'Self' among Korean literati in the Eighteenth century"란 제목으로 발표한 영문 원고이다.

9) 『혜환거사시집』 「聞德順 與幼選 談詩 老人 動觀獵之喜 作近體詩 寄德順 兼示幼選」.

남을 흉내 낸 시는 시가 아니라는 말이다.

> 나와 남을 마주 놓고 보면, 나는 친하고 남은 소원하다. 나와 사물을 마주 놓고 보면 나는 귀하고 사물은 천하다. 그런데도 세상에서는 도리어 친한 것이 소원한 것의 명령을 듣고, 귀한 것이 천한 것에게 부림을 당하는 것은 어째서인가? 욕망이 그 밝은 것을 가리고, 습관이 참됨을 어지럽히기 때문이다. 이에 좋아하고 미워하며 기뻐하고 성냄과 행하고 멈추며 굽어보고 우러러봄이 모두 남을 따라서만 하고 스스로 주체적으로 하지 못하는 바가 있기 때문이다. 심한 경우에는 말하고 웃는 것이나 얼굴 표정까지도 저들의 노리갯감으로 바치며, 정신(精神)과 의사(意思)와 땀구멍과 뼈마디 하나도 나에게 속한 것이 없게 되니, 부끄러운 일이다. (…중략…)
>
> 처사(處士)가 또 동산에서 목재를 가져다 작은 암자 한 채를 짓고 편액을 달기를 아암(我菴 : 나의 집)이라고 했으니, 사람이 날마다 하는 행위가 모두 나에게 연유한다는 것을 보인 것이다. 저 일체의 영화(榮華)·세리(勢利)·부귀(富貴)·공명(功名)은 나의 천륜(天倫)을 단란하게 즐김과 본업(本業)에 갖은 힘을 다 쓰는 것과 견주어 외적인 것으로 여겼다. 단지 외적인 것으로 여길 뿐만이 아니었으니, 처사는 선택할 바를 안 것이다. 훗날 내가 처사(處士)를 찾아가 함께 암자 앞 늙은 나무 밑에 앉게 되면 마땅히 다시 "남과 나는 평등하며 만물은 일체이다"라는 뜻을 이야기 나눌 것이다.[10]

혜환의 대표적인 글로 익히 알려져 있는 이 글은 짧지만 도발적이기까지 하다. 이건 단지 흔한 기문(記文)에 불과한가? 그렇지 않다. 여기에는 혜환의 의식이 지향하는 바는 물론이거니와 문학이 지향하는 바도 담보하고 있다. 아(我)와 타(他), 주(主)와 객(客)에 관한 문제는 인식론에서

---

10) 『혜환잡저』「아암기(我菴記)」: 我對人, 我親而人疎, 我對物, 我貴而物賤. 世反以親者聽於疎者, 貴者役於賤者何? 欲蔽其明, 習汩其眞也. 於是有好惡喜怒, 行止俯仰, 皆有所隨而不能自主者. 甚或言笑面貌, 以供彼之玩戲, 而精神意思, 毛孔骨節, 無一屬我者, 可恥也已. (…중략…) 處士又取材於園, 結一小菴顔之曰我, 示人之日用事爲皆由己也. 彼一切榮華勢利富貴功名, 以較我之天倫團歡·戮力本業外之. 不啻外也, 處士知所擇矣. 他日我訪處士, 共坐菴前老樹之下, 當更講人我平等, 萬物一體之旨矣.

매우 중요한 문제이다. 혜환이 강조하는 것은 물론 아(我)와 주(主)이다. 사람들은 끊임없이 자신을 찾는다고 하면서도, 그 답을 외부에서만 찾는다. 결과적으로 참 나와의 거리는 점점 멀어지게 된다. 그렇다면 나란 있는가? 남에게 보이기 위한 나, 남과 같아지기 위한 나만 존재할 뿐이니 결국 나라고 믿는 것은 남처럼 낯설게 된다. 나를 찾는 또 다른 시도들도 존재한다. 무작정 남과 달라지려고만 노력하는 것이 그것이다. 그러나 이러한 시도는 남과 달라질지는 모르겠으나 참된 나와도 역시 멀어지게 된다. 혜환은 삶에서 참 주인이 되기를 역설한다. 남의 집이 아닌 자신의 집을 짓기를 꿈꾼다. 이 글에서 말하는 아암(我菴)이란 남의 집에 세 들어 살고 있으면서도, 자신의 집을 가꾼 듯이 착각한 사람들에 대한 통렬한 조소이다. 자신의 집을 짓고 자신의 집에서 살기 위해서는 무엇보다 자아에 대한 각성이 필요하다. 내가 나이기 위해서는 참된 나를 인식하고 각성해야 한다. 자아의 각성은 세계에 대한 도전이다. 이러한 자아의 각성을 통해야 비로소 개성적인 시각이 생겨날 수 있다.

혜환의 독특한 문학 세계는 모든 전범을 부정하고, 끊임없이 자신의 집을 짓고자 한 시도였다. 참된 자아를 찾기 위한 이러한 흔적들은 문집 여기저기에서 많이 볼 수 있다. 이러한 관점과 무관하지 않은 글 한 편을 더 살펴보자.

옛날 나의 초심(初心)은	昔我之初,
천리(天理)가 순수했도다.	純然天理.
지각이 생겨나면서	逮其有知,
(천리를) 해치는 것 어지럽게 일어났도다.	害者紛起.
식견이 해가 되었고,	見識爲害,
재능도 해가 되어서	才能爲害.
습관으로 된 맘과 익혀진 일이	習心習事,
얽혀서는 풀 길이 없게 되었네.	輾轉難解.

또 다른 사람 받들기를　　復奉別人,
아무 어른, 아무 공하며,　　某氏某公.
무겁게 높여 대면서　　援引藉重,
멍청이들 혼을 쏙 뺐지.　　以驚群蒙.
옛날 나를 이미 잃어버리자　　故我旣失,
참된 나도 다시금 숨어버렸네.　　眞我又隱.
일 꾸미기 좋아하는 자들　　有用事者,
내가 돌아오지 못한 틈을 탔다네.　　乘我未返.
오래 떠나서 가고픈 맘 생기니　　久離思歸,
꿈 깨자 해 떠 있는 것 같도다.　　夢覺日出.
훌쩍 몸을 돌이켜 보니,　　翻然轉身,
이미 집에 돌아와 있도다.　　已還于室.
광경은 다를 것 없다지만,　　光景依舊,
몸 기운은 맑고도 화평했도다.　　體氣淸平.
차꼬와 형틀에서 벗어나니　　發錮脫機,
오늘은 살아난 것 같구나.　　今日如生.
눈은 더 밝아지지 않았고,　　目不加明,
귀도 더 밝아지지 않아　　耳不加聰.
하늘이 준 눈, 귀의 밝음이　　天明天聰,
옛날과 같아졌을 뿐이라네.　　只與故同.
많은 성인 그림자처럼 지났으니,　　千聖過影,
나는 나로 돌아감만 구하리.　　我求還我.
어린애나 어른이나　　赤子大人,
그 마음은 한결같은 것이니　　其心一也.
도리어 신기한 것 없으면　　還無新奇,
딴 생각으로 달리기 쉽네.　　別念易馳.
만약에 다시 그 자리를 떠나면　　若復離次,
영원토록 돌아올 기약 없으리라.　　永無還期.
향 사르고 머리 조아리며　　焚香稽首,
신과 하늘에게 맹서 하노니,　　盟神誓天.

"이 한 몸 다 마치도록	庶幾終身,
나와 더불어 주선하리라."11)	與我周旋.

이 글은 신득령(申得寧)에게 써 준 글이다. 그는 신의측(申矣測)으로 추정된다. 그는 자가 하사(何思)이고, 또 다른 자는 환아(還我)이다. 이용휴의 아들인 이가환은 그를 위해 「환아소전(還我小傳)」, 「신의측국화연명(申矣測菊花硯銘)」 등을 지어 주었다. 제목이 "나로 돌아가는 잠언"이다. 제목부터 예사롭지 않다. 이탁오의 「동심설(童心說)」과 매우 유사하다. 「환아잠(還我箴)」에서 말하는 천리(天理), 진아(眞我)가 「동심설(童心說)」에서는 동심(童心), 진심(眞心)과 동일한 개념으로 사용되고 있다. 그뿐 아니라 「환아잠(還我箴)」에서 견식(見識)이나 재능(才能)이 진아(眞我)에 해가 된다는 언급과, 「동심설(童心說)」에서 견문(見聞)과 도리(道理)가 동심을 잃게 된다고 보는 견해가 너무도 흡사함을 확인할 수 있다.

나를 찾아가는 길은 무엇인가? 애초에 없었던 나를 찾아가는 길이 아니라, 원래 있던 나에게로 돌아가는 길이다. 그러니까, 나를 나이게 하지 못하는 일체의 것들과의 단절을 의미한다. 여기에는 견식(見識), 재능(才能), 타성에 젖은 일체의 것들, 대가(大家)들의 명성(名聲)에 기대어 호가호위(狐假虎威)하는 일 등이 포함된다. 끊임없이 남들을 추수(追隨)해 보지만 공허하기만 하다. 그것들과 같아지려는 노력은 결국 그것들의 아류가 되려는 노력에 다름 아니다. 결국 답은 나에게 있는 법이다. 성인들도 결국 죽었으니 모든 전범(典範) 역시 무의미하다. 전범을 무작정 답습해 본다고 성인이 될 수 있는 것은 아니지 않는가. 그렇다면 먼 길을 나서서 답을 찾을 필요가 없다. 나에게 돌아가야 한다. 나에게로 돌아가야 나도 성인이 될 수 있다. 그렇다면 나를 찾는 방법에는 무엇이 있을까? 다음 글에서 그러한 방법에 대한 약간의 답을 얻을 수 있다.

11) 『혜환잡저』 「환아잠(還我箴)」.

바람이 동쪽으로 불면 함께 동쪽으로 가고 바람이 서쪽으로 불면 함께 서쪽으로 가서 세상이 쏠리듯이 한다. 싫어하여 피하려고 할진대 거닐면 그림자가 따르고 부르짖으면 메아리가 따르니 이것은 또 나에게 있는 것으로 어떻게 피할 수가 있겠는가? 그럼 장차 묵묵히 앉아서 자신의 한 평생을 마칠 것인가? 이런 이치는 없다. 또 어찌 상고 시대(上古時代)의 의관을 갖추어 입고 중화의 언어를 아니하는가? 당시의 제도를 따르고 나라의 풍속을 따라서이다. 이는 뭇별이 하늘을 따르고 모든 하천이 땅을 따르는 뜻이다. 비록 그러나 또한 조화를 따르지 아니하고 스스로 성명을 세우는 자가 있다. 천하 사람들이 주나라를 높이는데도 백이, 숙제는 부끄럽게 여겼고, 온갖 풀이 가을이면 시들어 떨어지는데도 송백은 푸른 것이 이것이다. 아! 우는 하상(下裳)을 풀었고, 공자는 엽각[獵較]을 따르셨으니 대동(大同)한 것은 어길 수가 없었던 것이다. 그렇다면 오직 대중을 따라야 할 것인가? 아니다. 이치를 따라야 한다. 이치는 어디에 있는가? 마음에 있다. 모든 일은 반드시 마음에 물어야 한다. 마음이 편안하면 이치가 허락하는 것이니 그것을 행하고, 불안하면 허락하지 않는 것이니 그것을 그만두어야 한다. 이와 같이 하면 따르는 것이 바르게 되어, 스스로 하늘의 법칙에 합치 될 것이니 한결같이 마음을 따르면 기수(氣數)와 귀신(鬼神)이 모두 따르게 될 것이다.[12]

이 글은 시속에 대응하는 혜환의 유연한 사고를 잘 보여주고 있다. 시속(時俗)을 무작정 배척해서도, 또 무작정 수용해서도 안 된다. 그러니 시속이란 상황에 따라 결정할 문제이지 그것이 하나의 도그마(Dogma)가 되어서는 곤란하다. 문학도 마찬가지이다. 무조건 당대의 조류에 따르거나 무조건 옛것만을 따르는 것은 곤란하다. 그가 보여주는 문학의 노정(路程)도 이것과 궤를 같이한다. 혜환은 일방적으로 복고(復古)나 전위

---

12) 『혜환잡저』 「수려기(隨廬記)」: 風東與東, 風西與西, 世靡然矣, 惡而欲避之? 行而影隨, 呼而響隨, 是又在我, 何以得避? 其將默坐以終己耶? 无是理焉, 且何不上古衣冠中華言語? 隨時制也, 隨國俗也. 此衆星隨天, 萬川隨地之義. 雖然, 亦有不隨造化, 自立性命者, 天下宗周而夷齊耻, 百卉零秋而松栢青是也. 噫! 禹解下裳, 孔從獵較, 大同處, 不可違也. 然則惟從衆歟否. 當從理. 理何在? 在心. 凡事必問之心, 心安則理所許也爲之, 不安則所不許也已之. 如是則所隨者正, 而自合天則, 壹隨心而氣數鬼神, 皆隨之矣.

(前衛)를 주장하지는 않았다. 논자들 중에 단순히 그의 어떤 일면에만 집중하여 공안파의 영향에 대해 말하기도 하지만, 혜환은 복고와 전위의 미묘한 지점에 위치해 있다. 여기에 왕세정의 영향이 있지 않았을까 조심스레 짐작해 본다. 명말 청초의 일련의 문학 운동을 '진보' 대(對) '퇴보' 내지는 '복고' 대(對) '반복고'의 대립으로 보기도 한다. 그러나 최근에는 두 유파 사이의 동근성(同根性)에 대해서도 주목하고 있다.[13] 지금처럼 복고(復古)를 첨신(尖新)의 대척점(對蹠點)에 놓고 이해한다면 해명되지 않을 영역이 존재하며, 그러한 부분의 해명이 혜환 문학의 이해에 중요한 키워드가 될 것이다. 그래서 그의 글들은 혼란스럽다. 무조건 기(奇)하다고 생각하고 읽어가다 보면, 어느 글은 그저 평담(平淡)하기도 하다. 또 변격(變格)이라 생각할 만하면 느닷없이 정격(正格)으로 당황스럽게 만든다. 그 편폭이 너무 커서 혼란스럽다.

3.

주체가 확립되면 구진(求眞)을 지향하게 된다. 구진(求眞)이란 말 그대로 참됨을 추구한다는 말이다. 무엇이 참된 것인가? 지금 참되다고 믿는 것은 과연 그러한가? 구진(求眞)에서는 이러한 일련의 물음들이 매우 의미 있다. 또, 구진(求眞)을 추구하기 위해서는 개방적이고 다양한 시각이 필요하며, 타자나 가치에 대한 열린 사고가 요구됨은 물론이다.

혜환의 글에는 변증(辨證)・고증(考證)하는 글들이 적지 않다. 그는 어떤 사실이나 현상에 대해서 끊임없이 회의하고 재고(再考)한다. 그래서

13) 이기면, 「전후칠자(前後七子)와 공안파(公安派)의 동근성(同根性)연구」, 『중국어문논총(中國語文論叢)』 제9호, 중국어문연구회, 1995.

그의 글들에는 다양한 가치가 공존하고 있다. 그는 열린 사고방식의 소유자로, 단단하고 견고한 가치에 대해서도 전복을 시도했다. 그래서 그의 글에는 세상의 비의(秘意)를 깨달은 자의 인식이 드러난다.

> 무술년(戊戌年) 봄, 두미호(斗尾湖)에 용이 있어 때때로 출현한다고 전하는 사람이 있으므로 서울 사람 중에는 역시 소문을 듣고 가본 사람도 있었다. 뒤에 두미호에 거주하는 사람에게 물어보니 거짓말이었다. 그 해 겨울에는 얼음이 얼지 않았으니, 어떤 사람은 지난 무술년 겨울에도 그러하였다고 하고, 다른 사람은 그렇지 않았다고도 했다. (거리상으로) 가깝기로는 50리요, (시간상으로) 멀기로는 겨우 60년밖에 안 되는데도 (이처럼) 믿기 어려운데 하물며 외국과 전 세대에 있었던 일이랴? 그러므로 (맹자에서) "서경을 다 믿는다면 서경이 없는 것만도 못하다"라고 말씀 하신 것이다.14)

세상에 기이하다고 알려진 것은 무수히 많다. 그러나 그 기이한 것들 중에 진짜로 기이한 것은 얼마나 될까? 실제는 없으나, 소문과 추측이 또 다른 실제를 만든다. 사람들은 그 부풀려진 이야기들을 별 저항 없이 받아들인다. 혜환은 두미호에 출몰한 용 이야기를 통해 무엇을 말하려는 건가? 옛날은 그랬다더라 하는 것 중에 옛날과 같은 것은 얼마나 될 것이며, 옛날에 살 수 없는 우리가 확인할 수 있는 것은 얼마나 될 것인가? 사람들은 평범하고 일상적인 것에는 관심이 없다. 그런 일상에 대한 나른함과 권태로움이 신화(神話)와 우상(偶像)을 만든다. 그것이 진실을 호도하고 억압의 기제로 작용하기도 한다. 그렇다면 옛날의 것이라고 무조건 따르기만 해서는 곤란할 것이다. 철저히 따져 보고 검증해야 한다. 이런 맥락에 있는 또 다른 글 한 편을 더 살펴보자.

---

14) 『혜환잡저』「우기(偶記)」: 戊戌春, 有傳斗尾湖有龍, 時時出見. 京中人, 亦有聞而往者. 後問于湖人, 則訛言也. 其 冬无氷, 或言, 往戊戌冬, 亦然, 或言, 不然. 近爲五十里, 而遠纔六十年者, 亦難憑信, 矧事在外國前代者乎? 故曰: "盡信書, 不如無書."

예로부터 "대유령(大庾嶺) 위의 매화는 남쪽 가지가 지면 북쪽 가지가 곧 핀다"라고 했다. 나는 오령(五嶺)이 모두 남방에 있는데 유독 유령(庾嶺)만이 그러한가라고 의심하였다. 후에 『지지(地志)』를 보니 "매현(梅鋗)이 정수(湞水)가에서 살았는데 오예(吳芮)를 종군해서 공이 있었으니 매령(梅嶺)은 곧 그의 봉지였다. 후에 현(鋗)의 장수 유승(庾勝) 형제를 거느리고 가 군수로 있어서 또 대유령이라 이름을 한 것이지, 고개 위에 매화가 있는 것을 이르는 것은 아니었다"[15]라고 하였다. 비로소 세간(世間)의 전설(傳說)이 잘못된 것이 이와 같은 것이 많았으니 오직 소고(小姑)와 팽랑(彭郞)뿐만이 아니라는 것을 깨닫게 되었다. (…하략…)[16]

대유령(大庾嶺)은 중국 5령의 하나로 강서성 대유현과 광동성 남웅현 경계에 위치한다. 주봉은 1,428m에 달한다. 대유령의 매화는 고개의 남쪽 가지에 꽃이 지면 북쪽 가지에 꽃이 피는 것으로 알려져 있었고, 사람들은 그러한 사실을 아무런 저항 없이 모두 믿어 왔다. 혜환은 도종의(陶宗儀)가 편찬한 『설부(說郛)』라는 총서에 수록된 추굉보(鄒閎甫)의 『광주선현전(廣州先賢傳)』「매현(梅鋗)」이라는 글을 통해 사실상 매화와 관련이 없다는 사실을 변증했다. 그는 우리가 익숙히 알고 있던 사실에 대해 꼼꼼히 확인하고 검증해서 이미 세상에 널리 용인된 관습과 형식을 해체한다. 또, 회의와 반성을 통해서 기존의 가치를 부정하고 재창조한다.

호랑이는 깊은 산중에 살아서 사람들이 드물게 보는 것이다. 옛날 책 중에서 대개는 말하기를 "호랑이의 씩씩하고 괴이함이 귀려(鬼厲)와 같다"라고 했는데, 모든 화가(畵家)들이 그린 것을 보게 되면 호랑이의 건장하고 걸출하며 억세고 날쌘 모습만을 부각시킨다. 내가 생각하기를 "세상에 어떻게 이와 같이

---

15) 글자가 조금 출입이 있다. 이 글은 도종의(陶宗儀)가 편찬한 『설부(說郛)』라는 총서에 수록된 추굉보(鄒閎甫)가 지은 『광주선현전(廣州先賢傳)』「매현(梅鋗)」에 나온다.

16) 『혜환잡저』, 「잡지(雜志)」: 自古, 言大庾嶺上梅, 南枝已落, 北枝方開. 余疑五嶺, 皆在南方而獨庾嶺爲然也. 後見地志云: "梅鋗, 家湞水上, 從吳芮有功, 梅嶺, 卽其封地, 後鋗將庾勝兄弟, 居守, 又名大庾嶺, 非謂嶺上有梅也." 始覺世間傳說之訛謬多類此, 不惟小姑彭郞而已矣. (…하략…)

울부짖는 기이한 동물이 있을 수 있는가?"라고 생각하였다. 신유년(辛酉年, 혜환 34세 때) 광주(廣州)에서는 호랑이의 난폭함을 근심하여 관에서 호랑이를 잡을 수 있는 사람을 모집하여 상을 주었다. 사냥꾼 아무개가 연거푸 호랑이 여러 마리를 죽였다. 가형(家兄)인 이광휴(李廣休)가 듣고는 그것을 후한 값을 주고 황화방(皇華坊)의 집으로 가져오게 하였다. (그런데) 범이 몇 리를 오지 못했을 적에 거리가 막히고 티끌이 하늘에 드날리므로, 앉아 있던 손님이 모두 모골이 송연하여 얼굴빛이 변하였다. 이에 뜰에 죽은 범을 진열하여 마음껏 보게 되었다. 큰 이빨과 갈고리 같은 발톱은 대개 맹금(猛禽)과 같았으나, 전에 그림이나 책에서 보고 들은 것에는 미치지 못하였다. 이것은 서적에 있는 어질고 뛰어난 인물을 눈으로 직접 보지 못했으니 이 범과 같은 것이 많다는 것을 알 수 있다. 일찍이 듣건대 어떤 재상의 집에서 범의 새끼 그림 한 장을[一乳虎圖] 가지고 있었는데 진(晉)나라와 당(唐)나라 사이의 물건으로 전한다. 그 그림이 자못 괴이한 것은 용맹하고 사나워 보이기는 지금 세속에서 그리는 것에 미치지 못하는 것 같았지만 개들이 그것을 보면 으레 놀라고 두려워해서 도망가 숨었으나, 다른 그림으로 시험해보면 그렇지 않았다고 한다. 저 가축이란 미물도 또한 속일 수 없는 것인데 사람은 도리어 진짜와 가짜에 현혹이 되어 한갓 떠들기만 하는 것은 어째서인가?[17)]

혜환은 이러한 주체적 인식을 통해서 익숙한 가치를 향해 반기를 든다. 진(眞)과 안(贋), 진(眞)과 환(幻), 졸(拙)과 교(巧)에 대한 문제는 그래서 흥미롭다. 세상에서 진짜와 가짜를 어떻게 구별할까? 악화(惡貨)는 양화(良貨)를 구축한다. 불의(不義)가 정의(正義)를 누르기도 하고 소인(小人)이 군자(君子)를 핍박하기도 한다. 그렇다면 참된 것은 있기나 한 것이며,

---

17) 『혜환잡저』「호설(虎說)」: 虎宅深山, 人罕覩也. 古書中多言, 其雄詭如鬼厲, 及看諸丹青家所畫者, 極其健特虎鷙之狀. 余意世安有如是, 虓然異物也. 歲辛酉, 廣州患虎暴, 官募能抱者賞. 有獵戶某, 連斃數虎. 家兄竹坡公, 聞厚遺焉, 使致之皇華坊第. 虎未至數里, 巷術已塞, 塵颺天也, 乃門坐客, 皆竦然色動. 乃尸於庭, 縱觀焉. 鉅齒鉤爪, 盖 猛禽也, 然不至如前所見聞於畫若書者也. 是知有載籍來賢豪人物, 未經目見, 類是虎者多矣. 曾聞某宰家蓄一乳虎圖, 傳爲晉唐間物. 其殊怪猛惡, 若弗及今俗所描者, 而諸犬見之, 輒駭怖, 走竄. 試以它圖, 則不然云. 彼畜物亦不可欺, 人反有眩眞贋, 而徒呶呶者, 何哉.

객관적인 진실이란 존재하는가? 이러한 끊임없는 회의와 부정은 구진(求眞)의 한 도정(道程)이라 할 수 있겠다.

이 글은 호랑이에 대한 이야기다. 예나 지금이나 호랑이를 실제로 곁에서 보는 경우는 드물었던 모양이다. 말이나 글로만 들었던 호랑이를 직접 목도한 소회(所懷)를 적었다. 그런 뒤에 직접 본 호랑이에 대한 감상을 서적에서만 볼 수 있었던 뛰어난 인물들과 병치시킨다. 죽은 이의 이야기는 산 사람들에게 전설이나 신화가 된다. 산 사람들은 죽은 이의 가장 빛나는 부면(部面)만을 기억하고자 한다. 남겨진 이들에게는 추상(追想)할 의무만 있기 때문이다. 그래서 오히려 죽은 이의 전설이나 신화가 산 사람을 억압하고 규제한다. 글의 말미에는 세속에서 그리던 호랑이의 그림보다는 사실적인 범의 새끼 그림에 오히려 개들이 두려워 도망간 일화를 제시하였다. 그렇다면 진실은 비근(卑近)한 데 있는 법이다. 삶의 진정성이란 꾸며지고 가공된 이야기가 아니라, 비리(鄙俚)한 삶의 모습을 재연하는 데 있음을 말한 셈이다.

심리적 또는 실제적 거리가 멀수록 그 대상은 신비화된다. 실제는 엄연히 존재하는데도 사람들은 책이나 그림을 통해 그려진 것만을 믿게 된다. 이 글은 다만 호랑이에 대한 일화를 소개한 글이 아니다. 도그마에 대한 이야기이다. 어떤 일이 교조적(敎條的) 가치를 가지면 사실과 관련 없이 확대, 재생산된다. 그래서 진실은 은폐되기도 하며, 진짜와 가짜는 전도되기도 한다.

> 저승과 이승은 한 가지 이치이다. 고금에 전하는 모든 놀랍고 괴상하고 환상적이고 괴이한 일들이 비록 감히 다 있었다고 말할 수는 없으나 또한 다 없다고 말할 수도 없는 것이다. 대저 풀이 썩으면 반디가 생겨나고 애벌레가 허물을 벗으면 매미가 되는 것은 사람들이 항상 보는 것이다. 그러나 수련을 쌓아서 신선이 되고, 본성을 다스려 부처가 되는 것에 이르러서는 오직 믿지 않을 뿐 아니라 무리지어 떠들면서 비난하고 배척하니, 얼마나 잘못인가! 비록 그러

나 또한 한마디 말로 깨우쳐서 이해할 수 있는 것이 있으니, 지금 만일 하루살이가 거북이나 학처럼 영구히 산다고 말한다거나 개미가 낙타나 코끼리처럼 크다고 하면 저들은 반드시 해괴하게 여겨서 서로 돌아보며 말하기를 "(하루살이는) 아침에 태어나 저녁에 죽고, (개미는) 한 줌의 흙덩이를 나라로 삼는 것이 떳떳한 일이니 이것을 벗어난 것은 모두 허망한 것이다"라고 할 것이다. 이것은 다른 것이 아니라 의사(意思)와 국량(局量)이 미치지 못한 것으로써 지레 생각하기 때문이다. 아! 사람의 정념은 혹은 선으로 향하고 혹은 악으로 가서 왕래가 일정하지 않으니, 이것은 곧 윤회의 종자(種子)이고, 신식(神識)이 잠깐 사이에 일어났다가 잠깐 사이에 그쳐서, 일어남과 소멸함이 일정하지 않으니, 이것은 생사의 근본 원인으로서 진실로 현재의 일이다. 유추(類推)해보면 유(幽)는 통하지 않음이 없는 것이다. 『유이록(幽異錄)』에 실린 것은 법으로 묶고 들은 바를 국한시켜 한결같이 하루(何樓)로 여겨서는 안 된다. 그러므로 발문을 지어서 해석을 한다. 때는 바야흐로 여름 더위라 홀연 구름이 일어나 세찬 바람과 소낙비를 지으면 날짐승들이 두려워해서 대나무로 도망하여 부르짖고 우는 것이니, 어찌 입을 열고 붓을 놀려서 현묘한 것을 말하고 괴이한 것을 적어서 조화의 비밀을 드러내어 그런 것인가? 인해서 아울러 기록한다.[18]

이 글은 이승과 저승을 보는 논리와 시각의 새로움이 돋보이는 글이다. 그것은 삶과 죽음도 결국 한가지라는 사유와도 통한다. 또, 이 글에는 불교적 발상과 도교적 사유를 다 담고 있어 인식의 개방성을 보여준다. 왕래불상(往來不常)・기멸무정(起滅無定) 등은 모두 전문적인 불교 용

---

18) 『혜환잡저』 「제유이록후(題幽異錄後)」: 幽明一理也. 古今所傳, 諸驚怪幻詭之事, 雖不敢謂之盡有, 亦不得謂之盡無. 夫草腐而螢, 螬蛻則蟬, 人所恒覩. 而至於鍊形得仙, 繕性成佛, 則非唯不信, 又從而群噪非排之, 何其謬哉! 雖然亦有一言而可以喩解者, 今若語蜉蝣以龜鶴之永, 告螻蟻以駝象之巨, 則彼必駭然相顧曰: "朝生而暮死, 國于一抔之壤常, 外此則皆妄也." 是亡它, 以其意量之所不及, 而徑臆之也. 噫! 人之情念, 或之善, 或之惡, 往來不常, 便是輪廻種子. 神識倏而作, 倏而息, 起滅無定, 此爲生死根因, 而固皆見在事也. 類而推之, 亡幽弗通矣. 然則是錄所載, 不可縛法局聞, 而壹以何樓之也, 故爲作跋語以釋之. 時方夏炎赫, 忽雲作峻風急雨, 禽鳥怖竄, 竹木叫鳴, 豈爲□□開口弄筆, 談玄志怪, 發造化之秘而然耶? 因幷記之. * □ 판독이 불가한 글자.

어이다.

보이는 것은 진실인가? 우리가 믿고 가치를 두는 것이 반드시 타당한가? 우리의 인식 수준이 완벽한 것은 아니다. 그러나 그것을 객관적이라 착각하기도 한다. 객관적이라 착각하는 것 중에 실제로 객관적인 것은 존재하지도 않는다. 다만 상대와 놓여 있는 거리의 정도에 따라 주관이 객관화될 뿐이다. 그렇다면 유(幽)는 허위이고, 명(明)은 실재라는 구분도 절대적일 수는 없다. 실재(實在)와 허환(虛幻)에 대한 색다른 인식을 보여주고 있다.[19] 그는 끊임없이 회의하고 의심하며, 고정되고 확정된 인식을 거부한다. 그러한 인식의 폭력성이 갖는 사유에 대한 간섭을 부정하였다.

앞서서 본 것처럼 혜환은 끊임없이 참 자아를 찾기 위해 시도했다. 이를 통해 그는 개방적으로 타자를 인식하고 상대적인 가치에 대해서도 인정하고 있다. 「행교유거기(杏嶠幽居記)」에 "이 하나의 방에서 몸을 돌려 앉으면 방위(方位)가 바뀌고 명암(明暗)이 달라지네. 구도(求道)란 다만 생각을 바꾸는 데에 있으니 생각이 바뀌면 그 뒤를 따르지 않을 것이 없는 것이네. 자네가 나를 믿는다면 자네를 위해 창문을 열어줄 텐데, 그러면 한 번 웃는 사이에 이미 밝고 드넓은 공간에 오르게 될 것이네"[20]라고 했다. 이 글에서도 그의 이러한 인식들이 잘 드러나 있다. 확정적인 것은 없다. 내가 바뀌면 세상이 변한다. 그러니 나의 인식이 변화하면 세상은 또 다른 모습으로 모습을 바꾼다. 확정하고 고정한다는 것은 내가 바뀌지 않기 때문이다. 이처럼 혜환의 자아에 대한 인식과 타자에 대한 개방적인 인식은 서로 꼬리가 맞물려 있으며, 그것이 그가 추구하는 구진(求眞)의 문제와도 밀접한 연관을 가지고 있음을 볼

---

19) 조선 후기 실재(實在)와 허환(虛幻)의 문제를 다룬 것으로는 다음 논문이 주목을 요한다. 심경호, 「조선 후기 한문산문에 나타난 허구와 실재의 문제」, 『한국한문학연구(韓國漢文學硏究)』 Vol. 24, 한국한문학회, 1999.

20) 『혜환잡저』 「행교유거기(杏嶠幽居記)」: "此一室中轉身而坐, 方位易焉, 明暗異焉. 求道, 只在轉念, 念轉而無不隨者. 君能信我, 爲君推窓, 一笑已登昭曠之域矣."

수 있다.

이제야 혜환의 모든 글을 한자리에 모았다. 시, 산문은 물론이거니와 그와 관련된 만시(輓詩)와 시평(詩評), 편지글까지 망라했다. 매주 화요일 아침이면 하루도 거르지 않고 명동에서 일평(一平) 선생님을 모시고 문집을 읽고 번역했다. 혹시라도 나올 오류가 있다면 그것은 선생님의 뜻을 바르게 전달하지 못한 용렬한 제자가 책임져야 할 몫이다. 끝으로 혜환을 시작으로 해서 속속 그와 관련된 인물들의 문집들이 출간될 것임을 약속드린다.

차례

본편 2

혜환잡저 9

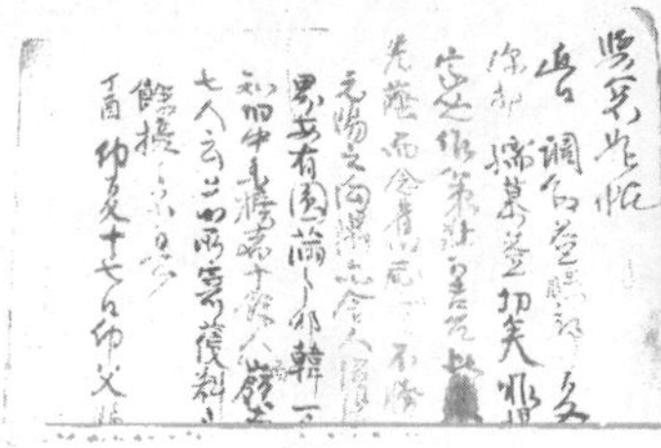

혜환잡저 10

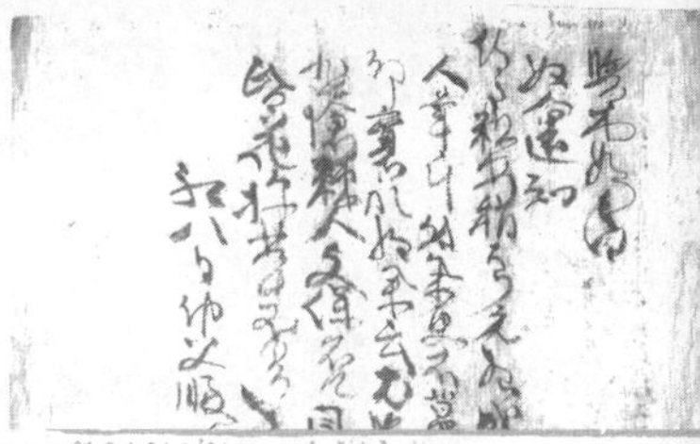

혜환잡저 11

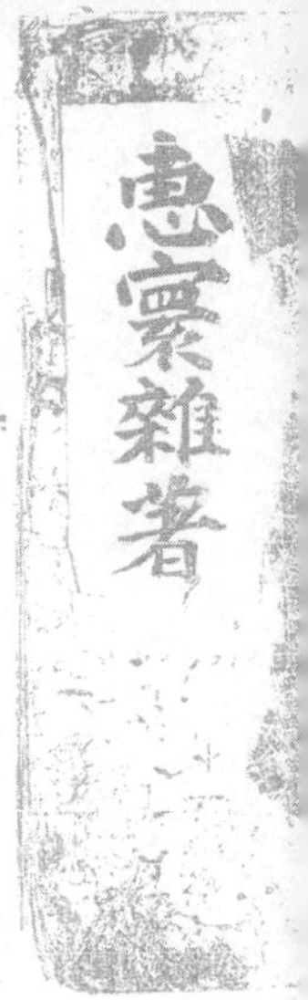

혜환잡저 12

혜환 이용휴 산문 전집

본편

2

혜환잡저 9

1. 방성혼의명 方星渾儀銘

하늘은 스스로 못 만들 테니, 天不自造,
반드시 만드는 자 있으리로다. 必有造者.
이미 모습을 갖춰 이루게 되면, 旣落於形,
또한 이것도 그릇 모양 된다네. 亦是器也.
그릇으로써 그릇 형상했으니, 以器象器,
이름을 '혼의(渾儀)'[1]라고 붙이었도다. 名曰渾儀.
추보(推步)[2]를 헤아려 보건대 推步窺測,
그 법이 다 여기에 담겨 있도다. 其法在玆.

---

1) 혼의(渾儀) : 고대 천체의 위치를 관측하는 기기.
2) 추보(推步) : 천체(天體)의 운행(運行)을 관측하여 달력을 만드는 일.

나무 공과 금대(金鐓[3])를 가지고서	木毬金鐓,
의장을 경영(經營)하였고,	經營意匠.
바퀴와 굴대, 갈고리와 열쇠[鉤鍵]는,	輪軸鉤鍵,
공교로운 제도가 이에 창조됐도다.	巧制乃刱.
규칙에는 남쪽과 북쪽이 있고,	規有南北,
절후에는 춘분·추분·동지·하지 있도다.	候有分至.
징험을 별로써 하면,	驗之以星,
그 까닭을 앉아서 이르게 할 수 있도다.	其故坐致.
겨울에 갖옷 입고 여름엔 거친 베옷 입으며,	冬裘夏葛,
새벽에 일어나고 저녁에 잠자도다.	晨興夕眠.
때에 따라서 조절[4]한다면	隨時節宣,
사람이 하늘을 어기지 않으리로다.	人弗違天.

2. 한경선韓景善이 예안禮安의 임지로 가는 것[5]을 전송하는 서문 送韓使君景善之任禮安序

譯 옮김 이기(彝器)[6]와 법복(法服)[7]으로 선현(先賢)의 손때가 묻은 것은 감히 가벼이 다른 사람에게 빌릴 수 없는 것이다. 하물며 퇴계

3) 금대(金鐓) : 금으로 만든 창고달(槍의 자루 끝을 싼, 쇠붙이로 만든 납작한 물건)을 말함.

4) 절선(節宣) : 혹은 억제하고 혹은 발산시킴으로써 기(氣)를 산만(散漫)하거나 옹폐(壅閉)되지 않게 하는 것. 『좌전(左傳)』「소공원년(昭公元年)」에 "君子有四時 : 朝以聽政, 晝以訪問, 夕以脩令, 夜以安身. 於是乎節宣其氣, 勿使有所壅閉湫底, 以露其體"라고 했다.

5) 『외안고(外案考)』에 따르면, 1780년 10월 예안(禮安) 현감(縣監)으로 부임하였다.

6) 이기(彝器) : 종묘에 비치하는 제기.

7) 법복(法服) : 고대 예법 규정에 근거하여 등급에 따라 차등을 두어 만든 복식을 이른다.

선생(退溪先生)의 향읍(鄕邑)으로 무덤과 집이 있는 곳이고 자손(子孫)이 사는 곳임에랴. 벼슬을 주관하는 자가 관리들 중에서 선발하여 나의 친구 한경선(韓景善)[8] 씨를 예안(禮安)[9]의 지현(知縣)[10]으로 삼았으니 신중히 한 것이다. 그렇다면 사군이 정사하는 것은 또한 다른 것이 있어야 할 것이니 장차 무엇으로써 베풀 것인가? 이것은 어렵지 않으니 마땅히 그 법을 퇴계선생에게서 취하여야 할 것이다. 선생은 일찍이 두 번이나 군수를 역임했다.[11] 그 다스림은 신기(新奇)한 것으로 사람의 이목을 놀래키는 데에 힘쓰지 않을 것이며 나라의 법전에 근본하고 백성의 본성으로 인하여 변화를 이루었으니, 비유하자면 직물(織物)과 양식(糧食)이 날마다 몸에 있고 입에 있어서 사람들이 힘입어서 살아가는 것과 같은 것이었다. 내가 또 듣건대 고을의 풍속에 고을 수령의 장단(長短)점을 말하지 않는다 하니, 풍속이 진실로 아름다운 것이다. 그러나 사람의 우환은 항상 과실을 듣지 않는 데에 있으니 모름지기 편안히 여기지 말고, 스스로 경계하고 두려워하여야 할 것이다. 사군(使君)의 사람됨이 어질고 후덕하여 모습과 말에는 모두 군자(君子)의 기운이 있다. 지금 이 고을의 수령이 되었으니, 지역과 사람이 만난 것이다. 사무를 처리한 여가에 이름난 지역을 완상하는 것은 일이 또 전아한 것이다. 그러므로 선생(先生)의 「단양단수기(丹陽山水記)」라는 것이 있는 것이며, 청량산(淸凉山)의 여러 승경(勝景) 또한 반드시 사군의 지팡이와 신발 사이에 있게 될 것이다. 옛사람이 말하기를 "경내에는 사찰(寺刹)이나 도관(道觀)이 없고 읍에는 현가(絃歌)[12]가 있다"라고 한 것은 참으로 동로(東魯)[13]를 잘

8) 한경선(韓景善) : 『혜환시집(惠寰詩集)』에는 그의 이름이 광전(光傳)이고 자가 경선(景宣)이라 기록되어 있다. 『혜환거사시집(惠寰居士詩集)』에 「송한사군경선광전지임연풍(送韓使君景善光傳之任延豐)」이라는 작품이 남아 있다.

9) 예안(禮安) : 현재의 경상북도 안동군 예안면.

10) 지현(知縣) : 조선 초기, 지사(知事)를 장관으로 하는 현. 또는 그 장관.

11) 퇴계이황(退溪李滉) 선생은 48세, 49세 사이의 2년 동안 단양군수와 풍기군수로 외직에 나가 있었다. 단양군수로 부임하여 아전이나 백성들을 모두 편안하게 해주었다. 퇴계의 형님이 충청감사로 부임하자 그는 풍기군수로 전임되었다.

찬양한 말이다. 원님이 도임하여 풍속을 본 뒤에 선성(宣城)[14]이 우리나라의 동로(東魯)가 되는 것을 알 것이다.

원문 彝器法服有先賢手澤者, 不敢輕易假人. 矧退陶先生鄕邑墳廬之所在, 子孫之所居者乎. 主爵者選於諸吏, 以吾友韓景善氏爲禮安知縣者, 愼重之也. 然則使君之所以爲政者, 亦當有異, 其將何以設施? 是不難, 宜取法於先生. 先生嘗兩守郡矣. 其治不務爲新奇以驚人耳目, 而本國典因民性而化成, 譬如布帛菽粟, 日在身在口, 人賴而生也. 余又聞之, 縣俗不言縣宰長短, 俗固美也. 然人之患, 常在不聞其過, 須勿安之, 自警惕焉. 使君爲人仁厚, 鬚眉語笑, 皆有君子氣. 今令玆邑, 地與人遇矣. 簿牒之暇, 賞玩名區者, 事亦雅也. 故先生有「丹陽山水記」, 淸凉諸勝, 亦必在使君杖屨間矣. 昔人云: "境無寺觀, 邑有絃歌者." 眞善贊東魯語也. 使君下車觀風而後, 知宣城爲我國之東魯也.

3. 한양유군漢陽劉君의 묘갈명을 짓고 아울러 쓰다 漢陽劉君墓碣銘 幷書

譯 옮김 도성의 북쪽에 한 명의 행실이 독실한 군자(君子)가 있으니 성(姓)은 유(劉)요, 이름은 덕령(德齡)이고 자(字)는 자빈(子彬)이다. 유씨(劉氏)는 관향이 한양(漢陽)이다. 증조(曾祖)는 대덕(大德)이고 조부는 상열(尙說)이며 아버지는 휘(諱)가 연만(延萬)이고 어머니는 인동 장씨(仁同張氏)

---

12) 현가(絃歌): 거문고를 타고 시를 읊곤 하는 것을 말하는데, 전하여 학문에 힘쓰는 것을 뜻한다.

13) 동로(東魯): 동쪽 노나라 지방이란 뜻으로 공자가 살던 곡부(曲阜)가 있는 곳인데, 여기서는 빌어서 퇴계선생의 고장이란 뜻으로 쓴 것이다.

14) 선성(宣城): 경상북도 안동군 예안면의 옛 이름.

이니 우진(友軫)의 따님이다. 군(君)은 숙종(肅宗) 36년 경인년(庚寅年)에 태어나 영종(英宗) 49년인 계사년(癸巳年)에 죽었으니 나이 64세였다. 양주(楊州) 해동촌(海東村) 건좌(乾坐)에 장사 지냈으니 선영(先塋)을 따른 것이다. 군(君)은 모두 세 번 장가들었으니, 고령 신씨(高靈申氏)인 경한(敬漢)의 따님, 여흥 민씨(驪興閔氏)인 효흥(孝興)의 따님, 밀양 박씨(密陽朴氏)인 만보(萬輔)의 따님이었다. 장지는 모두 군의 묘에 합부하였다. 아들이 셋이었는데, 수겸(守謙)과 성겸(性謙)은 민씨(閔氏) 소생이었고, 득겸(得謙)은 박씨(朴氏) 소생이었다. 딸은 둘이 있었는데 이관혁(李觀爀)과 박성순(朴性淳)이 그 남편이다. 서녀(庶女) 둘은 김시현(金時賢)과 백홍신(白弘信)의 처(妻)였다. 수겸(守謙)의 아들은 익기(益起)이고 성겸(性謙)의 아들은 익순(益純)이다. 이관혁(李觀爀)은 아들 둘이 있었는데 규서(奎瑞)·규영(奎暎)이고 딸은 김덕신(金德新)에게 시집갔다. 박성순(朴性淳)의 아들은 종익(宗熤)이었다.

군은 일찍이 아버지를 여의었고 집안이 가난했으므로 있는 힘껏 노력을 다하여 어머니를 봉양하였다. 추운지 따뜻한지, 배고픈지 배부른지 어른의 뜻을 미리 알아차려 그 기쁨을 다하기에 힘썼으므로 어머니가 그것을 편안히 여기니, 다른 사람의 녹으로 봉양하는 것을 원치 않았다. 어머니가 돌아가시자 수의(壽衣)와 궤연(几筵)에 정성과 예(禮)를 지극히 하여, 곡읍(哭泣)의 애절함이 오랜 뒤에도 오히려 처음 상사를 당했을 때와 같이 하였으므로 남들이 차마 들을 수가 없었으며, 눈물이 거적자리를 적시어 썩으려 하였다. 동생을 매우 사랑하여 먹을 것과 입을 것을 반드시 먼저 하게 하였으며, 아우에게 과실이 있으면 문을 닫고 스스로 종아리를 치니, 아우가 마음이 움직여 사과하면 서로 붙잡고 슬프게 울고 나서 다정하고 친절하게 가르쳐서 의궤(義軌)에 나아가도록 하였다. 말년에는 재산이 넉넉하게 되었으나 입는 것은 베옷을 그대로 입었고 먹는 것은 그릇 수를 더하지 않았다. 종족(宗族)이나 교우(交友)가 길한 일이나 흉한 일에 급한 사정이 있으면 모두 군(君)에게 도움을 받았다. 평소에 입으로는 쓸데없는 말을 하지 않았고 행동으로는 비틀거리는 걸음이 없이, 몸을 삼가고 낭비를 않는 것을 가법(家法)으로 삼았다. 군은 일찍이 서당에 나아가 책을 읽은 적이 없었으니 어찌 옛사람이 한 일을 엿보아서 알려지는 것을 모방함이겠는가? 천성(天性)이 그러한 것이었다.

명(銘)을 짓는다. 태어나기를 상장(上章) 섭제격(攝提格)[15]에 하였고 돌아가기를 소양(昭陽)의 대황낙(大荒落)[16]에 하였다. 세상에 살아 있었던 햇수가 또 괘수와 더불어 합치가 되었으니 대개 인(寅)은 생하는 시작이고, 계(癸)는 천간의 마지막이로다. 시작이 있었고 마침이 있었는데 『주역』의 괘인 64에 이르러 마쳤으니 어찌 우연한 일이겠는가? 한 사람의 오고 간 것을 특별히 쓰고 여러 번 쓰는 것은 그 사람이 실로 세교(世敎)에 관련이 있기 때문이로다.

원문

國城之北, 有一篤行君子, 姓劉名德齡, 字子彬. 劉氏貫漢陽. 曾祖曰大德, 祖曰尙說, 考諱延萬, 妣仁同張氏, 友軫女. 君生於肅宗三十六年庚寅, 終於英宗四十九年癸巳, 壽六十四. 葬于楊州海東村乾坐原, 從先兆也. 君凡三娶, 高靈申氏敬漢女, 驪興閔氏孝興女, 密陽朴氏萬輔女. 葬皆祔君墓. 男三, 守謙性謙, 閔氏出, 得謙朴氏出. 女二, 李觀爀, 朴性淳其婿. 庶女二, 金時賢白弘信妻. 守謙子益起, 性謙子益純. 李觀爀二子, 奎瑞奎暎, 女適金德新. 朴性淳子宗熤.

君早孤家貧, 竭力服勞以養母. 寒暖飢飽, 先意將迎, 務盡其歡, 母安之, 不願人之祿養. 及母沒, 附身象生, 誠與禮至, 哭泣之哀, 久猶如始喪, 人不忍聞, 涕淚漬苫薦欲腐. 有弟甚愛, 衣食必先, 弟有過, 掩戶自撾, 弟感而謝, 則相持悲泣, 諄諄訓誨, 使就義軌. 晩而產稍饒, 衣不易布, 食不

15) 상장섭제격(上章攝提格) : 고갑자(古甲子)로서 상장(上章)은 경(庚)이고, 섭제격(攝提格)은 인(寅)이니 경인년(庚寅年)이란 말이다.
16) 소양대황낙(昭陽大荒落) : 고갑자(古甲子)로서 소양(昭陽)은 계(癸)이고 대황낙(大荒落)은 사(巳)이니 계사년(癸巳年)이란 말이다.

加豆. 宗族交友有吉凶緩急, 皆資於君. 平生口無莠言, 行無頗步, 謹身節用, 以爲家法焉. 君未嘗就塾讀書, 豈倣古人覵以是聞耶? 性然也.

銘曰: "降以上章攝提格, 歸以昭陽大荒落. 在世之年, 又與卦數叶, 盖寅生之始也, 癸干之終也. 有始有終, 而易之卦至六十四而窮, 豈偶然也? 一人之來去而特書屢書者, 以其人實有關於世教也."

4. 몽소헌기 夢蘇軒記

譯 옮김 세계가 나뉘어서 둘로 되었으니, 낮에는 양(陽)이 정사를 해서 일이 있게 되고, 밤에는 음(陰)이 정사를 해서 꿈이 있게 된다. 그러므로 운사(雲師)[17]로 관직을 다스리고, 긴 버들로 꿈을 쳤던 것[18]은 아울러 행함을 서로 필요로 하는 것이었다. 유문(孺文) 이동욱(李東郁)은 이름난 진사(進士)로 벼슬이 시종(侍從)이다. 그의 선조 여러 대의 집과 묘가 소성(邵城)[19]의 소래산(蘇來山) 아래에 있다. 군(君)은 아침에 일어나면 관직의 사무에 이바지하고, 밤이면 항상 소래산을 꿈꾸게 되니 그 집에 「몽소(夢蘇)」라 편액하고, 내게 기를 지어 줄 것을 청하였다. 내가 이르기를 사람이 생각하는 관능(官能)이란 그 작용이 매우 신묘하여서 육신에

17) 운사(雲師): 황제(黃帝) 때의 관리 이름 『좌전(左傳)』 「소공십칠년(昭公十七年)」에 "昔者黃帝氏以雲紀, 故爲雲師而雲名"이라 했다.

18) 긴 버들로 꿈을 점치는 것[長柳占夢]: 안정복(安鼎福)이 지은 『순암집(順菴集)』 「상헌수필상(橡軒隨筆上)」에는 다음과 같은 내용이 나온다. "『한서』 「예문지(藝文志)」 '칠략(七略)'의 '잡점(雜占) 18가(家)' 중에는 『황제장류점몽(黃帝長柳占夢)』 11권과 『감덕장류점몽(甘德長柳占夢)』 20권을 포함하고 있다"라고 하였으며, 그 설명에 "잡점은 하나뿐이 아닌데, 꿈이 큰 비중을 차지한다" 하였다.

19) 소성(邵城): 지금 인천시에 속한 지역으로, 남쪽의 안산과 인접한 지역이었다. 이곳은 평창 이씨들이 세거하였던 곳으로, 그들의 누대에 걸친 장원과 묘가 모여 있었다.

막히게 되지 않는다. 생각이 떠오르면 군의 고조, 증조와 조부, 부친이 강신(降神)하고 장귀(藏鬼)한 곳인 소래산에 이르게 되는데, 군의 길이 사모함이 그칠 때가 없으므로 잠자는 데에 일어나서 꿈이 된다. 또, 몸이 이미 관직에 매어서 비록 휴가를 청하여도 혹은 얻기도 하고 혹은 얻지 못하기도 하는데, 비록 내가 고한다 하더라도 또한 시일(時日)을 허비하게 되니, 꿈이 아니면 어찌 한 번 눈을 감는다고 뜻대로 될 수가 있으리오? 아! 가문(家門)에 휴구(休咎)[20]가 있으면 그 조상이 꿈으로 많이 고하게 되니, 왕래(往來)하여 감통(感通)하는 이치를 여기에서 징험할 수 있는 것이다. 그런데 군이 서울에 있으므로 소래산을 꿈꾸게 되는 것이니 만약에 소래산에 있다면 응당 서울을 꿈꾸게 될 것이다. 서울은 군이 태어나서 자란 곳이요, 군의 선대가 벼슬한 곳이거든 하물며 상감께서 임하시는 바이랴? 나는 충청도[21] 미산(嵋山)[22]의 백성이다. 늙어서 서울에서 기거하게 되었어도 매양 미산을 꿈꾼다. 지금 그대의 헌(軒)에 기(記)를 쓰니 근원을 거슬러 올라가고 뿌리로 돌아감을 깨닫는 것은 바로 인정(人情)이 같기 때문이다.

원문 分世界爲二, 晝則陽爲政而有事, 宵則陰爲政而有夢. 故雲師治官, 長柳占夢, 所以並行而相須者也. 李君孺文, 以名進士, 官侍從. 其先之屋廬塋兆, 在卲城之蘇來山下. 君朝起供職給事, 夜常夢蘇山, 故顔其軒曰 '夢蘇', 請余爲記. 余謂人之思官, 其用甚神, 不爲形軀所阻.

---

20) 휴구(休咎) : 미악(美惡) · 화복(禍福) · 길흉(吉凶)을 말한다.

21) 호서(湖西) : 충청북도 제천시(堤川市)의 의림지(義林池) 서쪽이라는 뜻으로, 충청도 지방을 이르는 말. 일설에는 전라북도 김제군(金堤郡)의 벽골제(碧骨堤) 오른쪽이라는 뜻으로, 충청도 지방을 가리켜 이르는 말이라고도 한다.

22) 미산(嵋山) : 조선(朝鮮) 때에도 남포현(藍浦縣)에 속했다가 조선 말엽(末葉)은 남포군(藍浦郡) 북외면(北外面)이라 하여 성주(聖住)외 6개리를 관할하였다. 1914년 행정구역 개혁(改革) 때 심전면(深田面)의 거문(巨門)외 27개 동리(洞里)와 홍산현(鴻山縣) 상서면(上西面)의 자명리(自鳴里)를 병합하여, 아미산(峨嵋山)의 이름을 따서 미산면(嵋山面)이라 하였다.

念起則至蘇, 爲君高曾祖禰降神藏鬼之地, 君之慕長, 無有已時, 故發於寢寐而爲夢矣. 且身旣係於官, 雖請暇, 或得或不得, 雖予告, 亦費時日, 非夢, 豈能一交睫而得如意耶? 噫! 人家有休咎, 其祖先多以夢告, 往來感通之理, 於此可徵矣. 抑君在京, 故夢蘇, 若在蘇, 應夢京. 京者, 君所生長, 君先代之所宦遊, 況宸極之所臨乎. 余湖西嵋山之民也. 老寓京城, 而每夢嵋焉, 今記君之軒. 覺溯源歸本者, 乃人情之所同也.

5. 글을 써서 종손인 유여진사幼輿進士[23])에게 주다 書贈從孫幼輿進士

譯 옮김 "겨우 나의 한 쪽을 떠난다면 비록 옥황상제(玉皇上帝)의 쪽으로 향해 달려간다 하더라도 또한 옳지는 않다"고 한 것이 참으로 격언(格言)이다. 내가 나를 지킬 수 있다면 사물도 능히 (나를) 옮길 수 없는 것이다. 그러므로 말하기를 "하늘이 정해 준 운수가 있으니 사람이 하늘과 더불어 다툴 수가 없고, 사람에게는 정해진 이치가 있으니 하늘 또한 사람과 더불어 다툴 수가 없다"라고 하였다. 조화가 나를 재정(裁定)하는 데에 맡기니 나는 스스로 입명(立命)할 따름이다. 내가 유여(幼輿)의 최근 언동을 보니 자못 가학(家學)의 규모(規模)가 있어 매우 기쁘기에 이 글을 써서 주노라. 비록 그렇기는 하나 네가 이미 방향을 안다 이르지 말고 더욱 더 면려할지어다. 실을 삶아 물들이는 것과 그윽한 집이 밝게 되는 것은 단지 한 번 물들이고 한 번 비추는 데에 있는 것이다.

---

23) 이재중(李載重, 1747~1822) : 자는 유여(幼輿)이고 호는 석헌(石軒)이다. 금화공(金華公) 원휴(元休)의 손자이며 청계공(淸谿公) 정환(晶煥)의 아들이다.

원문 "纔離我一邊, 雖走向玉皇上帝邊去, 亦不是者." 眞格言也. 我能守我, 物不能移. 故曰 : "天有定數, 人不得與天爭, 人有定理, 天亦不得與人爭." 任造化裁我, 我惟自立命耳. 余觀幼輿近日言動, 頗有家學規模, 甚喜, 書此以贈. 雖然, 勿謂我已知方, 益加勉焉. 練絲之涅, 幽室之亮, 只在一染一照.

6. 옥동선생玉洞先生 유묵遺墨 발문 玉洞先生遺墨跋

譯 옮김 우리나라 사람들 중에 손으로 붓을 잡을 줄 아는 자들은 옥동(玉洞)의 글씨가 있다는 것을 모르는 사람이 없다. 선생(先生)의 글씨는 좌해(左海)에서 거의 둘이 없는데, 큰 글자에 관해서는 신라, 고려 이래로 결단코 제일인자임을 의심할 나위가 없다. 선생(先生)의 증손(曾孫)인 재중(載重)이 선생의 유묵(遺墨) 1권을 얻어 애석(愛惜)하기를 생명과 같이 여겼다. 선생의 심화(心畵)에 있어서도 오히려 이와 같이 하거든, 하물며 선생의 심법(心法)에 있어서랴? 내가 재중에게 기대함이 깊다.

원문 東人解以手握筆者, 無不知有玉洞書. 先生之書, 在左海幾無兩, 而至大字則羅麗以來, 斷爲一人無疑矣. 先生曾孫載重, 得先生遺墨一卷, 愛惜若性命. 於先生之心畵猶如是, 矧先生之心法哉? 余之期載重者深矣.

7. 유봉지[24]가 자인(慈仁)[25]의 임지로 가는 것[26]을 전송하는 서문 送柳鳳之之任慈仁序

譯 옮김 생명이 있는 것은 자연스럽게 마음에 감동하는 바에 인하는 것이니 그 살아 있는 까닭을 생각해서 그 은혜를 보답한다. 은(恩)이란 글자는 인(因)을 따르고 심(心)을 따른 것이다. 선유(先儒)들이 말하기를, "임금과 어버이 이외에는 으레 다른 사람의 은혜를 받아서는 안 된다"라고 하였으니, 은혜를 받게 되면 마땅히 갚아야 하기 때문이다. 대개 다른 사람의 은혜를 받고 받지 않는 것은 나에게 있으나, 군친(君親)의 은혜와 같은 것은 정수리에서 발끝까지의 털과 살갗이 모두 이것인 것이다. 나를 태어나게 하고 나를 먹여서 나를 완성시켰으니, 그 장차 무엇으로 그것을 보답하겠는가? 『효경(孝經)』에 이르기를 "효(孝)는 어버이를 섬김이 시작이고, 임금을 섬김이 중간이다"[27]라고 하였으며, 또 말하기를 "집안을 잘 다스리기 때문에 그 다스림을 관으로 옮기어 행하는 것이다"[28]라고 했다. 전(傳)에 이르기를 "벼슬에 임하여 공경하지 않는 것은 효도가 아니다"[29]라고 했다. 대개 신하가 되어 효도하면 조정의 아름다움이고, 자식이 되어 충성하면 집안의 명예다. 지금 봉지(鳳之)가 대부인(大夫人)의 가르침을 받고 우리 임금께 그 몸을 바치자, 우리 임금께서 백리지명(百里之命)[30]을 맡겼으니 그것을 공경하지 않을 수 있는가? 그러나 관직에 임하는 방법이 비록 많기는 하나 그 요체는

24) 유운우(柳雲羽, 1730~?) : 자는 봉지(鳳之). 유운익의 형. 그에 대한 시로 『혜환거사시집(惠寰居士詩集)』에 「만유정언붕지운익(挽柳正言鵬之雲翼)」이 남아 있다.
25) 자인(慈仁) : 경상북도 경산군 자인면.
26) 51세 때인 1780년 11월에 자인(慈仁) 현감(縣監)에 부임하였다.
27) 『효경(孝經)』 「개종명의장(開宗明義章)」에 나온다.
28) 『효경(孝經)』 「광양명장(廣揚名章)」에 나온다.
29) 『예기(禮記)』 「제의(祭義)」에 나온다.
30) 백리(百里) : 옛날 한 고을을 일컫는 말. 옛날 중국에 사방 100리를 기준하여 현(縣)을 획정했던 데에서 나온 말이다.

둘이다. 이당(李唐) 시대에 모든 외직(外職)은 모두 권농사(勸農使)를 겸직하였고, 황명(皇明)의 제도에서는 모두 청리사(淸吏司)라 불렀다. 봉지가 만일 이 뜻을 알아서 혹시라도 태만함이 없다면, 곧 그 군친(君親)에게 보답하는 바가 모두 여기에 있다고 할 것이다. 또 내가 듣건대 "천하(天下)가 모두 효도를 하면 임금 노릇하는 자가 바야흐로 그 효를 이루는 것이다"라고 하였으니, 봉지가 능히 자인(慈仁)의 백성들로 하여금 편안히 살고 가업(家業)을 지키어, 그 우러러 섬기고 충양(忠養)하는 정성을 다하게 할 수 있게 한다면, 그 무거움이 어찌 한 명의 능력 있는 관리에 비교할 수 있겠는가?

원문 有生者, 自然因心之所感動, 思其所以有生之故而報其恩. 是以恩之爲字, 從因從心. 先儒言"君親外, 不可輒受人恩." 爲其受則當報也. 盖他人之恩, 其受不受在我, 若君親之恩, 則頂踵髮膚, 皆是也. 生我食我以成我焉, 其將何以報之? 經曰 : "孝始於事親, 中於事君." 又曰 : "居家理, 故治可移於官." 傳曰 : "莅官不敬, 非孝." 夫有臣而孝, 朝之美也, 有子而忠, 家之譽也. 今鳳之奉大夫人之敎, 獻其身於吾君, 而吾君付以百里之命, 其可不敬乎? 然莅官之法, 雖多, 其要有二. 李唐之際, 凡外職, 皆帶勸農使, 皇明之制則皆稱淸吏司. 鳳之若識此意, 無或怠焉, 則其所以報君親者, 盡在是矣. 且吾聞之, 天下皆孝, 王者, 方成其孝, 鳳之能使慈仁之人, 安居守業, 得盡其仰事忠養之誠, 則其重豈一能吏比哉?

8. 『장와집』[31] 서문 壯窩集序

譯 옮김 남의 시문에 서문(序文)을 써 줄 때 먼저 그 관직이나 집안을 물어서 높고 귀하다면 양한(兩漢)이나 삼당(三唐)으로 받들어 올리고, 그렇지 않다면 매미 소리나 벌레 울음같이 여기니, 이것이 요즘 문집의 서문 중에 좋은 것이 매우 드문 까닭이다. 나는 이와 달라서 다만 그 지은 작품을 보고서 총평하기를 마치 시험장 문을 굳게 닫고서 과거 치르는 것 같이 하여 비록 안목이 미치지 못하는 경우가 있더라도 선입견(先入見)이 마음에 있어서 나의 감식안을 현혹시키는 일은 없게 한다. 지금 이 원고를 보건대 대개 스스로 노력하고 스스로를 귀하게 생각하는 자로서 옛날의 대가에 모의하거나 빌붙지 않고, 참다운 소리와 참다운 색과 참다운 맛을 가지고 있었으니 비유하자면 마치 좋은 차에는 용뇌나 사향을 넣지 않더라도 절로 참다운 향이 나는 것과 같은 것이었다.

아! 조물주가 이 사람을 처리하는데 아마도 마음을 썼겠구나. (이 사람은) 춘관(春官 : 禮曹)에 열 번이나 응시하여 급제하지 못하다가, 한 번 대궐에 오르자 포상하는 성은(聖恩)을 입었다. 양반의 서열에 (그가 설) 자리는 없었으나 사단(詞壇)의 한 자리는 (떳떳하게) 차지하였다. 운명 중에는 녹봉이 없었지만 숲과 샘가에서 청복(淸福)을 누리었으니, 그 득실의 경중에 대해서는 마땅히 가릴 사람이 있게 될 것이다.

---

31) 장와집(壯窩集) : 이성중(李聖中)의 문집 이름. 『풍요속선(風謠續選)』「이성중(李聖中)」에 "성중(聖中)은 자는 사집(士執)이고 처음 호는 죽와(竹窩)였다. 성곤(聖坤)의 아우로 무릇 초시에 열 번이나 합격했다. 노년이 되어서는 어전의 강에 응하였는데 목소리가 우렁차다고 상감께서 장하다고 여겼으므로 호를 장와(壯窩)라고 고쳤다[聖中, 字士執, 初號竹窩. 聖坤弟, 凡十發解. 及老年, 應講天陛, 音吐洪暢, 上壯之, 因改號壯窩]"라 했다. 유재건(劉在建)의 『이향견문록(里鄕見聞錄)』에도 그에 대한 기록이 일부 전하고 있다.

다만 그의 사람됨이 외로이 왔다가 쓸쓸히 갔는데 세상에 알려지기를 구하지 않았다. 그러므로 세상 또한 그가 가진 것을 다 알 수 없었다. 훗날 만약 성품과 기질이 같은 사람이 있어 (그와) 더불어 시문을 통해 만나, 서로 감동하고 끌리어서, 신령한 인연을 일으켜 신묘한 교분(交分)으로 합치된다면, 그의 신비함과 오묘함이 반드시 드러날 것이다.

원문 將序人詩文, 而先問其官位世閥, 華顯則奉兩漢三唐以獻之, 否則等之于蟬鳴虫吟, 此近世集序之絶少佳者也. 余則異於是, 只就其所作, 而定評如鎖院考試, 雖或眼力有所未及, 而無先在方寸中, 以眩我之鑑者. 今閱此稿, 盖欲自運・自貴者, 不摸疑依附于古昔大家, 而有眞聲・眞色・眞味, 譬如好茶不雜龍麝, 自有眞香也. 噫! 造物之處此人, 蓋費心思矣. 十上春官, 而不第, 一登天陛, 而蒙褒. 班中無座, 而據詞壇一席. 命中無祿, 而享林泉淸福, 其得失輕重, 當有辨之者矣. 第其爲人, 孤來獨往, 不求知於世. 故世亦不能盡知其所有. 他時, 若有性氣同者, 與遇於紙上, 相感相引, 起靈絲, 而合神契, 則其秘奧, 必露矣.

9. 용연정기[32] 龍淵亭記

譯 옮김 삼십육동천(三十六洞天)[33]은 모두가 여러 진인들이 왕래(往來)하는 곳이니, 대개 경치가 뛰어난 곳은 비록 도의 힘으로서도 또

32) 용연정(龍淵亭) : 정자 이름. 이곳과 관련된 작품으로는 이익(李瀷), 『성호전집(星湖全集)』에 「차용연당운이수(次龍淵堂韻二首)」・「용연정팔경(龍淵亭八景)」・「기용연정삼수(寄龍淵亭三首)」・「용연당서(龍淵堂序)」와 채제공(蔡濟恭)의 『번암집(樊巖集)』에 「용연정(龍淵亭)」과 정범조(丁範祖)의 『해좌집(海左集)』에 「용연정부정표종숙신사석(龍淵亭賦呈表從叔申思錫)」 등이 있다.

오로지 하고 오래하기는 어려운 것이다. 또, 페르시아의 보물을 다툴 적에는 먼저 가벼운 것을 내놓고 나중에 무거운 것을 내놓는 것이니, 조물주도 또한 이 법을 썼으므로 월천(月泉)과 용전(龍田)을 늦게 볼 수 있는 것이다. 용연동(龍淵洞) 같은 곳은 근래 비로소 정씨(丁氏)가 개척하고, 인하여 정자를 지었다. 동(洞) 안에는 대(臺)가 있는데 층진 것이 셋이고, 대(臺) 아래에는 폭포가 있는데 그 층진 것이 또한 셋이다. 물이 돌아서 깊은 못이 되었는데 매번 봄가을이면 대(臺) 위에 꽃이 피고 단풍이 물들어서 그림자가 물결 중에 잠기니 노을이 펼쳐진 듯하였다. 또 서단과 동벽이 있는데 위치가 잘 들어맞았다. 오래된 등나무와 높은 소나무는 그늘을 드리우고 뇌성을 울리니, 사람으로 하여금 뜻이 사라지고 맺힌 게 풀리게 한다. 이것은 주인이 청한을 즐기고 영리를 가볍게 여겨 그 고상함을 이루는 것이다. 단지 이것만이 아니다. 이 생을 마칠 때까지 그것에 의지하고, 후손에게 경계하여 그것을 지키게 하는 것은 그 선인(先人)의 무덤이 여기에 있어서이니, 다만 자기에게 있는 것은 마땅히 자기를 다하여 할 것이나, 미래의 일은 어찌 반드시 기필할 수 있는가? 그러나 또한 기필할 수 있는 것이 있으니, 모든 사물의 드러냄과 드러나지 않음, 오램과 잠시는 서로 같은 것이다. 이 동네가 숨겨졌다가 축(丑)년으로부터 개벽된 이래로 몇 해가 되었으니, 그 나타남은 마땅히 이와 같은 것이었다. 또 듣건대 정자의 옆에 돌이 거북과 같은 것이 있다 한다. 거북은 지키기를 잘하여, 사물이 변하거나 옮기지 않게 하는 것이니, 반드시 거북으로 그것을 지켜야 할 것이다. 나는 이것으로써 동네가 길이 정씨(丁氏)에 속하게 될 것을 점친다.

원문 三十六洞天, 率皆羣眞往來之所, 盖境之絶者, 雖道力亦難專且久也. 又波斯鬪寶, 先出輕者, 後出重者, 造物亦用此法, 故月泉

33) 삼십육동천(三十六洞天) : 도가(道家)에서 신선(神仙)이 인간(人間)에서 거주하는 36개소의 명산.

龍田, 晩乃見焉. 若龍淵洞, 則近始爲丁氏所開而因亭焉. 洞裏有臺, 爲層者三. 臺下有瀑, 其爲層者亦三. 水匯而淵, 每春秋, 臺上花殷楓酣, 影蘸波中, 若舒霞焉. 復有西壇東壁, 位置合宜. 壽藤高松, 落陰吹籟, 令人意消累釋. 是主人之所以樂淸閑輕營利, 以成其高者也. 不徒此也. 其畢此生而依之, 戒後裔而守之者, 爲其先人之藏在焉, 第在己者當盡己, 未來者, 何可必也? 然亦有可必者, 凡物之顯晦久暫相等. 此洞之晦, 自丑闢來, 幾歲年矣, 其顯當應如之. 且聞之, 亭之旁有石象龜. 龜善守, 欲物之不變徙者, 必以龜守之. 吾以是卜洞之長屬丁氏也.

10. 당일헌기 當日軒記

譯 옮김 사람이 오늘이 있음을 알지 못하면서부터 세도(世道)가 그르치게 되었다. 어제는 이미 지나갔고, 내일은 아직 오지 않았으니 하고자 하는 것이 있다면 단지 오늘에 있는 것이다. 이미 지나간 것은 그것을 다시 돌이킬 방책은 없고, 미래(未來)라는 것은 비록 36,000일이 계속 이어져 오지만, 그 날에는 각기 그 날에 해야 할 것이 있으니 실로 다음 날에 넘길 만한 여력이 없는 것이다.

유독 괴이한 것은 대저 한가함이란 것은 경전에도 실리지 않았고 성인들이 말하지도 않았다. 그런데도 (한가함에) 맡기어 날들을 소비하는 자가 있다. 이로 말미암아 우주(宇宙)간의 일에는 그 몫을 다하지 못하는 사람이 많이 있는 것이다. 또, 하늘은 스스로 한가하지 못하여 항상 운행하고 있으니, 사람이 어찌 한가함을 얻을 수 있겠는가? 그러나 오늘 해야 할 것 또한 한결같지는 않으니, 착한 사람은 착한 일을 하고, 착하지 않은 사람은 착하지 않은 일을 한다. 그러므로 하루는 길흉(吉凶)과 고왕(孤旺)이 없는 것은 단지 그것을 사용하는 사람에게 달려 있는 것이다. 대저 하루가 쌓여서 열흘이 되고 한 달이 되고, 사계절이 되고, 한 해가 되는 것이니, 사람이 또한 날마다 그것을 닦기를 가욕(可欲)으로부터 대이화(大而化)[34]에 이르러야 할 것이다. 지금 신군(申君)은 수양하고자 하는 자로 그 공부(工夫)가 오직 오늘에 달려 있으니 내일을 말하지 말아야 한다. 아! 수양하지 않는 날은 바로 태어나지 않은 것과 같은 것이니 곧 헛된 날이 되는 것이다. 군은 모름지기 눈앞의 밝은 것으로 헛된 날들을 만들지 말고 오늘로 만들어야 한다.

원문 自人之不知有當日, 而世道非矣. 昨日已過, 明日未來, 欲有所爲, 只在當日. 已過者, 無術復之. 未來者, 雖三萬六千日, 相續而來, 其日各有其日當爲者, 實無餘力可及翌日也. 獨怪夫閒者, 經不載, 聖不言. 而有托以消日者. 由此而宇宙間事, 多有不得盡其分者矣. 且天不自閒而常運, 人安得閒哉? 然當日所爲者, 亦不一, 善者爲善, 不善者爲不善. 故日無吉凶孤旺, 但在用之者耳. 夫日積爲旬而月而時而歲成, 人亦日修之, 從可欲至大而化矣. 今申君欲修者, 其工夫惟在當日, 來日則不言. 噫, 不修之日, 乃與未生同, 卽空日也. 君須以眼前之昭昭者, 不爲空日, 而爲當日也.

---

34) 가욕(可欲)으로부터 대이화(大而化)[從可欲至大而化矣] : 사람이 수양하여 점차적으로 올라가는 단계를 말한 것이다. 『맹자(孟子)』「진심하(盡心下)」에 맹자는 인간 수양의 단계에 관하여 말씀하기를 "욕구해도 되는 것을 선(善)이라 하고 자기 몸에 있게 하는 것을 신(信)이라 하고 충실케 한 것을 미(美)라 하고 충실하여 빛남이 있게 하는 것을 대(大)라 하고 대(大)하여 화(化)하는 것을 성(聖)이라 하고 성(聖)스러워 알 수 없게 하는 것을 신(神)이라 한다[可欲之謂善, 有諸己之謂信, 充實之謂美, 充實而有光輝之謂大, 大而化之之謂聖, 聖而不可知之之謂神]"라 했다.

11. 김중군유애비기金中軍遺愛碑記의 뒤에 쓰다[35) 書金中軍遺愛碑記後

譯 옮김 도호부(都護府)의 큰일은 부사에 관련되고 작은 일은 여러 군교들이 나누어 맡아 처리하고 있으니, 중군(中軍)[36)]이란 위로는 부사에 가까워서 설시(設施)하는 것이 없고 아래로는 여러 군교들과 더불어 공능(功能)을 다투는 것을 깨끗하게 여기지 않는다. 그러므로 그가 관직에 임하는 것은 객지에 사는 것과 같아서 헐뜯거나 기리는 것이 없는 것이다. 김세보(金世輔) 군이 사람들로 하여금 돌에 새겨 송덕을 하게 했던 것은 그 공(功)과 덕(德)이 반드시 남보다 크게 뛰어나서이다. 그런데 중간에 빗돌이 조정의 명령으로 없어져 버렸다. 후에 군(君)의 손자 형(泂)이 군의 구직(旧職)을 위하여 방문해서 그것을 얻어 옛날 절개로 죽은 사람의 사당 곁에 옮겨서 묻고 그 일을 기록하여 판에다 새겨서 후인들로 하여금 증명할 수 있게 하였으니 군에게는 손자가 있게 되었다. 군(君)이 가정생활을 할 적에 지극한 행실이 있어서 종족(宗族)과 향당(鄕黨)들이 그를 칭찬하는 것이 이제까지도 사그라지지 않는다고 한다. 경(經)에 이르기를 "효도하고 형제간에 우애하여 정사에 베푼다"[37)] 라고 한 것을 군에게서 더욱 징험할 수 있게 되었다. 내가 또 듣건대 빗돌을 옮겨 묻을 적에 옛날의 여러 장졸들이 머리 하얗게 세었어도, 자급(資級)이 있던 자들이 와서 옛날의 은혜를 말하면서 그를 위하여 역사하기를 원함이 이와 같았으니 이것 또한 빗돌이다. 어찌 비를 세울 것이 있으리오.

---

35) 강세황의 문집에도 「제김중군세보유애비(題金中軍世輔遺愛碑)」라는 글이 남아 있다.
36) 중군(中軍) : 조선 시대의 경관직(京官職)에서는 훈련도감 · 금위영(禁衛營) · 어영청(御營廳) · 총융청(摠戒廳) 등에 둔 종2품관으로 대장에 버금가는 장군직이었으며, 외관직(外官職)에서는 절도사 · 방어사 · 통제사 밑에서 군대를 통할하는 장군직이었다. 각 영(營)에서 대장 또는 사(使)를 보좌하면서 실질적으로 모든 실무를 총괄하였다.
37) 『논어(論語)』 「위정(爲政)」에 나온다.

원문 都護府, 大事關於使, 小事, 列校分掌之, 中軍, 上逼於使, 無所設施, 下不屑, 與列校, 爭能較功. 故其莅官, 若寄寓, 無毁譽焉. 金君世輔之能使人, 刻石頌之者, 其功與德, 必有大過人者矣. 中間碑因朝令廢焉. 後君之孫泂, 復爲君旧職, 訪得之, 移埋于故死節人祠旁, 記其事而鏤于板, 使後來有徵焉, 君有孫矣. 君居家有至行, 宗族鄕黨稱之, 至今不衰. 經云: "惟孝友于兄弟, 施於有政者." 於君益驗矣. 余又聞碑之移埋也, 昔年諸將卒, 老白首而有資級者來, 誦旧恩, 願爲之役如此, 則是亦碑也. 安用碑爲.

12. 『한양조씨팔세유한』 발문 漢陽趙氏八世遺翰跋

譯 옮김 뭇 사람에게 묻기를 "그대는 누구를 사랑하는가?"라고 하면 반드시 말하기를 "저의 선조를 사랑합니다"라고 할 것이며, "누구를 공경하는가?"라고 하면 반드시 말하기를 "저의 선조를 공경합니다"라고 할 것이다. 대개 다른 사람에 대해서 사랑하고 공경하는 것은 그 재주와 학식을 보아서이나 그 선조에게 더하는 것은 한결같이 모두 (정성을) 다하는 것이니, 이것은 인정(人情)이다. 그런데 세상의 군자들 중에는 고금의 이름난 사람의 필적(筆蹟)을 구해 수장하여 보배로 아끼지만 그 선대의 유묵(遺墨)은 혹 흩어져도 거두지 않는 이가 많으니, 힘쓰는 바가 순서를 잃은 것이다. 한양(漢陽) 조후교(趙厚敎) 군은 여기에 탄식함이 있어서 그 8대 이하의 남겨진 편지 몇 장을 모아 장정(裝幀)하여, 한 첩을 만듦으로써 사모하는 마음을 부쳤으니, 힘쓰기를 부지런히 하고, 먼저 할 바를 안 것이다. 또 첩을 한 번 펼치면 소목(昭穆)이 서로 차례가 있어서 말씀을 받드는 것과 같으니 조군(趙君)이 그것을 경중함

이 마땅한 것이다. 만약 소옹선생(梳翁先生 : 趙公瑾)의 위절(偉節)과 고풍(高風) 같은 것은 다른 사람들도 오히려 높이어 숭상할 줄 아는데 하물며 그 자손임에랴!

원문 詢於衆曰 : "爾愛誰?" 必曰 : "愛我先." "敬誰?" 必曰 : "敬我先." 盖愛敬於他人, 則視其才學, 而加之於其先, 則壹皆致焉, 此人情也. 而世之君子, 多求古今名人筆蹟, 藏弆珍惜, 其先代遺墨, 則或散軼不收, 所務失序矣. 漢陽趙君厚教, 有嘅于是, 集其八世以下遺翰若干紙, 裝爲一帖, 以寓慕焉, 用力勤而知所先矣. 且帖一展而昭穆相次, 謦欬如承, 宜趙君之敬重之也. 若梳翁先生偉節高風, 雖他人猶知尊尙, 矧其子孫哉!

13. 구암정기 龜巖亭記

譯 옮김 조물주(造物主)가 뭇 사물을 만드는 데에는 그 근본에 정(正)이 있고 부(副)가 있는 것이니 비유하자면 저작가(著作家)와 같아 하나의 본(本)은 명산(名山)에 수장하고 하나의 본(本)은 서울에 있는 것과 같다. 동네의 입구에 있는 석사(石獅)와 석호(石虎), 모든 강이나 바닷가에 있는 석연(石燕)과 석해(石蟹)와 같은 등속(等屬)이 이것이다. 지금 용호(龍湖)의 돌은 낙수(洛水)에서 낙서(洛書)를 지고 나온 것의 부본(副本)이니, 그 형태가 덩그런하게 높다. 그러므로 암(巖)이라 한 것이다. 또 「설괘(說卦)」에 이르기를 "이(離)는 귀(龜)이다"[38]라 하였고, 「오행전(五行傳)」에 말하

38) 「설괘(說卦)」에 이르기를 "이(離)는 귀(龜)이다[說卦曰離爲龜]." : 『주역(周易)』 「설괘전(說卦傳)」에 "離爲火, 爲日, 爲電, 爲中女, 爲甲冑, 爲戈兵, 其於人也爲大腹, 爲乾

기를 "귀(龜)라는 것은 오래임을 말한 것이다"라고 하였다. 암(巖)이 이방(離方)에 오래 있어 그 시초를 알 수는 없으니 이런 이름을 받는 것이 마땅하다. 진산 유씨(晋山柳氏) 중에 보물을 품어 독에 감춘 자가 있었는데 그 곁에 정자를 짓고 조용히 살면서 글을 읽었다. 대저 천지(天地) 사이에 비태(否泰)·휴구(休咎)·영허(盈虛)·굴신(屈伸)하는 이치를 고요히 보면서 묵묵히 궁구하지 않는 것이 없다. 세상에서 작변(爵弁)과 어대(魚岱)[39]의 영광 자랑하는 것을 하루살이와 같이 여겼다. 그 마음이 초연(超然)하여 효상(爻象)의 밖에 노닐려고 하는데, 그 나이가 바야흐로 쉰이 되었다. 이로부터 지혜가 더욱 노련해지고, 도가 더욱 통달되면 사람들이 장차 시채(蓍蔡)[40]로 삼을 것이니, 이 문장을 암(巖)의 좌측에다 매달아서 서계(書契)로 삼아라.

원문 造物主之造羣物也, 其本有正有副, 譬猶著作家, 一本藏名山, 一本在京師. 若顏洞之石獅石虎及諸江海邊石燕石蟹之屬, 是已. 今龍湖之石, 卽洛水負書者之副本也, 其形穹窿巉巖. 故曰巖. 又「說卦」曰 : "離爲龜." 「五行傳」曰 : "龜之言久也." 巖在離方, 久則莫知其始, 宜愛是名也. 晋山柳氏, 有懷寶韞櫝者, 亭於其旁, 燕居讀書. 凡天地間否泰休咎盈虛屈伸之理, 無不靜觀而默究. 世所夸爵弁魚岱之榮, 則視爲蜉蝣. 其心欲超然遊於爻象之外, 而其年方知命矣. 自此智益老道益通, 人將蓍蔡之, 縣此文於巖之左, 以爲契焉.

卦, 爲鱉, 爲蟹, 爲蠃, 爲蚌, 爲龜, 其於木也爲科上槁"라 했다.

39) 어대(魚岱) : 당대(唐代)에 오품(五品) 이상의 관리가 어부(魚符)를 넣어 차는 주머니. 송대(宋代)에 이르러서는 다만 장식으로만 쓰였다.

40) 시채(蓍蔡) : 점치는 데 쓰이는 톱풀과 거북. 시귀(蓍龜)와 같다.

14. 정일사鄭逸士가 백두산을 유람한 기록 뒤에 쓰다 題鄭逸士遊白山錄後

譯 옮김 정일사(鄭逸士)는 나라 안의 여러 명승지를 두루 유람하였으나 오히려 나라 안의 명산(名山)을 보지 못한 것을 한으로 여겼다. 내가 그것을 일러 비유하기를 "절세의 미인을 사모하는 자가 한 번 보고 나면 마음이 곧 시들해지는 것이니 긴 시간을 절실하게 생각하여, 그를 혹시라도 만나기를 바라는 것만 못한 것이다"라고 하였다.

원문 逸士遍遊域內諸勝, 猶以未見域外名山爲恨. 余謂譬之, 慕絶艶者, 一覿則心便懈, 不如長時懸想, 冀其或遇也.

15. 글을 써서 외손자 허질許瓆에게 주다 書贈外孫許瓆

譯 옮김 자기 자손은 본래 사랑하는 것이나, 다른 사람은 자기에게 이익이 있은 후에야 비로소 사랑하는 법이다. 지금 너는 나의 손자이다. 그리고 나는 늙고 병들어 귀와 눈을 너에게 맡기고, 눕고 일어나는 것에서도 너를 기다리며, 서책(書策)과 궤장(几杖)에 관한 일을 네가 도맡고 있으니, 그 보탬이 매우 많다. 이는 본래 사랑하는 마음 이외에 자기에게 보탬이 되는 자를 사랑하는 마음까지 겸한 것이다. 다만 내가 덕으로 너에게 미칠 만한 것이 없어서 여기에 고인(古人)의 격언(格言)을 써서 너에게 준다. 너의 품성은 이미 아름답고 다시 여기에 종사(從事)하고 있으니 장래에 성취할 것이 어찌 우리나라의 근세 인물에만 그칠 따름이겠는가?

만족함을 아는 자는 하늘이 가난하게 할 수 없고 구함이 없는 자는 하늘이 천하게 할 수 없는 것이다.[41] 시름과 고통을 참기는 쉬우나, 기쁘고 즐거운 것을 참기는 어려우며, 노하여 꾸짖는 것은 참기가 쉬우나, 기뻐서 웃는 것은 참기가 어려우며,[42] 남을 헐뜯는 자는 스스로를 헐뜯는 것이고,[43] 다른 사람을 성취시키는 자는 자신을 성취시키는 것이니,[44] 천하(天下)에는 선을 하는 것보다 더 쉬운 것은 없고, 악을 하는 것보다 더 어려운 것은 없는 것이다.[45] 하나의 생각이 사물에 미치지 못하면 곧 창자를 썩히게 되고,[46] 하루라도 일을 만들지 않으면 곧 미련한 놈[頑漢]이 되는 것이다. 고인(古人)에게 양보하면 뜻이 없는 것이고, 지금 사람에게 양보하지 않으면 아량이 없는 것이다.[47] 군자(君子)가 일정한 사귐이 있는 것을 일러 '의(義)'라 하고, 일정한 맹세가 있는 것을 일러 '신(信)'이라 한다.[48] 가마[釜]와 고(鼓)[49]가 가득 차면, 사람이 그것을 궁글대질하고, 사람이 가득 차면 하늘이 그것을 궁글대질한다.[50] 득의(得意)한 장중(場中)에서는 다른 사람의 뜻과 기상을 키워 주기도 하지만, 또한 다른 사람의 선한 바탕을 없앨 수도 있는 것이다. 말하자면 "스스로 반성하고 스스로 송사하거나, 스스로 강하게 하고 스스로 후하

---

41) 청(淸) 김영(金纓)의 『격언연벽(格言聯璧)』에 실려 있다.

42) 청(淸) 위제서(魏際瑞)의 글 중에 "忍育易而忍痒難, 忍哭易而忍笑難, 忍愁苦易而忍歡娛難, 忍貧賤易而忍富貴難, 忍威武易而忍柔媚難, 忍怒罵易忍嘻笑難. 惟難忍也, 是所貴乎忍之也"라 했다.

43) 당(唐) 피일휴(皮日休)의 『녹문은서육십편(鹿門隱書六十篇)』에 "毁人者, 自毁之; 譽人者, 自譽之"라 했다.

44) 명(明) 전기(錢琦)의 『전공량측어(錢公良測語)』에 "治人者必先自治, 責人者必先自責, 成人者必先自成"이라 했다.

45) 『통현진경(通玄眞經)』에 나온다.

46) 부양(腐腸) : 장(腸)과 위(胃)를 썩힌다는 말로 속을 썩게 한다는 뜻.

47) 청(淸) 김영(金纓)의 『격언연벽(格言聯璧)』에 "不讓古人, 是謂有志. 不讓今人, 是謂无量"이라 했다.

48) 『신감(申鑒)』에 "君子有常交曰義也, 有常誓曰信也"라 했다.

49) 가마[釜]와 고(鼓) : 부(釜)와 고(鼓)는 모두 옛날의 용량(容量)을 재는 그릇 이름이다.

50) 『관자(管子)』 「추언(樞言)」에 "釜鼓滿則人概之, 人滿則天概之"라 했다.

게 하거나, 스스로 취하고 스스로 짓거나, 스스로 포악하게 하고, 스스로 포기하는 것은 분명히 자기를 따라 말미암는 것이지, 남에게서 말미암는 것은 아니다. 천 사람이 나를 알게 하는 것이 한 사람이 나를 알게 함만 못하고, 한 세대가 나를 알게 하는 것이, 천 세대가 나를 알게 함만 같지 못하다.

원문 己子孫本有愛, 他人則益於己而後始愛. 今汝我孫也. 且我老病, 耳目寄於汝, 臥起須於汝, 書策几杖之役, 汝又皆任之, 其益甚多. 是本愛之外, 亦兼益己之愛者也. 第我無德可以及汝, 玆書古人格言以贈汝. 汝質性旣美, 復從事於斯, 將來所就, 豈止東國近時人物而已哉?

能知足者, 天不能貧, 能無求者, 天不能賤. 忍愁苦易, 忍歡娛難, 忍怒罵易, 忍嘻笑難. 毁人者自毁, 成人者自成, 天下莫易於爲善, 莫難於爲不善. 一念不及物, 便是腐腸, 一日不做事, 便是頑漢. 讓古人是無志, 不讓今人是無量. 君子有常交曰義也, 有常誓曰信也. 釜鼓滿則人槩之, 人滿則天槩之. 得意場中, 能長人志氣, 亦能消人善根. 曰自反自訟, 自强自厚, 自取自作, 自暴自棄, 明由于己, 不由乎人也. 使千人知我, 不如使一人知我, 使一世知我, 不如使千世知我.

16. 정일사가 바다로 들어가서 한라산에 유람하는 것을 전송하며 送鄭逸士入海遊漢拏山

譯 옮김 장부(丈夫)가 세상에 태어났으면 응당 우뚝하게 자립하여 그 뜻을 행해야 할 것이니, 어찌 차마 일곱 척의 몸을 과거 공부 첩[帖括冊][51]이나, 금전이나 곡식의 장부 속에 묻히어 살 수 있겠는가? 정

일사(鄭逸士)가 삼한(三韓)의 아름다운 산수를 모두 보고 장차 바다를 건너 탐라(耽羅)에 들어가 한라산을 유람하려 하니, 이 소식을 들은 사람이 그를 비웃었다. 이 일은 속근(俗根)이 골수(骨髓)에 들어간 자로서는 비웃는 것이 당연한 일이다. 그러나 수백 년 후에 비웃은 자가 존재하겠는가? 비웃음을 당한 자가 존재하겠는가? 나는 알지 못하겠다.

원문 丈夫生世, 當卓然自立, 以行其志, 豈忍將此七尺, 埋沒於帖括冊錢穀簿中耶? 鄭逸士盡觀三韓佳山水, 將泛海入耽羅遊漢拏山, 聞者笑之. 此事, 俗根入髓者笑, 固也. 然數百年後, 笑者在耶, 見笑者在耶, 我不能知.

17. 『하사고』52)에 쓰다 題霞思稿

譯 옮김 늙은이가 할 일이 없어, 앉아 있는 손님들에게 평소 듣고 본 기이한 볼거리나 특이한 소문을 말하게 하여 들었다. 한 손님은 말하기를, "어느 해 겨울 날씨가 봄처럼 따뜻하더니 갑자기 바람이 일고 눈이 내리다가 밤이 되어서야 눈이 그치고, 무지개가 우물물을 마시므로53) 마을 사람들이 놀라 떠들썩했소"라고 하였으며, 한 손님은 "지난번

51) 첩괄(帖括): 과거 응시문을 말하는 것으로, 널리는 과거 공부를 이른다.

52) 하사고(霞思稿): 이단전의 문집 이름. 이단전(李亶佃, 1755~1790)은 조선 후기 시인, 서예가. 자는 운기(耘岐), 경부(耕傅)이고 호는 필재(疋齋)·필한(疋漢)·인재(因齋). 한미한 가문의 출신이었으나 특히 시(詩)에 뛰어났고, 글씨를 잘 썼다. 이용휴의 제자이다. 조희룡(趙熙龍)이 남긴 「이단전전(李亶佃傳)」에 자세한 행적이 적혀 있다. 이단전(李亶佃)은 이용휴(李用休)에게 오기 전에는 이덕무(李德懋)에게 시(詩)를 배웠으며, 이용휴(李用休)가 죽기 일 년 전쯤부터 시(詩)를 배우게 되었다.

53) 무지개가 우물물을 마시므로[虹飮于井]: 『삼국사기』에 "白虹飮于宮井"이라는 말이

에 행각승(行脚僧)이 말하기를, '언젠가 깊은 골짝에서 한 마리 짐승을 마주쳤는데 호랑이의 몸에 푸른 털이었고 뿔이 나고 근육이 날개였으며[박쥐같은 날개], 소리가 어린아이의 소리와 같았다'고 하였소"라고 하였다.

나는 생각하기를, 이런 따위의 말들은 황당하여서 믿을 수 없다고 하였다. 이튿날 아침 어떤 소년 한 사람이 찾아와 인사하고 시를 폐백으로 올렸다. 그 성명을 물으니, 이단전(李亶佃)이라 하기에 다른 사람이 지은 이름과 너무나 다른 것이 의심이 되었었는데, 시집을 펼치자 빛나고 괴이하며 들쭉날쭉함이 형용할 수 없어 생각의 밖에 벗어난 것이 있었으니, 비로소 두 손님의 말이 거짓말이 아니라는 것을 믿게 되었다.

원문 老人無事, 使坐客, 說平生奇觀・異聞而聽之. 一客云, "某年冬暖如春, 忽風作雪下, 入夜雪止, 虹飮于井, 村人驚起噪焉." 一客云, "曩有行脚僧言, '曾入深峽遇一獸, 虎軀綠毛, 角而肉翅, 聲如嬰兒.'" 余謂是近謊說不可信. 翌朝, 有一少年子來謁, 以詩爲贄. 問其姓名曰李亶佃, 已訝其異乎人之命名, 及開卷, 光怪陸離難狀, 有出思慮之外者, 始信二客之說, 非謊也.

18. 초당춘수도[54]에 쓰다 題草堂春睡圖

譯 옮김 세상에서 함께 말할 만한 사람이 없으므로 잠을 잔다. 잠들어 꿈속에서 밭 가는 한 노인[55]과 낚시질하는 한 노인[56]을 만나게 될 것이니, 선생은 두 사람과 비슷한 처지가 되기 때문이다. 나는 이 그

나옴.

림을 대하자 위하여 고인(古人)의 시를 읊었다. "신주(神州 : 中國)의 비는 아직 나쁜 기운 씻어 내지 못하였으니, 바로 늙은 용이 한 번 굴신(屈伸)하기를 기다리노라."

어떤 사람이 말하였다. "선생(先生 : 諸葛亮)이 잠자는 체하며 황숙(皇叔 : 劉備)을 시험하는 것이다"라고 하나 옳지 않다. 선생은 진정한 군자이니 만약 하나의 일이라도 가짜로 한다면 어찌 선생이라 할 수 있겠는가? 동시에 업(鄴) 땅에서는 잠자는 체하며 총희(寵姬)를 시험한 자가 있었으니 그 이름을 '만(瞞)'이라 한다. 그 사람은 과연 어떠한 사람이었던가?

원문 世無足與語者, 故睡. 睡夢中, 應遇一耕父一釣叟, 以先生於兩人, 爲伯仲間也. 余對此圖, 爲誦古人詩曰, "神州雨未洗氛翳, 正待老龍一屈伸." 或言, 先生假睡, 試皇叔者, 非也. 先生眞正君子, 若一事假, 豈得爲先生? 同時鄴中, 有假睡試寵姬者, 其名曰瞞. 其人, 果何如人哉!

---

54) 초당춘수도(草堂春睡圖) : 초당에서 봄 잠을 자는 그림. 이 초당춘수도(草堂春睡圖)는 제갈량(諸葛亮)이 남양(南陽)의 초당(草堂)에서 때를 기다리며 춘수(春睡)를 즐기고 있는 것을 그린 그림이다. 제갈량이 남양 땅에 은거하고 있을 무렵, 와룡(臥龍)이란 소문을 듣고 유비가 초당으로 제갈량을 두 번 찾아갔으나 만나지 못하고, 세 번째로 찾아갔을 때의 이야기이다. 제갈량은 낮잠을 자고 있었고, 유비는 반나절이나 그가 깨기를 기다렸다. 마침내 제갈량이 꿈을 깨고 난 후 시를 읊었다. "큰 꿈을 누가 먼저 깨게 될까? 평생을 나 스스로 알고 있네. 초당에 봄 잠이 넉넉한데, 창밖에는 해가 너무 길구나[大夢誰先覺, 平生我自知. 草堂春睡足, 窓外日遲遲]."

55) 밭 가는 한 노인 : 은(殷)나라 탕(湯)임금을 도와 은나라의 건국에 큰 공을 세웠던 이윤(伊尹)을 가리킨다. 그는 처음에는 신(莘)이라는 들에서 밭갈이를 하였다.

56) 낚시질하는 한 노인 : 주(周)나라 문왕(文王)과 무왕(武王)을 도와 주나라의 건국에 큰 공을 세웠던 강태공(姜太公 : 呂尙)을 가리킨다. 그는 처음에 위수(渭水)에서 낚시질을 하면서 때를 기다렸다.

19. 임류부시도[57]에 쓰다 題臨流賦詩圖

譯 옮김

한 폭의 병풍 중에 위쪽에는 「도원도」, 왼쪽에는 「초당춘수도」, 오른쪽은 「부시도」를 그렸다. 『도정절집(陶靖節集)』 안에서 어떤 시가 '흐르는 물을 임하여 읊은 시'인지 모르겠다. 그런데 옛사람이 이르기를 "평탄하고 넓은 밭에 먼 바람이 부니 싱싱한 이삭이 새싹 품어라"[58]라는 시가 도연명의 시 중에서 제일 좋은 구절이라 하였다. 여러 번 소리 내어 읊으니 봄에 화창하고 청화(淸和)하여 흐르는 물이 소용돌이치다가 다시 흘러 나가는 느낌이 있었으니, 이 말이 혹시라도 물을 보는 사람들에게 도움이 될 수 있을 것인가?

전현(前賢)은 이름을 쓰고, 후현(後賢)은 자를 썼으니 신교(神交)라 할 수 있다. 그러나 한 집에서 자리를 같이 할 수는 없었는데, 지금 한 폭의 그림 가운데에서 함께 만났으니 천고(千古)에 상쾌한 일이라 일컬을 수 있을 것이다.

원문

一幅障中, 上畵桃源圖, 左畵春睡圖, 右畵賦詩圖. 靖節集中, 不知何詩爲臨流所賦者. 而昔人云, "平疇交遠風, 良苗亦懷新." 爲陶詩第一佳句. 再四諷詠, 澹蕩淸和, 有川流漩瀠, 澔淪之意, 是或得助於觀水者耶? 前賢以名, 後賢以字, 神交也. 而未得同堂合席, 今共會於一幅圖中, 可稱千古快事.

---

57) 임류부시도(臨流賦詩圖) : 흐르는 물가에서 시를 읊는 그림.

58) 평탄하고 넓은 밭에 먼 바람이 부니 싱싱한 이삭이 새싹 품어라[平疇交遠風, 良苗亦懷新] : 도연명의 「계묘세시춘회고전사(癸卯歲始春懷古田舍)」에 "先師有遺訓, 憂道不憂貧. 瞻望邈難逮, 轉欲思常勤. 秉耒懽時務, 解顔勸農人. 平疇交遠風, 良苗亦懷新. 雖未量歲功, 卽事多所欣. 耕種有時息, 行者無問津. 日入相與歸, 壺漿勞近鄰. 長吟掩柴門, 聊爲隴畝民"이라 했다.

20. 도원도에 쓰다 題桃源圖

譯 옮김 배는 바위 가에 매어 있고 오솔길과 한길이 분명하니, 어떻게 선원(仙源)을 분별하지 못하겠다고 할 수 있겠는가? 뜻을 펼치면 영웅이 되고 거두어들이면 신선이 되는 것이니, 영웅이 못 되면서 신선이 될 자가 있지 않다. 융중(隆中)[59]에서 노랫가락을 길게 뽑던 사람[諸葛亮]이나 율리(栗里)[60]에서 형가(荊軻)를 읊던 선비[陶淵明][61]는 모두 도화원(桃花源) 속에 배치하는 것이 마땅할 것이다.

원문 舟繫巖邊, 徑術分明, 何謂不辨仙源耶? 展則爲英雄, 斂則爲神仙, 未有不英雄而能神仙者. 隆中長嘯之人, 栗里咏荊之士, 皆宜置桃花源裏.

21. 보졸헌기 保拙軒記

譯 옮김 일찍이 종이에 획을 그어서 두 가지 갈래 길을 만들었다. 하나는 졸(拙)이란 글자를 썼고, 하나는 교(巧)란 글자를 썼다. 졸로(拙路)에는 고금(古今)의 졸(拙)한 자의 성명 약간을 쓰고, 교로(巧路)에는 고금의 교(巧)한 자의 성명 약간을 썼다. 천천히 그 평생을 궁구하건대

---

59) 융중(隆中) : 호남성 서쪽의 산으로 제갈공명이 숨어 있었다 하여 융중이라 한다.
60) 율리(栗里) : 도연명의 고향으로 당시에는 팽택현에 속했다. 『남사(南史)』「도잠전(陶潛傳)」에 "潛嘗往廬山, 王弘令潛故人龐通之齎, 酒具於半道栗里要之"라 하였다.
61) 율리(栗里)는 진(晉)나라 때 시인인 도연명(陶淵明)의 고향이다. 도연명은 협객 형가의 장거(壯擧)가 실패로 끝났음을 애석히 여긴 「영형가(詠荊軻)」라는 시를 남겼다.

졸로에는 대개 처음에는 막혔다가 마침내는 형통한 사람이 많았고, 교로에는 대개 앞서는 영달하였다가도 후에는 고달프게 된 자가 많았다. 드디어 한숨 쉬고 탄식하며 말하기를 "이는 진실로 화복(禍福)과 생사(生死)가 나누어지는 곳으로 삼가지 않을 수 없다"라고 말한다. 또 졸(拙)이란 하나의 맥은 대역(大易)으로부터 온 것이니, 겸괘(謙卦)·손괘(巽卦)·간괘(艮卦)·둔괘(遯卦)란 것이 모두 이런 뜻이다. 다만 그 이름만을 바꾼 것으로는 건(乾) 괘의 "용(龍)이니 쓰지 말라"[62]라 말한 것과 미제(未濟)괘의 "여우는 꼬리가 물에 젖는 것을 경계한다[狐戒濡首]"[63]라고 말한 것과 같은 것은 곧 한 부의 역(易)에서 수미(首尾)를 기결(起結)[64]한 것이다. 그런데 세상의 군자 중에는 지혜로운[65] 사람들이 매우 드물다. 그러므로 혹 재주가 높아 다른 사람들의 시기(猜忌)를 사게 되고 혹 벼슬하여 출세하여도 재앙을 부르는 것이니, 그 마땅히 생각을 하여 두려워해야 할 것이다. 아! 충신(忠臣)·효자(孝子)·절부(節婦)·의사(義士) 중에는 모두 고지식한 사람이 많다. 그 마음은 오직 충효(忠孝), 절의(節義)가 중요함을 알아서 마땅히 행동하여야 하기 때문에 곧바로 행동하고 다시는 털끝 만큼이라도 지혜를 써서 공교롭게 피할 생각이 없었기 때문이다. 저 경박하고 재빠르며 기민하고 권도를 잘 부리는 무리들은 명성과 이득과 총애와 녹봉은 반드시 남보다 앞에 있다. 그리하여 분수를 지키어 질박함을 안고 있는 자를 보게 되면 비웃으면서 둔하고 서툴러서 쓸모가 없다고 여긴다. 그러나 사람들이 자기를 교환(巧宦 : 처세에 능한 관리)과 교추(巧趍)로써 지목을 하면 곧 발끈하여 성내는 것이 안색에 드러나

62) 용이니 쓰지 말라[龍物用] : 『주역(周易)』「건괘(乾卦)」의 초구(初九)의 잠룡물용(潛龍勿用)을 가리킨 것이다.

63) 여우는 꼬리가 물에 젖는 것을 경계한다[狐戒濡首] : 『주역』「미제괘(未濟卦)」의 상구(上九)를 가리킨 것이다.

64) 수미(首尾)를 기결(起結)하다[首尾起結] : 수(首)는 건괘(乾卦)를 가리키고, 기(起)는 시작이란 뜻이니 건괘(乾卦)가 64괘의 시작임을 말하며, 미(尾)는 미제괘(未濟卦)를 가리키고, 결(結)은 맺는다는 뜻이니 미제괘(未濟卦)가 64괘의 종결임을 말한다.

65) 『탄만집』에는 지(智)로 되어 있음.

게 되고, 박졸(朴拙)하다고 바꾸어 부르면 기뻐하는 것은, 진실로 졸(拙)한 것으로써 길덕(吉德 : 美德)을 삼고 교(巧)는 이것과 반대가 되는 까닭이다.

나의 친구 권동야(權東野) 씨는 통적(通籍)한 지 이미 오래되었으나 벼슬길[66]에 나아가지 않아, 명예로 추천하려고 해도 당여가 적었고, 이름을 사려 해도 바탕이 없어서 세상과 더불어 맞지 않았으나 조금도 후회하지 않았다. 그 헌에 편액을 달기를 보졸헌(保拙軒)이라 했으니 이로써 그 후손에게 전달하여 하여금 지켜 나가게 하려고 하는 것이다. 아버지는 자식에게 전하고, 자식은 다시 부모가 되어 전하게 되면서 아름다운 것이 영원한 세대에 흘러가게 될 것이다. 그리하여 어지러운 백 가지의 공교로움과 천 가지의 기이함은 흩어져서 없어지게 될 것이니, 그러한 뒤에야 졸(拙)이란 것은 참으로 마음을 편안히 하고 가문을 보존하는 부절이란 것을 알게 될 것이다.

원문

嘗畫紙作兩條路. 一書拙字, 一書巧字. 拙路, 疏古今拙者姓名若干, 巧路, 疏古今巧者姓名若干. 徐究其平生, 拙路多始否而終泰, 巧路多前榮而後瘁. 遂喟然歎曰 : “此誠禍福生死分界處, 可不愼歟.” 且拙之一脉來自大易, 曰謙曰巽曰艮曰遯者, 皆是義也. 特換其名, 若乾之龍言勿用, 未濟之狐戒濡首, 卽一部易首尾起結也. 而世之君子, 知者鮮矣. 故或才高賈忌, 或宦成招災, 其宜入思而起惕也. 噫! 忠臣孝子節婦義士, 率多拙直人. 以其心, 惟知忠孝節義之爲重, 當行卽行, 更無一毫用智巧避之念故也. 彼儇捷機權之徒, 聲利寵祿, 必居人先. 見有守分抱質者, 則笑以爲鈍拙無用. 然人目己以巧宦巧趍, 則勃然怒形乎色, 改目以朴拙則喜者, 誠以拙爲吉德, 巧則反是故也.

余友權東野氏, 通籍已久, 仕不進, 吹譽寡黨, 買名無資, 與世齟齬而不

66) 『탄만집』에는 임(任)으로 되어 있다.

少悔. 顔其軒曰保拙, 欲以是傳其後而使保守之. 父以傳子, 子復爲父以相傳焉, 則可流懿永世. 而紛紛之百巧千奇, 索然無有, 而後知拙者, 眞安身保家之符也.

22. 심대사沈大士의 『풍악록』[67] 발문 沈大士楓嶽錄跋

譯 옮김 나는 항상 조물주가 인내심이 없어서 기괴하고 걸특(傑特)한 광경을 해좌(海左)의 조선국(朝鮮國) 관동(關東) 지역에 두었으되 그 능력을 다하고 그 기교를 전부 다하여 자랑하고 빛내는 것을 괴이하게 여기고 있다. 또 나라에서 유산(遊山)을 금지하는 령(令)도 없으니, 겨우 걸음마를 배운 자면 모두 양식을 싸고 신발을 신고서 동쪽으로 향하여 간다. 그중에 늙고 병든 사람이라도 늘상 동쪽으로 가려는 꿈을 꾸고 있다. 그런데 조정과 저자를 논할 것 없이, 사람들 발걸음은 나날이 줄기차게 서쪽으로 향하면서 말하기를 "연화가 모이는 곳이다" 하고, 남쪽으로 향하면서는 말하기를 "곡식의 곳간이다"라고 하며, 북쪽으로 향해서는 말하기를 "예쁜 계집들이 꽃처럼 아름답다"라고 한다. 오직 동쪽 한 길만은 풀이 신발을 덮으며, 종일토록 산새가 날고 울면서 왕래하는 것은 어째서인가? 대개 심장은 불을 수장하고 있는 곳이다. 뜨거운 곳에 가까이하기를 좋아하니, 풍악(楓嶽)이 비록 좋기는 하지만, 청유(淸遊)이기 때문에 그곳은 버려두고 뜨거운 곳으로 내려가는 것이다. 도서(道書)에 이르기를 "동천영경(洞天靈境 : 천하의 명산 승경)을 밟은 사람은 선적(仙籍)에 이름을

---

67) 채제공(蔡濟恭)의 『번암집(樊巖集)』에는 「沈景眉壽錫楓嶽錄序」가 실려 있고, 정범조(丁範祖)의 『해좌집(海左集)』에는 「沈景眉壽錫從楓嶽歸賦贈」, 「題沈景眉壽錫楓嶽錄後」가 실려 있다.

올릴 사람이다"라고 하였다. 그렇지 않으면 애초부터 생각을 두지 않을 것이니 능히 유람할 수 있겠는가?

청송(青松) 심대사(沈大士)는 만 사람 중에도 없는 사람이다. 훌쩍 옷자락을 떨치고 동쪽으로 나가기를 마치 인도하여 이끄는 자가 있는 것과 같이 하였으니, 이 산과 오래된 인연이 있어서 단대(丹臺)[68]에 이름이 실려 있는 자가 아니라면 어찌 이와 같이 할 수가 있겠는가? 그가 유람을 기록한 여러 작품들이 맑고 활달하여 티끌이 없으리란 사실은 꼭 보아서 알기를 기다릴 필요가 없을 것이다. 나는 또 듣건대, 심대사(沈大士)가 동유할 때에 그 아들이 따라 갔다고 한다. 이 일은 한 성씨 중에 한 사람도 오히려 어려운 것인데, 하물며 부자가 감이랴! 그를 위해 벼루를 씻고 종이의 먼지를 털어서 이 글을 쓴다.

원문

余常怪造物無耐性, 設一瑰奇傑特之觀於海左朝鮮國關東之域, 而盡其能窮其巧, 以矜耀之. 且國無禁遊之令, 宜纔能學步者, 皆裹糧理屐, 望東而走. 其老且病者, 常作東夢. 而朝市勿論, 人之趾日袞袞向西而曰, "燕貨之聚也." 南而曰, "穀粟之府也." 北而曰, "佳冶者貌如花也." 惟東一路, 草欲沒屨, 終日山鳥悲鳴往來者, 何也? 盖心火藏也. 好近熱處. 楓嶽雖好, 淸遊耳, 故舍而趨熱處矣. 道書云, "跡涉洞天靈境者, 是注名仙籍之人." 不然 祔[69]不有念其能有遊耶?

青松沈大士, 無萬人中. 飄然拂衣而東出, 若有導而引之者, 非與此山有宿緣, 而名在丹臺者, 能如是乎? 其記遊諸作之淸曠無塵, 不須見而後知. 余又聞大士之東遊也, 其子從焉. 此事一姓一人猶難, 矧父子哉! 爲滌硯拂牋而書之.

---

68) 단대(丹臺) : 선인(仙人)이 사는 곳을 이른다.
69) 문리로는 초(初)가 되어야 할 것 같다.

23. 외손자 허질[許瓆]의 자[字]를 순옥[純玉]이라 지은 데 관한 설 外孫許瓆字純玉說

譯 옮김 무부(珷玞)[70]와 연민(瑌玟)[71]은 재질이 옥(玉)보다는 못하고, 감색과 초록색, 옥색과 자주색은 순수함이 흰 것에는 미치지 못한다. 그러므로 보배를 말할 때는 반드시 옥(玉)을 말하고, 옥(玉)을 말할 때는 반드시 흰 것을 말한다. 또 자서(字書)에 이르기를 "옥(玉)은 양정(陽精)[72]의 순수한 것이다"라고 했으며, 공자(孔子)가 이르기를 "기(氣)가 백홍(白虹)과 같은 것은 천연이다"[73]라고 하셨으니 대개 온순(溫純)하고 순백한 재질이 있은 뒤에야 규장(珪璋)[74]이 되어서 제수(綈繡)[75]를 깔 수 있는 것이다. 그러므로 너를 이름 하여 질(瓆)이라 하고, 자를 순옥이라 하는 것이니, 너는 마땅히 몸가짐을 옥을 잡은 듯이 하여 혹시라도 그 아름다운 바탕에 티가 없게 하라.

원문 珷玞瑌玟, 質遜於玉, 紺綠縹紫, 純不及白. 故稱寶必稱玉, 稱玉必稱白. 又字書曰 : "玉陽精之純." 孔子曰 : "氣如白虹天也." 盖有溫純潔白之質而後, 可以爲珪璋而藉綈繡. 故名爾曰瓆, 字以純玉, 爾宜持身如執玉, 無或玷其美質.

---

70) 무부(珷玞) : 옥과 같이 아름다운 돌.

71) 연민(瑌玟) : 옥과 같이 아름다운 돌. 『예기(禮記)』「옥조(玉藻)」에 "士佩瑌玟而縕組綬"라 했고, 공영달(孔穎達)의 소(疏)에 "瑌, 玟, 石次玉者, 賤, 故士佩之"라 했다.

72) 양정(陽精) : 옥(玉)을 가리킨다. 『주례(周禮)』「천관(天官)」'옥부(玉府)'에 "王齊則共食玉"이라 했고, 정현(鄭玄)의 주(注)에 "玉是陽精之純者, 食之以禦水氣"라 했다.

73) 기(氣)가 백홍(白虹)과 같은 것은 천연이다[氣如白虹天也] : 『공자가어(孔子家語)』「문옥(問玉)」에 "氣如白虹, 天也; 精神見于山川, 地也; 精神本出山川, 是故地也, 珪璋特達, 德也; 天下莫不貴者, 道也. 詩云 : '言念君子, 溫其如玉' 故君子貴之也"라 했다.

74) 규장(珪璋) : 예식(禮式) 때, 장식에 쓰이는 옥(玉).

75) 제수(綈繡) : 채색 수로 장식한 두꺼운 비단의 한 가지.

24. 외손자 허숙[許璹]의 자[字]를 수옥[壽玉]이라 지은 데에 관한 설 外孫許璹字壽玉說

譯 옮김 하나의 형태가 있기만 하면 영원히 흩어지지 않는 것은 옥(玉)이 모두 그러하다. 이것이 어찌하여 홀로 수(壽)를 하는가? 빈 산의 가운데에 옥이 혹 무더기를 이루고 있어도 묻혀서 드러나지 못하면 썩은 흙과 무엇이 다르겠는가? 이것은 옥이 있어도 옥이 없는 것이다. 대저 숙(璹)이란 것은 그릇의 이름이다. 옛날부터 옥이 어찌 한정이 있으랴마는 오직 천구(天球)[76]·홍벽(弘壁)[77]·육호(六瑚)·사련(四璉)[78]만이 간책(簡策)에 올라 우주(宇宙)에 드리워진 것은 그 덕이 그릇을 이룬 것에 합치게 되어 이름이 따라서 오래가는 것이다. 숙(璹)아! 너는 오래 살고 싶거든 너를 수하게 하는 것을 생각할지어다.

원문 一有形而永不解者, 玉皆然. 此何以獨爲壽也? 空山之中, 玉或成堆, 而湮沒不顯, 與朽壤奚別? 此有玉而無玉也. 夫璹者, 器名也. 古來玉何限也, 惟天球弘壁六瑚四璉, 登簡策而垂宇宙者, 以其德合成器, 而名隨以久也. 璹爾欲壽, 思所以壽爾者.

---

76) 천구(天球) : 하늘색을 띤 보옥(寶玉) 이름. 옛날 옹주(雍州)에서 공물(貢物)로 바쳤던 구슬이다. 『서경(書經)』「고명(顧命)」 참조.

77) 홍벽(弘璧) : 옥으로 만든 구슬. 천구는 동서(東序)에 두고 홍벽은 서서(西序)에 두었다. 『서경(書經)』「고명(顧命)」에 나온다.

78) 육호(六瑚)와 사련(四璉) : 종묘(宗廟)에 쓰는 일종의 제기. 은(殷)나라에서는 육호(六瑚)를 사용했고, 하(夏)나라에서는 사련(四璉)을 썼다 한다. 『예기』「명당위(明堂位)」에 "夏后氏之四璉, 殷之六瑚"라 했다.

25. 종손 재중[載重]의 자[字]를 유여[幼輿]라고 지은 데에 관한 설 從孫載重字幼輿說

譯 옮김 형이상으로 무거운 것은 강상(綱常)이고, 형이하로 무거운 것은 화악(華嶽 : 華山)이다. 무엇이 강상을 싣고 있는가? 사람의 몸이 이것이다. 무엇이 화산(華山)을 싣고 있는가? 대지가 이것이다. 그렇다면 사람의 몸이 경상(綱常)을 싣고 있는 것은 대지(大地)가 화악을 싣고 있는 것과 같은 것이다. 그러므로 재중의 자를 유여(幼輿)라고 말한 것은 비유로 취한 것이다. 비록 그렇긴 하지만 산은 한줌의 흙을 모아서 높고 크게 된 것일 따름이나, 이륜(彝倫)은 바로 우주를 떠 괴는 근본적인 교화가 되는 것이니, 더욱 무거운 것이다. 재중(載重)은 우리 홍도(弘道)선생의 손자가 되니 그가 계승한 것의 무거움이 또 자별하다 하겠다. 아! 일곱 척의 몸에 싣고 있는 것이 매우 무거운데 그 무거운 것이 형이상인 것이니, 그렇다면 그 싣고 있는 수레 또한 반드시 형이하인 수레는 아닐 것이다. 수레가 어디에 있는가? 공경에 있으니 전에 이르기를 "경(敬)이 여(輿)이다"[79]라고 하였다.

원문 形而上而重者爲綱常, 形而下而重者爲華嶽. 誰載綱常? 人身是也. 誰載華嶽? 坤輿是也. 然則人身之載綱常, 猶坤輿之載華嶽. 故字載重曰幼輿者, 取比也. 雖然, 山卽撮土之聚, 而高大者而已, 彝倫乃撐支宇宙根本敎化者, 爲尤重矣. 而載重爲我弘道先生之孫, 其所承之重, 又自別矣. 噫! 七尺之軀, 所載甚重, 而其重爲形而上者, 則其所載之輿, 亦必非形而下者. 輿何在? 在敬. 傳曰 : "敬爲輿."

---

79) 경(敬)이 여(輿)이다[敬爲輿] : 공경하는 것이 보배라는 뜻. 출처를 알 수 없음.

26. 봄 놀이에서 지은 시축에 쓰다 題賞春詩軸

[1]

譯 옮김 서문장(徐文長[80])의 시평(詩評)은 너무 각박하고, 이립옹(李笠翁[81])의 시평은 너무 너그러우니, 나는 이 두 사람을 절충한다. 꽃의 품격은 다르나 다 좋은 꽃이 되고, 시(詩)의 품격이 다르기는 하나 모두 좋은 시(詩)가 된다. 그러나 꽃에는 성하고 쇠함과 피고 짐이 있으나, 시의 향과 색깔은 항상 새롭다.

원문 徐文長之評詩太刻, 李笠翁之評詩太寬, 老夫則斯二者折衷之. 花品不同, 皆爲好花, 詩品不同, 皆爲好詩. 然花有盛衰・開落, 而詩之香色常新矣.

---

80) 서문장(徐文長, 1521~1593) : 중국 명나라의 문인(文人). 문장(文長)은 서위(徐渭)의 자(字). 호는 청등(靑藤)・천지(天池). 장년기에 한 번 절강성 총독(浙江省 總督)의 막객(幕客)이 되었던 것을 마지막으로 향리에 은퇴하였다. 시・서・화에 각각 일가를 이루는 천재적인 문인이었다. 자기의 독창성을 중시하여 명(明)나라 초기에 문단을 풍미했던 의고파(擬古派)의 모방을 조소하였는데, 사후 그 개성적인 시풍은 공안파(公安派)인 원굉도(袁宏道)를 경탄시켰을 정도였다. 저서 『서문장전집(徐文長全集)』이 있다.

81) 이립옹(李笠翁, 1611~1679) : 중국 명말(明末)・청초(淸初)의 문인. 입옹(笠翁)은 이어(李漁)의 자(字). 호는 각세패관(覺世稗官)・호상입옹(湖上笠翁). 젊어서는 각지를 여행하였으나 만년에는 항주(杭州)의 서호변(西湖邊)에 정주하였다. 희곡은 16종이 있지만 『입옹십종곡(笠翁十種曲)』이 대표작이다. 그의 창작 태도는 명말・청초의 사조(詞藻)의 곡(曲)과 변려문(騈儷文)을 주로 한 대사(臺詞)에 반대하여, 통속적인 창(唱)의 문구와 풍취 넘치는 평이한 대사를 구사하였기 때문에 공연에도 적당하고 대중심리에도 부합되었다.

[2]

譯 옮김 온 도시 사람들이 봄을 감상하지만 나만 늙고 병들어 홀로 누워서 4월을 넘기고 있었는데, 제군(諸君)들이 상춘시(賞春詩)를 가지고 나에게 평을 써달라고 부탁한다. 한 해의 봄빛이 삼전(三錢)짜리 계모필(鷄毛筆)의 처분을 기다리게 되었으니, 이른바 풍류(風流)롭지 못한 곳이 도리어 풍류롭다고 하는 것이 이것인가?

원문 傾城賞春, 余老病獨臥, 度鶯花月, 諸君以賞春詩, 屬余題評. 一年春色, 聽三錢鷄毛筆管領矣, 所謂不風流處却風流者是耶?

[3]

譯 옮김 먹을 불기를 난초와 같이 했으니 빼어난 빛이 곱씹을 만하였다. 이것을 늙은 나에게 선물하여 준다면 여러 날 동안 밥맛을 알지 못할 것이다.

원문 吹墨如蘭, 秀色可餐. 以此見餉老夫爲之數日不知食味矣.

[4]

譯 옮김 몸은 태평한 그림 중에 있으며 입으로는 그림 속의 경치를 읊조리나니, 많은 복을 누리는 힘과 많은 재주를 갖춘 자가 아니라면 능히 이와 같을 수 있겠는가? 마땅히 술을 시키고 술잔을 씻으며 스스로 부르짖고 스스로 칭찬하리라.

원문 身在太平畵中, 口吟畵中景, 非其二十分福力, 二十分才藻者, 能如是乎? 當呼酒洗爵, 自呼自譽.

[5]

譯 옮김 자리를 옮겨 청담(淸談)을 하고 느린 걸음으로 한가로이 읊으면 진실로 이름난 선비인 것이다. 그러나 명사(名士)라고 운운하는 것은 선비를 두고 한 말이지 높은 벼슬을 일컬음이 아니다. 제군(諸君)들은 우연히 높은 벼슬아치가 되었을 뿐이니, 비록 포의(布衣)라도 이러한 지목을 받는 것이 마땅하다.

원문 移席淸談, 緩步閒吟, 眞名士也. 然名士云者, 士之有名, 非謂簪紳也. 諸君偶簪紳耳, 雖布衣, 宜受此目.

[6]

譯 옮김 강문시(江門詩)[82]에 이르기를 "꽃이 말을 할 수 없어 새가 그 뜻 펼쳐 주네[花不能言鳥爲申]"[83]라고 하였는데, 내가 한 글자를

82) 진헌장(陳獻章, 1428~1500) : 중국 명(明)나라의 유학자. 호는 백사(白沙)·석재(石齋). 자는 공보(公甫). 광동성(廣東省) 백사(白沙) 출생. 오강재(吳康齋)에게 사사하고, 송대(宋代) 육상산(陸象山)의 학풍을 계승하였다. 유교 경전의 자질구레한 해석에 몰두하는 명대(明代)의 주자학에 반발하고 실천성을 강조하였기 때문에 왕양명(王陽明)의 선구적 사상가로 보인다. 천리(天理)와 일체(一體)의 심경(心境)을 그의 많은 시작(詩作)에서 음미(吟味)할 수 있는 시인적 유학자로 높이 평가된다.

83) 꽃이 말을 할 수 없어 새가 그 뜻 펼쳐 주네[花不能言鳥爲申] : 『진백사집(陳白沙集)』「차운이헌부유별(次韻李憲副留別)」에 "一莖白髮未生鬢, 四尺黃金猶帶身, 歸去且看湖上月, 相思還慰嶺頭人, 情關遠別詩難寫, 花不能言鳥爲申, 紫陌朱門天上事, 華山都道不如貧"이라 했다.

고쳐서 "꽃은 능히 말할 수 없어 시가 그 뜻 펼쳐 주네[花不能言詩爲申]"라 했다.

원문 江門詩曰 : "花不能言鳥爲申." 余爲改一字曰 : "花不能言詩爲申."

27. 정덕승을 위하여 장난삼아 집을 구입한 문서를 작성하다 爲鄭德承戲作買宅卷

譯 옮김 집을 짓고, 계약서가 만들어진 후 몇 년 만인, 태세(太歲)는 신(辛)방에 있고, 월덕(月德)은 병(丙)에 있을 때 마땅히 문서를 작성하여[立券][84] 집과 바꾸어야 하였다. 문서의 내용은 이렇다. "이 세상에 사는 아무개 선비가 집 한 채를 조물주(造物主)에게서 샀다. 집은 모두 몇 칸인데, 빙 둘러 있는 잡목(雜木)이 몇 그루이며, 산을 등지고 물에 임하였다. 왼쪽은 진방(震方)이요, 오른쪽은 태방(兌方)이다. 가격으로 동전(銅錢) 수백 냥을 준다. 문서가 만들어진 뒤에는 세월이 지나, 우주가 다할 때까지 영원히 다툴 사람이 없을 것이다"라고 하였다. 혜환노인(惠寰道人)은 남해대사(南海大士)의 전례(前例)에 의하여 보증을 서노라.

원문 宮室作, 書契造, 後幾年, 太歲在辛, 月德在丙, 宜立券交易曰, "宇內寓人某甫, 買宅一區於造物主. 宅凡幾間, 環列雜樹木幾章, 背山臨水. 左震右兌. 價償銅錢幾陌. 成券之後, 歷歲窮宙, 永無爭者." 惠寰道人, 依南海大士舊例爲證.

84) 입권(立券) : 계약 문서(契約文書)를 작성하는 것.

28. 『다화재집』에 쓰다 題茶花齋集

譯 옮김 사람이 이와 같은 재주가 있는데도 단명하여 죽었으니 애석하도다! 그러나 가령 재주 없이 늙어 수를 누린 들, 3만 6천 일에 불과한 물건이고, 항상 좁쌀을 먹는 누리[蝗黍]일 뿐이니, 또한 무슨 이익이 있겠는가? 아! 채색 구름은 쉽게 사라지고, 좋은 꽃은 일찍 시든다. 그러므로 사람이 항상 생각을 머무르는 것이니, 그렇지 않다면 많이 보아서 스스로 이루어진 것이리라.

원문 人有如此才而短命死, 惜哉! 然使無才而老壽, 不過爲三萬六千日物, 徒蝗黍耳, 亦何益也. 噫! 彩雲易滅, 好花早萎. 故人常留想, 不然, 看多自成故矣.

29. 지팡이 명 杖銘

譯 옮김 나무가 거꾸로 나면[85] 사람이 그것을 바로잡아 주고, 사람이 위태로우면 나무가 그것을 지탱해 준다.

원문 木倒生人正之, 人行危木支之.

85) 도생(倒生) : 거꾸로 나다. 여기서는 나무가 위에서 아래로 자라는 것을 가리킨다. 『회남자(淮南子)』 「원도훈(原道訓)」에 "秋風下霜, 倒生挫傷"이라 했다.

30. 강정진[86)]『사군[87)]기유록四郡記遊錄』 서문 姜廷進四郡記遊錄序

譯 옮김 사람을 모두 다 사귈 수는 없으므로 사우(四友)[88)]를 정하는 것이고, 책은 모두 다 읽을 수 없으므로 사자(四子)[89)]를 읽는 것이니, 이것은 모두 많은 데에서 뽑아서 그 중요한 것을 얻은 것이다. 나의 친구 강정진(姜廷進) 씨(氏)는 우러러서는 양륜(兩輪)의 빠름에 놀라고,[90)] 구부려서는 구폭(九幅)의 넓음에 찬탄하게 된다. 마음속으로 스스로 말하기를 "장부로 태어나서, 어찌 과일의 씨 안에 편안히 처하여 있으면서 그대로 틈새를 지나가는 망아지 같은 세월을 헛되이 보낼 수 있겠는가? 내 발의 힘은 높은 곳에 오를 수 있고, 스스로의 힘은 멀리까지 이를 수 있으며, 늙은 하인은 식량을 지고 옮길 수 있다. 물에서는 배를 살 수 있고, 산에서는 가마를 살 수가 있다. 누가 나의 여행을 막을 것인가? 나는 문을 나서 원유편(遠遊篇)을 지을 것이다"라고 하였다. 다시 스스로 생각하기를 나는 승려와 도사가 아니고 윤물(倫物[91)])에 떠나지 않는데 어떻게 또 도로에서만 늙고 성소(省掃)를 아니 할 수 있겠는가? 천하는 말할 것도 없고, 우리 동방 또한 360여 군이 되니 두루 다닐 수는 없는 것이다. 이에 그중에서 가장 경치 좋은 네 고을을 선택하여 유람하기로 하였다. 또 적성(赤城)에 들어온 이후에는 매번 하나의 시내와

---

86) 그에 대해 쓴 글로는 목만중의 『여와문고(餘窩文稿)』에 「강정진사군취유록소서(姜廷進四郡醉游錄小序)」가 있다.

87) 사군(四郡) : 영춘(永春)·단양(丹陽)·청풍(淸風)·제천(堤川)의 네 군을 이른다. 충청도의 경계 안이지만 실은 한강 상류에 위치하였다.

88) 사우(四友) : 중국 주(周)나라 문왕(文王)의 네 벗인 남궁괄(南宮括)·산의생(散宜生)·굉요(閎夭)·태전(太顚). 또 공자(孔子)의 네 벗인 안연(顔淵)·자공(子貢)·자장(子張)·자로(子路) 등의 예이다.

89) 사자(四子) : 사자서(四子書)의 준말. 『논어』·『맹자』·『대학』·『중용』을 가리킨다.

90) 양륜의 빠름에 놀라다[驚兩輪之速] : 세월이 빠름에 놀랐다는 말.

91) 윤물(倫物) : 인륜(人倫)과 물리(物理). 사람의 상정(常情)과 사물의 상리(常理)를 가리킨다.

하나의 골짜기를 지날 때마다, 으레 한 세계가 바뀌었으니, 비록 노니는 고을이 네 고을뿐이지만 그 실제는 인간 산수의 관람을 극진히 한 것일 것이다.

원문 人不可盡交, 故定四友, 書不勝盡讀, 故先讀四子, 是皆選於衆而得其要者也. 余友姜廷進氏仰而驚兩輪之速, 俯而歎九幅之廣. 心自語, 生爲丈夫, 寧能安處果核中, 坐送過隙之駒耶? 吾脚力可以登高, 自力可以及遠, 蒼頭奴可以負餱糧以徙. 水則買舟, 山則雇輿. 誰阻吾行? 吾可以出門賦遠遊篇矣. 復自念吾非緇黃, 不離倫物, 又安得老道路而曠省掃哉? 宇內勿論, 我東亦三百六十有餘郡, 不可以徧. 乃選其最勝者四郡遊焉. 且入赤城以後, 每過一谿一洞, 輒換一世界, 雖所遊之郡止四, 而[92]其實極人間山水之觀矣.

31. 화암花庵의 화목花木을 품제品第한 뒤에 쓰다 題花庵花木品第後

譯 옮김 옛날 반고(班固)[93]는 9등의 서열을 나열하여 「고금인표(古今人表)」[94]를 만들었으나, 오히려 틀리고 차례를 잃은 것이 많아 물의[95]를 불러일으켰다. 종기실(鍾記室 : 鍾嶸)[96]이 시(詩)를 평하고(『詩品』을

92) 『혜환잡저』에는 이(而)가 있고 『탄만집』에는 없다.
93) 반고(班固, 32~92) : 후한(後漢)의 역사가 · 학자. 자는 맹견(孟堅). 섬서성(陝西省) 함양(咸陽) 사람. 아버지 반표(班彪)의 유지를 받들어 20년 간 작업하여 『한서(漢書)』를 찬수(撰修)하였고, 『백호통의(白虎通義)』를 찬집하였다. 두헌(竇憲)이 흉노를 칠 때 중호군(中護軍)으로 출전하였다가 패전하여 그 죄로 옥사하였다.
94) 고금인표(古今人表) : 반고(班固)가 쓴 『한서(漢書)』의 한 권명(卷名).
95) 유의(遺議) : 이의(異議)와 비의(非議)를 당하는 것.
96) 종영(鍾嶸, 408?~552) : 자는 중위(仲偉)이고, 영천(潁川)의 장사(長社). 지금의 하남

말함), 진태사(陳太史 : 陳繼儒)가 문장을 선별한 것(『明文奇賞』을 말함)과 같은 것은, 스스로 감식안이 매우 정밀하다고 여겼으나, 어떤 것은 사람들 마음에 만족스럽지 못한 것이 있었다. 지금 백화암(百花庵)[97]의 주인이 한 화목(花木)에 대해 품평한 것을 보니, 위치를 정하고 차례를 매긴 것이 털끝 만큼의 어긋남도 없으니 정말 한(漢)나라의 삼척(三尺)이나 주(周)나라의 구장(九章)과 같다. 비록 꽃이 스스로 등급을 매기게 한다 하더라도, 또한 이보다 더 나을 수는 없을 것이니 어렵다고 이를 만하다. 혹자는 이르기를, "백화암 주인에게는 전형(銓衡)에 재주가 있으나 때를 만나지 못했으므로, 꽃을 품평하는 일을 빌려 그 할 일을 표현한 것이다"라고 말한다.

원문 昔班氏列九等之序, 以作古今人表, 而猶多顚錯失次, 致遺議. 若鍾記室之評詩, 陳太史之選文, 自以爲品藻甚精, 而間或有不滿人意者. 今觀百花庵主花木品第, 其所位置行序, 無絲毫之差, 若漢三尺周九章. 雖使花自爲品第, 亦無以過, 可謂難矣. 或云, "庵主有銓衡才, 而不遇於時, 故借此以寓其設施"云.

성(河南省) 사람이다. 513년 이후에 저작된 것으로 보이는 『시품(詩品)』(3권)은 한(漢)나라에서 시작하여 양(梁)나라에 이르기까지 오언시의 작자 122명을 상·중·하 3품으로 나누어 품평한 시 비평서이다.

97) 백화암(百花庵) : 유박(柳樸, 1730~1787)의 호. 자는 화서(和瑞)이다. 부인은 파평 윤씨 석중(錫中)의 딸이다. 유득공에게는 7촌 당숙이 된다. 벼슬을 지낸 것은 없으나, 서얼은 아니다. 자식은 3녀만 두었다. 문집으로는 『화암수록(花庵隨錄)』이 있다. 그와 관련된 글로는 이용휴(李用休)의 「기제백화암(寄題百花庵)」이란 50구 장시가 있다. 정범조(丁範祖)는 「기제유사문백화암(寄題柳斯文百花菴)」을 지어 주었으며, 유득공(柳得恭)도 백화암을 위해 상량문인 「금곡백화암상량문(金谷百花菴上梁文)」을 지어 주었다. 또, 이헌경(李獻慶)도 「백화암기(百花菴記)」를 지었고, 채제공(蔡濟恭)은 「우화재기(寓花齋記)」를, 목만중(睦萬中)은 「백화암기(百花庵記)」를 지어 주었다.

32. 손상익하잠 損上益下箴

군주(君主)에서 아래로 내려가면,	由君而下,
맨 밑에는 백성(百姓)이 있고,	下極有民,
백성(百姓)에서 위로 올라가면	由民而上,
맨 위에는 군주(君主)가 있네.	上極有君.
그 등급이야 현격하지만	其級雖截,
그 형세 서로 관계가 있어	其勢相關,
서로 필요로 하고 바탕이 되니	交須互資,
백성(百姓)은 또 그 근본이 되네.	民又其本.
뿌리가 단단하면 편안할 테고,	本固則寧,
단단치 못하면 꺼꾸러지니	不固則顚,
단단히 하려면 어떻게 해야 하나?	固之如何?
위에 있는 걸 덜어야 하네.	在上當損.
나의 내탕고 덜어야 하고	損我內帑,
나의 높은 곳간 덜어야 하며	損我高廩,
옷은 그 화려함 덜어야 하고	衣損其華,
음식은 그 진수(珍羞)를 덜어야 하네.	食損其珍.
덜어 내고 또 덜어 내서는	損之又損,
남은 것 아랫사람에게 돌릴 것이니	歸餘於下,
백성 살찌고 자기는 마른다면	民肥己瘠,
이것이 원하는 바이었네.	是所願也.
나의 창고를 점검해 보면	閱我之藏,
텅 비어 가득하지 않아야 하고	枵然不盈,
백성이 저축한 걸 살피어보면,	視民之蓄,
풍성한 노적과 같아야 하리.[98]	如坻如京.

아득하고 아득한 천하의 토지	茫茫九土,
모두가 나의 바깥 창고라네.	皆我外府.
부를 백성에게 쌓아야 하지	藏富於民,
어찌 반드시 내게만 두리.	何必在己.
하늘에서 비와 이슬 내리면	天降雨露,
온갖 사물 비로소 풍부할 거고,	群物始阜,
태양(太陽)이 그 빛을 나누어 주면	日分其光,
태음(太陰)이 안에서 받아들이네.	太陰內受.
덜어 냄이 도리어 이익 됨을	損之爲益,
여기에서 볼 수가 있을 것이니	於此可觀,
꽃이 성하고 열매가 많으면	花盛實繁,
그 뿌리 맨 먼저 병들게 되네.	其根先病.
큰 집과 높은 담장은	豊屋高墉,
그 기초가 쉽게 기우니	其基易傾,
익(益)괘가 손(損)괘 됨을	益之爲損,
여기서 증명할 수 있는 것이네.	於此可證.
많이 거둬 백성(百姓) 괴롭히는 건,	厚斂剝民,
스스로 그 살점 씹는 것이니,	自噉其肉,
적게 보태고 크게 던다면	少益大損,
잠시 배부르다가 곧 끊어지리라.	暫飽旋絶.
세금 덜어 백성(百姓)에게 후히 해야	蠲賦厚民,
이를 기초를 다진다고 이르는 것이니	是謂培基,
적게 덜고 크게 보태는 것은	少損大益,
실리(實利)를 해치는 것 같노라.	似害實利.

98) 풍성한 노적과 같아야 하리[如坻如京] : 백성들의 곡식이 많이 쌓인 것을 형용한 말. 경저(京坻)란 말이 있다. 큰 노적, 곧 풍년을 뜻한다. 『시경(詩經)』「소아(小雅)」 '보전(甫田)' 참조.

진휼(賑恤) 논의해 조칙을 내렸기에	議賑詔下,
한(漢)나라 왕업이 더욱 융성하였고,	漢業益隆,
국고 가득 차게 하려 했기에	大盈庫滿,
당(唐)나라의 국운 끝장났다네.	唐祿遂終.
선민(先民)이 말씀하기를,	先民有言,
군주는 사축(私蓄)이 없어야 하니,	君無私蓄,
아래에 쌓아서 갈무리하면	積藏于下,
이를 일러 “풍성한 나라라고 한다”고,	謂之豊國,
백성(百姓)의 윗사람 된 자는	爲民上者,
어찌 두려워하지 않을 수 있나?	奈何不惕?
나라 안의 있는 재물이란	域中之財,
이와 같이 정한 수 있을 뿐이니,	只有此數,
위에 모으지 아니 한다면	不聚於上,
아래에 반드시 모일 것이니	其下必聚,
그것을 온전히 독점하는 게,	與其專之,
어찌 그것을 함께 함만 같을 것인가.	曷若同之.
장사치는 구슬을 갈무리하고[99]	賈胡藏珠,
필부는 옥돌을 간직하여도,	匹夫懷璧,
오히려 재앙 될 수 있는 것인데	尙能爲灾,
하물며 그가 남의 임금임에랴.	矧伊人辟.
손 씻고 잠언(箴言)을 지을 적에	盥手撰箴,
삼가 『주역(周易)』의 뜻을 부연하여서	敬演易義,
절하고 상감에게 올리는 거니	拜獻于上,
그중엔 지극한 경계(警戒) 표현되었네.	中寓至戒.

99) 고호장주(賈胡藏珠) : 장사하는 되놈[賈胡]은 보배 구슬을 감추기 위하여 제 배를 가르고 그 속에 넣는다고 하는데, 이것은 재물을 탐하여 제 몸이 죽을 것을 모르는 사람들을 비유한 것이다.

33. 민암잠[100] 民嵒箴

백성을 하늘로 삼을 것이니	以民爲天,
하늘은 진실로 두려워해야 하며,	天固可畏,
백성을 물에다 빗대었으니,	以民喩水,
물은 반드시 경계해야 할 것이네.	水所必戒.
하늘도 아니고 물도 아니며	匪天匪水,
또 하나의 크게 험한 곳이니,	又一嶮巇,
그 험한 것이 무엇이건데	其險維何,
평평한 땅에서 일어나는가?	起於平地?
어리석고 어리석은[101] 구민(邱民)은	蚩蚩邱民,
서울과 시골에 퍼져 있으니	布在都鄙,
평소에는 일이 전혀 없어서	平居無事,
다스리기 쉬운 것도 같지만,	御之若易,
한 번의 소홀함이 있기만 하면	一有忽之,
이미 불행한 조짐이 되고,	已兆險釁,
한 번의 어김이 있기만 하면	一有拂之,
원망과 노함이 산과 같다네.	怨怒如山.
막히면 험난한 산길이 되고	阻爲崎嶇,
맺히면 가파른 바위가 되어	結爲巉巖,

100) 민암(民嵒) : 암(嵒)은 험악하다는 뜻. 백성을 다스리기에 정성을 다하지 않으면 백성은 험악하여 나라가 위태롭게 된다는 말이니 『서경(書經)』 「소고(召誥)」에 "백성의 험악함을 돌아보아 두려워하소서[顧畏于民嵒]"라고 했다.

101) 치치(蚩蚩) : 『양자』에 이르기를 "여섯 나라가 어리석고 어리석다[六國蚩蚩]"라고 했으며, 주석에, '아는 것이 없는 모양'이라고 했다. 『시경』에 이르기를 "백성들이 어리석고 어리석어[民之蚩蚩]"라고 했으며 주석에, '어리석다' 또는 '가벼이 보아 업신여김'이라 했다.

천개의 포야(褒斜)[102]처럼 험난케 되고,　千褒斜難,
만개의 태항산(太行山)[103]처럼 삼엄히 되네.　萬太行陰.
그러나 형태와 자취가 없이　然無形跡,
깊숙하고 은미한 데 잠복해 있어　伏於幽隱,
깊숙해서 헤아리기 어렵고　幽故難測,
은미해서 보기가 어려웁다네.　隱故難見.
내가 지금 편안하게 지내면　我方宴安,
저 험악함은 쉽게 싹틀 것이고,　彼嵒易萌,
내가 지금 게으르고 거만하면　我方怠傲,
저 험악함은 쉽게 이뤄질 거네.　彼嵒易成.
힘이 비록 산을 뽑을 만하다 해도　力雖拔山,
험악함 깎아 내기 어려울 것이고　嵒則難剗,
위엄이 비록 돌을 굴린다 해도[104]　威雖驅石,
험악함을 굴리기는 어려우리라.　嵒則難轉.
걸왕의 호사스런 궁궐일랑은[105]　癸之瓊室,
험악함을 만나서 무너져 내렸고　遇嵒而壞,
주왕의 기름칠한 구리기둥은[106]　辛之銅柱,

---

102) 포야(褒斜) : 포야도(褒斜道)는 남쪽 입구가 한중 이북의 포곡(褒谷)에 있고, 북쪽 입구는 미현(眉縣)의 야곡(斜谷)에 있는데, 통칭하여 포야곡(褒斜谷)이라고 하며, 전체 길이는 470km이다. 잔도(棧道) 남쪽 끝은 소석문(小石門)이라고 하고, 북쪽 끝은 대석문(大石門)이라고 하며, 두 개의 석문은 길이가 16.3m이고 넓이가 4.2m이다. 포야도는 세계 최초의 잔도(棧道)이며, 규모도 가장 크고, 사용되어진 시간도 가장 길다. 남쪽의 야곡구에서 북쪽의 유파현을 지나고, 아령산(衙嶺山)을 넘어 종점인 야곡구(斜谷口)까지 이른다. 야사도는 전국 시대에 이미 만들어져 있었지만, 진대(秦代)에 완성되었다.

103) 태항산(太行山) : 태항산(太行山)은 둘레가 7백 리나 된다. 우공이산(愚公移山)의 고사가 있다.

104) 구석(驅石) : 신이 진시황을 도와서 돌을 굴려 다리를 만든 전고에서 나온 말. 『예문유취(藝文類聚)』에 "始皇作石塘, 欲過海看日出處, 于時有神人, 能驅石下海, 石去不速, 神輒鞭之, 皆流血, 至今悉赤"이라 했다.

105) 걸왕의 호사스런 궁궐일랑[癸之瓊室] : 계(癸)는 하(夏)나라를 망친 걸왕(桀王)의 호칭. 이계(履癸)의 준말이고, 경실(瓊室)이란 여기서는 그의 호화한 궁실(宮室)을 가리킨다.

험악함에 부딪쳐 부서졌도다. 觸嵒而碎.
험함이 이와 같다 할지라도 險也如此,
다스리는 데에는 꾀가 있으니 平之有術,
평탄하고 순종하게 하려면 欲坦而帖,
덕혜(德惠)를 쌓아야 할 것이며 德惠是積,
다스려서 편안히 하게 하려면 欲鎭而安,
편안히 어루만짐에 힘써야 하리니, 撫綏是力,
무엇을 태평(太平)이라 이르는가? 何謂太平?
험한 것이 평온하게 됨이로다. 以嵒之平.
무엇을 가정(嘉靖)이라 이르는가? 何謂嘉靖?
험한 것이 맑아지게 되는 것인데, 以嵒之淸,
전에 그것이 들어 있으니 於傳有之,
두렵지 않아도 두려운데 들어야 하리라. 不畏入畏.
남의 윗사람이 된 사람이여! 爲人上者!
어찌하여 두려워 아니 할 손가? 奈何不懼?
보잘것없는 내가 지은 잠언(箴言)을 小人攸箴,
대궐[107]에다 바치노라니 獻于象魏,
나의 말 어리석다 이르지 말고 勿謂言戇,
원컨대 임금 곁에 갖추옵소서. 願備丹扆.

106) 주왕의 기름칠한 구리 기둥[辛之銅柱] : 신(辛)은 은(殷)나라를 망친 주왕(紂王)의 이름이고 동주(銅柱)는 주왕의 애희(愛姬) 달기(妲己)를 웃기기 위하여 구리로 만든 기둥에 기름을 칠하여 숯불 위에 세우고 죄수로 하여금 그 기둥을 잡고 올라가게 하여 미끄럽고 뜨거워 숯불에 떨어져 죽게 했던 이른바 포락지형(炮烙之刑)을 가리킨다.

107) 상위(象魏) : 서울 성문(城門). 상(象)은 법상(法象), 위(魏)는 높다는 뜻. 『주례(周禮)』에, "치상(治象)의 법을 궐문에 걸어서 만민에게 치상을 보게 하였다"고 한다.

34. 무현금명[108] 無絃琴銘

네 이름은 금(琴)인데 만드는 법 다르고, 爾名維琴制則異,
네 형상은 오로지 질박할 따름이네. 爾形維樸質而已.
어찌 주승(朱繩)[109] 없다고 자연(自然)에 해가 될까? 豈無朱繩傷自然?
손씨(孫氏)는 한 줄도 오히려 번거롭다 혐오했네. 孫氏一絃猶嫌煩.
어찌 여러 악기로 나의 참됨 흐리게 하리. 寧以煩絲溷我眞.
술 취해 뜻 맞으면 꽉 막힌 속 덜 수 있네. 酒酣意適寫鬱湮.
금(琴) 타는 자 누구인고? 무회씨(無懷氏)의 백성[110]이니, 弄之者誰無懷民,
신해(神解)[111]는 깊어서 형색(形色)을 뛰어넘네. 神解窅窅超形色.
진의(眞意)는 깊고 깊어 술지게미[112]를 벗어나고, 眞意瀜瀜外糟粕,
희음(希音)[113]은 조용하게 궁각(宮角)을 달리하네. 希音愔愔異宮角.
소리 있는 소리는 한계가 있다지만 有聲之聲則有限,
소리 없는 소리는 다함이 없을 거네. 無聲之聲乃無盡.
높은 산과 흐르는 물 지극한 게 아니니 高山流水非其至,
빙사(氷絲)와 요휘(瑤徽)[114]도 오히려 혹과 같네.

---

108) 무현금(無絃琴) : 줄이 없는 거문고. 남조(南朝) 양(梁)나라 소통(蕭統)이 「도정절전(陶靖節傳)」에 "淵明不解音律, 而蓄無絃琴一張, 每酒適, 輒撫弄以寄其意"라 했다. 후에 한적(閑寂)하게 귀은(歸隱)하는 것을 뜻하는 전고가 된다.

109) 주승(朱繩) : 현악기의 붉은 색 줄.

110) 무회씨 백성[無懷民] : 태평성세의 백성이란 뜻. 무회씨는 상고 시대의 제왕임.

111) 신해(神解) : 오성(悟性)이 남보다 뛰어난 것. 또는 말로 전하는 것에 의지하지 않고 마음속으로 깨닫는 것을 말함.

112) 조박(糟粕) : 아무 쓸모가 없는 물건이란 뜻. 제환공(齊桓公)이 당(堂) 위에서 책을 읽는 것을 본 바퀴를 편[輪扁 : 수레바퀴를 만드는 기술자라는 말. 편(扁)은 그 기술자의 이름이다]이란 사람은 제환공에게 말하기를, "경전(經典)은 성인이 남긴 술지게미[聖人之糟粕]와 같다"라고 하였다. 『장자(莊子)』 「천도(天道)」 참조.

113) 희음(希音) : 기묘한 소리.

氷絲瑤徽猶爲贅.

무엇이 이 금(琴)처럼 온전히 순소(純素)하여, 豈如此琴全純素,
혼연(渾然)하고 수연(粹然)함이 묘사 뺌과 같겠는가? 渾然粹然去雕繢?
상(象)에다 비유하면 획 긋기 전 역(易)이었고, 比之於象劃前易,
없는 속에 있는 것을 담았으니 뉘 보겠나? 無中含有疇能覿?
솔바람이 금(琴)에 닿고 샘물 졸졸 흐를 제, 松風觸琴泉涓涓,
한 번 두 번 두드리니 희황천(羲皇天)[115]의 시대였네.
一叩再叩羲皇天.
몸 있어도 쓸모없음은 주인과 같았으니,[116] 有體無用如主人,
그 운취 깨달으려 해도, 이미 말 잊었도다. 欲喩其趣已忘言.
삼 척의 오동만이 태고(太古)의 것이니, 三尺之桐獨太古,
하나의 금(琴) 외에는 모두 정위(鄭衛)[117] 음악이네. 一琴之外盡鄭衛.
두텁지 못한 글을 꼬리에다 새기노니, 不腆之譔鐫其尾,
오랜 세월 흐른 뒤에 높아 더욱 드물리라. 千載之下高愈希.

35. 청룡도명[118] 青龍刀銘

불꽃으로[119] 묘금(卯金)[120]을 풀무질하고, 赤炎煽冶卯金,

---

114) 요휘(瑤徽) : 옥으로 만든 거문고 휘(徽)를 말함. 휘(徽)는 거문고 줄의 음위(音位)를 표시하는 것으로 대개는 금(金)이나 패각(貝殼)으로 만들었다. 요휘(瑤徽)는 미금(美琴)의 의미로 쓰이기도 한다.

115) 희황천(羲皇天) : 복희씨 시대라는 말로서 태평세월이란 뜻.

116) 몸 있어도 쓸모없음은 주인과 같다[有體無用如主人] : 여기서의 유체무용(有體無用)은 무현금을 가리키며, 주인(主人)은 무현금을 비축하고 있는 손씨(孫氏)를 가리킨다.

117) 정위지음(鄭衛之音) : 정(鄭)・위(衛)나라 음악. 음란한 음악으로 알려져 있다.

118) 청용도(青龍刀) : 청룡언월도(青龍偃月刀)의 약칭이다. 청룡은 푸른 용으로서 동방의

철도(鐵刀) 빌어 이에 무늬 새겼도다. 借鐵刀乃作紋.

푸르지 않은 건 귀영(龜瑩)[121]이고 희지 않은 건 뱀이니 不綠龜瑩不白蛇,

어떻게 동방(東方)의 색깔이라 하겠는가? 曰如何東方之色?

청충(鯖蟲)[122]의 긴 것으로 형상을 취하였네.[123] 鯖蟲之長以取象.

81근(斤)은 八十一斤,

양의 99와 합치가 되고 叶陽九九,

용의 비늘 수에 상응하네. 應龍鱗數.

달이 누운 것 같고,[124] 如月之偃,

번개가 번쩍거린 것 같으며, 如電之閃,

서리가 찬 것과 같았도다. 如霜凜.

물건이란 스스로 못 나타내고 物不自顯,

사람을 얻은 후에 쓰여진다네. 得人後用.

관우의 적토마(赤兎馬)에 돌아가서 歸關公赤兎馬,

위로는 사건(紗巾)이 푸르게 되고, 上綠紗巾,

신(神)이며, 언월은 반현(半弦)의 달을 말하는데 양쪽 모두 칼날의 모양을 형용하고 있다. 청룡도는 중국에서는 보통 관우(關羽)의 무기 외에는 사용하지 않고 있으나 중국 이외의 나라에서 청룡도라고 부르는 것은 단순한 도(刀)를 말하는 것이다. 이 칼은 뒤쪽으로 굽었고 끝이 넓으며 칼자루 머리에 고리가 있는데 그것을 가죽으로 된 칼집에 넣어 등에 지고 다녔다. 동양에서는 공통적으로 사용하던 무기였고 아랍인 · 페르시아인 등도 같은 모양의 것을 사용했다 한다.

119) 적염(赤炎) : 붉은 색의 화염(火焰)을 이른다.

120) 묘금(卯金) : 묘금도(卯金刀)와 같다. 유성(劉姓)을 이른다.

121) 귀영(龜瑩) : 미상.

122) 청충(鯖蟲) : 고등어 또는 청어(青魚)를 말함. 여기서는 청룡도의 모양을 이런 물고기의 모습에서 따왔다는 뜻이다.

123) 청용도에 무늬를 새겼다는 말.

124) 언월도(偃月刀) : 칼날의 모양이 초승달 같은 데서 연유한 이름이다. 길이 약 2.1m, 칼날의 길이 78cm, 자루는 130cm 정도이다. 칼날은 위가 넓고 끝이 뾰족하며 뒤로 젖혀져 있고 칼등은 두 갈래로 되어 아래 갈래에 구멍을 뚫어서 각모(刻毛 : 붉은 빛깔의 가는 털)를 달고 밑에는 용의 아가리를 물리었다. 칼자루는 붉은 칠을 하여 끝에 12cm 정도의 물미(끝이 뾰족한 쇠)를 맞추었다.

아래로는 손에 가득 잡혔도다. 下手撗把.
빠르게 빙글빙글 돌 때 盤舞揮霍,
뜻대로 되지 않음이 없었도다. 無不如意.
칼이 주인 만나서 끌려 중원(中原)에 나와, 器遇主提出中原,
우리 황숙(皇叔 : 유비)을 도우니 감히 대적할 이 없었도다.
翊我皇叔無敢敵.
오과(吳戈)[125]와 위극(魏戟)이 吳戈魏戟,
많고도 많았는데 森森簇簇,
단도(單刀)가 신(神)에 들어 귀운(鬼運)을 당겼으니,
單刀入神掣鬼運,
풍뢰(風雷)를 끼면 백괴(百怪)들이 두려워하였도다. 挾以風雷百怪怖.
어진 함추(醎醜) 참수하고 양이(襄夷)를 효수할 제 斬良醎醜梟襄夷.
투구를 풀 베듯이 하였도다. 胄若刈草,
첩첩이 오관(五關)이 있었는데 重重五關,
사람들이 철벽(鐵壁)이라 이르는 것을 한 번 휘둘러 쪼개니
人謂鐵壁一揮劈,
단단해도 함락되지 않는 것이 없었고, 無堅不陷,
강해도 꺾여지지 않는 것 없어서, 無强不摧,
칼날이 닿으면 모두 잘려졌도다. 迎刃解.
하늘은 돌고 땅은 굴러서 天旋地轉,
그 지휘(指揮)를 따랐도다. 隨其指揮.
혜자(慧字)는 신망(神鋩)에 떨어졌으니 慧字墜神鋩,
의망(擬望)은 노간(老奸)이 한(漢)나라를 옮기려 함이었도다.
所擬老奸擬徙漢.
칼을 둘러 기록 믿길 바랐었는데 庶幾刀運恃記,

125) 오과(吳戈) : 옛날 중국 오(吳)나라 지역에서 생산되었던 병기 이름. 넓은 의미로 날카로워 질이 좋은 창[戈]을 가리키는 말이다.

맥성(麥城)[126]에서 실리(失利)하여 거두고 시험하지 못했도다. 麥城失利斂不試,

갑 속에서 용이 운다면 匣中龍鳴,

서글프고 참담해서 답답한 걸 펴지 못할 것인데 啾啾殷殷鬱莫伸,

이제에는 하늘 땅에 무지개 같은 기가 있도다. 至今天地有氣如虹.

두우(斗牛)까지 찌르고 斗牛衝,

국성(國城)의 남쪽 공의 사당은 國城之南公廟.

장엄하게 칼이 벽에 의지해 있더라. 翼翼刀倚壁,

그릇은 모두 명이 있는 것인데, 器皆有銘,

하물며 신물(神物)에 명을 지어 새김에랴 矧伊神物銘以刻.

36. 몽금척송 夢金尺頌

아! 우리 성조(聖祖)시여! 於維聖祖!

소리는 율이 되고 몸은 도가 되어서 聲律身度,

준승(準繩)과 규구(規矩)였도다. 準繩規矩.

제행(制行)을 의(義)로써 하고 制行以義,

재물(裁物)을 리(理)로써 하여 裁物以理,

하늘과 더불어 한결같은 도리(道理)였도다. 與天一揆.

하늘이 이르기를 극초(克肖)[127]하다 하여, 天謂克肖,

장차 신기(神器)[128]를 주시려고 將付神器,

126) 맥성(麥城) : 촉한(蜀漢)의 관우(關羽)가 오(吳)나라 여몽(呂蒙)에게 패전하고 달아났던 곳.

127) 극초(克肖) : 서로 같다는 말로서, 능히 앞 사람의 일을 계승한다는 뜻이다.

먼저 상서로운 부절로써 하였도다.	先以禎符.
그 부절이 무엇이었던가?	厥符維何?
밤에 길몽(吉夢)이 있었는데,	夜有吉夢,
신(神)이 하늘에서 내려 왔도다.	神自天降.
번쩍번쩍 빛나는 금척(金尺)을	煌煌金尺,
손으로 받들어 올리면서	手奉以進,
하는 말이 차근차근하였도다.	告語諄諄.
금은 정색(正色)이 되고,	金爲正色,
척(尺)은 제도(制度)를 나으니,	尺生制度,
덕이 아니라면 어찌 줄 수 있으리오?	匪德曷授?
손으로 교부하여 주면서	交手相付,
치밀하게 부탁을 하였으니,	密勿委寄,
"하늘은 조금도 어긋나지 않는다"고	天不違咫.
비록 한 척의 길이지만	雖一尺長,
그 용도는 매우 컸으니,	其用則大,
제어(制御)한 바였도다!	所以宰制!
아름답도다 동방의 나라여!	美哉東國!
산하(山河)의 안팎으로 있는	山河表裏,
폭과 넓이[幅員][129)]가 천 리나 되는도다.	幅員千里.
한 치를 얻고 한 자를 얻더라도	得寸得尺,
나의 소유 아닌 것이 없으니,	罔非我有,
사면에서 폭주(輻輳)[130)]하는도다.	四面輻輳.
왕이 이 자를 가지고	王秉此尺,

128) 신기(神器) : 나라의 정권을 대표하는 물건. 옥새(玉璽)와 같은 것.

129) 폭원(幅員) : 넓고 좁은 것을 폭(幅)이라 하고 둘레를 원(員)이라 한다. 강역(疆域)을 가리키는 말인데 인신(引申)하여 범위(範圍)라는 뜻으로 쓴다.

130) 폭주(輻輳) : 바퀴살이 바퀴통에 모이는 것같이 사물이 한 곳으로 많이 모임.

지휘하여[131] 정돈(整頓)했다면　指畫整頓,
판도(版圖)[132]가 정해질 수 있었을 텐데,　版圖以奠.
어두운 우왕(禑王)이 하늘을 거슬러　昏禑逆天,
군대를 동원해 순함을 범하였으니　興師犯順,
신하의 분수를 이지러뜨렸도다.　將虧臣分.
왕이 이 척(尺)을 잡고서　王秉此尺,
대의(大義)를 헤아려서는　裁度大義,
위화도(威化島)에서 반기(反旗)를 들었도다.　威島反旗.
정연한 전제(田制)가　秩秩田制,
임렴(林廉)[133]에게서 무너졌으니　圮于林廉,
호족들이 삼켜서[134] 강점(强占) 했도다.　豪呑强占.
이 척(尺)으로 헤아려서　以此尺量,
옛것을 개혁하고 새것을 따라서　革舊從新,
이에 규전(圭田)[135]을 설치했도다.　乃置圭田.
당당했던 군사제도가　堂堂兵制,
변방의 장수 최영에게서 문란해졌으니,　紊于邊崔,
까마귀처럼 모였다 물고기처럼 놀라 흩어졌도다.　烏合魚駭.
이 척(尺)으로 정돈하였으니　以此尺整,
부오(部伍)와 행렬(行列)이　部伍行列,
조금이라도 잃지 않았도다.　毫釐不失.
홍건적이 쳐들어와서　紅巾入寇,

---

131) 지획(指畫) : 『탄만집』에는 지획(指畫)이 지휘(指揮)로 되어 있다. 여기서는 지휘로 해석한다.

132) 판도(版圖) : 호적과 지역에 대한 도책(圖冊).

133) 임렴(林廉) : 고려 말기의 권신(權臣)인 임견미(林堅味)와 염흥방(廉興邦). 권력을 멋대로 휘둘러 나라를 어지럽히다가 패망하였다.

134) 호탄(豪呑) : 큰 입으로 삼키는 것. 강퍅(强愎)하고 횡포(橫暴)하게 침공하여 점거하는 것.

135) 규전(圭田) : 옛날 벼슬아치들이 제사(祭祀)를 받들기 위하여 마련한 농토

우리의 변방 강토 범하였으니	犯我邊疆,
큰 칼과 긴 창이었도다.	大劒長鎗.
이 척(尺)이 가리키는 바엔	此尺所指,
백령(百靈)들이 앞에서 몰아	百靈前驅,
미친 무리들을 채찍으로 때리었도다.	鞭撻狂徒.
왜구들이 침범해 와서,	漆齒來侵,
왜선이 바다를 덮었으니	蠻舶蔽海,
요분(妖氛)과 살기(殺氣)가 있었도다.	妖氛殺氣.
이 척(尺)이 지휘하는 대로	此尺所揮,
요혜(妖彗)[136]를 쓸어서 떨어뜨렸으니.	妖彗掃墜,
아지발도(阿只拔都)가 넋을 빼앗겼도다.	拔都褫魄.
한 치의 땅과 한 자의 하늘이	寸地尺天,
모두 관할(管轄)에 들어 왔으니	皆入統轄,
치화(治化)가 널리 통달했도다.	治化旁達.
예(禮)를 척(尺)으로 바르게 재단하고	禮以尺裁,
법을 척(尺)으로 바르게 하여	法以尺正,
정사를 척(尺)으로 공평하게 하셨도다.	政以尺平.
용(龍)에게 척목(尺木)[137]이 있어	龍有尺木,
변화(變化)를 뜻대로 하셨으니,	變化如意,
이 척(尺)을 이름이로다.	此尺之謂.
이 자뿐만이 아니라,[138]	匪惟此尺,
마음에 또한 자가 있으니	心亦有尺,
광명하고 정직 했도다.	光明正直.

136) 요혜(妖彗) : 『탄만집』에는 요혜(妖彗)가 요패(妖孛)로 되어 있다.

137) 척목(尺木) : 옛날 사람들이 이르기를 용이 하늘로 올라갈 때 의지하는 짧고 작은 나무라 했다. 벼슬길에 오를 때의 배경에 비유한다.

138) 비유차척(匪惟此尺)이란 구절이 『탄만집』에는 빠져 있다.

천하(天下)를 고르게 할 수 있고,　天下可均,
국가(國家)를 가지런히 할 수 있었으니　國家可齊,
법으로 헤아리는 다스림이었도다.　絜矩之治.
하늘에는 밝은 거울이 있어　天有明鑑,
한 세대를 저울질 하였으니,　秤量一世,
그릇이 헛되이 주어지지 않았도다.　器不虛畀.
저 호사(濠泗, 호수와 사수)를 보건대　瞻彼濠泗,
옥(玉)과 교(珓)가 상서를 받치니　玉珓呈瑞,
성인(聖人)이 동시에 일어났도다.　聖作同時.
황홀하다고 이르지 말라.　勿謂恍惚.
관(官)에는 점몽(占夢)하는 자가 있어서　官有占夢,
고예(古禮)에서 중하게 여기는 바였도다.　古禮所重.
이것을 왕부(王府)에다 갈무리하여　藏之王府,
관석(關石)[139]과 함께 보존했으니　關石同葆,
나라를 다스리는 국보였도다.　爲鎭國寶.
아! 천만대에 걸쳐　於千萬代,
계승해서 끊임없는 달력을 지었으니　承作綿曆,
영원히 승척(繩尺)을 지켜 가리로다.　永守繩尺.

139) 관석(關石) : 관(關)은 무게를 재는 명칭, 석(石)은 부피를 재는 명칭. 빌어서 부세(賦稅)를 가리킨다라고 했으며 한편으로는 관(關)은 부세(賦稅)를 받는 곳이고 석(石)은 부세를 되는 그릇이니, 빌어서 부세를 징수하는 것이라 했다.

37. 백수존명 白獸尊銘

너의 색(色)이 흰 것은 검지 않으려 해서이고, 爾色之白欲不緇,
네 모습이 사나운 것은 아첨하지 않으려 함이로다. 爾容之猛欲不媚.
너의 입은 벌리고 있으니 입 다문 것 혐오함이요, 爾口則張惡其緘,
(그릇) 가운데 독한 술 있는 것은 달콤함을 미워함이로다. 中有酒烈惡其甘.
계일(鷄日)[140]에 쓰이어 用于鷄日,
희상(犧象)[141]의 모습과 짝 지었도다. 伴犧象.
궁중 섬돌[142]에 베풀어져서, 施之螭陛,
관리들 행렬[143]을 굽어다 보니, 頫鵷行.
양은 천 마리고 여우는 한 마리인데 누가 바른 말을 하리오. 千羊一狐誰諤諤.
높고 높은 비늘 거스르는 것 무시했도다. 毋視巍巍鱗之逆.
옛날에 신하 사어(史魚 : 鰌)는 古有臣鰌,
곧기가 화살과 같아서[144] 直如矢.
정색으로 항의하는 말을 함에 피함이 없었네. 正色抗辭無所避,
만일 추(鰌)와 같다면 술 한잔(一觶)을 내릴 것이네. 苟能如鰌賞一觶.

---

140) 계일(鷄日) : 계일(雞日)과 같다. 정월 초하루를 말함.

141) 희상(犧象) : 고대(古代) 오형(烏形), 오우(烏羽) 혹은 상골(象骨)로 장식된 주기(酒器). 일설에는 희준(犧尊)과 상준(象尊)을 합하여 일컬은 말이다. 『예기(禮記)』 「명당위(明堂位)」에 "季夏六月, 以禘禮祀周公於大廟, 牲用白牡, 尊用犧象"이라 했다.

142) 이폐(螭陛) : 궁전의 섬돌.

143) 완행(鵷行) : 조정(朝廷)에 늘어선 관리의 행렬.

144) 옛날의 신하 사어는 곧기가 화살과 같다[古有臣鰌, 直如矢] : 『논어(論語)』 「위령공(衛靈公)」에 "공자께서 말씀하셨다. '정직하다, 사어(史魚)여! 나라에 도가 있을 때에도 화살처럼 곧으며, 나라에 도가 없을 때에도 화살처럼 곧도다'[子曰 : '直哉史魚! 邦有道, 如矢; 邦無道, 如矢']"라 했다.

옛날에 신하 급암[145] 있었는데 억세어서 생선 뼈[鯁]라 일컬어져

古有臣黯强稱鯁,

치(豸)[146]가 간사한 이 찌르듯 승상 공손홍(公孫弘)[147]을 탄핵했으니

若豸觸邪彈相弘.

진실로 급암과 같이 할 수만 있다면 술 한 잔을 상으로 줄 것이네.

苟能如黯賞一觥.

옛날의 신하 위징(魏徵)[148]이 古有臣徵,

풍재(風裁)[149]를 가다듬었으니, 厲風裁,

강직한 소리가 임금을 감동시켜서 直聲動主,

새매가 품속에서 죽어 버렸네.[150] 鷂死懷.

진실로 위징과 같이 할 수만 있다면 술 한 잔 상으로 줄 것이네.

苟能如徵賞一盃.

---

145) 급암(汲黯) : 한(漢)나라 때의 간신(諫臣). 자는 장유(長孺). 복양(濮陽) 사람. 경제(景帝) 때에 태자세마(太子洗馬)가 되고 무제(武帝) 때에 동해(東海)의 태수를 거쳐 구경(九卿)의 반열에 올랐음. 성정이 매우 엄격하여 직간을 잘해서 무제(武帝)로부터 옛날 사직(社稷)의 신하에 가깝다는 평을 들었음.

146) 치(豸) : 해치(獬豸)를 가리킴. 부정한 사람을 보면 뿔로 받는다는 신수(神獸).

147) 승상 공손홍(丞相 公孫弘) : 한(漢)나라 무제(武帝) 때 승상(丞相). 공손홍은 강직한 신하였던 급암(汲黯)과 함께 무제를 섬겼는데 가식(假飾)으로 무제의 비위를 맞추었으므로 급암의 탄핵을 자주 받았음을 가리킨 것이다. 『사기(史記)』「평진후주보열전(平津侯主父列傳)」 참조.

148) 위징(魏徵, 580~643) : 자는 현성(玄成). 시호는 문정(文貞). 곡성(曲城 : 山東省) 출생. 수(隋)나라 말 혼란기에 이밀(李密)의 군대에 참가하였으나 곧 당고조(唐高祖)에게 귀순하여 고조의 장자 이건성(李建成)의 유력한 측근이 되었다. 황태자 건성이 아우 세민(世民 : 후의 太宗)과의 경쟁에서 패하였으나 위징의 인격에 끌린 태종의 부름을 받아 간의대부(諫議大夫) 등의 요직을 역임한 후 재상(宰相)으로 중용되었다. 특히 굽힐 줄 모르는 직간(直諫)이 유명하며, 주(周)·수(隋)·오대(五代) 등의 정사편찬(正史編纂) 사업과 『유례(類禮)』, 『군서치요(群書治要)』 등의 편찬에도 큰 공헌을 하였다.

149) 풍재(風裁) : 스스로 굳게 지키는 위의(威儀).

150) 매가 품속에서 죽어 버렸네[鷂死懷] : 당(唐)나라 태종(太宗)은 재상 위징(魏徵)의 직간(直諫)을 두려워하였다. 하루는 태종(太宗)이 새매[鷂]를 가지고 놀다가 위징이 정무보고를 하려고 들어오므로 태종은 새매를 품안에 감추었는데 위징은 그것을 알고 고의로 보고를 장시간 연장시켰으므로 새매는 태종의 품안에서 질식사 했으나 태종은 위징의 말을 끝까지 들었다 한다.

앵무새를 배워서 말솜씨 부리지 말라. 勿學隴鳥但巧舌.
조양(朝陽)[151]의 울음(봉황)은 오늘을 바라보네. 朝陽之鳴望今日.
짐승의 등에다 명을 새겨서 鐫銘獸背,
입 다물고 침묵함을 경계하노니, 戒噤默.
장마(仗馬)[152]같은 언관(言官)이 대백(大白)[153]에 떠 있음에 유효(有效)하리라.
有效仗馬浮大白.

38. 신문고명 申聞鼓銘

만약에 대분(戴盆)[154]의 원통함이나 如有戴盆之寃,
수감당하는 억울함이 있는데도 在縲之枉,
정위(廷尉 : 법관)나 사구(司寇)가 못 밝히는 건 북을 두드려라.
而廷尉司寇之所不能明者來鼓鼓.
내가 너를 위하여 말하리라. 予其爲汝白.
만일 태산(泰山)의 누름과[155] 유호(乳虎)의 사나움[156]이 있는데도
如有泰山之壓乳虎之暴,

---

151) 조양(朝陽) : 단봉조양(丹鳳朝陽)과 같다. 『시경(詩經)』「대아(大雅)」 '권아(卷阿)'에 "鳳凰鳴矣, 于彼高岡. 梧桐生矣, 于彼朝陽"이라고 했다. 후세에는 단봉조양(丹鳳朝陽)이란 말을 훌륭한 인재들이 밝은 정치를 하는 때를 잘 만난 것을 비유했다.

152) 장마(仗馬) : 의장(儀仗)에 쓰는 말로서 할 일은 않고 봉록만 먹는 관원에 비유한다.

153) 대백(大白) : 여러 가지 뜻이 있으나 여기서는 큰 술잔이란 말이다.

154) 대분(戴盆) : 복분(覆盆)과 같다. 갈홍(葛洪)의 『포박자(抱朴子)』「변문(辨問)」에 "是責三光不照覆盆之內也"라 했다. 동이를 덮어 놓으면 햇빛이 아래로 내려가지 않는 것을 말한다. 후에 사회의 어두운 면이나, 소원(訴冤)을 펼 수 없는 것의 비유로 쓰인다.

155) 태산(泰山)의 누름[泰山之壓] : 태산압란(泰山壓卵)이란 말이 있다. 『후한서(後漢書)』「광릉사왕형전(廣陵思王荊傳)」에 "功易於太山破鷄子, 輕於四馬載鴻毛, 此湯武兵也"라 했다.

제형(提刑)[157]과 직지(直指)[158]가 감히 신장(伸長)시켜 주지 못하는 자들은 와서 북을 두드려라. 而提刑直指之所不敢伸者來鼓鼓.

내가 너를 위하여 곧게 하리라. 予其爲汝直.

백성의 병을 赤子之病,

내 어찌 슬프게 생각하지 않으리오? 予豈不恫?

면류(冕旒)가 앞을 가리고 冕旒蔽前,

주광(紸纊)[159]이 귀 막고 있으니 紸纊塞耳,

북으로다 통하지 않으면 不由鼓而通之,

듣지 못하는 것이 있으며, 則有未聞者.

백성의 숨은 고통을 蒼生之隱,

내 어찌 돌보지 않으리오만은 予豈不恤?

궁궐은 엄숙하고 깊으며 宸居嚴邃,

초가(草家 : 蔀屋)에 사는 서민들은 비원(卑遠)하니 蔀屋卑遠,

북으로다 아뢰지 않으면 不因鼓而奏之,

어찌 알 수가 있으리오? 則烏能知也?

원강(元康)[160]은 밝은 시대였는데도 元康明時,

동해(東海)에 삼 년 동안 비가 안 온 것은 東海致三年之不雨,

---

156) 유호(乳虎)의 사나움[乳虎之暴] : 유호(乳虎)는 새끼 호랑이에게 젖을 먹이는 어미 호랑이이다. 새끼에게 젖을 먹일 때에 어미 호랑이는 특히 사납다. 그러므로 매우 사나운 것을 비유적으로 쓴 말로 보인다. 『한서(漢書)』 「혹리전(酷吏傳)」 '의종(義縱)'에 "甯成濟南都尉, 其治如狼牧羊 …… 號曰 : '寧見乳虎, 無直甯成之怒.'"라 했다.

157) 제형(提刑) : 관리 이름. 명청(明淸) 때는 제형안찰사(提刑按察司)라고 했다. 원(元)나라 때 처음 설치되어서 명청(明淸) 때까지 계승되었다. 그 장관인 제형안찰사(提刑按察司)는 송(宋)나라 때의 제점형옥(提點刑獄)에 해당한다. 여러 도의 옥송(獄訟)과 농사(農事)에 대한 업무를 담당하였다.

158) 직지(直指) : 한(漢)나라 무제(武帝) 때 조정(朝廷)에 설치하여 오로지 순시(巡視)를 맡아 각 지방의 정사를 처리하는 관원. 또한 "직지사자(直指使者)"라 불리기도 했다.

159) 주광(紸纊) : 임종 때 솜을 입에 대어 아직 숨을 쉬고 있는지의 여부를 알아보는 일. 문맥으로 보건대 주광(紸纊)을 충이(充耳 : 귀막이)로 잘못 알고 쓴 것 같다. 진담(瑱紞)으로 바꾸어야 한다.

160) 원강(元康) : 한(漢)나라 선제(宣帝)의 연호. B.C.65~B.C.62.

북이 없었기 때문이었고,	以無鼓,
대종(代宗)[161]은 중주(中主)[162]였는데도	代宗中主,
조당(朝堂)에서 여러 해 막힌 원한을 해결했던 것은	朝堂決累歲之滯寃,
북이 있었기 때문이었도다.	爲有鼓.
폐석(肺石)[163]은 질박하고 무디니	肺石質頑,
어떻게 북이	寧如鼓之,
잠깐 울리면 즉시로 통하는 것과 같으리오?	乍鳴卽徹?
구궤(匭匭)[164]는 일이 비밀스러워서	匭匭事秘,
북은 한 번 치면 곧 통달함에 미치지 못하니	不及鼓之一鼓便達,
북이여! 북이여!	鼓兮鼓兮!
내가 듣는 것을 맡았도다.	予之司聽.
삼 일 동안 소리가 없으면	三日無聲,
내 마음에 빛남이 있으리라.	予心有熲.

161) 대종(代宗) : 중국 당(唐)나라 제8대 황제인 이예(李豫)를 가리킨다.
162) 중주(中主) : 재덕(才德)이 중간쯤 되는 평범한 임금.
163) 폐석(肺石) : 옛날 주(周)나라 때 조정(朝廷)의 문밖에 설치했던 붉은 돌. 불평이 있는 백성들이 두들겨 억울함을 호소하게 했는데 그 돌 모양이 폐와 같으므로 폐석(肺石)이라 했다 한다.
164) 구궤(匭匭) : 당(唐)나라 측천무후(則天武后) 때에 천하의 여론을 듣기 위하여 설치했던 여론함(輿論函)을 가리킨다.

39. 지일폐관잠[165] 至日閉關箴

사각[166]거리고 쌀쌀하며,	冲冲泠泠,
깨끗하고도 깔끔함이	淨淨潔潔,
미미하여 자취를 찾을 수 없고,	微不可跡,
오묘하여 설명도 용납치 않네.	妙不容說.
기르는 건 갓 태어난 갓난아이같이 하여	其養之如嬰兒之始生,
밀실(密室) 가운데에 갈무리하여 놓고,	藏之密室之中,
움직이지 않고 어지럽게도 하지 않네.	而不動不擾.
보호하기를 곧 불어나는 진기(眞氣) 같이 해야 할 것이니	其護之如眞氣之方滋,
단전(丹田)[167]의 안에 보존하여 놓고,	葆之丹田之內,
누설하지도 말고 달리지도 말지어다.	而勿泄勿走.
겹겹의 팔관(八關)이 모두 빗장 내리니	重重八關盡下鑰,
아득한 온 땅에 나그네가 쉬도다.	茫茫九野息行客.
바야흐로 그것을 폐쇄할 적에	方其閉之也,
온누리 아래는	寰宇之下,
적막하고 고요하도다.	寂然湛然.
소리도 들을 수 없고 냄새도 맡을 수 없다가	無聲臭之可聞,
그것을 열기에 미쳐서는	及其闢之也,

165) 지일폐관(至日閉關) : 『주역(周易)』 「복괘(復卦)」에 "'상전(象傳)'에 말하였다. '우레가 땅 가운데 있음이 복(復)이니, 선왕이 관찰하여 동짓달에 관문(關門)을 닫아 장사꾼과 여행자가 다니지 못하게 하며 임금은 사방을 시찰하지 않는다'[象曰, 雷在地中, 復, 先王以, 至日閉關, 商旅不行, 后不省方]"라고 했다.

166) 충충(冲冲) : 얼음을 써는 소리. 또는 근심하는 모양. 늘어진 모양. 여기서는 전자로 보아야 할 것 같다.

167) 단전(丹田) : 배꼽 아래로 한 치쯤 되는 곳. 여기에 힘을 주어 항상 심신(心身)의 정기(精氣)를 모아 두면 몸이 건강해져서 장수(長壽)한다 함.

구역(區域)의 사이가 區域之間,
환하고 빛나서 煥然爀然,
볼 만한 광휘(光輝)가 있으리로다. 有光輝之可觀.
자시(子時)부터 오시(午時)에 이르고, 自子至午,
오시(午時)부터 해시(亥時)에 이르면 기(氣) 점점 왕성해질 것이니 自午至亥而氣漸旺,
선의 단서 발현도 또한 이와 같도다. 善端之發亦如是.
그것을 화합해서 모이게 하고 翕之使聚,
그것을 쉬게 하여 자라게 하며 休之使長,
그것을 배양해서 튼튼하여 기미가 쉬지 않게 할 것이니, 培之使固而機不息,
지경(持敬)하는 공부도 이것을 본받아야 하리로다. 持敬之工當效此.
지뢰(地雷)에 상(象)이 있으니[168] 地雷有象,
앞서 성인이 법을 드리운 바이고 前聖所以垂法,
월령(月令)에 교훈이 있으니 月令有訓,
후세의 임금이 법칙을 취한 바로다. 後辟所爲取則.
두텁지 못한 잠언(箴言)으로 不腆之箴,
감히 사혼(司閽)[169]에 고하노니 敢告司閽,
7일이 지난 뒤[170]에는 七日之後,
정히 아름다운 때에 속하리로다. 政屬令辰.

---

168) 지뢰에 상이 있으니[地雷有象] : 지뢰(地雷)라는 형상이 있다. 곧 『주역(周易)』 「복괘(復卦)」의 형상(形象)을 말한 것. 복괘는 팔괘(八卦) 중의 곤괘(坤卦 : ☷)를 위에 놓고 진괘(震卦 : ☳)를 아래에 놓아 만들어진 괘인데 위에 있는 곤괘의 형상은 땅[地]의 형상이고 아래에 있는 진괘는 우레[雷]의 형상임을 말한 것이다.

169) 사혼(司閽) : 조선 시대 액정서(掖庭署)에 딸린 정6품 잡직(雜織)으로 궁궐 내 각 문의 자물쇠와 열쇠를 관리하는 일을 맡아 보았다.

170) 7일이 지난 후[七日之後] : 『주역(周易)』 「복괘(復卦)」에 "그 도를 반복하여 7일 만에 와서 회복하니, 그 가는 바를 둠이 이롭다[反復其道, 七日來復, 利有攸往]"라고 했다.

40. 일신헌명 日新軒銘

하루의 시간 12시각의 안에	日時十二刻之內,
생각하고 생각함을 계속하고[171]	念念相續,
하루의 십이진(十二辰) 가운데에	一日十二辰之中,
걸음마다 앞으로 향하길 그치지 않도다.	步步向前爲未已.
내일은 오늘과 다르고,	明日異於今日,
오늘은 어제와 달라지도다.	今日異於昨日.
점차로 옮겨져 쉬지 않는다면	而漸遷作不輟,
보통 사람은 현인(賢人)으로 진보하고	常人進於賢人,
현인(賢人)은 성인(聖人)으로 진보하리로다.	賢人進於聖人.
잠시 한눈팔면 틈이 생기고	而沛然乍放則釁,
조금 쉬면 후퇴하게 되니	少歇則退,
천행의 건실함[172]을	天行之健,
마땅히 깊이 체득하리로다.	所當深體.
처마 앞에 있는 나무	軒前有樹,
날마다 처마 위로 빼어나고,	日日抽軒,
처마 밖에 있는 물은 나날이 흘러서는	軒外有水日日流,
눈앞의 풍경이 옛날이 아님을 깨닫게 되니,	眼前光景覺非昔,
몸에 대한 공부를 어찌 쉴 수가 있는가?	身上工夫其可息?
아침에 읽고	朝則讀,
낮에는 강론하며	晝則講,

171) 생각하고 생각함을 계속하고[念念相續] : 전념(前念)과 후념(後念) 사이에 조금도 여념이 섞이지 아니함. 곧 잡념이 없음.

172) 천행의 건실함[天行之健] : 『주역』 「건괘(乾卦)」에 "象曰, 天行健, 君子以, 自强不息"이라 했다.

밤이면 생각하여	夜則思,
옛것을 읽히고 새것을 알아야 하리로다.	溫故知新.
과실이 있으면 고치고,	過則改,
잘한 게 있으면 따르고,	善則服,
의로우면 행하여	義則行,
옛것을 버리고 새것을 따라야 하리로다.[173]	舍舊從新.
아! 말세에는	嗟嗟叔季,
오로지 날마다 놀기만 하고 게을러서	惟日遊惰,
어느덧 흰머리가 되면	居然白首,
오히려 옛날의 나일 뿐이로다.	猶是舊我.
어찌하랴 우리 동방 운이	那歟吾東,
일초(一初)에 속해져 있음이요!	運屬一初.
탕반(湯盤)의 교훈[174]을	湯盤之訓,
감히 상감께 바치노라.	敢獻當宁.

41. 정일재명 精一齋銘

가리는 데에 정밀하지 못하면	擇之不精,

---

173) 옛것을 버리고 새것을 따르다[舍舊從新]:『주자가례』「장례(葬禮)」'제주축문(題主祝文)'에 "육신은 묘소로 돌아가고 혼령은 집으로 돌아가시게 되었습니다. 신주가 이제 이루어졌으니, 삼가 혼령께서도 옛것을 버리고 새것을 따라 여기에 기대고 여기에 의지하소서[形歸窀穸, 神返室堂. 神主旣成, 伏惟尊靈舍舊從新, 是憑是依]"라고 했다.

174) 탕반의 교훈[湯盤之訓]:『대학』에 "탕임금의 목욕통에 새긴 명(銘)에 이르기를 '진실로 어느날 새로워졌거든 나날이 새로워지고 또 날로 새로워져야 한다'[湯之盤銘曰:'苟日新, 日日新, 又日新']"라 했다.

혹은 원수 알기를 친구 같이 여기고 或認讎爲親,
혹은 동쪽을 가리켜 서쪽이라 하여 或指東爲西,
한계가 맑지 못하게 되는도다. 而限界未瀅.
지키기를 한결같이 하지 못하면 執之不一,
혹은 용이 하늘서 날고 或龍飛於天,
혹은 범이 우리에서 뛰어나와 或虎出於柙,
안복(按伏)[175]이 일정하지 않게 되는도다. 而按伏不定.
치수(錙銖)·호리(毫釐)와 초홀(抄忽)·기미(幾微)의 사이에 살펴서 그 분별을 궁구하면 審之於錙銖毫釐抄忽幾微之間而窮其辨,
어찌 지극히 밝지 않겠는가? 豈非至明?
기거(起居), 음식(飮食)과 동정(動靜), 운위(云爲)의 사이에 그 힘을 오로지 한다면 守之於起居飮食動靜云爲之際而專其力,
그것을 존성(存誠)할 수 있으리라. 謂之存誠.
만일 반침(盤針)[176]을 정하고, 如定盤針,
만일 저울추로 물건을 다는 것과 같이 하면 如秤物錘,
비록 사면팔방(四面八方)과 일사천근(一絲千斤)이 안 가지런해도 雖四面八方一絲千斤之不齊,
나의 중도는 미혹되지 않을 것이로다. 吾之中則不惑.
닭이 알을 품는 것과 같고 如鷄抱卵,
고양이가 굴을 지키는 것 같이 하면 如貓守穴,
비록 폭풍(暴風), 소나기와 신정(迅霆)·진뢰(震雷)가 번갈아 일어나더라도 雖暴風驟雨迅霆震雷之迭作,
나의 생각은 쉼이 없으리로다. 吾之念則不息.
(그리하면) 거칠게는 순자(荀子)와 양웅(揚雄)이고, 麤則荀楊,
막히기로는 자막(子莫)[177]과 같을 것이나, 滞則子莫,

175) 안복(按伏): 보이는 곳이 없다. 억제하여 굴복시킨다는 뜻으로 쓴 것 같다.
176) 반침(盤針): 나침반(羅針盤)의 바늘. 방향을 정한다는 뜻으로 쓴 것이다.

만일 그것을 잃으면 금수의 영역에 빠지게 되리로다. 若失之則陷於禽獸之域.

요(堯)가 순(舜)에게 주고 순(舜)이 우(禹)에게 주듯이 堯授舜舜授禹,
앞 선 성인의 지결(旨訣)이 前聖旨訣,
아버지가 아들에게 전하고 아들이 자식에 전해지리로다. 父傳子子傳孫.
열조(列朝)의 심법(心法)인 列朝心法,
가제(家齊)·국치(國治)·천하평(天下平)이 家齊國治天下平,
여기에 근본할 것이며, 本於此,
즙희(緝熙)와 광명(光明)[178]과 순불이(純不已)가 緝熙光明純不已,
여기에서 말미암는 것이니 由乎是,
부전(不腆)한 명(銘)으로 고어(古語)를 서술하여 不腆之銘述古語,
건극(建極)[179]의 교화를 간절하게 바라나이다. 建極之化望,
당저(當宁)시여! 當宁.

42. 관풍각명 觀豊閣銘

훨훨 나는 상호(桑扈) 새여! 翩翩者扈,
동산 상수리나무에 모였도다. 集于園栩.
나에게 보전(甫田)[180]이 있으니 我有甫田,

177) 자막(子莫):『맹자』「진심상(盡心上)」에 나오는 인물. 중용(中庸)의 도를 지키기는 하나 형세에 따라 임시변통을 할 줄 모르는 사람이었다.

178) 즙희(緝熙)와 광명(光明):『시경(詩經)』「주송(周頌)」'경지(敬之)'에 "學有緝熙于光明"이라 했다.

179) 건극(建極): 천자가 나라의 근본 법칙을 세워 천하를 다스림.

풍년 들어 벼가 많도다.	豐年多稌.
풍년 들어 벼가 많았으니	豐年多稌,
드리운 벼이삭이 구름같이 펴졌도다.	垂穎雲布.
증손이 와서 보고는	曾孫來觀,
빈풍(豳風)장을 읊었도다.	豳風載賦.
저 농사꾼에 명령해서	命彼田正,
큰 창고에 거두어 두었도다.	收之大庾.
혹은 방아에 찧고 혹은 퍼내서,	或舂或揄,
술과 음식을 갖추었도다.	酒食是具.
향기로운 음식 냄새로	芬芬飶飶,
우리 열조(烈祖)를 즐기게 하는도다.	衎我烈祖.
열조(烈祖)시여! 열조(烈祖)시여!	烈祖烈祖,
열조(烈祖)가 내려와 도우셔서	烈祖降祐,
억 년, 천추 세월에 이르도록	億載千秋,
풍년 들어 벼가 많게 하소서.	豐年多稌.
훨훨 나는 상호(桑扈) 새여!	翩翩者扈,
동산 가죽나무에 모였도다.	集于園樗.
나에게 보전(甫田)이 있으니	我有甫田,
풍년 들어 기장이 많도다.	豐年多黍.
풍년 들어 기장이 많으니	豐年多黍,
벼이삭이 빗자루같이 크도다.	穗如箒巨.
증손(曾孫)이 와서 보았으니	曾孫來觀,
밭둑 돌아봄 느긋이 하는도다.	巡疇容與.
저 전개(田介)에게 명령하여	命彼田介,
광주리에 거두게 하였도다.	從以筐筥.

180) 보전(甫田) : 큰 농지(農地)라는 말. 『시경』 「소아」에 '보전(甫田)'이란 시편이 있다.

실로 굳건하고 실로 좋게 하니　實堅實好,
참새도 쪼지 못하고 쥐도 먹지 못하도다!　不雀不鼠.
술과 음식을 만들어　以爲酒食,
우리 빈려(賓旅)에게 잔치 열어 주리로다.　饗我賓旅.
손님이 이미 배부르다 말하면　賓旣辭飽,
길한 말을 올리리라.　獻之吉語.
억천 년에 이르도록　億載千秋,
풍년 들어 조[黍]가 많게 하소서.　豊年多黍.
훨훨 나는 상호(桑扈) 새여!　翩翩者扈,
동산 곡식에 모였도다.　集于園穀.
나에게 보전(甫田)이 있으니　我有甫田,
풍년 들어 보리가 많도다.　豊年多麥.
풍년 들어 보리가 많으니　豊年多麥,
보리가 소등을 덮었도다.　麥沒牛脊.
증손(曾孫)이 와서 보니　曾孫來觀,
평안한 안색이 있도다.　貌有康色.
저 전사(田師)[181]에게 명령하여　命彼田師,
베어서 수확하였도다.　載芟載獲.
곳간 가득 차면 시렁에 두지 않고　廩盈不庋,
한데에 그것을 쌓았도다.　而露其積.
베풂이 아래에 미쳐서　施及于下,
백성과 즐거움을 함께 했도다.　與民同樂.
모든 백성들이　羣黎百姓,
말을 합쳐[182] 축하하는도다.　合辭以祝.
억 년 천 년에 이르도록　億載千秋,

---

181) 전사(田師) : 옛날 농사를 관장하던 관원(官員)임.
182) 합사(合辭) : 대신들이 함께 올리는 계사(啓辭)를 말함.

풍년 들어 보리 많게 하소서. 豊年多麥.

43. 소왕송[183] 素王頌

천지가 이미 개벽하였으니, 玄黃旣闢,
왕이라야 이에 통치를 세우도다. 王乃建統.
하늘을 대신해 뭇 백성 다스렸으니 代天理衆,
염제(炎帝)는 붉은 색에 응했으며 炎符膺朱,
의(顗)는 검은 색을 숭상했으니, 顗色尙黑,
각기 그 덕으로 했도다. 各以其德.
창희(蒼姬)[184]의 말기에 蒼姬之末,
중국[185]은 어려움이 많았도다. 赤縣多難.
왕실(王室)이 미미하고 쇠잔해지니 王室微殘,
백성은 군주가 없었도다. 黎黔無主.
정령(政令)과 형벌(刑罰)이 자루를 잃으니 政刑失柄,
상제가 신명(新命)을 돌보았도다. 帝眷新命.
상제가 신명을 돌보았으니 帝眷新命,

---

183) 소왕(素王) : 공자(孔子)를 가리킨다. 사마천은 『사기(史記)』에서 공자를 열전에 배치하지 않고 세가(世家)에 분류했다. 무관(無冠)의 제왕을 뜻하는 소왕(素王)이나 무력에 의지하지 않고 문으로 천하의 왕이 되었다는 뜻의 문선왕(文宣王)은 모두 공자 때문에 생긴 호칭이다.

184) 창희(蒼姬) : 희성(姬姓)인 주(周)나라의 왕실(王室). 주나라는 목덕(木德)으로 왕이 되었기 때문에 창(蒼)자를 씌워 창희(蒼姬)라 한다.

185) 적현(赤縣) : 중국 사람들이 자신의 나라를 일컫는 말로, 보통 적현신주(赤縣神州)라고 한다. 『사기(史記)』 「맹자전(孟子傳)」에 "추연(鄒衍)이 중국을 적현신주(赤縣神州)라고 했다"라고 하였다.

제비의 자손[186]이었도다.	玄鳥之裔.
문명(文明)의 운이 열렸으니	文明運啓,
단부(丹符)[187]와 황록(黃籙)[188]이었도다.	丹符黃籙.
아래로 궐리(闕里)에게 위촉했으니,	下屬闕里,
왕자(王者)의 상서였도다.	王者之瑞.
청운(青雲)이 서질(敍秩)[189]하였으니,	青雲敍秩,
소박한 마상고(馬上鼓)로 노래를 시작했도다.	素鞞起謳.
두루 맞이하여 순행하며 놀았으니	歷聘巡遊,
은(殷)나라의 수레와 주(周)나라의 면류관이었도다.[190]	殷輅周冕.
뜻은 있었으나 시행되지 않았으니	有志未試,
오직 소리(素履)[191]를 편안히 했도다.	惟安素履.
봉황은 이르지 않았고,	丹禽不至,
황하(黃河)는 맑지 않았으니,	黃河不淸,
아! 너희들 창생(蒼生)이여,	嗟爾蒼生,

186) 제비의 자손[玄鳥之裔] : 공자(孔子)를 가리킨다. 『사기(史記)』 「공자세가」 기록에 의하면 공자는 주(周)나라 때 제후 송(宋)의 군주였던 미자(微子)의 후손이고 미자는 탕(湯)임금의 후손인데 탕임금은 요순(堯舜) 시대 사람으로 순임금때 사도(司徒 : 法官)였던 설(契)의 손자인바 설의 모친 간적(簡狄)은 목욕을 하다가 제비가 떨어뜨리는 알을 삼키고 설을 낳았기 때문에 한 말이다.

187) 단부(丹符) : 제왕의 부신(符信).

188) 황록(黃籙) : 도사(道士)가 만든 도장(道場)을 가리킴. 도사(道士)가 기도하는 단을 설치하는 데에는 부록(符籙)으로 만든 것이 모두 황색이므로 그런 이름이 붙여졌다. 여기서는 공자의 아버지 숙양흘(叔梁紇)이 그의 후처인 안징재(顏徵在)와 함께 이구산(尼丘山)에서 기도를 하고 공자를 얻었다 하였는데 그때 기도하는 광경을 묘사한 것이다.

189) 서질(敍秩) : 부자(父子) · 군신(君臣) · 형제(兄弟) · 부부(夫婦) · 붕우(朋友)인 천서(天敍)에는 법(法)이 있고, 존비(尊卑) · 귀천(貴賤)인 천질(天秩)에는 예(禮)가 있다. 『서경(書經)』 「고요모(皐陶謨)」에 나온다.

190) 『논어』 「위령공」 참조.

191) 소리(素履) : 소(素)는 문채가 없는 하얀 빛이고, 리(履)는 신발이란 뜻이니, 질박(質朴)하고 화려함이 없으며 청백(淸白)을 스스로 지켜 가는 처세태도(處世態度)를 비유하는 말이다. 소박한 이행이라 번역한다. 『역경(易經)』 「리(履)」에 "初九 : 素履, 往無咎. 象曰 : 素履之往, 獨行愿也"라 했다.

그러나 하늘이 나에게 부여했도다. 然天付我.
대경대법(大經大法)과 大經大法,
문장사업(文章事業)을 文章事業,
오전(五典)[192]에 펴게 하였도다. 俾叙五典.
오장(五章)[193]에 차례를 지어서 俾秩五章,
하여금 오형(五刑)을 쓰게 한 것이니, 俾用五刑,
일부의 기사(紀事)로 一部紀事,
왕정(王政)에 부치어 以寓王政,
어지러움 다스려 바른 것으로 돌렸도다. 撥亂反正.
만일 왕법(王法)을 어긴다면 苟違王法,
패주(覇主)의 강성함이라도 覇主之强,
엄하게 죄 문책함 반드시 시행하여 嚴誅必行,
왕실(王室)을 보위할 수 있었도다. 能衛王室.
배신(陪臣)의 미미한 일도 陪臣之微,
드러내어 포상하여 곧 시행하였도다. 顯褒卽施.
명분(名分)이 이미 바로잡아짐에 名分旣正,
내외가 분별이 있었도다. 內外有辨.
흑백(黑白)이 혼돈되지 않았으니, 黑白不混,
만대(萬代)의 이전(彝典)과 萬代彝典,
백왕(百王)의 경상(常經)이 百王常經,
밝기가 해와 별과 같아 炳如日星,
지위가 없어도 존귀했도다. 無位而尊.
백비(白賁)[194]의 바름은 白賁之貞,

---

192) 오전(五典) : 다섯 가지의 윤리 도덕. 여기서는 부의(父義) · 형우(兄友) · 제공(弟恭) · 자효(子孝)이다.

193) 오장(五章) : 청 · 황 · 적 · 백 · 흑 다섯 가지 색을 말하는데 옛날에 다섯을 기준으로 삼아 오형(五刑), 곧 묵(墨), 의(劓), 월(刖), 궁(宮), 대벽(大辟)을 정했다는 뜻이다.

194) 백비(白賁) : 소박하여 화려함이 없는 장식을 이른다. 『역경(易經)』의 비괘[賁 : ䷕]에

이로서 소왕(素王)이 되었도다.	是爲素王.
창린(蒼麟)이 마침내 이르러	蒼麟適至,
기원(紀元)을 사용하였도다.	用以紀元.
일통(一統)의 근원은	一統之原,
오직 그 신하가 되는 것이니,	惟其爲臣,
좌구명(左丘明) 씨(氏)가	左丘明氏,
경지(經旨)를 발휘하여	發揮經旨,
위복(威福)[195]의 주고 빼앗음을	威福與奪,
일러 인주(人主)라 하고,	謂之人主,
그 법이 갖추어져	其法已具,
덕의(德義)와 인지(仁智)를	德義仁智,
일러 천작(天爵)이라 하였도다.	謂之天爵.
그 지위가 이미 지극해 지면	其位已極,
적오(赤烏)[196]의 달력은	赤烏之曆,
천세(千歲)를 채우지 못하였으나,	不滿千歲,
왕력(王曆)은 제한이 없는 것이었도다.	王曆無際.
백제(白帝)의 토지[197]는	白帝之土,

"上九白賁, 无咎"라 했다.

195) 위복(威福) : 『서경(書經)』 「홍범(洪範)」에 "오직 임금만이 복을 짓고 오직 임금만이 위엄을 지을 수 있다[惟辟作福, 惟辟作威]"라고 했다. 원래는 통치자의 상벌에 대한 권능을 가리킨 것이나, 후에 권력을 담당한 사람이 망령되이 스스로 존대(尊大)한 것을 가리키는 의미로 쓰이게 되었다.

196) 적오(赤烏) : 『사기(史記)』 「봉선서(封禪書)」에 "주(周)나라 무왕(武王)이 은(殷)나라 주왕(紂王)을 치려고 황하(黃河)를 건넜을 때 불덩이가 흘러와서 왕이 있는 지붕에 이르러 까마귀로 된 서조(瑞兆)가 있었다"라는 고사에 따라 여기서는 주나라의 국운이 37대 867년에 그쳐 1000년이 되지 못했음을 말한 것이다.

197) 백제의 토지[白帝之土] : 한 고조가 기병(起兵)을 결심하고 술에 취해 밤길을 가게 되었었다. 그때 뱀으로 화한 백제(白帝)의 아들을 칼로 쳐서 죽였는데 밤에 그 어미인 노파가 적제(赤帝)의 아들이 자신의 아들을 죽였다고 통곡했다는 고사를 말한다. 백제의 아들이란 진(秦)나라 황제를 지칭하므로 한 고조인 유방(劉邦)이 진을 멸할 것이라는 조짐이다. 『사기(史記)』 「고조본기(高祖本紀)」 참조.

만리(萬里)를 넘지 않으나,	不過萬里,
왕의 토지는 끝이 없었도다.	王土無外.
양양(洋洋)한 현유(玄猷)[198]는	洋洋玄猷,
글에 나열되어 있도다.	布在竹素.
승묵(繩墨)과 규구(規矩)가	繩墨規矩,
조정에 빛났도다.	煌煌廟宇.
천하에 두루 하였으나,	遍於天下,
보답한 바였도다.	所以報也.
태뢰(太牢)[199]와 팔일(八佾)[200]에	太牢八佾,
만승(萬乘)이 북면(北面)했도다.	萬乘北面.
아![201] 뚜렷하지 아니 한가?	嗚呼不顯,
자색이 주색을 어지럽혀서	有紫亂朱,
감히 성왕(聖王)의 교화를 막았도다.	敢梗聖化.
저 이단(異端)을 하는 자들은	彼異端者,
황제(黃帝)와 노자(老子)가 도를 발호(跋扈) 했도다.	黃老跋扈.
치곤이 솥을 물었으니[202]	緇髡問鼎,
각기 부령(部領)를 이루었도다.	各成部領.
당당(堂堂)한 주자(朱子)가	堂堂紫陽,
한 번 일어나 쓸어버렸도다.	一起掃平.

198) 현유(玄猷) : 선대 성군(聖君)들의 큰 도리.

199) 태뢰(太牢) : 우(牛)·양(羊)·시(豕)를 희생(犧牲)으로 쓰는 큰 제사를 가리킨다.

200) 팔일(八佾) : 팔일(八溢), 팔우(八羽)라 쓰기도 함. 옛날 천자(天子)의 예악(禮樂)에 쓰는 무용수(舞踊手)의 규모를 말함인데, 종횡으로 8명씩 64명이 춘다.

201) 오호(嗚呼) : 『탄만집』에는 오호(於乎)라 되어 있음.

202) 치곤이 솥을 물었다[緇髡問鼎] : 제후(諸侯)인 자가 천자(天子)의 지위를 넘겨다본다는 뜻. 『좌전(左傳)』 「선공(宣公) 3년」에 초자(楚子, 莊王)가 주(周)나라에 있는 솥의 크기와 무게를 물으니 왕손만(王孫滿)은 즉석에서 대답하기를 "천자로 되는 것은 덕(德)에 달려 있는 것이지, 솥에 있지는 않다"라고 하였으니 그의 부당한 욕심을 꺾은 것이었다.

대도(大道)가 다시 밝아졌으니 大道復明,
우리나라에 성인이 일어났도다. 青邱聖作.
다스림에 법도(法度)가 있어 治有法度,
왕도의 길을 준행하였도다. 遵王之路.
19년에 粤十九年,
반궁(泮宮)에 일이 있어 有事泮宮,
정성껏 예를 행하였으니, 執禮虔恭,
능히 옛날 법을 거행하였도다. 克擧舊典.
장차 새로운 다스림을 펼치려 함에 將敷新治,
오직 왕을 의칙으로 삼았도다. 惟王是儀.
손을 씻고 송을 찬하여 盥手撰頌,
하늘을 본뜨고 태양을 그려서 摸天畵日,
만분의 일이나마 형용하였도다. 形容萬一.

44. 황종명 黃鐘銘

조화(造化)의 신비를 쌓아서 蘊造化秘,
성기(聲氣)의 원조가 되었으니, 爲聲氣祖,
그 제안(制按)을 살피면 審其制按,
주천(周天)[203]은 365도(度)가 되고 周天三百六十五度,
그 법상(法象)[204]을 논하면 論其法象,

203) 주천(周天) : 온 하늘의 둘레.
204) 법상(法象) : 자연계에서 일어나는 일체 현상에 대한 총칭. 여기서는 하루가 12시간(현재의 24시간)임을 말한 것.

하루는 12진(辰)의 수(數)가 되네. 一日十二辰之數.
해곡(嶰谷)의 대나무를 잘라 斷嶰谷竹,
그것을 처음 시작한 이는 누구였던고? 創之者誰?
종양두려(宗羊頭黎)[205]는 宗羊頭黎,
옛날의 신고(神瞽)[206]로 古之神瞽,
금석(金石)·사죽(絲竹)·포토(匏土)·혁목(革木) 등은 金石絲竹匏土革木,
이것을 얻어 군신(君臣)의 자리가 정해졌고, 得此而正君臣位,
권형(權衡)·도량(度量)·규구(規矩)·준승(準繩)은 權衡度量規矩準繩,
이것을 말미암아 생겼도다. 由是而生.
부자(父子)의 뜻은 父子義,
원기(元氣)가 이미 홍건해서 元氣旣澒,
중성(中聲)[207] 또한 차이가 있어 中聲亦差,
제실(緹室)[208]과 가관(葭管)[209]도 緹室葭管,
마침내 같게 할 수는 없었도다. 卒莫能齊.
오류가 심하여서 舛誤之甚,
옥두(玉斗)[210]를 쓰게 되었고 用玉斗,
괴란(壞亂)이 지극해서 壞亂之極,
와부(瓦釜)[211]를 울리게 되었도다. 鳴瓦釜.
성음(聲音)의 도는 정사와 통해서,[212] 聲音之道與政通,

205) 종양두려(宗羊頭黎) : 한 사람 또는 두 사람의 이름 같으나 알 수 없다.
206) 신고(神瞽) : 상고 시대의 악관(樂官).
207) 중성(中聲) : 중화한 소리[中和之聲]를 가리킨다.
208) 제실(緹室) : 고대(古代)에 절기(節氣)를 살피는 방.
209) 가관(葭管) : 갈대[葭]의 속껍질을 태워서 얻은 재[灰]를 12개월에 해당하는 율관(律管)에 채우고 소정의 장치를 한 다음 기다리면 해당하는 달의 재가 날아가는 것을 말함.
210) 옥두(玉斗) : 옥형(玉衡)이다. 천문을 관측하는 기구이다.
211) 와부(瓦釜) : 조잡하고 속된 음악을 가리킨다.
212) 성음의 도는 정사와 통한다[聲音之道與政通] : 음악은 정치와 관련이 있다는 말. 옛날에는 채시관(採詩官)을 두어 민요(民謠)를 채집함으로써 그곳의 정치 상태를 분석하여 적절한 시책을 세웠다. 그 시를 모은 것이 곧 『시경(詩經)』의 「국풍(國風)」이란 시

아악(雅樂)의 흥기가 대동(大東)에서 연유했도다.	雅樂之興由大東.
이에 태상에게 명하여	爰命太常,
종율(鍾律)을 정하였으니	以定鍾律,
중화(中和)가 감응된 바에	中和攸感,
고경(古磬)이 이에 나오게 됐으며,	古磬斯出,
궁음(宮音)이 이와 화협하니	宮音其協,
나머지는 모두 순응 되었다네.	餘無不順.
양양(洋洋)함이 귀에 가득한 것은	洋洋盈耳,
소호(韶護)의 운(韻)이었으니	韶護之韻,
그것을 쓰면 천신(天神)이 흠양하고	其用則天神歆,
지기(地祇)가 흠양하며	地祇饗,
조고(祖考)가 이르도다.	祖考格.
그 효험으로는 음양(陰陽)이 조화되어	其效則陰陽和,
비바람이 순조롭고	風雨順,
백성들이 계도되어	羣生迪,
음악이 소리로 말미암아 지어지며	樂由聲作,
소리는 마음에서 나니,	聲從心生,
성스런 임금의 덕이 아니라면	匪聖后德,
종(鍾)이 어떻게 이루어지겠는가?	鍾何以成,
봉황(鳳凰)이 거동함을	鳳凰之儀,
날짜를 가리켜 기대할 수 있겠도다.	指日可待.
부전(不腆)한 명(銘)으로	不腆之銘,
종(鍾)의 뒤에 새기기를 원하노라.	願勒鍾背.

이다.

45. 창의문명[213] 彰義門銘

이 문을 열지 않았다면, 不開此門,
서궁[214]의 문은 영원히 닫혔을 것인데, 西宮之門永閉,
한 번 이 문을 열자 一開此門,
서궁의 문이 이에 열렸도다. 西宮之門乃啓.
장차 문으로 들어갈 제 늠름하게 그 삼간 것은 將入門而懍乎其愼,
아름다운 명령이 기다리고 있네. 休命俟.
이미 문에 들어가자 패연히 그 순하게 된 것은 爲入門而沛然其順,
천리[215]가 이르렀음이로다. 天吏至.
왕성의 북쪽에 위치해서 居王城北,
간지(干支)의 계방(癸方)[216]에 응하였으니,[217] 應干支癸,
소양 삼월 달에[218] 昭陽三月,
천지가 거듭 열리었도다. 重闢天地.
나와 같은 사람이 날로 우내에 빛을 냄이 若愚日光宇內,
비유하면 촛불 잡고 어둠을 깨뜨림이로다. 譬秉燭破幽晦.
심고[219]를 열어 주어, 發深錮,

---

213) 창의문(彰義門) : 서울 종로구 창의동에 있는 성문. 태조 5년(1396)에 세운 사소문(四小門) 가운데 유일하게 남아 있는 문이며 일명 자하문(紫霞門)이라고도 한다.

214) 서궁(西宮) : 덕수궁(德壽宮)을 말함. 당시 광해군을 업고 있는 대북(大北) 세력에 의해 인목대비(仁穆大妃 : 金氏)가 연금(軟禁)되어 있었던 곳이다.

215) 천리(天吏) : 여기서는 인조반정(仁祖反正)을 주도한 김류(金瑬) · 이귀(李貴) 등과 인조반정에 가담한 사람 등을 가리킨 것이다.

216) 계방(癸方) : 정북방(正北方)에서 동쪽으로 15도가 치우친 방향을 말함인데 창의문의 위치를 가리킨 것.

217) 간지의 계방에 응하였다[應干支癸] : 창의문의 위치가 도성(都城)의 계방(癸方)에 있는 계(癸)와 인조반정이 일어난 계해년(癸亥年)의 계(癸)가 서로 호응했다는 말이다.

218) 소양삼월(昭陽三月) : 인조반정이 일어났던 광해군 15년(1623) 3월을 가리킨다. 소양(昭陽)은 간지(干支)로 계(癸)의 고갑자(古甲子)이다.

구면(裘冕)을 회복시켰으니,	復裘冕,
인륜을 바로잡는 뜻이었고,	正倫之義,
가혹한 정치를 그만두어	除苛政,
토목(土木)을 쉬게 했으니,	罷土木,
백성을 구제하는 의리로다.	救民之義.
의리에 어두운 자는 처벌을 하고,	昧義者罰,
의리를 앞세운 자는 상을 주었으며,	仗義者賞,
의리를 지키는 자는 등용하였고,	守義者庸,
의리에 죽는 자는	死義者,
곧 이미 아름답게 여기고 또 장려했도다.	則旣嘉而又奬.
문이여! 문이여!	門兮門兮!
관계가 가볍지 않으니,	關係不輕,
업이 여기에서 시작이 되고	業由此始,
공이 여기에서 이루어졌도다.	功由此成.
아! 뚜렷하지 않은가?	嗚呼不顯?
우리 성군의 모습이여!	我聖相!
또렷하게 빛이 나서	明明赫赫,
바른 길을 따르시는 도다.	遵正路.
어찌 의리에만 그치리오.	何止於義.
인자하다는 소문이 현창(顯彰)되도다.	仁聞彰.
만세의 공열이니	萬世之烈,
나라가 그 성창하리로다.	邦其昌.
우리 상감께서 긍구(肯搆)[220]하시어,	我后肯搆,
단청을 더하시었으니,	增丹雘,

219) 심고(深錮) : 깊은 금고(禁錮). 여기서는 인목대비의 연금과 대북 세력과 대항하다가 파직된 관원들을 가리킨다.

220) 긍구(肯搆) : 선조(先祖)의 사업을 자손이 잘 계승한다는 뜻.

신이 절하고 명을 지어서, 臣拜撰銘,
편액에 새기도록 하노라. 鐫于額.

46. 인정문명[221] 仁政門銘

하늘에 있는 묘문(卯門)[222]은 칠정(七政)[223]을 맡고, 天有卯門司七政,
땅에 있는 태문(泰門)은 중양(衆陽)[224]을 베풀도다. 地有泰門宣衆陽.
빛나고 빛나는 대군(大君)은 이 모양을 취하여서 皇皇大君取斯象,
안으로 정전(正殿)을 구축할 때 태극(太極)을 세웠고, 內搆正殿太極立,
밖으로 정문(正門)을 설치할 때 화추(化樞)[225]가 열렸도다. 外設正門化樞闢.
시험 삼아 전(殿)과 문(門)의 편액을 보면 維殿維門試看額,
뚜렷한 사덕(四德) 중에 인(仁)이 최고가 되고, 顯顯四德仁爲最,
어지러운 만기(萬幾) 중에 정사(政事)가 큰 것 되는도다. 棼棼萬幾政爲大.

---

221) 인정문(仁政門) : 태종 5년(1405) 창덕궁 창건과 더불어 건립되었으나, 오늘날 볼 수 있는 인정문은 영조 21년(1745) 3월에 중건한 것이다. 일제가 1912년경에 인정전의 행각을 전시장으로 만들면서 벽체와 바닥의 구성이 변형되었으나, 1999년 복원 공사를 마치고 오늘날에 이른다. 현판 글씨는 한석봉에 필적하는 조선 중기의 명필 북악(北嶽) 이해룡(李海龍)의 글씨라고 전한다. 현재 인정문은 보물 813호로 지정되어 있다.

222) 묘문(卯門) : 동문(東門)이란 말이나 자세한 내용을 알 수 없다.

223) 칠정(七政) : 일곱 가지 정사. 여기서는 옛날 천문(天文)을 관찰하여 역상(曆象)을 제작했던 일을 가리킨 것이니, 일곱 가지란 일(日), 월(月), 금(金), 목(木), 수(水), 화(火), 토(土) 등 다섯 개의 행성(行星)을 가리키는데, 여기서는 하늘의 묘문(卯門)이 그것을 맡고 있다는 말이다.

224) 중양(衆陽) : 우주(宇宙)간에서 만물로 하여금 싹이 터서 자라게 하는 각종의 양기(陽氣)를 이른다.

225) 화추(化樞) : 교화(敎化)의 추기(樞機)

이것에 임하여 베풀기에 시험 삼아 희재(熙載)[226]를 사용하면

臨此以施用熙載,

온음(溫音)의 혜택(惠澤)이 이로 말미암아 나오게 되나니

溫音惠澤由以出,

비유컨대 춘화(春和)가 무성하게 발하여 譬如春和藹然發,

후유(煦濡)[227]와 보식(保息)[228]이 또 동칙(董飭)하는 것과 같도다.

煦濡保息又董飭.

멀리 저 팔역(八域)에 근심이 두루 하지 않음 생각건대

緬彼八域憂不遍,

하나의 물건도 제자리 잃으면 인(仁)이 온전치 못하게 되고,

一物失所仁未全,

한 명 백성도 하늘 찾는다면 정사(政事)가 선(善)하지 못함이로다.

一民呼天政未善.

체인(體仁)한 행정(行政)은 어떠해야 옳은가? 體仁行政如何可?

반드시 저 당요(唐堯) 때 천하(天下)를 빛낸 것과 같이하고

必若唐堯光天下,

반드시 저 주문(周文) 때 선대 빛낸 것과 같이 하여야 하리로다.

必若周文光先者.

그러나 오히려 그 기심(機審)을 경념(警念)하여 然猶警念其機審,

사(私)가 해인(害仁)함을 감히 엿보지 못하게 하고, 私則害仁勿敢闖,

가혹하게 하여 정사(政事)를 병들게 함 마땅히 금해야 하리로다.

苛則病政所當禁.

당(唐)나라에는 선덕(宣德)[229]과 주단(朱端)의 예(禮)가 있었으니

---

226) 희재(熙載) : 일을 번창하게 하다. 여기서는 일을 번창하게 잘하는 사람이란 뜻으로 쓴 것이다.

227) 후유(煦濡) : 따뜻하게 사랑으로 보살펴 주는 것.

228) 보식(保息) : 백성을 편안하게 길러 번식(繁殖)하게 하는 것.

229) 선덕(宣德) : 상감의 덕화(德化)를 선양한다는 뜻.

唐有宣德朱端禮,
이름이 아름다웠으나 실제와는 어긋났으니　名非不嘉與實悖,
무엇이 이 문에 뭇 아름다움 모이는 것과 같으리오. 孰如是門衆美會.
의로운 길[義路]이 중정(中挺)하여 안택(安宅)을 곁하였으니
義路中挺傍安宅,
저 요화(瑤華)한 단확(丹雘)[230)]만이 우습도다.　笑彼瑤華只丹雘.
문미(門楣)에 이름 새겨 상목(常目)에 갖추는 게.　刻名于楣備常目.

47. 기형재칠정률[231)] 璣衡齋七政律

왕정은 예로부터 역상을 먼저 했으니　王政由來先曆象,
제왕 마음 단연코 백성들 편안히 하는 데 있었도다. 帝心端在敉群氓.
아름답도다! 동쪽 나라에 참 성군 태어나시어　休哉東國生眞聖,
천시 받들어 순응하길 다만 한결같은 정성으로 하셨도다.
奉若天時只一誠.
뚜렷한 중화(순임금)로 온 누리 다스리시어　縣縣重華御八紘,
하늘을 경으로 삼고 땅을 위로 삼은 법모 컸도다. 乾經坤緯範模宏.
삼림은 깊고 깊어 풍뢰가 순조로웠고　山林窅窅風雷順,
곤룡포 빛이 나서 해, 달처럼 밝았도다.　絺繡煌煌日月明.
이르기를 궁중에서 교화(敎化)를 지어냄이　道是中宸作化出,

230) 단확(丹雘) : 선명하게 붉은 빛 단청(丹靑)이라는 뜻으로 쓴 것이다. 『서경(書經)』「재재(梓材)」에 "若作梓材, 旣勤樸斲, 惟其塗丹雘"이라 했다.
231) 칠정(七政) : 일(日), 월(月)과 5행성인 금(金), 목(木), 수(水), 화(火)·토성(土星)을 관찰하여 역상(曆象)을 제작하는 것을 말한다.

단연코 태극에서 중의(衆儀)가 생김과 같았도다. 端如太極衆儀生.
사람의 때는 섞였으나 어찌 순서 없으랴? 人時參錯寧無序?
하늘 운행 두루 흘러도 모두 길이 있도다. 天運周流摠有程.
의장과 심주로 새롭게 창제(刱制)했으니 意匠心籌新制刱,
북두성이 얽히고 별이 자리하여 우러러 봄이 정(精)하도다.
斗纏星舍仰觀精.
기계는 정활(淨滑)함을 구하여 선기(璿璣)에 축(軸)을 장치하였고,
機要淨滑璿裝軸,
관은 통명(通明)함을 취해 옥으로 형을 장식 했도다. 管取通明玉飾衡.
혼개(渾盖)는 항상 선회해서 개미 갊을 보았고, 渾盖常旋看蟻磨,
교란(交欄)은 움직이지 않으니 자라로써 받들었도다. 交欄不動用鰲擎.
적도와 황도 위에는 지속(遲速)이 나뉘었고 赤黃道上分遲速,
백환과 흑환의 가에서 축영(縮盈)을 징험했도다. 白黑環邊驗縮盈.
음양 펴서 정했으니 윤선이 있고, 布定陰陽輪線在,
기삭(氣朔)을 고르게 했으니 촌호를 다퉜도다. 平齊氣朔寸毫爭.
묘문(卯門)과 유혈(酉穴)에서 손님 송영(送迎)하듯이 했고,
卯門酉穴相賓餞,
동지(冬至)와 추분(秋分)은 서로 이정(利貞)했도다. 冬至秋分互利貞.
아름다운 상감 거처에선 상위를 밝히었고 穆穆宸居明象緯,
무수한 서민들은 잠경(蚕耕)을 다투었도다. 芸芸衆庶競蚕耕.
능히 절서로 하여금 금화(金火)를 조정 했으니, 能教節序調金火,
다만 성문으로 우청(雨晴)을 점칠 뿐만 아니었도다. 非直星文卜雨晴.
세기(歲紀)인 삼진(三辰)은 모두 절후에 응하였고 歲紀三辰咸應候,
천인은 한 가지 이치이니 재성(財成)하게 되었도다. 天人一理得財成.
알선은 비로소 원추가 귀함을 알게 되었고 斡旋始識元樞貴,
한욱에서 이에 조물의 실정을 보았도다. 寒燠仍看造物情.
온갖 변화는 본래 방촌에서 부연되고 萬化本從方寸演,

천 년은 산가지 하나 갖고 논평할 수 있도다. 千年可把一籌評.
때는 오회(午會)를 당하여 문명이 열렸으니 時當午會文明啓,
노래는 남훈(南薰)[232]에 나아가 세운이 형통케 됐도다. 歌就南薰世運亨.
칠요(七曜)[233]가 자리에 의해 훈결(暈缺) 없고 七曜依躔無暈缺,
삼원(三元)[234]은 궤도를 따라 승평을 알렸도다. 三元順軌報升平.
희화(羲和)의 성법(成法)으로 공능이 지어졌으니 羲和成法功能造,
대요(大撓)[235]의 유규가 다시 아우를 수 있게 됐도다. 大撓遺規更可幷.

48. 일하운현률 日下雲見律

풍신(楓宸)[236]에 호소하는 준걸들 정성 되려 격식에 맞고
楓宸籲俊誠還格,
합격 명부에 이름 쓰니 기가 절로 꽃다웁도다. 桂籍書名氣自芬.
태사 자주 말하니 흥이 발발하였고, 太史頻言興勃勃,
상감 모습 기뻐함 정히 흔흔하도다. 天顔有喜正欣欣.
운기가 펄럭이니 해 처음 떠오르고 雲旗旖旎日初昕,
임금 자리 채찍 울리니 고운 것 나눠졌도다. 黼座鳴鞭綽立分.
수전은 향기 맑으니 연기가 하늘거리고 獸篆香淸煙裊裊,
용지에 파도 따뜻하니 물이 출렁대도다. 龍池波暖水沄沄.

232) 남훈(南薰) : 남훈(南熏)이라 쓰기도 한다. 남풍가(南風歌)를 가리킨다.
233) 칠요(七曜) : 해와 달, 오성(五星 : 火・水・木・金・土)을 가리킨다.
234) 삼원(三元) : 여기서는 일(日)・월(月)・성(星)을 가리킨 것이다.
235) 대요(大撓) : 황제(黃帝)의 사관(史官)이름・갑자(甲子)를 제작했다 한다.
236) 풍신(楓宸) : 궁전(宮殿). 한(漢)나라 때 궁전에 단풍나무를 많이 심었던 데에서 생긴 이름이다.

기가 산택에 통하니 신분[237]이 쪄대었고, 氣通山澤蒸神濆,
상서가 건문[238]에 나타나니 상서로운 구름 아뢰었도다.
瑞見乾文奏霱雲.
별이 아름다운 징조에 모이니 복조 열기 멀리했고 星聚休徵開祚遠,
태양이 신화를 베풀었으니 사람을 진작(振作)함이 부지런케 했으며
日宣新化作人勤.
분포가 일제히 모였으니 봄 과거 열렸고 粉袍齊集春闈闢,
붉은 장막 높이 매달렸으니 시계 소리 들렸도다. 絳帳高懸晝漏聞.
형세가 곤붕에 있으니 장차 물을 칠 것이고 勢有鯤鵬將擊水,
값이 기기(麒驥)에 더하니 문득 무리 비었구나.[239] 價增麒驥奄空群.
인온한 기는 사람 중의 상서 느끼게 되고 氤氳氣感人中瑞,
변화한 기미는 붓끝 문장에 생기는 도다. 變化機生筆下文.
촛불 세 자루가 다 되니 빛이 잠시 움직이고 燭盡三丁光乍動,
여인(臚人)은 이갑(二甲)[240]을 선언했으니 기 훈훈함 더하도다.
臚宣二甲氣增熏.
아름다운 상서 빛나고 빛나니 덕에서 말미암음 알게 되고
休祥燦燦知由德,
큰 선물이 소소하였으니 그대에게 줄만 하도다. 景貺昭昭可增君.
천도가 나는 빛이 상위(象魏)에 가지런하고 天道飛輝齊象魏,
오장의 기이한 채색은 용문이 얽혔도다. 五章奇彩纈龍紋.
흰 옷이 돌연 변해 화개를 이루었고 白衣俄變成華蓋,
영걸스런 이내 다퉈 와서 자분을 곁하여 靈靄爭來傍紫氛.

237) 신분(神濆) : 전설로 내려오는 물 이름.
238) 건문(乾文) : 여기서는 천문(天文)이란 뜻으로 쓴 것.
239) 이 문구는 옛날 주(周)나라의 말[馬]을 잘 감별하는 백락(伯樂)의 고사를 응용한 것이다. 그가 기야(冀野)의 목장에서 준마(駿馬)를 높은 값을 주고 빼 가면 그 나머지는 말같은 말이 없는 것과 같았다고 한다.
240) 이갑(二甲) : 옛날 과거(科擧)의 전시(殿試)에서 2등으로 합격한 것.

태양을 끼고 광채가 나나 초(楚)를 일깨움은 아니었고,　夾日光騰非警楚,
하늘 나는 형세 크니 횡분(橫汾)[241]과 다르도다.　飛天勢大異橫汾.
평록[242] 편에서는 가회 엶을 이미 보게 되었고　已看苹鹿開嘉會,
기룡(夔龍)[243]이 방훈(放勳)[244]과 즈음함을 점칠 수 있도다.
可卜夔龍際放勳.
달은 고래 나는 것 위해 먼저 이미 무리 지었고　月爲鯨飛先已暈,
구름은 물고기 변함으로 인해 달이 문(雯) 이뤘도다.　雲因魚變月成雯.
풍사는 지난밤에 헌몽을 징험하였고　風沙前夜徵軒夢,
장맛비는 다른 때 바다 지경 넓히리.　霖雨他時溥海垠.
서경이 관기[245]의 진신과 멀리 부합됐고　瑞慶遠符官紀縉,
광화는 이어 곡이 다시 훈훈한 걸 보게 됐도다.　光華重見曲賡薰.
한나라 때 대책은 먼저 동중서(董仲舒)를 거두었고,　漢廷對策先收董,
당나라 궁전에서 말 구했으니 어찌 분을 굽혔는고?　唐殿求言豈屈蕡?
교주(交州)는 괴성[246]에 응했으니 함께 징조를 보였고　喬應魁星同示兆,
파주(巴州)에선 나는 안개 이뤄졌으니 모름지기 말할 것 못됐도다.
巴成飛霧不須云.
대동(大東)의 오늘날에 아름다운 운을 만났으니　大東今日丁休運,
오랫동안 상서로운 구름 보니 욱분이 일어났도다.　佇看祥雲起郁紛.

---

241) 횡분(橫汾) : 한(漢)나라 무제(武帝)의 「추풍사(秋風辭)」 중에 유람선을 띄워서 분하를 건너는데 중류를 비껴서 흰 물결을 드날렸도다[泛樓船兮, 濟汾河, 橫中流兮揚素波]라고 한 말에 근거하여 임금이나 임금의 작품을 칭송하는 말로 쓴다.

242) 평록(萍鹿) : 평(萍)은 평(苹)과 같이 쓴다. 평록(萍鹿)은 시경(詩經) 녹명편을 가리킨 것이니 가빈(嘉賓)에게 연회를 베풀어 즐기는 내용이다.

243) 기용(夔龍) : 옛날 순(舜)임금의 신하로서 악관(樂官)이었던 기(夔)와 간관(諫官)이었던 용(龍)을 가리킴.

244) 방훈(放勳) : 요(堯)임금의 호칭이니 공(功)이 온 나라의 끝까지 이르렀다는 뜻이다.

245) 관기(官紀) : 관청(官廳)의 규율(規律), 관리(官吏)들에 대한 기율.

246) 괴성(魁星) : 별 이름.

49. 사가관덕률 射可觀德律

단장이 평평하게 넓어 백궁이 너그럽고　　壇場平衍百弓寬,
베로 만든 장막으로 과녁 펼쳤으니 법물이 완전했도다.
布帘張侯法物完.
읍하고 사양함 문채 있으니 무리 짝져 나갔고　　揖讓有文曹耦進,
주선함 예에 맞았으니 체용이 단정했도다.　　周旋合禮體容端.
매를 쏘는 수단은 무엇이 귀할 것 있는가?　　射雕手段何須貴?
과녁 맞히는 공부가 가장 어렵도다.　　中鵠工夫最是難.
달 가득하듯 당기고 당기니 활의 기세 좋고　　月滿彎彎弓勢好,
별이 흐르듯 한 점 한 점 화살 소리 말랐도다.　　星流點點矢聲乾.
목심 이미 바랐으니 법도가 아님 없고　　木心旣正無非度,
이수곡[247] 자주 노래하여 기쁨을 도왔도다.　　貍首頻歌用助歡.
술잔 씻음 이긴 일 영광스레 여긴 뜻 없는 것이고　洗爵元無榮勝意,
활줄을 느슨히 늦춘들 어찌 위의 잃는 탄식 있으리오　弛絃寧有失儀嘆.
포중에서 엄연하게 주례를 열었고　　圃中儼儼開周禮,
살받이 아래에서 당당하게 하관[248]이 서 있었도다.　垛下堂堂立夏官.
평소의 이행[249]이 허물없으니 군자의 덕이요　　素履不愆君子德,
붉은 깃발 높이 들리니 뭇 사람들이 보는도다.　　紅旌高擧衆人觀.
한가할 때 부질없이 봉상 뜻을 부쳤는데　　閑時謾寓蓬桑志,

---

247) 이수(貍首) : 일시(逸詩)의 편명으로, 모두 2장이다. 하나는 『예기(禮記)』에 보이고 하나는 『대대례기(大戴禮記)』에 보인다. 『곤학기문(困學記聞)』에 "활쏘기를 명하는 시다"라고 하였다.

248) 하관(夏官) : 중국 주(周)나라 때 정부(政府) 조직인 6관(官) 중의 하나. 군사(軍事)를 관장하는 관직으로서 조선 왕조(朝鮮王朝)의 병조(兵曹)와 같은 것이다.

249) 평소의 이행[素履] : 일상생활에서 소박(素樸)한 태도로 행한다는 말. 『주역(周易)』「리괘(履卦)」 '초구효(初九爻)' 참조.

쓰는 곳엔 모름지기 나라안이 편안하게 해야 하리라.

用處須念海宇安.

우리 상감 지금은 구전을 닦으시니 我后卽今修舊典,
화살마다 홍간(紅干)에 적중함을 봐야 하리라. 要看箭箭中紅干.

50. 희우정률[250] 喜雨亭律

하느님 부절 전해 수성을 닫았으니 上帝傳符閉水星,
하늘에 자욱한 가뭄 기운 낮에도 어두웠도다. 迷天旱氣晝冥冥.
풀이 무성한 내 농사는 싹이 장차 말라 가는데 芃芃我稼苗將稿,
심원하신 우리 상감 뜻이 편안치 않도다. 穆穆吾王意未寧.
어찌 무왕을 써서 속된 예 베풀겠는가? 豈用巫尩陳俗禮?
오직 생폐[251]로다 신령을 이르게 했도다. 惟將牲幣格神靈,
황새의 울음 개밋둑[252]에 있으니 먼저 징후 알았고

鸛鳴在垤先知候.

용의 기운[253] 처마에 흘렀으니 이미 비린내 느끼게 됐도다.

---

250) 희우정(喜雨亭) : 정면 2칸, 측면 1칸의 우진각기와지붕의 정자로 『궁궐지(宮闕志)』에는 이 건물이 서향각(書香閣)의 북쪽에 있으며 구명(舊名)은 취향정(醉香亭)으로 인조 23년(1645)에 초당(草堂)으로 창건되고 숙종 16년(1690)에 가뭄이 들어 비를 기다리다가 비가 내리게 되자 정명(亭名)을 희우(喜雨)로 바꾸고 지붕을 기와로 바꾸었다고 한다. 이 건물은 작은 규모에 구성이 간결하고 질박한 맛을 자아내는 정자이다.

251) 생폐(牲幣) : 희생(犧牲)과 폐백(幣帛). 넓은 의미로 제수(祭需)라는 뜻이다.

252) 황새의 울음 개밋둑에 있으니[鸛鳴在垤] : 『시경』 「빈풍(豳風)」 '동산(東山)'의 "왜가리가 개미집에서 울자, 아낙네는 방안에서 탄식한다[鸛鳴于垤 婦歎于室]"에서 나온 말. 비가 올 징조를 말한다. 비가 오려고 하면 땅속에 사는 개미들이 먼저 알고 집 단속을 하고, 황새는 그런 개미를 잡아먹고 운다고 한다.

253) 용의 기운[龍氣] : 제왕의 기운을 이른다. 유비(劉備)가 제갈량(諸葛亮)에게 건업(建

龍氣流簷已覺腥.

혁혁한 우레 수레 바다를 흔들어대었고 虩虩雷車掀海渤,

주룩주룩 한바탕 비는 들판에 뿌려댔도다. 淋淋雨陣灑郊坰.

집집마다 기뻐하는 소리 죄수 사면 만나듯 하고 歡聲萬戶囚逢赦,

많은 사람 기뻐하는 얼굴빛 병이 나은 듯하도다. 喜色千林病得醒.

다만 향로 향기에 마음이 깨끗해지고 只爲爐香心事白,

기름으로 윤택해져 벼의 모 푸르러졌도다.

致令膏潤稻秧青.

대낮의 서늘함 시원한 제호탕보다 나을 줄 알겠고 午凉知勝醍醐爽,

처마 물 소리 음악 소리 들음과 어떠하리오? 滴溜何如管籥聽?

도가 커서 끝없이 능히 물건을 윤택시키어 道大無垠能澤物,

공이 이뤄졌으니 부질없이 정자 이름 지음 있지 않았도다.

功成不有謾名亭.

백성과 하늘은 나라의 근본이라 사윤어[254]는 民天國本絲綸語,

해 뜨고 비 오는 천추의 덕에 따라 향기 나리. 暘雨千秋順德馨.

業)을 살펴보게 했더니, 용과 범이 서린 것 같은 기운이 뻗쳐 나와 제왕의 터임을 알았다는 고사가 전한다.

254) 사윤(絲綸) : 임금의 말은 작게 하는 말이라도 크게 들어야 한다는 뜻. 『예기(禮記)』 「치의(緇衣)」에 나옴.

혜환잡저 10

1. 평창 이씨 『육세승방록』 발문 平昌李氏六世承榜錄跋

譯 옮김 옛날에는 사람을 쓸 적에 세 가지 일(六德, 六藝, 六行)로써 빈흥(賓興, 鄕試)을 치렀으며, 후세에는 문과(文科)와 무과(武科) 두 개의 과거를 개설하여 예능을 시험하였다. 그런데 하늘이 인재를 내는 것도 시대가 숭상하는 것에 따라서 그것을 돈독히 하게 된다. 그러므로 명석(名碩) 중에 이것을 통해서 진출하는 사람이 열 명 중에 여덟, 아홉이 되니 어찌 중대하지 아니한가?

평창 이씨(平昌李氏)는 여섯 대를 계속해서 방에 올랐으니 이것은 그 선조 중에 반드시 후하게 공적을 쌓은 자가 있기 때문이다. 그렇지 않으면 비록 한 지역의 사람들 중에 비록 재주 있는 사람[1]들이 헤아릴 수 없이 많아도 등과(登科)한 사람이 드물며, 등과하더라도 2~3대에 이르는 것은 더욱 드문 일인데, 하물며 6대 임에랴. 비록 그렇기는 하나 옛날에는 9대를 정승한 자가 있었으며, 같은 성씨에서 과거에 급제한 자가 1,600여 명이나 되는 일도 있었다. 그러나 그 사이에는 문호의 누가 된 자도 있었으니 이것은 경계해야 할 일이다. 또, 사환(科宦)이 여러 대를 빛나는 것은 두려워할 만한 일이지 기뻐할 만한 일이 아니다. 천도에는 영허(盈虛)가 있으니 인가(人家)가 어찌 항상 성창할 수만 있겠는가? 그러나 나무에 흙을 북돋으면 더욱 무성해지고, 등불에 기름을 더하면 더욱 밝아지는 것이니, 이것이 사람이 하늘을 이기는 것이다. 아! 또한 집안으로써 하지 않고 선거(選擧)로써 하지 않더라도 100대를 지나도록 길이 존속되는 집안이 있으니, 이것은 또 몰라서는 안 될 것이다.

원문

古者用人, 以三物賓興, 後世開兩科試藝. 而天之生才, 亦隨時之所尙而篤之. 故名碩之繇此進者, 十八九, 豈不重哉? 平昌李氏, 六世相承登榜, 是其先必厚有所績者. 不然, 域中之人, 雖巧曆難數, 而登科者稀, 登科而至二三世則尤稀, 矧六世哉. 雖然, 古有九世台鼎者, 有一姓科第千六百餘人者. 而間有爲門戶累者, 此可戒也. 且科宦舄奕, 可懼不可喜. 天道有盈虛, 人家安能常盛? 然木培土則益茂, 燈添油則愈明, 是人勝天者也. 噫! 亦有不以世閥, 不以選擧, 歷百世而長存者, 此又不可不知也.

1) 재주 있는 사람[巧曆] : 교력(巧歷)과 같은 말로서 달력[月曆]을 만들 제 복잡한 수치(數値)를 잘 계산하는 사람이란 뜻이다. '재주 있는 사람'이라 번역한다.

2. 화암기 和菴記

譯 옮김

내 이미 여든 살이 되었고 다시 눈병으로 고생하여서 의원의 처방대로 고약(膏藥)을 붙이고 있었다. 외손자인 허질(許瓆)이 말하기를 "어떤 손님이 뵙기를 청합니다"라고 하거늘, 내가 병 때문에 사양을 했더니, 조금 있다가 다시 청하기에 전처럼 사양하였는데, 조금 있다가 또 다시 청하기에, 사양하기를 또 전과 같이 하였다. 인하여 허질(許瓆)에게 묻기를 "구하는 바가 있더냐?" (손자가) 말하기를 "암기(菴記)를 구하러 왔답니다." 내가 말하기를 "인정(人情)이란 한 번 보기를 청하여 볼 수 없으면 원망이 생기고, 두 번 청하여 볼 수 없으면 성이 나고, 세 번 청하여 볼 수 없으면 벌떡 일어나 떠나거늘 지금 손님은 이와는 반대이니 화(和)의 지극함이다. 얼굴을 보지는 못했지만 곧 화기(和氣)가 사람을 엄습하니, 마땅히 그의 거처에 현판을 '화(和)'라 할 것이다"라 하였다. 질(瓆)이 말하기를 "이미 이름을 화암(和菴)으로 했답니다." 내가 웃으면 말하기를 "됐다. 어찌 넘치는 말을 사용하여 기(記)를 지으리오." 질(瓆)이 다시 말하기를 "손님의 행동거지가 단정하고 언사(言辭)가 공손하여 속세 사람이 아닌 것 같습니다"라 하였다. 내가 말하기를 "그렇다면 화(和)하고도 예(禮)가 있구나"라고 하였다.

원문

余旣耋老, 復苦眼, 醫方點膏藥. 外孫許瓆言"有客請見." 余辭以疾, 頃之復請, 辭如前. 頃之又復請, 辭又如前. 因問瓆曰 : "有所求乎?" 曰 : "有求菴記." 余曰 : "人情一請見不得則悵, 再則慍, 三則勃然起而去, 今客則反是, 和之至也. 未見面, 卽和氣襲人, 是宜顔其居曰和." 瓆曰 : "已名以和菴矣." 余笑曰 : "得之矣, 安用剩語演爲記也." 瓆復曰 : "客擧止端恪, 言辭恭謹, 似非俗人." 余曰 : "然則和而有禮矣."

3. 홍대부가 연경에 사신으로 가는 것을 전송하는 서문 送洪大夫使燕序

譯 옮김

홍대부가 장차 떠나려 할 적에 나에게 증언(贈言)을 청하였다. 나는 이르기를 "대부가 왕명을 받들었다면 상감의 신령함에 기댄 것이니 절로 도중에 걱정이 없을 것 입니다. 게다가 대부가 평소에 공손교(公孫僑)와 계찰(季札)[2]의 풍도를 가지고 있었으니 이번의 행차는 오직 말의 실수가 없을 뿐만 아니라, 반드시 나라를 무겁게 세울 것입니다. 설령 대부가 연행의 사신이 안 되었다면 그 사이에 아무 부서에서 아무 부서로, 아무 관사에서 아무 관사로 옮겨 다니면서, 일과로 관아에 가서 몇 가지 송사를 판결하고 몇 가지 문서를 결재하며, 혹은 친구들과 어울리어 수작하는 것에 불과할 것입니다. 몸이 서울을 벗어나지 않는다 하더라도 그 말이나 수레를 타고 다니는 자취를 계산하면 거의 수백 천리나 될 것이니, 어찌 연경(燕京)에 들어가 만국의 집양(執壤)[3]을 마음껏 보고 오면 기이하고 특출난 것이 옛날의 왕회도(王會圖)[4]와 같이 사람의 심장과 눈을 장쾌하게 하는 것과 같겠습니까?"라 하였다. 대부가 말하길 "그렇군요"라고 하고는 수레를 내오라 해서 타고서 떠났다.

원문

洪大夫將行, 請余贈言. 余謂, "大夫旣奉命, 則憑君靈矣, 自無途路虞矣. 且大夫素有僑札風, 今行, 不惟不失辭, 定爲國重. 設令, 大夫不作行人, 其間不過自某曺移某曺, 某司遷某司, 課日赴衙, 剖幾

---

2) 교찰(僑札) : 춘추 시대 정(鄭)나라의 공손교(公孫僑)와 오(吳)나라의 계찰(季札). 계찰이 정나라에 갔을 때 공손교와 만나자 마자 친구가 되었으므로 후일에 이로 인하여 '친구간의 사귐'이란 뜻으로 쓴다.

3) 집양(執壤) : 원 뜻은 그 지방에 나는 토산물을 바친다는 뜻이다. 『서경』「강왕지고(康王之誥)」에 보면 "한두 신하가 양전을 바친다[一二臣衛, 敢執壤奠]"고 했다. 여기서는 각국의 사신이 천자에게 올리는 예품과 그 절차를 통틀어 지칭하는 것으로 보인다.

4) 왕회도(王會圖) : 당(唐)나라 화가 염입본(閻立本)이 그린 사이조회도(四夷朝會圖)를 가리킨다.

訟, 押幾牒. 或朋友過從報謝. 身不出漢京, 而盡計其蹄轍之迹, 則亦且數百千里矣, 曷若入燕都, 縱觀萬國執壤而來, 瓌奇詭特, 若古王會圖, 壯人心目也哉?" 大夫曰, "然!" 進車. 乘之而去.

혜환잡저 11

1. 신재기 愼齋記

譯 옮김 외조부인 대부 조공(趙公)이 일찍이 나에게 말씀하기를 "내가 어렸을 때에는 병을 잘 앓아서 야위었었다. 여러 일가 어르신께서 볼 때마다 으레 슬퍼하면서 말씀하기를 '이 애가 반드시 요절하고 오래 살지 못할 것이니 삼가 혼인을 시켜서 며느리의 슬픔을 만들어 주지 말라'라고 했다. 점점 자라면서 곧 몸조심하고 보배처럼 아껴서 스스로 나 자신을 해치지 아니 할 줄을 알았기 때문에 이제 여든을 살고서도 나의 정력이 오히려 온전하여 그다지 줄어들지 않았으니 너희들은 이것을 알아야 한다"고 하였다. 대개 공은 평생토록 집안에 희시(姬侍)[1]하는 즐거

1) 희시(姬侍) : 여인이 모시는 것. 축첩(畜妾)을 가리킨다.

움이 없었으며 평소에 술을 좋아했으나 다만 기분을 좋게 할 뿐이었고, 크게 취하여 정신이 없는 데에는 이르지 아니 하였다. 이것이 그분이 큰 고개를 넘고서도 신기(神氣)가 더욱 왕성하게 더하는 까닭이었다.

지난해에 공의 외손자인 이종준(李宗俊) 자조(子朝)가 병계(病戒)[2]로 여러 달 동안을 거의 죽을 뻔했다가 의원이 백방으로 치료를 하여 낫게 되었다. 그러자 나에게 들러서 말하기를 "제가 새로 거처할 세 칸의 조그만 재를 짓고 편액을 달아 '신재'라 하였으니 원컨대 형님께서는 기문을 지어 주십시오"라고 하였다.

내가 살펴보건대 자조(子朝)의 질병이 새로 낫게 되었으나 그 마음으로 두려워함이 저승에서 도망 온 것과 같았다. 비늘 달린 몸과 소의 머리를 한 두렵고 혐오스런 괴물들이 뚜렷하게 아직도 눈 안에 있는 것이 물에 빠졌다가 건져내게 된 것과 같았다. 가위눌렸던 것이 깨게 되자, 그들이 구제(救濟)하여 주기를 탐색(探索)하여 놀라서 부르짖는 소리가 귀에 들리는 것 같았다. 두려운 마음으로 회계(悔戒)함으로써 재빨리 안순(安順)하고 탄적(坦迪)하게 하는 방법을 구하려고 하는 것인데 내가 그 쉽게 인도할 수 있음을 알았으니, 그 길은 곧 공이 나에게 말씀하신 것을 삼가 외워주는 것이다. 깨우쳐 주기를 "이것은 이른바 옥동(玉洞)의 비결로서 오랫동안 살펴온 방식이다. 여러 우인(羽人)과 단사(丹士)들이 천만 가지의 언어로서 산전(算詮)[3]과 조인(調引)[4]에 연장되는 것이라 말할지라도 그 뜻은 원래 여기에서 벗어나지 않으니, 곧 네가 마땅히 가슴에 새겨 잃지 말아야 할 것이다. 비록 그렇기는 하나 몸을 삼가 조리하여 목숨을 부지하려 한다면 반드시 먼저 그 금기하는 바를 알아야 할 것인데 주색(酒色)은 더욱 심하다. 대저 기름 바른 머리에 분바른 얼굴을

---

2) 병계(病戒) : 여기서는 앞뒤의 문맥으로 보아 계색(戒色)을 못한 데에서 생긴 병이란 뜻으로 쓴 것이다.

3) 산전(算詮) : 여기서는 양생법(養生法)에 관한 계획이 잘 갖추어진 것이란 뜻으로 썼다.

4) 조인(調引) : 여기서는 우인(羽人)과 단사(丹士)들이 능숙한 말로 중재하여 사람을 자기들의 양생법을 따르도록 끌어들이는 것이란 말이다.

곁눈질로 바라보면 마음이 방탕하지 아니 할 자가 없게 되고 술에 취하면 그 천화(天和), 곧 인체(人體)의 원기(元氣)를 해치게 되니 지업(志業)이 곧바로 무너지고 목숨을 일찍 잃는 일이 많은 것이다.

그러므로 옛날 현인들이 사람을 가르칠 적에는 먼저 『황제소문(黃帝素問)』이라는 책을 읽어서 그 몸을 아껴야 한다는 것을 알게 한 연후에 뒤따라서 배워야 배우는 것이 이루어지게 되는 것이다. 그리고 서방(西方)의 비구(比丘)들이 아라한(阿羅漢)을 증명하는데 능히 독용(毒龍[5])을 항복시킨 뒤에라도 장(漿)을 마시고 술에 취하게 되면 드디어 신통(神通)함을 잃게 되어서 다시는 선(鱔)을 항복시킬 수 없다.[6] 손선고(孫仙姑[7])는 첩의 집[婢家]을 활귀(活鬼[8])로 삼아서 지마(芝麻[9])로 기름을 짜고, 고각(皂角[10])으로 꽃을 문지른다[11]라는 비유가 있게 되었다. 이제 우리 자조(子朝)는 고아한 선비로서 염광(恬曠)하여 이것으로써 유혹을 당하여 사람의 심성을 해치는 것이 혹시라도 이 두 가지를 지나치게 하는 데에 이르지 않게 한다면 과연 능히 무심하게 초탈(超脫)하여 근육(筋肉)이 단단해지고 지기(志氣)가 분명하게 될 것이니 곧 이는 무슨 일을 한들 이루지 못하리오? 만

5) 독용(毒龍) : 독이 있는 용. 불가(佛家)에서는 욕심에 비유하기도 함.

6) 용준(龍遵)의 『식색신언(食色紳言)』 「음식신언(飮食紳言)」에 "善來比丘, 證阿羅漢降伏毒龍, 後飮漿中酒大醉, 遂失神通, 不能降鱔, 豈復能降龍也"라고 했다.

7) 손사고(孫仙姑) : 금(金)나라 시대의 여자 도사(道士)이다. 법명(法名)이고 불이(不二)이고 호는 청정산인(淸淨散人)이라고 하였으며, 혹은 손선고(孫仙姑)라고 일컫기도 하였다. 영해(寧海) 사람으로서 마단양(馬丹陽)의 아내였는데 왕중양(王重陽)의 도화(度化)로 출가(出家)하여 전진교(全眞教) 칠자(七子) 중의 한 사람이 되었다.

8) 활귀(活鬼) : 절반은 죽어 살지 못할 사람을 가리킴.

9) 지마(芝麻) : 참깨.

10) 고각(皂角) : 쥐엄나무.

11) 용준(龍遵)의 『식색신언(食色紳言)』 「남녀신언(男女紳言)」에 다음과 같은 구절이 나온다. "孫仙姑云 : '十歲童男正好修, 大丹無漏可全周. 金丹舍利全不坏, 清淨身心赴瀛洲.' '二十上下聚渾家, 活鬼同眠心不怕. 掀翻金鼎走丹砂, 拽倒玲瓏七宝塔.' '三十已上火院牽, 恰似蠶兒繭內眠. 渾身上下纏縛定, 不悟菩提不悟禪.' '四十生男長女多, 元陽耗散損中和瑽瑡. 思量苦來從前苦, 急急貪花恨不多.' '五十以上老來休, 少年不肯早回頭. 直待元陽耗散盡, 恰似芝麻壓盡油.' '六十四五老干巴, 孫男孫女眼前花, 那怕七十活一百. 皂角揉殘一把査.'"

약에 그 곡진하게 삼가고 과도하게 두려워해서 하나의 구황(溝隍)[12]을 넘을 적에 반드시 기도를 하고, 하나의 가축을 사고 하나의 풀을 옮길 적에도 반드시 점을 치는 것은 어찌 말할 것이 있으리오? 아! 소자들이 처음 배울 적에 완전히 허다한 정신을 얻었다 하더라도 겨우 한 번의 곽란(霍亂)으로 문득 흩어지고 만다. 만약에 탁념(濁念)이 싹나는 것을 탐하게 되거든 급히 굳세게 제어하기를 대안(大安)의 목우(牧牛)[13]가 한 번은 풀숲으로 들어가면 재빨리 코뚜레를 끌어 돌리기를 맹렬하게 하여 정신이 오래 스스로 순치되어 숙달하게 하는 것이 옳다.[14] 이것은 내가 옛날의 이인(異人)에게서 들은 것을 알려 주는 것이니 자조(子朝)는 비밀에 부쳐 삼가 그 적임자가 아닌 자에게 말하지 말지어다.

원문

外王父大夫趙公, 嘗詔不佞曰 : "吾幼善病瘁羸. 諸族長老, 見輒悲之曰 : '兒必夭不永, 謹勿婚爲婦氏慽.' 稍長, 卽知愼護葆嗇, 亡自我傷, 今生八十年矣, 吾精猶全, 弗甚朘也, 若輩識之." 盖公平生家無姬侍之娛, 素好酒, 只陶暢性靈, 亦未至大醉亂也. 是其所以大齢而神氣愈旺加也.

---

12) 구황(溝隍) : 물이 없는 성(城)의 해자(垓子). 넓은 의미로는 '도랑'이란 뜻임.

13) 대안(大安)의 목우(牧牛)[大安牧牛] : 『전등록(傳燈錄)』 권9와 『오등회원(五燈會元)』 권4에 나오는 백장회해(百丈懷海, 702~814) 선사(禪師)와 대안(大安) 선사와의 대화에서 나온 이야기이다. 대안 선사가 백장 선사에게 나아가 물었다. "저는 부처를 알고 싶습니다. 무엇이 부처입니까?" "소를 타고 소를 찾는 것과 아주 비슷하다." "알고 난 뒤에는 어떻습니까?" "사람이 소를 타고서 집에 돌아가는 것과 같다." "시종일관 어떻게 온전하게 간직하여 잃어버리지 않도록 보호임지(保護任持) 합니까?" "소 치는 사람이 막대기로 소를 감시해서 남의 밭을 침범치 못하게 하는 것과 같다." 부처를 아는 것은 마음이 부처이므로 마음을 찾는 심우(尋牛)이다. 소(마음)를 찾았으면 소를 타고 본래 마음의 고향인 집으로 돌아가는 일이다. 이것이 '기우귀가(騎牛歸家)'이다. 찾은 마음(소)을 잘 간직하는 일은 소의 코를 코뻬에 꿰어 소를 온순하게 잘 길들이는 목우(牧牛)이다.

14) 용준(龍遵)의 『식색신언(食色紳言)』 「남녀신언(男女紳言)」에 "昔懶安牧牛, 一回入草, 驀鼻拽回, 猛着精彩, 久自純熟. 謂滋編爲鼻之具亦可也. 彼上根大乘, 靈明照了, 色卽是空, 夫何藉此?"라고 했다.

往歲, 公外孫李宗俊子朝, 病戒. 累月幾殊, 醫療百方得已. 則過不佞語曰 : "吾新治所居小齋三楹, 顔之曰愼, 願吾兄之有以記也."

不佞, 觀子朝疾新可, 其心懍懍, 如從羅刹國逃來. 鱗身牛首, 諸怖惡怪物, 縣縣然, 尙在目中者, 若溺而得濟. 魘得醒, 其探捄驚呼之聲, 耳如聞也. 欲惕然悔戒, 以亟求其安順坦迪之方者, 不佞, 知其可易導, 而之道也. 則敬誦公之詔不佞者. 喩曰 : "是所謂玉洞之訣, 久視術也. 諸羽人丹士, 千言萬語, 語延算詮調引者, 其旨, 元弗外此, 卽女之所宜服膺勿失之者與. 雖然欲愼攝保生, 必先識其所禁忌而酒色則爲尤甚. 夫油頭粉面, 眄睞嬌敢心而心弗蕩者, 亡有, 麯蘗酣昏, 殃其天和, 志業卽圮損, 性命殤折者多矣.

故昔賢有敎人, 先讀『黃帝素問』書, 使知其身爲可愛, 然後追之學, 學乃有成. 且西方之比丘, 證阿羅漢能降伏毒龍. 後飮漿中酒, 遂失神通, 不復降鱔. 孫仙姑, 則以婢家爲活鬼, 有芝麻壓油, 皂角揉花之喩. 今吾子朝雅士恬曠, 弗至以此爲誘, 賊人心性, 亡或過是二者, 果能泊然超脫, 筋肉强固, 志氣明粹, 則是何做不成. 若其曲謹過畏, 越一溝隍必禱, 買一畜, 移一卉, 必筮者, 又奚足說? 嗟乎! 小子初學, 完聚得許多精神, 纔一霍, 便散, 若耽濁念萌, 急須剛制. 如大安牧牛, 一回入艸, 驀鼻拽回猛着, 精彩, 久自馴熟爲可. 此則余所聞於古異人者, 以告子朝秘之, 愼毋以語非眞人也.

2. 대신해서 지은 제문 代祭文 走筆

譯 옮김 부모가 살아 계시면 어려서 고아가 된 정란(丁蘭)[15]보다도 영광스러울 것이고, 어진 아내가 집안을 다스리면 늙은 홀아비보다는 나을 것이고, 초선(焦先)[16]이 아들을 낳는다면 자식마다 소서(紹序)할 것이지만, 능목(陵穆)[17]이나 호루(扈累)[18]같은 여러 지난 철인들이 미치기

를 바라는 바는 아니었다. 비록 그러하나 그 몇 분보다 뛰어난 것은 도리어 살아서 남은 사람이 되니 전결(纏結 : 나사 모양으로 얽어 맺는 것)하고 석렬(螫裂)함이 그침이 없게 된다. 오호! 내가 그대와 더불어 정지(情志)를 경수(傾輸)[19]하여 길이 좋게 지내기를 맹세하였더니 조물은 너무 깨끗한 것을 미워하고 하늘은 인자를 돕지 아니할 줄을 누가 알았으리오? 침침한 흑휘(黑煇)가 나의 청춘(青春)을 막았으니 그만이로다. 무슨 말을 하리오. 아! 십 년을 꿈꾸던 자가 한 번 가위 눌림을 깨닫는 것에서 벗어나지 아니하니 손을 가슴에 놓으면 손이 변하여 물건이 되고 그것을 없애면 깨어나, 짧고 긴 것과 살고 죽는 것의 이치를 깨닫게 되어 슬픔이 없게 된다. 그러므로 옛사람이 말하기를 "일찍 죽는 것보다 더 수하는 것은 없고 죽는 것보다 더 즐거운 것은 없다"[20]라고 하였으니 그대는 길이 가서 그대의 명박(冥泊)을 회복할지어다. 상향(尙饗)!

원문 有父母在, 榮於少孤之丁蘭, 良妻理家, 賽過老鰥, 焦先而生男, 子子紹序, 匪陵穆扈累, 諸往哲, 所企逮. 雖然, 其所優勝於數公

---

15) 정란(丁蘭) : 후한(後漢) 때의 사람으로 부모가 돌아가시자 나무로 부모님 형상을 만들어 놓고 살아 계신 것처럼 섬겼다고 한다. 『후한서(後漢書)』「효자전(孝子傳)」 참조.
16) 초선(焦先) : 중국 한(漢)나라 말기의 은사(隱士). 자는 효연(孝然). 하동(河東) 사람. 한나라가 쇠망해 가는 것을 보자 일체 말을 하지 않았으며 알머리와 맨발로 풀[草] 치마를 만들어 입고 부인(婦人)을 보면 달아나 피하는 등의 괴이한 행동으로 백여 세를 살다가 죽었으므로 은자(隱者)를 가리키는 말이 됨.
17) 능목(陵穆) : 능목(陵穆)은 장가든 지 5년이 되어도 자식이 없으니 부모들이 다시 아내를 얻으라 하자 그 아내가 듣고 한밤중에 슬프게 울므로 능목자는 마음이 상하여 별학조(別鶴操)를 지었다 한다.
18) 호루(扈累) : 후한(後漢) 때 경조(京兆) 사람. 청우선생(青牛先生 : 封衡)을 따라 배웠는데 만년(晚年)에 성력(星歷), 풍각(風角)과 조정(鳥情)을 알게 되어 여러 차례 그 방술(方術)을 얻었다 한다. 『위략(魏略)』 참조.
19) 경수(傾輸) : 감정을 모두 다 나타내는 것.
20) 명(明)나라 이반룡(李攀龍)의 『공동집(空同集)』「내제좌순재제문(內弟左舜在祭文)」에 "일찍 죽는 것보다 더 장수한 것은 없고 죽는 것보다 더 즐거운 것은 없다[莫壽于殤, 莫樂于死]"라고 했다.

者, 反爲生留者, 恫則爲尤, 纏結螫裂亡已也. 嗚呼! 不佞, 與子情志傾輸, 誓以永好, 夫孰知物惡太潔, 天弗祐仁. 黮彼黑煇, 閼我靑春, 已矣何言. 噫! 夢十年者, 不出一覺魘者, 以手置胸, 手幻爲物, 去之則醒, 短長生滅之理, 可悟而亡戚也. 故古人言, "莫壽於殤, 莫樂於死", 子其長邁, 復子之冥泊矣. 尙饗.

3. 황대수 소전 黃大叟小傳

譯 옮김 황대수(黃大叟)는 이름이 재정(在正)이며 본관이 창원(昌原)이다. 그 선대에 뛰어난 사람이 있었으니 휘는 아무개였다. 무과(武科)로 진사(進士)에 오르고 관직은 상서(尙書)였다. 상서(尙書)의 후대에 성균관(成均館)의 대사성(大司成)이 된 사람이 있었으니, 휘(諱)는 아무개인데, 특별히 자호(自號)하기를 만랑(漫浪)이라 하였다. 문장(文章)으로써 현달하였으니 대수(大叟)에게 오세조(五世祖) 되는 사람이다. 사성(司成)의 증손은 휘(諱)가 아무개인데 명릉(明陵) 경인년(庚寅年) 갑과(甲科)에 합격했으나 성격이 모나서 세상과 어울리지 못했기 때문에 관직에서 밀려나 현달하지 못하였다. 대수(大叟)의 사람됨은 곱고 예쁘며 섬세하고 깨끗함이 아름다운 부인과 같았다. 그러나 그 마음에 지키는 것이 있어, 시비를 구별하는 일과 일의 옳고 그름을 논하는 데에는 용감한 사내라도 그것을 혹 빼앗지 못하였다. 그러나 평소에는 신실하고 지극한 행실로 아버지를 도와 집안일을 다스렸는데, 아버지는 성격이 강직해서 선하지 못한 일을 보면 마치 빨지 않은 옷을 입은 것 같이 여겨 차마 용납하지 못 하였다.

대수(大叟)가 매번 온화한 안색으로 도우니, 아버지가 기뻐하며 말하기를 "이 아이는 나에게 도움이 많으니 좋은 아들이다"라고 하였다. 총명함이 더욱 다른 사람들과 달라서, 눈으로 스쳐 지나도 잊지 않았다. 육적(六籍) 외의 것으로도 위로는 『연산역(連山易)』[21]과 『급총서(汲塚書)』[22]로부터 곁으로는 『수경(獸經)』과 『화보(花譜)』와 그리고 기타의 패관(稗官)의 소사(小史)와 잡기(雜記)의 소재(所載)에 이르기까지 남들은 그 오관이 피로하여 병으로 여기는 것을 대수는 탐구해서 찾아내지 않은 것이 없었고 섭렵하기를 막힘없이 하였다. 병으로 한가히 있을 적에 책을 보다가 책에 기이하거나 궁벽한 글자와 어려운 뜻이 있으면 문득 들고 대수를 찾아갔다. 대수는 혹 대답하기도 하고 대답하지 못하기도 했는데 대답할 적에는 반드시 근거의 인용을 매우 해박하게 하였다. 이미 넓게 쌓고 겸하여 축적하였으며 그것을 발현하여 문사(文辭)를 지었으니, 종이를 펴놓고 붓을 잡아 짧은 시간에 수천 자를 지었으며, 그 잡체(雜體)와 같은 여러 작품들은 이따금 위로 고인(古人)과 가까웠다. 다만 시에 있어서는 그다지 공들이지 않았으나 짧은 노래와 짧은 문구에는 말을 만든 것이 뛰어나게 달랐으니 비유컨대 희미한 햇빛을 들에서 바라보면 창광하여 매우 기쁘게 되는 것과 같았다.

그동안 학교에서 유학을 할 적에 명성이 한 시대를 놀라게 했으나 대수(大叟)는 자처하지 않았다. 일찍이 노래를 만들어 말하기를 "재정(在正)은 어리석어 (부모와) 같지 않은 사람으로서 다행히 할아버지와 아버지의 일과(日課)에 대한 매우 엄격하고 힘 있는 독려(督勵)에 힘입어서 재정이 약간 구두(句讀)를 해득하게 되었고, 촉사비사(屬辭比事)[23]를 배웠는데

---

21) 연산(連山) : 옛날 역(易) 이름이다. 『주례(周禮)』「춘관(春官)」'대복(大卜)'에 "삼역에 관한 법을 관장하였으니 첫째는 연산이고 둘째는 귀장이고 셋째는 주역이다[掌三易之法, 一曰『連山』, 二曰『歸藏』, 三曰『周易』]"라고 하였다.

22) 급총(汲塚) : 급총주서(汲冢周書)를 말한다. 진(晉)나라 태강(太康) 2년(二年)에 급군(汲郡)의 사람 부준(不準)이 위(魏)나라 양왕(襄王)의 무덤을 발굴하여 얻었다는 선진(先秦)의 고서(古書)를 말한다.

23) 촉사비사(屬辭比事) : 글을 지을 때 역사에서 유사한 사실을 빌어다 쓰는 일. 『예기(禮記)』「경해(經解)」 참조.

여러 어르신들이 나를 좋아하기를 마치 자식과 같이 여겨 자주 크게 허가해서 명예가 실로 사실보다 넘었으니 장차 어떻게 감당하겠는가?"라고 하면서 근심하는 빛이 있었다. 대수가 어려서는 경박하고 슬기로웠으나, 점차 자라자 돈혜하고[24] 온아하여 비록 때때로 그를 건드려도 움직이지 않았다.

성품이 좋아하는 것이 없어서, 모든 세상에서 일체의 원기가 넘치는 것과 화려한 것을 사람들이 힘써 달려가고 아름답게 말하는 것들도 모두 담담하게 여겼다. 또한 사귐과 맹서를 좋아하지 않아서 친하게 지내는 이는 오직 나의 형제와 사규(士揆) 이재희(李載熙)와 몽여(夢與) 송양필(宋良弼) 등 몇 사람들뿐이었다. 더러는 밤이 늦도록 등불을 켜고 만나서 정답게 이야기를 했는데, 정신은 산랑(散朗)[25]하고 두 눈동자가 초롱초롱하게 다른 사람들을 쏘아댔으니, 남들이 진실로 신묘한 사람이라고 지목하였다. 그러나 청리(淸羸)하고 병을 잘 앓아서, 비록 시험에 수재를 뽑을 때에도 또한 나아가지 않을 때가 많았다. 어떤 사람이 말하기를 "너의 재능으로서 과거 공부를 하여 응시한다면 1, 2등으로 급제하는 것은 진실로 쉬운 일일 것인데, 스스로 방탕하고 산만하게 지내는 것인가?"라고 말하면 곧 대수(大叟)는 웃으며 응답하지 않았다.

경신년(庚申年) 겨울에 병을 앓아 부기가 심해서 죽었으니, 그가 태어난 정유년(丁酉年)에 이르기까지 누린 나이가 24년이었다. 임종할 적에도 정신이 어지럽지 않았으며, 집안사람들이 곁에 둘러앉아 울어대면, 오직 눈을 들어 한 번 바라볼 따름이었다. 병이 들어 자리에 누웠을 적에 집안사람들이 의원을 맞이하여 약을 사면,[26] 대수(大叟)가 으레 이르기를 "아무 약제는 성분이 보하는 데에 마땅하고, 아무 약제는 설사하는 데에 마땅합니다"라고 하여, 약이 따뜻하고 냉하며 마르고 미끄러운

---

24) 돈혜(惇惠) : 두터운 은혜를 이른다.
25) 산랑(散朗) : 표일(飄逸)하고 상랑(爽朗)한 것. 날 것 같고 시원스럽다는 뜻.
26) 원문에는 속(贖)으로 되어 있으나, 구(購)가 맞을 것 같다. 여기서는 구(購)로 새긴다.

데에 이르기까지 밝게 알지 못한 것이 없었다. 사람들이 괴이하게 여겨 그것을 묻자, 곧 말하기를 "이것은 어렵지 않습니다. 『본초(本草)』 등 여러 고서(古書)에서 나온 것입니다"라고 하였는데 그것을 가져다 상고해 보니 하나도 어긋난 것이 없었다. 대수가 병이 위급할 때에 아내인 강씨(姜氏)가 손가락을 잘라 얻은 피를 올렸으나 효과가 없게 되자, 곧 스스로 우물에 투신하였는데 옆에 사람들이 구해 주어 소생하였으며, 그 시어머니는 강씨가 결심한 뜻이 있는 것을 살피고 더욱 굳게 지키었다. 대수는 아들이 없고 딸은 하나 있는데 어리다고 한다.

야사씨(野史氏)가 말한다. 나의 가문은 황씨 가문과 세교를 맺은 지 여러 대가 됐다. 대수(大叟)는 나이가 나보다 아홉 살이나 어렸으므로 일찍이 나를 형으로 섬겼다. 대수가 죽고서 나의 동생 꿈에 나타났더니, 또 나의 꿈에 나타났는데 용모가 초췌했고 두건과 옷이 해져 있었다. 내가 슬퍼하며 그와 함께 말을 하자 대수는 눈물을 주룩주룩 턱밑으로 흘릴 뿐이었다. 아! 아! 대수는 천하의 선비였다. 그가 일찍 죽지 않았다면 진출을 한정할 수 있었겠는가? 도리(桃李)가 겨울에 꽃이 피면 단지 스스로 떨어져 쇠잔하는 것이 대개 그 제때에 나온 것이 아니어서 그러한 것이 아니겠는가? 세상에 드문 보배는 한 번 본 것만 해도 다행이다. 누가 억지로 소유해서 오래 친근히 할 수 있겠는가? 대수가 저술한 글 약간 편이 있었다. 내가 그 집에 권하여 종류별로 순차를 매겨 수장하도록 하고, 내가 또 소전(小傳)을 찬하였다. 비록 그러나 서생가(書生家)의 말은 전하지 못하는 것이 보통이다. 내가 두려운 것은 내 글이 대수를 썩지 않게 할 수 없어 내가 나의 친구를 저버리는 것이니 이점이 거듭 매우 슬픈 일이다.

원문 黃大叟者, 名在正, 昌原人也. 其先, 有偉人曰, 諱某. 武進士, 官尙書. 尙書之後, 成均大司成, 諱某, 別自號漫浪. 用文章顯, 於大叟爲五世祖. 司成曾孫, 諱某, 明陵庚寅甲科, 以性方, 不諧世, 躓官不

達. 大叟爲人, 姸佼纖潔, 如好婦人. 顧其中有所守, 至別是非, 與論事可弗可, 勇夫, 莫之或奪也. 平居, 恂恂至行, 佐父治家事, 父性剛直, 見有不善, 如匪澣衣, 不忍容也.

大叟, 每以和濟之. 父喜曰 : "兒益我多, 肖子哉." 聰悟, 尤異人, 過目輒不忘. 六籍外, 上自連山汲塚, 旁及獸經花譜, 與夫它稗官小史雜記所載, 人疲其五官而病之者, 大叟, 亡弗究搜, 涉獵沛如也. 病閑居時, 看書, 書有奇僻字, 若難義, 輒擧以訪大叟. 大叟或對或不對, 對必引據, 甚該也. 旣博苞兼蓄, 而發爲文辭, 則伸紙挾管, 頃刻, 數百千言, 其雜體諸作, 往往, 上逼古人. 獨於詩, 弗甚功, 而短詠隻句, 造語超異, 譬之, 猶微陽野眺, 蒼曠可喜也.

間遊黌庠, 名聲驚爆一時, 大叟則不處焉. 嘗造歌語曰 : "以在正之愚亡似, 幸賴王父公暨家大人督課甚嚴且力, 在正得稍解句讀, 學爲屬辭比事, 而諸長老, 若好我, 如吾子輩, 亟假詡焉, 譽實踰之, 將何以堪." 有憂色焉. 大叟, 幼少儇慧, 稍長, 則惇惠溫雅, 雖時振之, 亡動也.

性無所說嗜, 凡世一切, 淋漓侈華, 人所力趨, 而艶道之者, 皆泊如也. 亦弗喜交遊然諾, 所與善, 唯余兄弟, 與李君載熙士揆, 宋君良弼夢與輩數人. 或更闌燈灺, 晤言款款, 神精散朗, 兩瞳子炯然射人, 人固以神物目之. 然淸羸善病, 雖大比遴秀, 亦多不赴. 人或謂, "以而才而治公車業, 應試取甲乙第良易, 顧乃自放散爲耶?" 則大叟笑不應.

歲庚申冬, 病脹甚死, 距其生丁酉, 得年二十四. 臨歿不亂, 家人環傍泣, 惟擧目, 一視而已. 方其疾臥床, 家邀醫購藥, 大叟輒云 : "某劑, 性宜補, 而某劑宜瀉." 以至溫冷燥滑, 亡不洞解也. 人怪問之, 則曰 : "是不難, 出本草諸古書." 取考之, 無一爽焉. 大叟病革時, 妻姜氏, 刲指血以進, 不效也, 則自投于井, 旁人, 捄而甦, 其姑, 察姜有決志, 益固守焉. 大叟無子, 有一女幼云.

野史氏曰 : 余家與黃氏, 交數世矣. 大叟少余九歲, 而嘗兄事余焉. 大叟歿, 則夢於余季, 已又夢於余, 顔容慘悴, 巾裳敗毁. 余悲而與之語, 大叟淚汪汪下頷之而已. 噫! 嗟嗟! 大叟, 天下士也. 使其弗夭亡, 進可限哉? 桃李冬華, 只自隕殘, 盖出非其時而然邪? 稀世之珍, 一賞幸矣. 其孰得强有而久狎之也. 大叟所著書, 若干篇. 余勸其家, 類次藏, 余又撰小傳焉. 雖然, 書生家言, 不傳常也. 余懼, 余之不能使大叟不朽, 而余負余友, 是重可悲也.

4. 홍수재가 독서산방으로 떠나는 것을 전송하는 서문[이름은 유한儒漢[27] 이다] 送洪秀才讀書山房序[名儒漢]

譯 옮김 처음에 나는 집이 어떤 동네에 있었다가 후에 지금의 집으로 옮겼다. 어떤 동네에 있을 때는 군과 함께 같은 마을에 있었다. 매우 가까이 살아서 베 짜는 소리가 들리고 등잔 불빛이 서로 통하였다. 내가 철이 들었을 때 이미 그의 부친을 뵙자 '통가(通家)[28]하는 집안의 아들'이라고 일컬었다. 그리고 군의 자형인 의령(宜寧) 남군옥(南君玉) 군과 서로 즐겁게 사귀었는데, 나이 때문에 나를 아우로 여기는 자였다. 군이 어려서 겨우 숫자를 알게 되자, 곧 아버지를 따라 충청도의 어떤

27) 홍유한(洪儒漢 1726~1785) : 우리나라에서 최초로 천주교 신앙을 실천한 사람이다, 명문가의 후예인 그는 8, 9세 때에 이미 사서삼경(四書三經)과 백가제서(百家諸書)에 통달하여 신동이라 불렸다. 달레 신부의 『한국천주교회사』에서 조선인들의 전설로 소개하며 '사랑(士良)'이라 불리기도 한 홍유한은 전설의 인물이 아니라 성호 이익(星湖 李瀷)의 제자로 밝혀졌다. 홍유한은 16세기가 되던 해인 1742년 성호 이익의 문하생이 되었다. 그 무렵 이익은 『천주실의(天主實義)』·『칠극(七克)』 등 한역서학서(漢譯西學書)를 통해 서학을 연구하면서 천주교에 대해 유교의 부족한 점을 보완한다는 보유론(補儒論)적 태도를 보이고 있었다.

28) 통가(通家) : 아버지나 할아버지 때부터 친하게 사귀어 오는 집. 서로 통하여 왔다갔다하는 집.

마을에 들어가서 몇 해를 살았다. 존대인(尊大人)이 마침 일이 있어서 서울을 들렀을 적에 내가 찾아뵈었다. 인사를 마치자 곧바로 상자를 뒤져서 5, 7언 고시(古詩) 및 기(記), 서(序)와 다른 잡체(雜體) 수십 편을 꺼내놓고 말하기를 "이것은 나의 아이가 스스로 지은 것이네. 아이는 특별히 좋아하는 것이라고는 없고 책을 읽고 글을 짓는 데에만 벽이 있었네. 다만 시골에 살아서 사우(師友)가 없는 것이 더욱 한스럽네"라고 하였다.

내가 곧 받아 읽어 보았는데 소재 모으기를 폭넓게 하고 법칙을 취한 것이 전아(典雅)하였으니, 대개 이미 소가(小家)의 말이 아니라, 문질(文質)이 빈빈(彬彬)하여 매우 기뻤다. 남군옥(南君玉)[29]은 때때로 나를 대하여 "처남은 뜻이 있는 사람이니 나이 어린 선비 중에 드물게 보겠다"라고 하였다. 또 몇 해 후에 내가 남쪽으로 충청도의 이산(伊山)을 찾았다가 지나는 길에 들렸더니 토상(土床)과 대나무 발에 벼꽂이 울타리를 둘러 있었다. 이끌고 초가집 처마 밑에 서로 앉아 시골 술을 받아다가 안주를 먹으면서 담소하며 즐기었다. 장차 작별하려 할 적에 그의 아버지가 가시(歌詩)를 지어서 나에게 노자로 주기를 명하니 곧바로 근체시(近體詩) 일장(一章)을 구두로 읊어서 나에게 주었으니 뜻은 대개 (시경) 벌목편(伐木篇)[30]의 남긴 것이었다.

올해 신유(辛酉, 1741)년은 군이 성동(成童)의 나이를 넘었으므로 학문이 날로 더욱 깊어져서 좋은 평판이 점점 드러났다. 존대인(尊大人)이 곧 군을 옛집으로 돌려보냈는데 내가 또 찾아뵈었다. (존대인)이 말하기를 "내가 이 아이를 늦게 가졌는데 어렵게 가진 어린애가 몸에서 꽃이 피고 기(氣)가 빠지게 되었네. 자네가 추천한 의원 아무개가 실로 살려 줬

---

29) 남군옥(南君玉) : 그에 관련된 글로는 다음과 같다. 이익(李瀷)의 『성호전집(星湖全集)』에 「次南君玉汎湖韻六首」·「南君玉鏡湖汎舟詩序」가 있고, 안정복(安鼎福)의 『순암집(順菴集)』에 「答南君玉堦書甲申」이 있으며, 이민보(李敏輔)의 『풍서집(豊墅集)』에 「偶會西壇 李東元君善君玉汝範亦到 材人盛設酒肉」 등이 있다.

30) 벌목편(伐木篇) : 『시경(詩經)』 「소아(小雅)」의 '벌목편(伐木篇)'은 그 내용이 친구와 연회를 베풀고 우의(友誼)를 다짐하는 글임을 가리킨다.

으니 그것을 생각하면 오히려 마음이 두근거리네. 그런데 이제 장성하여 남에게 배워서 신점(呻佔)[31]을 익히고 있으니 그가 현저하게 집을 일으키는 것은 원하지 않고 성(姓)을 받아서 자기에게 귀속시키고 자아(自我)가 탑언(塔焉)함을 면하게 된다면 다행이라 하겠다." 내가 크게 탄식하며 말하기를 "참으로 어른다운 말씀이니 그 후손에게 마땅할 것입니다"라고 하였다.

지금 군이 존대인(尊大人)에게 청해서 장차 짐을 꾸려 가지고 절로 들어가서 거처하려고 하는 것은 그 조용한 분위기에서 공부에만 매진하려고 함일 것이다. 비록 그렇기는 하나 내가 듣기로는 군이 호서의 농장(農庄)에 거처하고 있을 적에는 마을이 모두 상스러운 농촌 사람인 것은 말할 것도 없고, 그 옆의 10~20리 지역 또한 집에 책을 가지고 있지 않아서 명색이 유자라 할 만한 사람이 없었다. 그러나 군은 홀로 문을 닫고 기름을 사르면서 글 읽는 소리가 그치지 않게 했으니, 마을 사람들이 괴이하게 여겨 이상한 새소리와 같다고 했는데도 오히려 (평소의 뜻을) 빼앗기지 않았다. 하물며 이곳 서울은 문물이 모이는 곳이니 교류와 학습에는 진실로 마땅한 곳임에랴. 그런데 이에 도리어 멀리 산사(山寺)로 도망하여 중과 짝을 지어 궁벽하고 적막한 것을 달갑게 여기려고 하는 것은 장차 그 욕구하는 바를 징험하여 얻으려고 하는 것이라 하니 그 뜻을 어찌 쉽게 헤아릴 수 있겠는가? 무릇 문장이란 썩지 않는 성대한 일이다. 진실로 천박한 마음과 조급한 심정으로는 구할 수가 없는 것이니 전념하지 않으면 어떻게 얻을 수가 있겠는가? 그러나 그 도는 바로 모두가 유고(幽枯)하고 괴로운 데에 있지 않고 한 번 깨달으면 곧 이루게 되는 것은 유(儒)나 선(禪)이 곧 다르지 않다. 아! 슬프다. 야간(野干)[32]과 천마(天魔)[33]가 참된 모습을 어지럽히는 것이 많으니, 신통한 힘

31) 신점(呻佔) : 신음점필(呻吟佔畢)의 준말. 소리 내어 글을 읽기는 하나 뜻은 모른다는 말이다.

32) 야간(野干) : 짐승 이름. 범어(梵語)로는 실가라(悉伽羅)라고 한다. 이리 · 여우와 비슷

이 있지 않으면 어떻게 물리칠 수가 있겠는가? 군은 힘쓸지어다. 나는 군에게 깊은 희망을 가지고 있다. 이에 호서(湖西)의 전장 사람들은 말하기를 "군이 나이가 젊었을 때에 이미 아버지를 도와서 가사를 대신하였는데 가사가 잘 다스려지지 않는 것이 없었다" 하였으니 또 다만 예(禮)에만 그치지는 않을 것 같다. 이로 말미암아 나간다면 어찌 한계가 있을 수가 있겠는가? 나는 그의 축적이 오래되어 광화(光華)가 발하여 빛나게 되면 동호자들이 함께 영광이 있게 되기를 기다린다. 이에 서문을 써서 기술한다.[34]

원문 始不佞, 家在某坊, 乃後遷今第云. 某坊時, 與君共閈. 居甚昵, 機杼聲聞, 燈火光相通也. 不佞有識時, 則已拜尊大人, 稱通家子. 而君姊壻宜寧南君君玉, 與相交驩, 以齒弟畜不佞者也. 君稚才知數, 卽隨父入湖西某鄕, 居數歲. 尊大人, 會有事, 過都下, 不佞謁焉. 寒暄已, 卽探篋, 出五七言古詩若記序它雜體數十篇曰 : "是吾兒之所自著撰. 兒無所慕好, 癖讀書爲文. 唯村居, 无師友益恨也."

不佞, 卽受閱焉, 則揑材博取則雅. 盖已非小家聲口, 彬彬可喜也. 南君玉則時時對不佞說"婦弟有志人, 少年士中罕見也." 又數歲不佞南尋湖之伊山, 過造焉, 土床蘆簾, 稻花環籬. 引相坐茅簷下, 沽村酒, 啖鮭菜, 笑談爲樂. 將別, 尊大人, 命爲歌詩贐君, 卽口占近體一章, 授不佞, 意盖伐木之遺焉.

今辛酉歲, 則君踰成童, 學日益進, 聲譽稍稍著. 尊大人, 卽以君還舊第,

한 종류. 빛은 청황색, 개와 비슷하고 떼를 지어 다니며 밤에 우는 소리가 이리와 같다.

33) 천마(天魔) : 파순(波旬)이라고 한다. 수행하는 사람을 보면 자기네 권속들을 없애고 궁전을 파괴할 것이라 생각하고, 마군을 이끌어 수행하는 이를 시끄럽게 하며 정도를 방해하므로 천마라 한다. 부처님이 보리수 아래 앉아 수도할 때에 천마가 와서 성도를 방해하려 하였으나, 부처님이 자정(慈定)에 들어 항복받았다 한다.

34) 홍유한의 문집에는 "신유년(辛酉 : 1741) 모춘(暮春)에 탄만산인 경명(景命)은 송서를 짓다"라는 기록이 말미에 실려 있다.

不佞又謁焉. 則謂曰："吾晩學是子, 危得之幼, 發花氣陷, 若所薦醫某, 實生之, 思之尙心懍然. 乃今長從學, 習爲呻佔, 其顯起家卽不願, 受姓屬于己, 絜免自我塔焉, 幸也." 不佞喟然歎以爲, "眞長者, 言宜其後也."

今君, 則請於尊大人, 將携笈, 入佛廬棲焉, 取其靜業專也. 雖然不佞聞君之處湖西庄時, 勿言里中, 皆椎俚, 田舍子, 卽旁一二十里, 亦亡有家藏書, 名爲儒者. 而君獨閉戶樊膏, 咿唔弗息, 村人怪之, 如異禽鳥鳴, 猶弗爲所奪. 矧此京國文物之所萃會交遊講習, 固得處也. 乃反遠遁山寺, 與僧雛伴, 而甘其僻寂者, 將讐其所欲, 欲有云云也, 其志, 豈易量哉? 夫文章, 不朽盛事. 固不可以淺心躁情, 求之, 弗專胡獲? 顧其道, 乃不盡在幽枯苦勦, 而一悟則成儒禪, 卽弗殊也. 嗟! 噫! 野干天魔亂眞者, 多矣, 弗有神力, 惡能闢之. 君其勖哉. 不佞, 深有望於君也. 乃湖西庄人, 則言"君年少, 已佐父攝家事, 家事, 無弗理也." 則似又弗但藝而止者. 繇是以進, 豈有域哉. 不佞, 將待其蓄久, 而發光華彪煒, 同好者, 與有榮焉, 是爲序以志.

5. 이정준李廷俊의 자字가 우경虞卿인 것에 대한 설 李廷俊字虞卿說

譯 옮김 이정준(李廷俊)의 자(字)가 우경(虞卿)인 것은 어째서인가? 자서(字書)를 살펴보면 정(廷)은 조정(朝廷)이다. 재능이 천 사람, 만 사람보다 훨씬 빼어나면 모두 준재라 일컫는다. 대개 조정은 직무를 나누어 다스림을 내는 곳이다. 자리를 정할 적에는 오직 재능이 있는 자와 빼어난 자에게만 하늘이 주는 것이다. 그러나 사람의 궁달(窮達)은 그 쓰임이 따라서 같지 아니한 것이 있다. 그러므로 몸에 있으면 몸이 영달하게 되고, 집에 처하면 집이 다스려지게 된다. 가깝게로는 여숙(閭塾)과 멀게는 향읍(鄕邑)이 사모하여 기뻐하는 것은 (바라는 바가) 아니고

반드시 왕조(王朝)에 진출하여 현달(顯達)하고 임금의 신임을 얻어서, 도를 행하여 혜택이 여러 사물에 돌아간 뒤에야 그 품은 것을 다 궁구하게 되는 것이다. 아! 세상이 오래 되었다. 그런 사람이 없는 것은 아니나 홀로 당(唐)나라와 우(虞)나라의 즈음에만 곧 성대하였다. 고요모(皐陶謨)에 이르기를 "준수하고 재능 있는 사람이 그 자리에 있다"라고 했고, 또 말하기를 "여러 일들이 이루어진다"라고 했다. 재주가 뛰어난 사람이 모름지기 임직을 받아 관직에 있어야 하니 재주가 뛰어난 사람이 관직에 있으면 여러 사무가 이에 이루어질 것이나, 그렇지 않고 남모르게 재주 많은 사람을 천거하고 효렴(孝廉)을 천거하여, 당(唐)나라 팔사마(八司馬)[35]가 처음에는 다함께 어질고 훌륭한 사람으로 이름이 났었으니 어찌 옳았던가? 바로 열국(列國) 때에 조(趙)나라 정승에 이러한 성명을 가진 사람이 있었으니 이것은 특별히 책사(策士) 중의 웅걸(雄傑)이었으니 족히 원할 것이 못 되는 것이다. 내가 군이 나의 뜻을 깨닫지 못하고 참으로 사마(司馬)가 인생(藺生)을 사모하고 좋아하는 것같이 여길까 두렵다. 그러므로 이 설을 지어 준다.

원문 李廷俊, 字虞卿, 何? 按字書廷朝廷也. 才過千人萬人之秀, 皆稱俊. 盖廷是分職出治之所. 爲定位, 唯才與秀, 天與焉. 而人之窮達, 其用則有隨而弗等者. 故在身身榮, 處家家理. 近之閭塾, 遠而鄕邑, 亡弗慕說未也, 必進于王朝, 顯焉, 得君行道, 澤被群物, 而後其所抱懷者, 乃盡究耳. 噫! 世生久矣. 非无其人, 獨唐虞之際, 斯爲盛哉. 皐陶之謨曰: "俊乂在官." 又曰: "庶績其凝." 言俊須受任在官, 俊在官而諸事務乃有成也, 不然密擧茂才, 歆薦孝廉, 唐八司馬, 始俱以賢俊名, 惡可哉? 乃列國時, 則趙相有是姓名者, 是特策士之雄, 弗足願也. 余恐君之不曙

35) 팔사마(八司馬): 당 순종(唐順宗) 때, 권신(權臣) 왕숙문(王叔文)에게 빌붙었다가 원방(遠方)의 사마(司馬)로 좌천된 한태(韓泰)·위집의(韋執誼)·진간(陳諫)·유종원(柳宗元)·유우석(劉禹錫)·한엽(韓曄)·능준(淩準)·정이(程异) 등을 가리킨다.

余旨, 而以爲眞可如司馬之慕好藺生也. 故著爲說授之.

6. 이종준李宗俊의 자字가 이노以魯인 것에 대한 설 李宗俊字以魯說

譯 옮김 (나의) 이종사촌 동생은 이종준(李宗俊)이라 한다. 옛날에 사용하던 자가 자조(子朝)였는데 쓴 지 여러 해가 되었다. 싫증이 나서 고치려고 하는데 나에게 이르기를 "해조(海朝)나 해환(海換)을 쓰려고 하는데 둘 중에 어느 것을 택할까요?"라고 했다. 내가 대꾸하기를 "우선 그것을 버리고 이노(以魯)로써 하는 것이 어떠하겠나?"라고 하니, 왜 그런지 그 뜻을 청하길래 말하기를 "사물이 있으면 곧 높은 것이 있게 마련이니 비늘 달린 것 중에서는 용(龍)이 으뜸이고, 깃털 달린 것 중에는 봉황이 으뜸이며, 북극성은 별의 으뜸이 되고, 곤륜산은 산의 으뜸이 된다. 사람이란 것은 모든 만물의 종주가 되고 사람이 종주로 삼는 바는 어지럽게 많다. 그 더욱 크게 이름이 알려진 것은 두 갈래이다. 부도인(浮屠人)은 축건(竺乾)를 으뜸으로 여겨, 그 후손들이 임제(臨濟), 위산(潙山),[36] 남북(南北)의 제종(諸宗)이 된다. 오직 우리 유가로 도덕(道德)과 성명(性命)을 말하는 사람들은 모두 노(魯)나라의 공씨(孔氏)를 높인다. 공씨의 학문은 그 종주에 참가하게 된 것이나 그 참가하게 된 것은 노둔(魯鈍)함으로써 한 것에 불과하다. 그러므로 말하기를 '천하의 종주는 노나라보다 높은 것이 없고 노나라의 종주는 또 노나라보다 바른 것이 없다'라고 했으니, 노나라의 뜻이 큰 것이다. 군의 선대는 대대로 유가(儒家)의 행실(行實)로 알려졌는데 호은(湖隱)선생은 그중에 드러낸 분이다.

36) 위산(潙山) : 승려 이름. 복주(福州) 장계(長谿) 사람인 영우(靈佑)를 가리킴.

군은 또 우둔(愚芚)한 것 같아서 그다지 현예하지 아니 한 것 같으나 내면은 실로 정통(精通)하니 이것이 내가 자로 지어 주는 뜻이다."

원문 姨弟曰, 李宗俊. 舊字子朝, 行有歲矣. 以嫌將改, 謂余曰 : "欲用于海朝海換, 二者奚選?" 余應曰 : "姑舍是, 以以魯則何如?" 請其義焉曰 : "有物則斯有宗, 鱗宗於龍, 羽宗於鳳, 極爲星宗, 崙爲山宗. 而人者, 卽群物之宗, 人之所宗, 則紛然衆矣. 而其尤大著者二岐. 浮屠人宗竺乾, 其流裔分爲臨濟潙山南北諸宗. 唯吾儒談道德性命者, 咸宗魯孔氏. 孔氏之學, 參得其宗, 而所以得焉者, 則不過以魯也. 故曰 : '天下之宗, 莫尊於魯, 魯之宗, 又莫正於魯' 魯之義大哉. 君之先世, 世以儒行聞, 而湖隱先生, 則最顯. 君又似芚焉, 不甚儇銳而內實精曉, 則是吾命字之意也."

7. 가질家姪인 길보吉甫[37)]의 일기 뒤에 쓰다 題家姪吉甫日記後

譯 옮김 글은 역사보다 먼저 나온 것이 없다. 결승(結繩)으로 일을 기록하는 것은 대개 그 용(俑)이다. 세상에서 말하는 일록(日錄)과 일기(日記)는 사류(史類)이다. 그런데 거기에 실린 것은 모두 많이는 무환(誣幻)한 것을 과장되게 꾸며서 보기 좋게 하기를 바라고 있으니 장차 어떻게 증거가 될 수 있겠는가? 아! 조화가 사물에 부여할 적에는 제각기 그

37) 길보(吉甫) : 이철환(李嚞煥, 1722~1779)의 자. 호는 예헌(例軒)이다. 죽파공 이광휴의 아들이다. 재주가 뛰어나고 기억이 매우 비상했다 한다. 막내아우인 이삼환과 더불어 이익에게 수학하였다. 시서화 모두에 뛰어나서 저술이 매우 많았는데 지금은 전해지지 않고, 『물보(物譜)』와 『섬사록(剡社錄)』 각 1책이 필사본으로 전하고 있다. 혜환은 그에 대해 「예헌기(例軒記)」, 「제가질길보일기후(題家姪吉甫日記後)」, 「제길보문고(題吉甫文稿)」, 「제가질시고(題家姪詩稿)」 등을 남기고 있다.

자질이 참된 것을 따라서 망령되지 않게 하니 그러므로 귀한 것이다. 이제 내 집조카 철환(嚞煥) 길보(吉甫)의 기록은 곧 날짜를 배열하여 일을 적되, 일을 상고하여 곧바로 썼으니 생각에 취한 것이 있는 것이다. 비록 그렇기는 하나 길보는 나이가 젊어서 일을 할 적에는 더러 준예(俊銳)함에 지나친 것이 있으니 만약 다시 스스로 경계하고 연마하면 훗날에 이 책을 펼쳐서 사람에게 보일 적에 사람이 지적하여 흠을 잡아 꾸짖는 것이 없게 될 것이니 곧 이 늙은이의 바람이다. 이에 책의 마지막 판에 쓴다.

원문 書莫先出於史. 結繩記事, 盖其倆矣. 世所稱日錄日記, 史類也. 而其所載者, 率多張皇誣幻, 冀以侈觀, 將何徵哉? 噫! 造化之賦物, 各隨其質眞, 而弗妄, 故貴耳. 今吾家姪嚞煥吉甫之記, 則排日箚事, 按事直書, 意有取焉. 雖然吉甫年少作事, 或有過於俊銳者, 若更自戒礪, 它日披卷, 示人人無所指而瑕謫焉, 則老夫望也. 玆題于冊末板.

8. 화죽장자畵竹障子 발跋과 찬 畵竹障子跋幷贊

譯 옮김 이종사촌 동생 완산(完山) 이종간(李宗榦)은 성품이 그림을 좋아하지 않는다. 하루는 나의 집에서 우연히 만나 옛 그림을 열람했다. (고화) 수십 장 속에는 보지 못했던 명품이 많이 있었으나, 본체만체 하였다. 유독 유수운(柳峀雲)[38]이 그린 대나무 장자(障子) 한 축을 집

38) 유수운(柳峀雲) : 수운(峀雲)은 유덕장(柳德章, 1694~1774)의 호. 조선 영조(英祖) 때의 화가. 자는 자고(子固), 성유(聖攸). 호는 수운(峀雲), 가산(茄山). 본관은 진주(晉州). 성삼(星三)의 아들. 벼슬은 동지중추부사(同知中樞府事)에 이르렀다. 묵화(墨畵)로 대를 잘 그렸고, 작품에 묵죽도(墨竹圖), 설죽도(雪竹圖)가 있다.

고서는 애타게 구하며 말하기를 "선지(先志)입니다. 돌아가신 아버지께서 이 그림을 가장 사랑하셨습니다. 사려고 몇 해나 애쓰시다가 얻지 못하셨는데, 이제는 이미 돌아가셨습니다. 저는 장차 싸 가지고 돌아가서 기제삿날에 전향할 적에 신위의 뒤에 시설하여 사모하는 마음을 붙이려 합니다"라고 하였다. 내가 그의 뜻에 감동하여 곧바로 걷어 그에게 주고, 이어서 찬을 짓는다. 찬(贊)에 말한다. "전단(栴檀)[39]이 으뜸으로 높은 것을 취하지 않는 것은 외도로써 해서이고 목단이 농심(穠深)함을 미워하는 것은 그 시기에 아첨하기 때문이다. 오직 저 녹죽은 덕(德)을 군자(君子)에 비유하였으니 비록 그것을 사랑하더라도 친압할 수는 없고, 차라리 여위게 할 수는 있을망정 살찌게 할 수는 없도다. 하물며 신주의 감실 곁에 수장하여 제물을 올리고 강신할 즈음에 이바지를 하겠다고 하니 풍기가 숙연하고 줄기와 잎이 무성하여 바스락거리는 소리와 탄식하는 소리를 듣는 것 같을 것이다."

원문 姨弟完山李宗榦, 性弗嗜畵. 一日於余宅偶值, 閱古畵. 數十紙中, 多有名品, 如無覩也. 獨拈柳峀雲所描竹障子一軸, 求甚力曰: "先志也. 先君處士, 最愛是畵. 購有年未獲, 今已棄諸孤矣. 不肖, 則將賫歸於諱辰奠饗, 施于神位之後, 以寄慕焉." 余感其意, 卽撤而授之, 係以贊. 贊曰: "栴檀酋高, 弗取也, 以外道, 牧丹穠深, 惡者其媚時. 維彼綠竹, 比德君子, 雖愛之而莫狎, 寧癯焉而弗腻. 矧藏之於主龕之側, 供之於薦灌之際, 風氣肅焉, 幹葉翳然, 如有聞綷縩與歎愾也."

39) 전단(栴檀): 향기가 많이 나는 나무. 주로 불상(佛像)을 새기거나 불단(佛壇)을 만드는 데 쓰인다.

9. 호설 虎說

譯 옮김 호랑이는 깊은 산중에 살아서 사람들이 드물게 보는 것이다. 옛날 책 중에서 대개는 말하기를 "호랑이의 씩씩하고 괴이함이 귀려(鬼厲)와 같다"라고 했는데, 모든 화가(畵家)들이 그린 것을 보게 되면 호랑이의 건장하고 걸출하며 억세고 날쌘 모습만을 부각시킨다. 내가 생각하기를 "세상에 어떻게 이와 같이 울부짖는 기이한 동물이 있을 수 있는가?"라고 생각하였다. 신유년(辛酉年, 혜환 34세 때) 광주(廣州)에서는 호랑이의 난폭함을 근심하여 관에서 호랑이를 잡을 수 있는 사람을 모집하여 상을 주었다. 사냥꾼 아무개가 연거푸 호랑이 여러 마리를 죽였다. 가형(家兄)인 죽파공(竹坡公 : 李廣休)이 듣고는 그것을 후한 값을 주고 황화방(皇華坊 : 現 井洞)의 집으로 가져오게 하였다. (그런데) 범이 몇 리를 오지 못했을 적에 거리가 막히고 티끌이 하늘에 드날리므로, 앉아 있던 손님이 모두 모골이 송연하여 얼굴빛이 변하였다. 이에 뜰에 죽은 범을 진열하여 마음껏 보게 되었다. 큰 이빨과 갈고리 같은 발톱[40]은 대개 맹금(猛禽)과 같았으나, 전에 그림이나 책에서 보고 들은 것에는 미치지 못하였다. 이것은 서적에 있는 어질고 뛰어난 인물을 눈으로 직접 보지 못했으니 이 범과 같은 것이 많다는 것을 알 수 있다. 일찍이 듣건대 어떤 재상의 집에서 범의 새끼 그림 한 장을[一乳虎圖] 가지고 있었는데 진(晉)나라와 당(唐)나라 사이의 물건으로 전한다. 그 그림이 자못 괴이한 것은 용맹하고 사나워 보이기는 지금 세속에서 그리는 것에 미치지 못하는 것 같았지만 개들이 그것을 보면 으레 놀라고 두려워해서 도망가 숨었으나, 다른 그림으로 시험해 보면 그렇지 않았다고 한다. 저 가축이란 미물도 또한 속일 수 없는 것인데 사람은 도리

40) 발톱[爪] : 원문의 과(瓜)는 조(爪)의 오자이다.

어 진짜와 가짜에 현혹이 되어 한갓 떠들기만 하는 것은 어째서인가?

원문 虎宅深山, 人罕覩也. 古書中多言, 其雄詭如鬼厲, 及看諸丹青家所畵者, 極其健特虎鷙之狀. 余意世安有如是, 虓然異物也. 歲辛酉, 廣州患虎暴, 官募能捕者賞. 有獵戶某, 連斃數虎. 家兄竹坡公, 聞厚遺焉, 使致之皇華坊第. 虎未至數里, 巷術已塞, 塵颺天也, 乃門坐客, 皆竦然色動. 乃尸於庭, 縱觀焉. 鉅齒鉤爪, 盖猛禽也, 然不至如前所見聞於畵若書者也. 是知有載籍來賢豪人物, 未經目見, 類是虎者多矣. 曾聞某宰家蓄一乳虎圖, 傳爲晉唐間物. 其殊怪, 猛惡若弗及今俗所描者, 而諸犬見之, 輒駭怖, 走竄. 試以它圖, 則不然云. 彼畜物亦不可欺, 人反有眩眞贋, 而徒呶呶者, 何哉.

10. 이제姨弟인 이우경李虞卿에게 주는 서문 贈姨弟李虞卿序

譯 옮김 형제 4명 중에 군은 막내이다. 11세에 부모를 다 여위어 외가인 조씨(趙氏) 집안에서 키워졌다. 조금 있다가 또 둘째인 사회(士會)를 따라 절에 들어가 공부하였다. 긴 밤에 북은 울리며 등불이 쇠잔하고 달이 져도 책 읽는 소리가 그침이 없었는데, 여러 사람들은 모두 피곤해서 코를 골고 있었다. 군의 사람됨은 마음속이 형민(詗敏)하였다. 그러나 용모는 두루 깨끗하지 않아 마마 자국이 있었으며, 또 거의 침묵으로써 처신하니, 이 때문에 알아주는 사람들이 없었다. 유독 나만이 그를 살펴보고 이상하게 여겨, 이따금 말하기를 "옛날의 학자는 뜻을 도탑게 하고 행동을 삼가며 문장을 지을 적에는 간결하고 심오하여 법도가 있었으니 지금 사람들과는 크게 달랐다"라고 하면, 군은 으레

뛸 듯이 정신이 생동하여 거의 따르기를 기대하는 것 같았으나, 이내 다시 탄식하여 말하기를 "불행하게도 집이 가난하여 굶주리고 목마름에 근심으로 마음을 차릴 수 없습니다"라고 하였다.

나는 강개(慷慨)한 마음으로 위로하고 이해시켜 주면서 그의 마음을 슬퍼하였다. 대저 세상의 문벌(門閥)이 좋은 젊은이들은 비단옷을 입고 술과 고기를 배불리 먹고 마시다가 삶을 마칠 때까지 부드럽고 따스한 보금자리 속에서 편안히 산다. (그러나) 썩어서 없어지고[糜腐][41] 거품처럼 사라져 명성이 마을이나 향당(鄕黨)에서 벗어나지 못하는 사람이 몇 사람이나 되었던가? 오직 능력 있고 걸출한 선비들만이 곤궁에 방해 당하지 않고 더욱 힘쓴다. 오히려 독한 것을 삼킨 뒤에야 좋은 약을 생각하고 깊은 웅덩이에 빠진 뒤에야 나갈 길을 찾아서 맹세를 하고 지혜를 다하여 통달하지 않으면 그치지 않는다.

저 광형(匡衡)[42]과 예관(兒寬)[43] 같은 무리들은 어떤 사람인가? 군은 나이가 어리니 할 만한 때이다. 하물며 지금은 문교(文敎)가 활짝 펼쳐져서, 저잣거리의 시서(詩書)를 빌려다가 읽거나 교정(校正)하는 어려움이 있지 않음이랴? 책을 마주하는 여가에 밭갈이하고 가축 기르기를 보살피고 힘써서 의식이 넉넉하게 되면 근육은 굳세어지고 뜻은 다스려질 것이며 업예(業藝)가 드디어 통달하여 패연(沛然)함이 하고자 하는 것과 같게 될 것이다. 비록 그러나 문호(門戶)가 매우 많으니, 길이 약간만 어긋나면 곧 귀신의 소굴[鬼窟]에 떨어지게 되는 것이다. 하물며 기신(箕神)과 주사(咒師)가 무리를 불러 모아 강설하되 속임수로 유혹함을 변화

41) 썩어서 없어지다[糜腐]: 원문의 미부(靡腐)는 글자는 미부(糜腐)의 잘못으로 보인다. 미부(糜腐)는 썩어서 없어진다는 뜻.

42) 광형(匡衡): 전한(前漢) 때의 사람으로 자는 치규(稚圭)이다. 가난하여 촛불이 없자 이웃집 벽을 뚫어 새어 나오는 불빛으로 책을 읽었던 고사가 있다. 『몽구(蒙求)』·『서경잡기(西京雜記)』 참조.

43) 예관(兒寬): 한(漢)나라 예관(兒寬)이 품팔이를 할 적에 늘 경서를 몸에 지니고 밭일을 하다가 휴식할 때면 독송을 했다[時行賃作, 帶經而鋤, 休息輒讀誦]. 『한서(漢書)』「예관전(兒寬傳)」 참조.

하여, 이따금 명분과 이치에 의탁, 스스로 꾸미나 구애받고 혼동하여 전혀 이해하지 못하는 자가 있게 됨이랴. 더러는 아름다운 말과 고운 말로 규날(芤苶)[44]하여 진실히 적으며 진부하게 배척(排斥)하여 산만함에 매우 염증이 나게 된다. 그리고 저들은 또 굳게 지키는 것을 스스로 보배로 여겨 오직 남이 더불어 알게 될까 두려워하니 매우 괴이한 일이다.

내가 옛날에 스승이 없이 독학을 할 적에 뚫는 것이 곁길에 인연하여 길의 갈래가 다름으로 군색하였었다. 만년에야 이에 옛날의 여러 명가(名家)의 말을 모아서 입으로 외우고 마음으로 구하여 졸렬하게나마 견식(見覺)이 있게 되었으나 의지가 게으르고 재주가 낮기 때문에 마침내 스스로 그만두었다. 이제 자네는 명혜(明彗)한 품부와 과예(果銳)한 형세로 마음이 통하는 곳에 처하여 정도(正道)를 따라 분발하여 구하기에 매진하니 옛날에 이른바 썩지 않을 성대한 일이다. 반드시 얻는 것이 있을 것이나 또한 몇 일 몇 달로 기대할 수는 없는 것이다. 모름지기 사람이 먹고 마시는 것과 같이해서 그 정화(精華)한 것이 스며들면 위(胃)가 자연스럽고 신모(神貌)가 왕성(旺盛, 旺腴)[45]하여 날로 달라질 것이니 어찌 유쾌하지 아니 하겠는가? 불경에 이르기를 "천당(天堂)은 즐겁고 즐거워서 고통이 다하면 취미가 생기므로 그 성불(成佛)하기가 어렵고, 지옥은 괴롭고 괴로워서 그 마음의 발함을 극진히 창도하기 때문에 그 성불이 쉽다"고 하였다. 만약에 그것이 쉬운데도 쉽게 할 수 없는 것은 내가 감히 알 바가 아니다.

원문 兄弟四人, 君序爲季. 十一稱孤哀子, 則養於外家趙氏. 已又隨仲士會, 入佛寺功業. 永宵紞紞, 燈殘月墜, 咿唔弗息. 輩皆疲齁齁矣. 君爲人, 中詷敏. 然貌弗環晳而痘痕. 且以渾嘿處, 用是人未有識

44) 규날(芤苶) : 맥(脉)이 허(虛)하여 나른한 것. 여기서는 문장이 아름답기는 하나 힘이 없는 것에 비유한 말이다.

45) 왕성(旺盛) : 원문인 旺腴의 腴는 자전(字典)에 없으므로 왕성(旺盛)이라 번역한다.

者, 獨余察異之. 時時語 "古學者, 篤志飭行, 爲文章, 簡奥有法, 大與今人別." 則君輒躍然神動, 如企將追也. 旋復歎息以爲 "不幸家貧, 飢渴憂擾, 心亡以自拔進矣."

余因慷慨慰解而悲其意也. 夫世之宦閥子弟, 蒙以綺彩, 食酒飽肉, 終其生, 安於軟溫窠裡. 靡腐泡澌, 聲不出里黨者, 幾人? 唯能傑之士, 弗以窮沮, 愈勵焉. 猶呑毒物而後思善藥, 陷幽坎而後尋出路, 發誓殫智, 弗通弗止也.

彼匡衡兒寬輩, 是何人哉? 君則年少時可爲也. 矧今文敎宣暢, 闤闠詩書, 弗有賃讀借讐之艱? 對卷之暇, 耕牧視力, 以給稰䅌, 則筋堅志繕, 業藝遂達, 沛如欲矣. 雖然門戶甚衆, 路頭才差, 便墮鬼窟. 况箕神咒師, 召徒講說, 幻變騙誘, 往往托名理以自飾, 而拘隘惛侗, 全無了解者, 有之. 或綺語麗藻, 扎茶少實, 陳腐排攙, 縵散可厭. 而彼且堅守自寶, 唯恐人之與知, 可怪也已.

余昔獨學無師, 穿緣傍蹊, 別岐窘矣. 晩乃聚古諸名家語, 口誦心繹, 劣有見覺, 以志懈才下, 竟亦自罷也. 今君以明彗之稟, 果銳之勢, 處心通之地, 循正道而奮邁求, 古所謂弗朽盛事者. 其必有獲而亦弗可日月期也. 須如人之飮食, 其精華滲漬, 胃腑自然, 神貌旺腴, 日異焉, 則豈弗嬐快也哉? 竺經云: "天堂樂樂, 盡苦趣生, 故其成佛難, 閻浮苦苦, 極創心發, 故其成佛易." 若其易焉, 而弗能易者, 則非余之所敢知也.

11. 율원유거기 栗園幽居記

譯 옮김

동산에는 여러 종류의 유실수가 있는데도 율원(栗園)이라고만 말한 것은 가장 숫자가 많은 것을 든 것이다. 주인이 활달(濶達)

하고 소탈(疏脫)하였는데, 젊어서 학식이 높은 사람과 교유하여 남달리 들은 것이 많았다. 그러나 동고자(東皐子) 왕적(王績[46])의 사람됨을 사모하여 술을 잘 마시고 살림을 다스리지 않았다. 만년에는 이에 이 동산을 갖게 되자, 곧 말하기를 "내가 노년을 보낼 만하다"라고 했다. 이에 곁에 있는 땅을 더욱 다스렸으니 종횡으로 몇 백 주(肘)가 될 만하였다. 밭두둑을 만들 적에 연분을 구제하고 서로 형난을 요구하니 위와 같은 충정은 모두 스스로 마음으로 헤아리고 손으로 만든 것이다. 해바라기, 국화, 원추리, 반(礬)과 같은 등속은 들판의 운치로 매우 사랑할 만했다. 또한 먼 끝자락에 있는 기이한 것을 구하지 않으면서 말하기를 "수고로워도 이익이 없다"라고 하였다. 매번 만추(晩秋)가 되어 서리가 많아지면 밤알이 영글어 버금을 다툰다. 새벽에 일어나면 많은 밤송이가 불그스름하다. 흩어지는 다람쥐들이 익숙한 듯이 오르락내리락 하면서 놀라지도 않았다. 장난삼아서 가져다 여러 어린 것들이 장난하도록 하면 떠들썩하게 기뻐한다. 싫증이 나면 그루터기에 앉아서 그윽이 흐르는 샘물 소리를 듣고, 돌아가는 구름을 전송하면서 탄식하며 이르기를 "숲속에 거처하여 이리저리 고반(考槃)하는 즐거워함을 실로 먼저 얻었다"라고 하였다. 이제 내가 비록 조그만 집이 달팽이집만 하나, 처자를 보호할 수 있고, 닭은 홰에서 기르고 돼지는 우리에서 길러 섣달이 되면 절에 받치는 조(租)와 조(調)를 이바지 할 수 있으니 곧 사포(絲布)와 두마(荳麻)는 마음에 두지 않는다. 잠잘 적에는 거연하였고 일어날 적에는 연연(蠕然)하였다.

또 궁달(窮達)은 운명이라, 아! 이미 정해진 것이니, 내가 어떻게 능히 소매 걷고 무릎 꿇어 앉아 남의 기세(氣勢)를 살피어 요행히 비린내 나고 썩어 버린 먹다 남은 것을 바람으로써 나의 자연적인 분수를 패하게 할 수 있겠는가? 돌아보건대 장서(莊墅)가 그윽하고 쓸쓸한 곳은 옥동선생(玉洞先生)이 일찍이 지으신 것이다. 비록 원록이 평완(平緩)하여서 은

46) 왕적(王績) : 당(唐)나라 사람. 자는 무공(無功). 동고자(東皐子)는 그의 호이다. 술을 즐기고 가사(家事)에 신경쓰지 않았다. 『신당서(新唐書)』 권 93 『왕적전(王績傳)』 참조.

연(隱然)히 기세를 지고 있으니 현등(懸燈), 국사(國師) 같은 여러 봉우리들과 맞먹게 올라갔으니, 내가 태산으로 삼는 바이었는데 이제 이미 무너졌으니 다시 어디에서 우러를 수 있겠는가? 인하여 입으로 거문고 소리를 지었으나 이루어지지 못했다. 말하기를 "아! 옥동선생의 금조(琴調)가 끊어졌다"라고 하면서 눈물을 흘리고 울어버렸다. 그러고 나서 또 길게 읊었으니 남들이 헤아리지 못하였다. 금년 여름에 나를 황화방(皇華坊)의 옛집에서 만나서 손으로 그림을 그려서 보이며 말하기를 "이것은 율원의 대개이다. 오직 선생님만이 능히 감상할 수 있으며, 나 또한 글을 익혔으니 거의 율원을 욕되지 않게 할 수 있을 것이니 그것을 기록하라"고 하였다. 나는 이른다. 군(君)은 이미 만유(萬有)를 물거품으로 여겼으며 또한 객지에 우거하면서 율원의 존폐를 보았으니, 그 이름이 인멸(湮滅)되고 알려지는 것은 고려하건대 계산하기를 겨를 할 수 없었을 것이다. 다만 뒤에 오는 자들로 하여금 황량한 골짜기, 깊은 산에 이러한 옛것을 좋아하고 홀로 행하는 백성이 있다는 것을 알지 못하게 할 수는 없는 것이다. 그러므로 간략하게 서술을 한다. 그림을 상고하건대 율원 가까운 곳에 하나의 남수(楠樹)가 있으니 천 년이나 묵은 물건이다. 한음(漢陰)에 스쳐서 날로 높아가고 있으니 괴위(怪偉)함이 그 사람과 같다고 하겠다.

원문

園它雜菓樹在, 曰栗, 擧衆也. 主人濶脫, 少遊大方, 多異聞. 然慕東皐子之爲人, 酒弗理生産業. 晩乃有是園則曰 : "吾可以老矣." 於是, 益治旁地, 可縱衡數百肘. 爲畦, 區劑衍墳, 胥磽膏刑亂, 右冲. 皆自心籌手創. 葵鞠萱礬之屬, 野韻可愛. 亦弗求遙裔奇異曰 : "勞無益也." 每秋晏霜滋, 栗苞競副. 晨起, 萬顆頳然. 迸委韙䶔, 上下若狎, 弗駭. 戲取, 賦羣稚玩, 其驩噪. 倦坐樹根, 聽幽泉, 送歸雲, 歎謂"林居, 樂考槃之亂, 實先獲矣." 今吾雖矮屋 [缺]蝸,47) 足庇妻子, 鷄柵豚囿, 以供歲臘公家租調, 則絲布荳麻, 心亡所累. 寢蘧然, 作蠕然也.

且窮達命, 囥地已定爾, 吾安能帣韝鞠䠋, 候人鼻氣, 而僥倖冀其腥腐之餕, 以敗吾天倪哉? 顧覯莊墅幽蕭, 則玉洞先生之曾所築也. 雖原麓平緩, 而隱然負氣勢, 與懸燈國師諸峯, 敵而上之, 是吾所泰山者, 今焉已頹, 復安仰乎? 仍口作琴聲弗成. 則曰 : “嗟! 玉琴調, 絶矣.” 泫然泣下. 已又長嘯, 人莫測也. 今年夏, 會余於皇華坊舊第, 則手畫圖示曰, 此園之槩也. 唯夫子爲能賞, 吾且習於辭, 庶弗辱園, 其記之. 余謂君旣漚幻萬有, 亦旅寓視園存廢, 與其名之湮聞顧弗暇計. 第使後來者, 弗可弗知, 荒峽深峒, 有此, 嗜古獨行之民也. 故畧叙焉. 按圖, 近園一楠樹千歲物也. 拂漢陰, 日崢嶸, 怪偉如其人云.

12. 유거사삼장幽居辭三章을 보내서 재교은자齋橋隱者의 벽 위에 쓰게 한다 幽居辭三章 寄題齋橋隱者壁上

[1]

譯 옮김 일찍이 도(道)를 배워서 공과(功果)를 증명하려 하였고, 독서를 하여 문장을 지으려고 하였다. (그러나) 어찌하여 재주는 없는데 뜻만 커서 도리어 힘이 나태해지고 정력은 없어지는고! 돌아와서 낙교(樂郊)[48]와 복지(福地)[49]를 얻으니, 이 화택(火宅)[50]과 진흙 구덩이[泥阬]

47) 矮屋 [缺]蝸 : [缺]은 글자가 없어져서 알 수 없으나 여(如)자 일 것 같다.

48) 낙교(樂郊) : 낙지(樂地)와 같다. 『시경(詩經)』 「위풍(魏風)」 ‘석서(碩鼠)’에 “逝將去女 適彼樂郊 樂郊樂郊 誰之永號”라 했다.

49) 복지(福地) : 신선이 사는 곳. 도교(道敎)에 72복지의 설이 있다. 보통 도관(道觀)을 가리키는데, 사찰의 뜻으로도 쓰인다.

50) 화택(火宅) : 『법화경』에 나오는 삼거화택(三車火宅)의 비유(譬喩)를 이른다. 이것은

에서 뛰쳐나왔도다. 물을 임한 한 구비엔 들판의 교량(橋樑)이고, 숲에 숨은 몇 칸의 초가(草家)집이로다. 경물을 논하매 송우(松芋)는 구역(區域)에 드리워 있고, 대나무는 줄을 이루었도다. 개는 한가로와 꽃 아래서 잠을 자고, 소는 배가 불러 담장 밑서 되새김질하는도다. 이 좋은 별장의 그윽한 집에서 마음은 얽매임이 없어 문득 쾌활하게 행한다. 행동은 얌전하기보다 차라리 미친 듯이 하고, 고개를 돌려 동경(東京)의 주준(廚俊)[51]을 비웃고, 팔꿈치를 베고서 북창 아래 희황(羲皇)이라 일컫는도다.[52] 위는 제1장이다.

원문 曾欲學道證功果, 曾欲讀書做文章. 奈是才疎志大, 轉覺力怠精亡. 歸來得樂郊福地, 跳出那火宅泥阬. 臨水一彎野橋, 隱林數椽茅堂. 論景物, 松芋亞區, 竹樹成行. 犬閑眠花, 牛飽偎[53]墻. 好箇別業幽莊, 心無拘? 便活行. 與愿寧狂, 回頭笑東京廚俊, 曲肱稱北牕羲皇. 右第一章.

[2]

譯 옮김 자네는 아름다운 아이와 예쁜 여종을 자랑하지 말고, 자네는 담비 모자와 무소 띠를 자랑하지 말지어다. 어제는 생가(笙歌)

장자(長者)가 화택(火宅)에서 놀고 있는 여러 자식들을 구하기 위해, 양, 사슴, 소의 삼거(三車)를 주기로 약속하고 화택(火宅)에서 구출한다는 내용을 담고 있다. 번뇌(煩惱)의 고통(苦痛)을 불로, 삼계를 집으로 보아, 이승을 불이 일어난 집에 비유(比喩)하는 말.

51) 동경의 주준(東京廚俊) : 동경(東京 : 洛陽)의 팔주(八廚 : 8인의 재물로 남을 구제한 사람이란 뜻)와 팔준(八俊 : 여덟 사람의 잘난 사람)의 준말. 넓은 의미로 잘 나고 의협심이 있는 사람이란 뜻이다. 원문의 주군(廚君)의 군(君)은 준(俊)의 오자인 것 같다.

52) 북창희황(北牕羲皇) : 태고적 순박한 사람이고 지금 세상의 저속한 인간이 아니라는 뜻. 진(晋)나라 도연명(陶淵明)이 여름날 북녘 창문 밑에 누워 있을 적에 시원한 바람이 불어오니 "나는 희황(羲皇 : 伏義) 시대의 상등인(上等人)이다"이라 했다.

53) 위(喂)로 새겨야 할 듯.

로 조롱함이 물이 끓듯 하더니, 오늘아침에는 가시덤불이 종횡으로 황폐해 있으며, 오래된 무덤 한 무더기에 무성한 꽃이 밝게 피어 있도다. 이로 인해서 위로는 영리(榮利) 생각하는 것을 쉬고, 분수에 따라 낚시질하고 밭갈이도 하면서, 소요(逍遙)를 청광(曠淸)하게 할지어다. 혹은 이 하늘을 흔드는 재주와 세상을 진동하는 성명(聲名)을 말하지만, 모두 어리석은 아이가 그림자를 희롱하고 배우들이 무대에서 춤추는 것들이로다. 듣노라면 자신도 모르게 갓끈이 끊어지리로다 항상 허리뼈[腰骨] 잡고 스스로 항거만 하고 낯가죽으로써 정을 짓지 않는도다. 어찌 내가 고의(故意)로 하는 일이리오, 바로 선천적으로 타고 난 바이로다. 오래 사귄 것은 곧 주괴(酒魁)이나 좋은 벗은 오직 매형(梅兄)뿐이니라. 위는 제2장이다.

원문 君莫誇孌童倩婢, 君莫誇貂帽犀鞓. 昨日笙歌嘲沸, 今朝榛棘縱橫. 古墳一堆, 繁花明, 因此, 上息念榮利, 隨分釣耕, 逍遙曠清. 倘說這掀天伎倆, 震世聲名, 皆是癡兒弄影, 優人舞棚, 聞來不覺絶纓. 常持腰骨自抗, 不以面皮作情. 豈吾故爲. 乃天所生. 久要卽酒魁, 素契唯梅兄, 右第二章.

[3]

譯 옮김 아름다운 산수(山水)를 우리들은 보기를 좋아하고, 송도(松濤)와 죽뢰(竹籟)를 우리들은 듣기를 좋아하는도다. 녹구(鹿裘)와 갈건(葛巾)을 우리들은 입기를 좋아하고, 오궤(烏几)와 여상(藜床)에 우리들은 기대기를 좋아하는도다. 야성(野性)은 시끄러운 세상을 싫어하여, 그윽한 거처에 바위문을 열었도다. 구멍에서는 종유(鍾乳)를 거두고, 숲에서는 복령(茯苓)을 따는도다. 사귀는 것은 부국(負局)[54]과 고통(箍桶)[55]이요,

강하는 바는 국보(菊譜)와 학경(鶴經)이도다. 비록 농환(弄丸)[56]과 낙와(樂窩)[57]에는 조금 못미치나, 고금(鼓琴)과 분정(汾亭)[58]에는 스스로 비길 만하도다. 아! 다만 덕을 알면 향기가 나고, 덕이 없으면 비린내가 나는도다. 욕망이 많은 자는 어둡지만, 욕심이 적은 자는 깨어 있도다. 저 세상에는 저승에서 염라대왕의 조사가 있고, 이 세상에는 성철(聖哲)의 훈명(訓銘)이 있으니, 모든 일은 모두 고청(高靑)한 데에 의지하는 것이로다. 위는 제3장이다.

원문 勝水佳山咱愛看, 松濤竹籟咱愛聽. 鹿裘葛巾咱愛服, 烏几藜床咱愛凭. 野性厭塵囂, 幽棲闢岩扃. 穴收鍾乳, 林斸茯苓. 所交的負局箍桶, 所講的菊譜鶴經. 縱少讓弄丸樂窩, 窃自比鼓琴汾亭. 唉! 但知德則馨, 不德則腥. 多慾者昏, 寡欲者惺. 幽有酆閻考校, 明有聖哲訓銘, 萬事都仗高靑. 右第三章.

---

54) 부국(負局) : 부국선생(負局先生)의 약칭. 「열선전(列仙傳)」에 나오는 인물이다. 오시(吳市)에서 거울을 갈아 주는 일[磨鏡業]로 살아가면서 환약(丸藥)을 공으로 주어 많은 사람의 질병을 고쳤다 한다.

55) 고통(箍桶) : 이정(二程)이 촉지(蜀地)에 들어가 대자사(大慈寺)에 이르니, 고통(箍桶)이라는 사람이 있었는데 『주역(周易)』에 통달하여 질문을 하면 곧바로 메아리처럼 답변을 하였으나, 그의 성명을 물으니 대답하지 않고 떠났다 한다. 『패문운부(佩文韻府)』에 보임.

56) 농환(弄丸) : 『장자(莊子)』 「서무귀(徐無鬼)」편에 서남에 사는 웅의료(熊宜僚)는 농환(弄丸 : 구슬 놀이)을 함으로써 두 가문의 싸움을 풀게 했다 한다.

57) 낙와(樂窩) : 송(宋)나라 학자였던 소옹(邵雍)이 낙양(洛陽)에 짓고 살았던 오두막집 이름이다.

58) 분정(汾亭) : 수(隋)나라 때의 대유(大儒)인 왕통(王通)이 은거하면서 강학하고 쉬던 정자 이름.

13. 『신이기』 발문 跋神以記

譯 옮김

사람의 도는 흉한 것을 피하고 길한 것을 향해 달릴 따름이다. 그러므로 죽음을 싫어하고 사는 것을 이롭게 여기며, 영광을 상서롭게 여기고 욕됨을 병통으로 여겨서, 거처(居處)·음식(飮食)·복용(服用)의 말단에 이르기까지도 선택함이 있지 않는 것이 없다. 비록 그러나 야트막한 식견으로 환해(寰垓)의 사물의 이치를 아우르게 되니 마침내 또한 한정된 바가 있는 것이다. 하물며 징조가 나타나지 않아 묘매(緲昧)한 일이 은연중에 앞에 처해 있음이랴? 이것은 소경이 다닐 적에 돕는 자가 없으면 길에 물과 불이 있어도 걷기만 하여 곧바로 부딪치게 되는 것과 어찌 다르겠는가? 어(語)에 이르기를 "성인도 담장 밖의 일은 알지 못 한다"라고 하였는데 하물며 또 그 아랫사람에 있어서랴? 이런 까닭은 재훈(齊熏)[59]하고 경성(敬誠)하며 신을 빌어 점을 쳐서 휴구(休咎)를 결단하는 데, 그 방법은 지극히 정밀하고 그 기미는 지극히 묘하여서 처음부터 한 터럭 만큼도 환괴(幻怪)한 것을 끌어 모은 것이 있지 않았다. 바로 그 흘러온 폐단이 혹은 풍각(風角)[60]이나 자고(紫姑)[61]·우제(牛蹄)[62]·계골(鷄骨)[63]·투와(投瓦)[64]·척교(擲珓)[65] 같은 방법에 빠져 들

---

59) 재훈(齊熏): 재훈(齋熏)과 같은 말. 재계(齋戒)하고 훈향(薰香)하는 것.

60) 풍각(風角): 고대의 점후법(占候法). 사방 즉 동·서·남·북의 바람과 사우(四隅) 즉 동남·동북·서남·서북의 바람을 살펴 길흉을 점치는 것이다.

61) 자고(紫姑): 변소(便所)의 여신. 측천무후(則天武后) 때의 자사(刺史)의 처가 첩인 하미(何媚; 紫姑)를 질투한 나머지, 측간(厠間) 안에서 그녀를 암살하자, 천제는 이를 가엾게 여겨 측신(厠神)으로 삼았다고 전해지며, 세상에선 "삼고(三姑)"라고 부른다. 삼고는 점복을 잘한다.

62) 우제(牛蹄): 우제복(牛蹄卜)의 준말. 소의 발굽을 관찰하여 치는 점을 말한다.

63) 계골(鷄骨): 닭 뼈. 옛날에 닭 뼈를 가지고 쳤던 점을 말한다.

64) 투와(投瓦): 기와를 던지는 것. 보이는 곳이 없으나 점을 치는 방법 중 한 가지인 것으로 보인다.

65) 척교(擲珓): 옛날 어떤 행사(行事)를 위하여 택일(擇日)할 때 조개껍질이나 대나무

게 되고 또 어지럽게 지어져서 스스로 하도·낙서의 대연(大衍)수에 붙으면 왕랑(王郞)[66]이 성제(成帝)를 선친(先親)이라 하고 이씨(李氏)라 모성(冒姓)[67]하는 것과 같은 것이 있게 되는 것이다. 세상의 군자가 복서학(卜筮學)에 대해 드물게 궁구하여 익히는 것은 대개 이것을 징계해서이다. 그러나 다 그러하지 아니 한 것이 있으니 저 엄군평(嚴君平)[68]과 소요부(邵堯夫)[69]는 어떤 사람이었던가? 몸소 이행하였으므로 말하기를 "기예(技藝)는 모두 유익하기도 하고 무익하기도 하다. 그것을 얻은 자는 정심(正心)을 쏘아 자기의 병을 구하고, 잃는 자는(맞지 않은 자는) 금조(琴調)로 시서(詩書)를 돋구어서 음란하게 한다. 또 문(文)으로 말을 간사하게 하는 것은 그 사람에게 있는 것이니, 방술(方術)이 어찌 그를 저버리겠는가?"라고 하였다. 이제 이 책에 기록한 것은 모두 초찬(燋鑽)[70]하고 설륵(揲扐)[71]하여 정회(貞悔)[72]에 묻고 왕극하는 방법을 감정할 적에 그

마디로 만든 교(珓)라는 것을 던져서 바로 놓이느냐, 엎어지느냐에 따라 길흉(吉凶)을 판단하는 점을 가리킨다.

66) 왕낭(王郞) : 후한(後漢) 때 사람. 복서가(卜筮家)이며 관상가(觀相家). 성력(星曆)에도 밝았다. 회양왕(淮陽王) 유현(劉玄)의 경시(更始) 초년에 성제(成帝)의 아들이라 사칭하여 천자가 되었다가 광무제(光武帝) 유수(劉秀)에 잡혀 죽었음. 『후한서』「광무기(光武紀)」참조.

67) 이씨라 모성[朱邪冒李] : 오대(五代) 때 후당(後唐)의 장종(莊宗) 이존욱(李存勗)은 주야(朱邪)가 본성이다. 후에 당(唐)나라에 와서 성(姓)을 이(李)로 바꿨다. 처음에는 날래고 용감하여 대적할 사람이 없었으나 점차로 교만하고 방자해져 실정(失政)하였다. 반란을 진압하러 직접 나갔다가 유시(流矢)에 맞아 죽었다. 『오대사(五代史)』 참조.

68) 엄군평(嚴君平) : 한(漢)나라 사람. 이름은 준(遵)이고 군평은 자(字)이다. 성도(成都)에서 점을 치며 살았는데, 양웅(揚雄)이 배웠다. 90여 세에 생을 마쳤는데 노자를 깊이 연구하여 저서에 『노자지귀(老子指歸)』가 있다.

69) 소요부(邵堯夫) : 송(宋)나라 요부(堯夫)는 강절선생 소옹(康節先生 邵雍)의 자이다. 선생은 역리(易理)에 정통한 대학자로서 점을 쳐서 미래를 예언하였다.

70) 초찬(燋鑽) : 거북 껍데기로 점치는 방법을 말함. 초(燋)는 거북 껍데기를 불로 지지는 것이고 찬(鑽)은 불로 지질 곳을 송곳으로 뚫는 것을 말한다.

71) 설륵(揲扐) : 산가지로 점치는 방법을 말함. 설은 수효를 손으로 집어 헤아린다는 뜻이고, 늑은 손가락 사이를 말함. 설륵은 점을 칠 때, 필요한 점대 이외의 점대는 왼손 약손가락과 새끼손가락 사이에 끼는 일을 말한다.

72) 정회(貞悔) : 『주역(周易)』 괘(卦)에 대하여 일컫는 말로 내괘(內卦)를 정(貞), 외괘(外卦)를 회(悔)라고 함.

사이에는 비간(秘簡)과 벽승(僻乘)이 나와서 사람이 감상할 수 없는 것이 있는 것을 이름하여 『신이기(神以記)』라고 했으니 주역 계사의 말을 취한 것이다. 장차 마음 놀림을 고명(高明)하게 하고 처신하기를 형순(亨順)하게 해서 그 이른바 '길해서 불리한 것이 없다'고 하는 것을 구하게 되면 그 반드시 얻는 것이 있게 될 것이다. 아! 훌륭한 덕이 현인(賢人)과 성인(聖人)이 되고 고패한 것이 도척(盜跖)과 장교(莊蹻)가 되는 것은 만세(萬世)에 전하여 없어지지 않고 기필할 수 있는 것이니 이것은 또 미래를 아는 하나의 큰 법인 것이다.

원문

人之爲道, 避凶趨吉而已. 故惡死利生, 祥榮病辱, 以至居處飮食服用之末, 莫不有擇焉. 雖然以方寸之神識, 周寰垓之物理, 終亦有所局者. 矧其未兆緲昧之事, 隱然處於前? 是與瞽行亡相路, 有水火而趕步直觸者, 奚異? 語云 : "聖未知墻外物." 且其下者乎. 是以齊熏敬誠, 假神蓍蔡, 以決休咎, 而其法至精, 其機至妙, 始未嘗有一毫傅湊幻怪者焉, 乃其流之弊, 或轉爲風角紫姑, 牛蹄鷄骨, 投瓦擲珓之術, 又紛紛然作, 以自附於河洛大衍, 如王郎之禰成, 朱邪之冒李者有矣. 世之君子於卜筮之學, 罕有究習, 盖懲是也. 而抑有未盡然者, 彼嚴君平邵堯夫, 何如人哉? 身蹈之. 故曰技藝皆益皆弗益. 得之者, 射正心毬已疾, 失之者, 琴調挑淫詩書. 且以文奸言在其人也. 術何負焉? 今是卷所錄, 則皆燋鑽揲扐, 扣貞悔, 勘旺剋之方, 而間有出秘簡僻乘, 人未得賞者而名神以記, 取易繫語也. 將以游心高明, 宅身亨順, 求其所謂, 吉无不利者, 其必有獲矣. 噫! 令德爲賢聖, 虓悖爲蹻跖, 萬世傳不磨, 可必焉者, 則此又知來之一大法也.

14. 자운 변해 字韻辨解

譯 옮김 지금 유행하는 자서(字書)로는 매응조(梅膺祚)가 찬한 『자휘(字彙)』[73]보다 더 성대한 것이 없다. 그 가로 세로의 여러 그림과 절운(切韻)·조성(調聲)에 관한 법은 스스로 이르기를 '깊고 깊은 것을 다 겸하여 조화의 비밀을 누설시켰다'고 하나, 육서(六書)의 뜻을 맨머리에 드러내지 않았으니 새로 배우는 자들은 고문(古文)을 연구하고 해석하는 데에 어려움이 있고 불경(佛經) 중에 보이는 기이한 글자도 수록하지 못한 것이 많았으니 박학한 학자들이 그 소략하고 빠진 것을 비난하였다. 그러므로 내가 이를 위하여 육서(六書)의 대의(大義)를 간략하게 서술하였지만 빠져있는 모든 기이한 글자를 급하게 수집하기 어려워 지금에 또한 여기에 첨부하지 못하였다.

대저 육서(六書)란 것은 무엇인가? 첫 번째 것은 상형(象形)인데 그 자취를 쓰는 것을 이른다. 예를 들면, 일(日)이란 글자가 구(口)를 따르고 일(一)을 따라서 양수(陽數)를 완성하고 월자(月字)가 경(冂)을 따르고 이(二)를 따라서 음수(陰數)를 완성하는 분류가 이것이다. 두 번째 것은 지사(指事)인데 바로 그 일을 드러내서 곧바로 알 수 있게 하는 것을 이른다. 예를 들면, 양쪽 문짝이 서로 향해서 문(門)이 되고, 두 손이 아래로 가지런히 내려서 배[拜]가 되는 종류가 이것이다. 세 번째 것은 회의(會意)인데 문자(文字)를 합해서 그 뜻을 완성하는 것을 이른다. 예를 들면,

73) 자휘(字彙) : 명(明)나라의 학자 매응조(梅膺祚)가 편찬한 중국 자서명. 12집(集 : 12支에 따라 분류). 해서를 기본으로 하여 214부의 부수와 거기에 부속되는 한자 3만 3,179자를 수록하였다. 획수에 의하여 글자를 찾는 최초의 자서로 그 후의 한자 사서에 큰 영향을 끼쳐 『정자통(正字通)』·『강희자전(康熙字典)』 등도 모두 이것을 원용(援用)하고 있다. 종래 자서의 훈고해석(訓詁解釋)보다 상세하고 송대(宋代)의 산문이나 당시(唐詩)를 예로 들어 출전을 명시하였으며 또 부록으로 난자색인(難字索引)·필순표(筆順表)·이자변별표(異字辨別表)·성오(醒誤 : 誤字表)·음운표(音韻表) 등을 붙인 것이 특색이다. 1615년 매정조(梅鼎祚)가 쓴 서문(序文)이 있다.

역(力)과 전(田)이 남(男)이 되고, 여(女)와 추(帚)가 부(婦)가 되며, 인(人)과 언(言)이 신(信)이 되고 인(人)과 위(爲)가 위(僞)가 되는 종류가 이것이다. 네 번째 것은 해성(諧聲)[74]인데 한 글자를 근본으로 해서 몸을 정하고, 다른 글자를 첨부하여 그 소리를 어울리게 하는 것을 이른다. 예를 들면, 강(江)과 하(河)는 왼쪽에 수(水)를 따라서 그 몸을 정하고 어울리는 소리를 오른쪽에 있게 하며, 아(鵝)와 압(鴨)은 오른쪽에 조(鳥)를 따라 그 몸을 정하고 어울리는 소리를 왼쪽에 있게 하며, 군(裙)과 상(裳)은 어울리는 소리가 위에 있고, 염(簾)과 박(箔)은 아래에 있으며, 원(園)과 포(圃)는 어울리는 소리가 안에 있고, 휘(徽)와 여(輿)는 밖에 있는 종류들이 이것이다. 다섯 번째 것은 전주(轉注)인데 한자에 여러 뜻이 있기 때문에 전전(展轉)해서 주석(注釋)하는 것이다. 예를 들면, 장구(長久)라는 장자(長字)는 장(長)하면 곧 물건보다 우선하는 것이 없기 때문에 장유(長幼)라는 장(長)이 되고, 장(長)이란 것은 남은 것이 있기 때문에 또 장물(長物)이란 장(長)자가 되는 것과 같으며, 행지(行止)라는 행(行)자는 행(行)하면 종적(蹤跡)이 있기 때문에 덕행(德行)이란 행(行)자가 되고, 행(行)은 차례가 있기 때문에 또한 주행(周行)이란 행(行)자가 되는 것과 같다. 여섯 번째 것은 가차(假借)인데 본래 그 글자가 없으면 글자의 소리와 뜻을 빌려다가 쓰는 것을 이른다. 능호(能豪)[75]는 짐승인데 이제 빌어서 현능(賢能)이나 영호(英豪)라고 삼는 종류는 소리를 빌린 것이고, 내외(內外)의 내(內)는 이제 가차해서 수내(收內)의 내(內)로 삼는 것은 뜻을 빌린 것이다. 이 여섯 가지를 들어서 짐작하면 곧 막히는 것이 적을 것이니, 곧 사황(史皇)[76] 이래로 서로 전하는 공통된 비결이다. 세상에 유자들이 머리가 희도록 공부를 했으나 후음(喉音)·아음(牙音)이 합쳐서 모이는 것과 평측

74) 해성(諧聲) : 두 개의 글자를 조합(組合), 한 글자를 이루어 한쪽은 뜻을, 한쪽은 음을 나타내는 것을 이른다.

75) 능호(能豪) : 미상.

76) 사황(史皇) : 중국 황제(黃帝) 때 사람으로서 처음으로 한자(漢字)를 지었다고 전하는 창힐(蒼頡)을 가리킨다.

(平仄)과 절음(切音)을 분변하지 못하는 사람이 있는데 하물며 역대의 더하고 깎은 것이 잘못되고 혼란하여 변천이 일정하지 않음에랴.

대저 상고(上古)에는 음(音)은 있어도 글자가 없었는데 중고(中古)에 글자로 음(音)을 통하였으니 글자는 본래 소리를 위하여 만든 것이다. 그렇다면 천지간 일체의 모든 소리는 다 글자로 그것을 통할 수가 있다. 그런데 혹자는 이르기를 "조수(鳥獸)와 풍우(風雨)의 소리는 베낄 수 없다"고 한 것은 틀린 것이다. 무엇으로 증명하겠는가? 왕오(王鏊)[77]가 말한, "칠음(七音)의 운(韻)은 서역(西域)에서부터 시작되어 36자(字)로 모음을 삼았다. 세상만물의 소리는 여기에 갖추어져 있어 비록 학 울음, 바람 소리, 닭 울음, 개 짖는 소리도 모두 옮길 수 있다"[78]는 것이다. 이런 까닭으로 인도의 중들은 비를 주문으로 외우면 비가 감응하고 용을 주문으로 외우면 용이 나타난다. 그러나 중국 중들은 비록 그것을 배우더라도 징험이 없는 것은 실로 음성이 이르지 못함이 있기 때문이다.

살피건대 칠음운(七音韻)을 감정하는 법은 거문고의 칠현(七絃)을 응하여 종횡(縱橫)과 정도(正倒)로 전변(轉變)하여 그림을 이루어서 화음(華音)의 평(平)·상(上)·거(去)·입(入)에 비견될 따름이 아니었다. 대저 인도에는 삼합(三合)과 사합(四合)의 음이 있으며 또한 그런 글자가 있다. 중국 서적에는 오직 금보(琴譜)만이 있다. 금(琴)은 음(音)을 숭상하는데 하나의 소리를 하나의 글자로 겸하기 어렵기 때문에 반드시 몇 자의 체를 합해야 여러 글자의 문을 취하게 된다. 그러므로 "인도에는 무궁한 음이 있다"[79]라고 하는 것이 이것이다.

지금 공자(孔子)의 글이 동(東)으로는 조선에, 서(西)로는 량하(涼夏)에,

---

77) 왕오(王鏊) : 명(明)나라 때 사람. 자는 제지(濟之). 양명과 같이 유근(劉瑾)에 몰려 퇴관하여 성학(性學)에 몰두하였다. 저술로는 『진택집(震澤集)』·『고소지(姑蘇志)』·『수계필기(守溪筆記)』·『진택장어(震澤長語)』·『진택기문(震澤紀聞)』 등이 있다.

78) 왕오(王鏊)의 『진택장어(震澤長語)』 「음운(音韻)」에 나온다. 원문에 천지(天地)가 세간(世間)으로, 개(皆)가 진(盡)으로 바뀐 차이만 있을 뿐 나머지는 같다.

79) 여러 책들에 나온다. 특히 왕오(王鏊)의 『진택장어(震澤長語)』 「음운(音韻)」에 나온다.

남(南)으로는 교지(交趾 : 지금의 월남 지방)에, 북(北)으로는 삭역(朔易 : 朔方과 易水지방)에 이르렀으니 모두 우리의 옛 봉지이다. 구담(瞿曇 : 석가모니의 姓)의 글은 중국에 들어왔으나 공자(孔子)의 글은 발제하(跋提河)[80]를 넘지 못하는 것은 진실로 성음(聲音)의 도(道)가 국한되어 닫혔기 때문이고, 해와 달이 비추는 곳에 두루 범어(梵語)가 전하는 것은 칠음지도(七音之道)가 있어서 모든 옮기는 말의 뜻을 통할 수 있기 때문이다.

위료옹(魏了翁)[81]은 "옛날에는 글자만 있고 음절(音切)이 없었다"고 했고 허중숙(許重叔)[82]의 『설문해자(說文解字)』와 정강성(鄭康成)[83]의 경훈(經訓)에서도 모두 이르기를 "아무 글자와 같은 글자를 읽는다"라고 하였다.[84] 심휴문(沈休文)[85]과 고야왕(顧野王)[86] 이후에야 비로소 반절(反切)을

---

80) 발제하(拔提河, 跋提河) : 강의 이름. 열반림 곁에 시뢰라발제(尸賴拏拔提, Hiranyavati)에서 발제(拔提)만을 취한 것이다.

81) 위료옹(魏了翁, 1178~1273) : 자는 화보(華父)이고, 호는 학산(鶴山)이다. 남송(南宋) 때의 저명한 이학가(理學家)·경학가(經學家)·교육가(教育家)이다. 송나라 후기 때 이학 발전에 큰 공헌을 한 인물로 알려져 있다. 위료옹(魏了翁)이 지은 저서로는 『고금고(古今攷)』·『주역요의(周易要義)』·『학산거양독서잡초(鶴山渠陽讀書雜抄)』 등이 있다.

82) 허신(許愼, 30~124) : 중국 후한(後漢)의 경학자(經學者). 자는 숙중(叔重)이다. 고전학자 가규(賈逵)에게 사사하여 널리 유가(儒家)의 고전에 정통하였으며, '오경무쌍(五經無雙)의 허숙중'으로 세간에 이름이 났다. 학파로는 선진(先秦)의 고서체(古書體)에 의한 원전(原典)을 중시하는 고문가(古文家)에 속한다. 상세하고 정치한 학풍은 특히 문자학에 대한 깊은 조예에서 특색을 발휘하였으며, 『설문해자(說文解字)』 30권은 한자의 형(形)·의(義)·음(音)을 체계적으로 해설한 최초의 자서(字書)로서 불후의 가치를 지니고 있다. 오경의 해석에 관한 이설(異說)을 집성한 『오경이의(五經異義)』 10권도 있었으나 산일(散逸)되어 전하지 않는다.

83) 정현(鄭玄, 127~200) : 중국 후한(後漢) 말기의 대표적 유학자. 경학(經學)의 대성자(大成者). 자는 강성(康成)이다. 시종 재야 학자(在野學者)로 지냈고, 제자들에게는 물론 일반인들에게서도 훈고학(訓詁學)·경학의 시조로 깊은 존경을 받았다. 그의 저서 중 완전하게 현존하는 것은 『모시』의 전(箋)과 『주례』·『의례』·『예기』의 주해뿐이고, 그 밖의 것은 단편적으로 남아 있다. 그 잔여 부분은 청나라 원균(袁鈞)의 『정씨일서(鄭氏佚書)』에 실렸다. 또 그의 『논어』 주석의 일부가 근래 신강(新疆) 유오이(維吾爾) 자치구의 당나라 시대의 무덤에서 출토되었다.

84) 위료옹, 『경외잡초(經外雜鈔)』(총목 子部, 雜家類)에 나온다. 원문의 고(古)가 『혜환잡저』에는 유(有)로 바뀌었을 뿐이다.

85) 심약(沈約, 441~513) : 제(齊)·량(梁) 시기의 문인. 자는 휴문(休文), 절강(浙江) 사람

글에서 볼 수 있었으니, 알 수는 없으나 두 사람이 지은 것인가? 혹은 다른 사람이 이런 말을 추가했을 것이다. 내가 매양 이것을 의심하는 것은 이미 읽기를 '아무 글자와 같이 한다'고 일컬었으면 그 이른바 아무 글자란 것은 홀로 음절(音切)이 없는 것인가? 비록 에둘러 추정하여 증명하더라도 마침내는 반드시 막히는 바가 있게 될 것이니, 알 수는 없으나 료옹(了翁)이 우연히 쓰다 보니 정밀한 생각을 잃었던 것인가라고 의심하게 되었다. 혹자가 말하기를 "반절(反切)이란 학문은 옛날에는 매우 소략하였더니 후일에 호승(胡僧)의 경전을 주석하는 것으로 인해서 비로소 널리 유행(流行)이 되었다"라고 하였다. 그러므로 서강(西羌) 사람은 물열(勿劣)을 화(靴)라 하고 힐두(犵兜)를 구(鉤)라 하고 돌란(突欒)을 단(團)이라 하고 굴롱(窟籠)을 공(孔)이라 하며, 남만(南蠻) 사람들은 불란(不闌)을 반(斑)이라 하고 불내(不乃)를 파(擺)라고 하는 것들은 이루다 셀 수가 없다. 깊은 산과 궁벽진 골짜기에서도 대대로 서로 계승하여 오래도록 고치지 아니 했으니 반절의 유래는 또한 오래되었던 것이다. 이 설(說)이 비교적 사실에 가까우며 또 족히 번음(番音)을 통해(通該)한 한 가지 징험이 될 수 있다.

내가 일찍이 『노걸대』·『박통사해』 등 여러 책을 구해 보니 비록 언자(諺字)로 주석을 달고 번역을 하였으나 반복하여 참구하여도 마침내 읽을 수 없는 것이 있었다. 근자에 우연히 한 역관을 만났는데, 좌중의 사물을 두루 가리켜서 중국음으로 부르게 하니 그 만촉(慢促)·고저(高低)·억양(抑揚)·개흡(開翕)이 백 번 변하고 천 번 전환(轉換)하여 만물의 소리가 거의 다 형상할 수 있었다. 그러나 이것은 범역(梵譯)에 비하면

이다. 사조(謝朓) 등과 더불어 영명체(永明體)를 창도했고, 음률을 중시하는 이른바 사성보(四聲譜)와 팔병설(八病說)을 발표하였다. 극단적 형식주의 문학을 추구했다.

86) 고야왕(顧野王, 519~581) : 중국 남조의 양(梁)·진(陳)의 학자. 자는 희빙(希憑). 천문(天文)·복서(卜書)의 기자(奇字)에 능통하여 많은 저술이 있다. 그중에서도 1만 6017자(字)를 540부(部)로 구분한 자전 『옥편(玉篇)』 30권은 특히 유명한데, 그 완본(完本)은 전해지지 않는다.

오히려 한정된 바가 있는 것이거든 하물며 우리 동방의 자학(字學)은 강론함이 적어서, 음운이 넓지 못하므로 항용(恒用)하는 예전(例傳) 이외에는 모두 향언(鄕諺)으로 통하지만, 그 향언(鄕諺)이 통하지 못하는 것은 또한 없앨 따름이라.

오호! 글씨는 이미 육예(六藝)에 들어가고, 성음(聲音)이라는 것은 그 도(道)가 신명에 통할 수 있고, 또한 예악(禮樂)이 말미암아서 나오는 것이니 그렇다면 진실로 아침저녁으로 전석해서 그 막혀 어두운 것을 구하여 활달하게 하지 아니 할 수가 없는 것이다. 그런데 후세 사람들이 한갓 법서와 명첩을 익히는 것만을 사모해서 그 날(捺)하고 염(擪)하고 탁(琢)하고 적(趯)하는 방법을 상고하여 그 주하고 발하고 만하고 미하는 모습을 다투며, 그 자유(孳乳)·기우(奇耦)·경위(經緯)·조뉴(調紐)하는 묘는 도리어 버려 두고 이야기하지 아니 하니, 이것은 그 말단만을 힘쓰고 그 근본을 버리는 것이다. 그 어찌 신정(新鄭)의 시골 아낙이 『시경(詩經)』의 빈풍(豳風)을 외우고 있었으므로, 객이 그 제목을 물으니 알지 못하였고, 그 뜻을 물어봐도 해득하지 못하여서, 어떻게 잘 외울 수 있느냐고 물으니 말하기를 '이웃 학구가 날마다 이것을 외워서 제자들을 가르쳐 주기에 내가 우연히 그 소리를 좋아해서 익힌 것이오'라고 한 것과 무엇이 다르겠는가? 그 축(丑)이란 글자는 본래 상성(上聲)이었는데 읽기를 입성(入聲)으로 했고, 착(着)이란 글자는 본래 글자가 없어서 저(著)라는 글자로 통용했던 부류와 같은 것은 또 속학(俗學) 가운데 자그마한 누일 것이다. 이에 끝에다가 아울러 언급한다.

원문 今行字書, 莫盛於梅氏所撰字彙. 其橫直諸圖切韻調聲之法, 自謂玄深該悉, 洩造化之秘, 而六書之義, 不標於首, 新學者, 觀於究釋古文, 竺經中所見奇字, 亦多未收, 鴻博者, 刺其踈闕. 故余爲略叙六書大義, 而諸奇字見逸者, 急難搜集, 今亦不附於此.

夫六書者, 何? 一曰, 象形, 謂寫其跡也. 如日字從口從一, 成陽數, 月字從冂從二, 成陰數之類, 是也. 二曰, 指事, 謂直著其事而可知也. 如兩戶相向爲門, 兩手齊下爲拜之類, 是也. 三曰, 會意, 謂合文以成其義也. 如力田爲男, 女帚爲婦, 人言爲信, 人爲爲僞之類, 是也. 四曰, 諧聲, 謂本一字以定其體而附他字以諧其聲也. 如江河左從水, 以定其體, 而諧聲在右, 鵝鴨右從鳥, 以定其體, 而諧聲在左, 裙裳, 諧聲在上, 簾箔在下, 園圃, 諧聲在內徽輿在外之類, 是也. 五曰, 轉注, 謂一字數義展轉注釋也. 如長久長字長, 則物莫先焉, 故爲長幼之長, 長有餘故, 又爲長物之長. 如行止行字, 行則有蹤跡, 故爲德行之行, 行有次序故, 又爲周行之行也. 六曰, 假借, 謂本無其字, 因字聲意而借用之也. 如能豪, 獸也, 今借爲賢能英豪之類, 此聲借也, 如內外之內, 今假作收內之內, 此意借也. 是六者擧以推之, 則鮮有障窒, 卽史皇以來, 相傳之通訣也. 世儒, 皓首鉛槧, 而有不辨喉牙合撮, 平仄叶切者, 矧其歷代增刪·訛謬·混亂·變遷不定者乎.

盖上古有音無字, 中古以字通音, 字本爲聲而制也. 然則天地間一切諸聲, 皆可以字通之. 而或謂, "鳥獸風雨之聲, 則不可寫者." 非也. 何以明之, 王鏊云, "七音之韻, 起自西域, 以三十六字爲母. 世間萬物之音, 備於此, 雖鶴唳風聲鷄鳴狗吠, 盡可譯也." 是以梵僧呪雨則雨應, 呪龍則龍現, 華僧雖學之, 而無驗者, 實音聲之有未至也.

按七音韻鑑法, 應琴七絃, 縱橫正倒, 轉變成圖, 不比華音平上去入而已. 夫梵有三合四合之音, 亦有其字. 華書唯琴譜有之. 琴尙音, 一音難可一字該, 必合數字之體, 以取數字之文也. 故曰 : "梵有無窮之音."者是也.

今宣尼之書, 所至東朝鮮, 西涼夏, 南交趾, 北朔易, 皆吾故封也. 瞿曇之書, 能入諸夏, 而宣尼之書, 不能過跋提河者, 誠以聲音之道, 局閡耳. 日月照處, 編傳梵書者, 爲有七音之道, 以通百譯之義也.

魏了翁云 : "古有字, 無音切." 許重叔之說文, 鄭康成之經訓, 皆云, "讀如某字之字." 至沈休文. 顧野王以後, 始有反切見之書, 不知二子所著耶? 或他人加之是說也. 余每疑之, 旣稱讀如某字, 則其所謂某字者, 獨無音切乎? 雖轉推以證, 終必有所窮處, 未知了翁偶書失精思歟. 或者 言

"反切之學, 古甚踈略後因胡僧釋經, 而流行始遍" 故西羌之人, 以勿劣爲靴, 犵兜爲鉤, 突欒爲團, 窟籠爲孔, 南蠻之人, 以不闌爲斑, 不乃爲擺之屬, 不可勝數. 深山窮谷之中, 遞遞相承, 久而不改, 則反切之來, 亦遠矣. 此說較近, 又足爲番音通該之一驗也.

余嘗求『老乞大』·『朴通事解』諸書看之, 雖以諺字注飜, 而反覆參究, 有終不可讀者. 近遇一舌人, 歷指坐間物, 令以華音呼之, 其慢促·高低·抑揚·開翕, 百變千轉, 凡物之聲, 殆可盡狀. 而此猶比梵譯, 則猶有所局者, 況我東字學鮮講, 音韻不廣, 恒用例傳之外, 皆以鄕諺通之, 諺所不通者, 則亦廢之而已.

嗚呼! 書旣序於六藝, 聲音者, 其道可以通神明, 而又禮樂之所有出, 則固不可不朝夕詮繹, 求豁其壅閽者. 而後之人, 徒慕習古法書名帖, 考其捺·擘·琢·趯之法, 鬪其遒拔·曼媚之姿, 而其孳乳奇耦·經緯·調紐之妙, 則反置而不談, 是務其末, 而遺其本也. 其奚異於新鄭之村婦誦詩豳風, 客有訪其名, 則不知, 叩其義, 則未解, 問何以能誦曰 : '隣之學究, 日誦此以授弟子, 吾偶悅其聲而習之.'者哉? 若其丑本上聲, 而讀作入聲, 着本無字, 而通用著字之類, 則又俗學之寡陋也. 玆幷及於末.

15. 『만증䵡䵞』 발문䵡䵞跋

譯 옮김 해마다 막주(莫州)나 교주(交州)·광주(廣州)의 여러 번호(番胡)들은 투보회(鬪寶會)를 연다. 귀혈(鬼血)이란 돌과 묘정(猫睛)이란 구슬, 매뇌(梅腦)와 동누(桐淚), 화완(火浣)과 소철(蘇鐵)이 특별하게 생산되는데, 괴이한 모습이 찬란하게 배에 넘쳐서 사람의 이목을 놀래게 한다. 이 책이 실로 그와 같다.

원문 每歲, 莫交廣諸番胡. 有鬪寶會. 鬼血之石, 猫睛之珠. 梅腦桐淚, 火浣蘇鐵, 殊產, 詭狀爛然溢舶, 駭人眼目. 此卷, 實似之.

16. 조카의 시고詩稿에 쓰다 題家姪詩稿

譯 옮김 시(詩)는 진실로 기이함을 높이 치지만 만약 오로지 기이함에만 힘쓴다면, 그 폐단이 두묵(杜默)의 경우처럼 될 것이다. 두묵(杜默)이 지은 가행(歌行)은 때때로 광대의 농 짓거리나 중들의 염불 소리 같아서, 읽는 사람이 구두를 끊기 어려우니 어찌 옳겠는가? 오직 격고(格古)·기일(氣逸)·의원(意圓)·어신(語新)하는 것만이 바로 시가(詩歌)의 뛰어난 솜씨이다.

원문 詩固以奇爲勝, 然若壹於務奇, 則其弊爲杜默. 默之所爲歌行, 往往如伶諢梵呪, 讀者難句, 惡可哉? 惟其格古·氣逸·意圓·語新者, 乃詩家射鵰手耳.

17. 『길보문고』에 쓰다 題吉甫文稿

譯 옮김 너의 숙부가 나이 17~18세 되었을 때에는 문장을 지으면 대우(對偶)를 좋아하였는데, 점차로 장성해서 그것을 보니 얼굴이 붉어져서 끝까지 보지 못하고 내쳐 버렸다. 송원(宋元)의 제가(諸家)를 사숙하자 사람들이 자못 그런 내 시문을 칭찬하였고 또한 스스로도 자부하였었다. 다시 보니 곧 길이 취약(脆弱)한 소골(小骨)은 작가(作家)라고 말할 수 없다 하여 또 버리고, 선진(先秦)·양한(兩漢)에서 구하여 아래로 명말(明末)에 이르기까지 고문(古文)으로 이름난 것을 아침저녁으로 살피고 찾으니 곧 그 배안(排按)·합장(闔張)·태자(汰字)·연구(鍊句)하는 방법을 조금씩 이해하게 되었는데 그 햇수가 이미 30년이 되었다. 이제 꺼내서 읽어 보니 간간히 사람의 생각에 합당한 것이 있는 것 같았다. 그러므로 말하기를 "문장을 배우는 것은 등산하는 것과 같아서 무한한 험한 길과 지름길을 다 밟아본 뒤에야 바야흐로 산 정상에 나갈 수 있다"라고 하였다. 숙부 또한 이것으로 점을 쳐서 갔으니, 너도 오랫동안 이 문고를 보배로 여기지 아니할지니라.

원문 而叔年十七八時, 爲文嗜對儷, 稍長看之, 面赧然不能從篇, 去之. 師宋元諸子, 人頗賞之, 亦自多也已. 復取看, 則曼脆小骨, 不足以言作家, 又去, 而求先秦兩漢, 下逮皇明之季, 以古文著者, 朝夕諦繹, 則稍解其排按闔張, 汰字鍊句之法, 年皆已三十矣. 今時出而讀焉, 間似有當人意者. 故曰, "學問如登山, 消盡無限仄路廻徑, 然後方出上頂." 叔亦以是卜而之, 不久寶是稿也.

18. 『문기집』[87]에 쓰다 題問奇集

譯 옮김 『문기집(問奇集)』은 2권인데 장위(張位)[88]가 찬한 것이다. 그중에는 한 글자가 여러 음인 예로서, '돈(敦)자는 9음(音)이 있고, 쇄(灑)자는 8음(音)이 있으며 차(差)자는 7음(音)이 있고 저(苴)자는 6음(音)이 있다'라고 했다. 후에 양용수(楊用修)[89]의 『단연속록(丹鉛續錄)』[90]을 열람하니 '저(苴)자는 14음(音)이 있다'라고 해서 조목별로 해석함이 매우 해박하였으니 장위는 자학(字學)에 있어서 스스로 이르기를 '전에는 고인(古人)이 없었다'라고 했는데도 오히려 이러한 과실이 있었으니 알 수는 없지만 용수(用修)가 상고한 것은 빠뜨림이 없었던가? 아! 금단(金丹)은 반드시 아홉 번 고아야 이에 익는 것이니, 불의 힘이 비로소 완성되기 때문이다. 사대부가 학문이 성숙되지 않았는데도 가볍게 입언(立言)하는 자는 경계하지 않을 수 있겠는가?

---

87) 문기집(問奇集) : 보안당비급(寶顔堂秘笈)에 들어 있다. 『사고전서총목제요』에는 "이 책은 모든 글자의 형성(形聲)에 대한 훈고(訓詁)를 상고하여 의론하되, 19부문으로 분류하였다. …중략… 변론(辨論)이 자못 상세하나 천박함을 면하지 못한다. 자모(字母)를 합병하는 것과 같은 것은 이미 옛날 법이 아니다[是書考論諸字形聲訓詁. 分十九門. …… 辨論頗詳, 而不免弇陋. 如合併字母, 已非古法]"라 평하고 있다.

88) 장위(張位) : 자(字)가 명성(明成)이고 신안(新建) 사람이다. 융경(隆慶) 무진(戊辰)에 진사(進士)가 되어 관직이 이부상서(吏部尙書)와 무영전(武英殿) 대학사(大學士)에 이르렀으니 사적(事蹟)이 『명사(明史)』「본전(本傳)」에 갖추어져 있다.

89) 양신(楊愼, 1488~1559) : 명나라 중기의 학자·문학자. 자는 용수(用修)이고 호는 승암(升菴)이다. 사천성(四川省) 출생. 1524년 계악(桂鮫) 등이 등용될 때 동지 36명과 함께 반대 의견을 가정제(嘉靖帝 : 세조)에게 직간하다가, 황제 앞에서 곤장을 맞고 운남성(雲南省) 영창(永昌)으로 유배되었다. 그 뒤로는 시와 술로 세월을 보내며 재능을 숨기고 살았다. 경학(經學)과 시문이 탁월하였으며 박학하기로 이름이 높았다. 특히 운남에 관한 견문과 연구는 귀중한 자료로 전한다. 저서에 『단연총록(丹鉛總錄)』·『승암집(升菴集)』 등이 있다.

90) 단연속록(丹鉛續錄) : 진계유(陳繼儒)의 보안당비급(寶顔堂秘笈)에 속해 있다.

원문 『問奇集』二卷, 爲張位所撰. 其中一字數音例, 敦有九音, 灑有八音, 差有七音, 苴有六音, 云云. 後閱楊用修丹, 苴有十四音爲條釋甚該, 位於字學, 自謂前無古人而猶有此失, 未知用修所考, 則無遺闕耶? 噫! 金丹必九轉乃熟, 以火力始完也. 士大夫學未成而輕立言者, 可不戒哉?

19. 군기軍器에 대한 고찰軍器考

譯 옮김 중국인들은 책을 읽어 유학을 일삼는 자 이외에, 비록 장사꾼과 농부라 하더라도 대략 이른바 십팔반무예(十八般武藝)라는 것을 익힌다. 이 때문에 갑자기 변고가 있어서 고을의 관리가 징집하면 그들의 말달리고 활을 쏘며 치고 찌르고 하는 기술이 잘 훈련되어져서 쓰임에 적합하다. 우리나라는 그러지 못해 비록 저구씨(雎鳩氏[91])를 익히고 병영[列閫]에서 관직을 얻은 사람들도 이것에 힘쓰는 사람들은 드물다. 내가 일찍이 거변(巨弁: 거물 무관)인 여러 사람들을 만나 그 연조(演操)[92]하는 법(法)을 물으니, 사롱(使弄)하는 기구가 18반의 종류와 같은 것이라 하였으나, 그 이름을 들어서 대답하는 자는 없었다. 그 조잡한 것도 오히려 그러한데 하물며 오묘하고 깊어서 통달하기 어려운 『음부경(陰符經)』[93]이나 『악기(握奇)』[94] 중에서 논한 것에 있어서랴. 아! 활과 말

---

91) 저구(雎鳩): 새 이름. 여기서는 아주 옛날 무관직(武官職) 이름을 저구씨(雎鳩氏)라고 한 데에서 취한 말이다.

92) 연조(演操): 전투(戰鬪)에 필요한 지식(知識), 기술(技術) 등을 가르치는 훈련(訓鍊). 각개(各個)·밀집(密集)·집총(執銃) 등의 훈련(訓鍊)이 있음.

93) 음부(陰符): 황제(黃帝)가 찬한 『음부경(陰符經)』을 가리킴. 병서(兵書)로 알려져 있다.

94) 악기(握奇): 『악기경(握奇經)』을 가리킨다. 『악기경(握機經)』 또는 『악기경(幄機經)』

에 몸을 다 바치고, 날마다 대사농(大司農)이 금전을 허비한다고 해도 그 소활하고 노둔함이 이와 같으니 장차 어떻게 왕조(王朝)의 임금을 호위하는 무사를 선발한다고 이를 수 있겠는가? 이것은 매우 걱정스런 일이다. 그러므로 내가 공부하는 짬짬이 간략하게나마 옛 서적에서 보았던 모든 군대에서 쓰는 무기의 여러 조목을 낱낱이 전하여 계속 쪽지에 적어서 뒷사람들이 참고하여 열람하기에 편리하게 한다.

대개 제도는 창을 쓰는 기술자가 열일곱이니 양가삼십육로화창(楊家三十六路花鎗)・마가창(馬家鎗)・금가창(金家鎗)・장비신창(張飛神鎗)・오현신창(五顯神鎗)・괴돌창(拐突鎗)・괴도창(拐刀鎗)・추창(錐鎗)・사창(梭鎗)・추창(槌鎗)・대령필창(大寧筆鎗)・거마창(拒馬鎗)・도마돌창(搗馬突鎗)・아미창(峩嵋鎗)・사가십팔하도수간자(沙家十八下倒手干子)・자금표(紫金鏢)・지설창(地舌鎗) 등이다.

칼을 다루는 기술자는 열 다섯이니 언월도(偃月刀)・쌍도(雙刀)・구도(鉤刀)・수도(手刀)・거도(鉅刀)・도도(掉刀)・태평도(太平刀)・정융도(定戎刀)・조천도(朝天刀)・개천도(開天刀)・개진도(開陣刀)・획진도(劃陣刀)・편도(偏刀)・거도(車刀)・비수(匕首) 등이다.

검을 다루는 기술자는 여섯이니 마명왕(馬明王)・선주(先主)・변장(卞莊)・왕취(王聚)・마초(馬超)・변철후척단신(邊掣厚脊短身) 등이다.

궁노(弓弩)를 다루는 기술자는 열 넷이니 변전(邊箭)・양광약전(兩廣藥箭)・화전(火箭)・신기전(神機箭)・양가전(楊家箭)・마가전(馬家箭)・신전수탄(神箭袖彈)・수노(手弩)・제갈노(諸葛弩)・연환노(連環弩)・쌍궁상노(雙弓床弩)・삼궁상노(三弓床弩)・타생노(打牲弩) 등이다.

곤(棍)을 다루는 기술자는 서른 하나이니 좌소림(左少林)・우소림(右少林)・대순해야의(大巡海夜義)・소순해야의(小巡海夜義)・대화림(大火林)・소화림(小火林)・통허손장가곤(通虛孫張家棍)・관음대뇨남해신곤(觀音大鬧南

이라고도 쓴다.

海神棍)·초자곤(稍子棍)·연환곤(連環棍)·쌍두(雙頭)·음수단곤(陰手短棍)·설봉수산곤(雪捧搜山棍)·대팔봉풍마(大八棒風磨)·소팔봉풍마(小八棒風磨)·이랑봉(二郎棒)·오랑봉(五郎棒)·십팔하낭아봉(十八下狼牙棒)·조태조등사봉(趙太祖騰蛇棒)·안후손가봉(安猴孫家棒)·대육봉긴전신(大六棒緊纏身)·십팔면매복자미산조자(十八面埋伏紫薇山條子)·좌수조자(左手條子)·우수조자(右手條子)·변란조자(邊欄條子)·설차류조자(雪搽柳條子)·과호조자(跨虎條子)·곤수조자(滾手條子)·하도구간(賀屠鉤杆)·서산등가경단두(西山等家硬單頭) 등이다.

잡기(雜器)를 다루는 기술자는 열이니 철편(鐵鞭)·협봉(夾棒)·단수조철연자(單手燥鐵鏈子)·질려산두(蒺藜算頭)·금강권(金剛圈)·만장철석(鏝掌鐵尺)·여공괴자(呂公拐子)·강의(剛義)·낭선(狼筅)·당(钂) 등이다.

파(鈀)를 다루는 기술자는 다섯이니 웅우출진파(雄牛出陣鈀)·산문칠매복파(山門七埋伏鈀)·번왕도각파(番王倒角鈀)·직행호파(直行虎鈀)·초난근진파(稍欄跟進鈀) 등이다.

말 위에서 기계(器械)를 쓰는 기술자가 열 여섯이니 편(鞭)·연(鍊)·광(鐄)·추(槌)·유성(流星)·쇄호구(鎖虎口)·마의상대사유성편(馬義上帶使流星鞭)·쌍무검(雙舞劍)·쌍도(雙刀)·마의(馬義)·천평산(天平鏟)·천방기(天方基)·창(鎗)·관도(關刀)·참마도(斬馬刀)·월창(月鎗) 등이다.

권격병기(拳格兵器)를 다루는 기술자는 열 하나이니 조가권(趙家拳)·남권(南拳)·북권(北拳)·서가권(西家拳)·온가구괘권(溫家鉤掛拳)·손가피괘권(孫家披掛拳)·장비신권(張飛神拳)·패왕권(霸王拳)·후권(猴拳)·동자배관음신권(童子拜觀音神拳)·구곤십팔질타과나(九滾十八跌打過拿) 등이다. 또 면장단타파법(眠張短打破法)이 아홉이고 내홍팔하등파법(內紅八下等破法)이 서른 여섯이고, 나법(拿法)이 서른 여섯이고, 해법(解法)이 일흔 둘이고, 질법(跌法)이 일흔 둘이다. 해법(解法)은 그러나 칼에 음수(陰手)와 양수(陽手)의 구별이 있고 화살에 상탑(上搭)과 하탑(下搭)의 구분이 있다.

만약에 기타 화구(火毬)와 화산(火繖)과 일와봉불랑(一窩蜂佛郎[95])이란 기계의 등속은 번거로워 다 기록하지 못한다. 아! 위에 군기(軍器)를 연습하는 방법 대략 몇 백 조항을 열거했다. 혹시 융정(戎政)을 관장하는 사람들이 유의하여서 전역하고 또 가르치는 스승으로 적임자(適任者)를 얻어서 한 사람으로 열 사람에게 전하고 열 사람으로 백 사람에게 전하게 한다. 그 재력(才力)에 따라 혹은 몇 가지만을 익히게 하거나 혹은 제반을 겸하게 해서 통과시키게 하여 그중에서 더욱 특이한 사람을 선발하여 그 녹봉을 후하게 하고 그 서열을 높여 주면 장차 십 년이 안 되어서 게으른 것을 없애고 쇄신하는 것을 장려하여서 군대가 강하고 용맹하게 되면 다시 어찌 저 북쪽의 선우나 남쪽의 관백을 걱정할 것이 있겠는가?

원문 華人讀書業儒外, 雖商販耕作之夫, 率多習所謂十八般武藝者. 以是卒然有變, 縣官徵募而其馳射擊刺之術, 精鍊中用. 我國則不然, 雖肄睢鳩官列閫者, 鮮以此爲務. 余嘗遇巨弁數人, 問其演操之法, 使弄之器, 若十八般之類, 而無擧其名以對者. 其粗者猶然, 況奧邃難通如陰符・握奇中所論者乎. 噫! 弓馬致身, 日費大司農金錢而踈鹵若此, 將何以稱王朝爪牙之選哉? 是甚可憂也. 故余於鉛槧之暇, 略採古書所見, 諸軍中器用數目, 枚臚縷箚, 以便後人之考覽焉.

盖其制使鎗之家十七, 曰楊家三十六路花鎗, 曰馬家鎗, 曰金家鎗, 曰張飛神鎗, 曰五顯神鎗, 曰拐突鎗, 曰拐刃鎗, 曰錐鎗, 曰梭鎗, 曰槌鎗, 曰大寧筆鎗, 曰拒馬鎗, 曰搗馬突鎗, 曰峩嵋鎗, 曰沙家十八下倒手干子, 曰紫金鏢, 曰地舌鎗.

使刀之家十五, 曰偃月刀, 曰雙刀, 曰鉤刀, 曰手刀, 曰鉅刀, 曰掉刀, 曰太平刀, 曰定戎刀, 曰朝天刀, 曰開天刀, 曰開陣刀, 曰劃陣刀, 曰偏刀, 曰車刀, 曰匕首.

使劍之家六, 曰馬明王, 曰先主, 曰卞莊, 曰王聚, 曰馬超, 曰邊製厚脊

95) 일와봉불랑(一窩蜂佛郎) : 무기 이름. 불랑(佛郎)은 곧, 일종의 대포(大砲)인 불랑기(佛郎機)를 가리키는 말로 보인다.

短身.

使弓弩之家十四, 曰邊箭, 曰兩廣藥箭, 曰火箭, 曰神機箭, 曰楊家箭, 曰馬家箭, 曰神箭袖彈, 曰手弩, 曰諸葛弩, 曰連環弩, 曰雙弓床弩, 曰三弓床弩, 曰打牲弩.

使棍之家, 三十有一, 曰左少林, 曰右少林, 曰大巡海夜義, 曰小巡海夜義, 曰大火林, 曰小火林, 曰通虛孫張家棍, 曰觀音大鬧南海神棍, 曰稍子棍, 曰連環棍, 曰雙頭, 曰陰手短棍, 曰雪捧搜山棍, 曰大八棒風磨, 曰小八棒風磨, 曰二郎棒, 曰五郎棒, 曰十八下狼牙棒, 曰趙太祖騰蛇棒, 曰安猴孫家棒, 曰大六棒緊纏身, 曰十八面埋伏紫薇山條子, 曰左手條子, 曰右手條子, 曰邊欄條子, 曰雪搽柳條子, 曰跨虎條子, 曰滾手條子, 曰賀屠鉤杆, 曰西山等家硬單頭.

使雜器之家十, 曰鐵鞭, 曰夾棒, 曰單手燥鐵鏈子, 曰蒺藜算頭, 曰金剛圈, 曰鏝掌鐵尺, 曰呂公拐子, 曰剛義, 曰狼筅, 曰钂.

使鈀之家五, 曰雄牛出陣鈀, 曰山門七埋伏鈀, 曰番王倒角鈀, 曰直行虎鈀, 曰稍欄跟進鈀.

使馬上器械之家十六, 曰鞭, 曰鍊, 曰鐮, 曰槌, 曰流星, 曰鎖虎口, 曰馬義上帶使流星鞭, 曰雙舞劍, 曰雙刀, 曰馬義, 曰天平鏟, 曰天方基, 曰鎗, 曰關刀, 曰斬馬刀, 曰月鎗.

使拳格兵器之家十一, 曰趙家拳, 曰南拳, 曰北拳, 曰西家拳, 曰溫家鉤掛拳, 曰孫家披掛拳, 曰張飛神拳, 曰覇王拳, 曰猴拳, 曰童子拜觀音神拳, 曰九滾十八跌打過拿, 又有眠張短打破法九, 內紅八下等破法三十六, 拿法三十六, 解法七十二, 跌法七十二. 解法, 而刀有陰手陽手之別, 箭有上搭下搭之分焉.

若其他火毬火繖, 一窩蜂佛郎機之屬, 煩不盡錄也. 嗚呼! 右列軍器演習之方, 若千百條. 倘掌戎政者, 留意詮繹, 而又教師得其人, 一以傳十, 十以傳百. 隨其才力, 或只習數路, 或兼通諸般, 拔其尤異者, 厚其廩而躐其秩, 則將弗十年, 頽懶勵刷, 兵士强勇, 復何憂彼北單于南關白哉?

20. 제왕계보帝王系譜에 대한 고찰 帝王系譜考

譯 옮김 황제(黃帝)로부터 주(周)나라에 이르기까지 천하(天下)에 임금 노릇한 사람은 계보(系譜)가 이미 도면(圖面)이 있어서 행해졌는데 주(周)나라 아래로는 대개 없어져서 배우는 사람들이 그것을 병통으로 여겼다. 내가 삼가 여러 씨족가(氏族家 : 씨족들을 연구하는 사람)가 기록한 것을 모아서 번거로운 것을 없애고 간단한 것을 따르되, 벌열(閥閱)로 순서를 삼아, 보는 이로 하여금 살펴보기에 편리하게 하는 바이다.

소호씨(少昊氏[96])의 지자(支子)인 대업(大業)이 요(陶)를 낳아 우(虞)나라의 사사(士師)가 되어, 고(皐)땅에 봉해졌으니 이 사람이 고요(皐陶[97])이다. 고요가 백예(伯翳)를 낳아 영(嬴)땅에 채읍을 주어서 영씨(嬴氏)가 되었고, 뒤에 잘 달리는 자가 있었는데 비렴(飛廉)이라 하였다. 비렴(飛廉)이 두 아들을 낳았는데 혁(革)과 계승(季勝)이었다. 혁은 곧 악래(惡來)이고, 악래(惡來)의 오세(五世)를 비자(非子)라고 하니 진곡(秦谷)에 봉해져서 다시 영씨(嬴氏)를 회복하였으며 후손인 정(政)이 진시황(秦始皇)이다.

요(堯)의 아들이 유(劉)땅에 봉해져 유씨(劉氏)가 되고 유씨가 여러 대 후에 두(杜)땅으로 옮겨 두씨(杜氏)가 된다. 두백(杜伯)의 아들 습숙(隰叔)이 진나라로 달아나서 사위(士蔿)를 낳았는데 대대로 사사(士師)가 되는 까닭으로 사씨(士氏)가 되었다. 사회(士會)가 진(秦)나라에 있을 때 아들을 낳아서 다시 유씨(劉氏)가 되었는데 그 후손 방(邦)이 한고제(漢高帝)이다.

요(堯)임금이 중려(重黎)의 후예를 봉하여 희화(羲和)가 되었고, 상(商)나라에서 화씨(和氏)의 후손을 정(程)땅에 봉해서 정씨(程氏)가 되었고 정백휴보(程伯休甫)란 사람이 주(周)나라 선왕(宣王) 때에 지키던 것을 잃었기

96) 소호씨(少昊氏) : 태고 시대의 제왕의 이름. 황제(黃帝)의 아들.
97) 고요(皐陶) : 순(舜)임금의 신하. 자는 정견(庭堅). 사구(司寇), 즉 옥관(獄官)의 장(長)을 지냈음.

때문에 사마씨(司馬氏)되었고, 그 후손 염(炎)이 진(晉)나라 무제(武帝)가 된다. 주(周)나라 선왕(宣王)이 그 아들 상보(尙父)를 양(楊)이란 땅에 봉해서 양후(楊侯)로 삼았더니, 양후(楊侯)의 증손(曾孫)이 나라를 잃어서 양씨(楊氏)가 되었으며, 그 후손 견(堅)이 수나라 문제(文帝)가 되었다. 백예(伯翳)의 후손이 리(理)자로써 성(姓)을 삼은 자가 있었는데 이징(理徵)이란 사람이 어려운 고비를 이허(伊墟)에 도망해서 이씨(李氏)가 되었고, 그 후에 경(敬)이 주(周)나라의 상주사(上柱史)가 되었다. 경(敬)이 아들 담(聃)을 낳았고, 그 후손인 연(淵)이 당고조(唐高祖)가 되었다. 비렴(飛廉)의 아들 계승(季勝)은 맹증(孟增)을 낳아서 고낭(皐狼)에 봉해졌고, 맹증(孟增)의 아들 조보(造父)가 조(趙)나라에 봉해졌는데 칠세(七世)인 숙대(叔帶)가 진(晉)나라에 예속되었으며, 또 9세를 거쳐서 무립(武立)의 후손이 광윤(匡胤)이니 송(宋)나라의 태조(太祖)가 되었다. 전욱(顓頊)의 아들 계우의 후손이 오(吳)나라에 봉해져서 오회(吳回)가 되었고, 오회(吳回)의 후손이 또 조(曹)나라에 봉해져서 조씨(曹氏)가 되었는데, 주(周)나라 무왕(武王)이 조협(曹挾)을 주(邾)에 봉하였고, 그 후에 소래(小邾)가 되었으며, 14세를 지나서 고을을 버리고, 주씨(朱氏)가 되었는데 그 후손 원장(元璋)이 명(明)나라 태조(太祖)가 되었다.

아! 세상에서 말하기를 고요(皐陶)는 형관(刑官)이므로 그 후손이 창성하지 못했다고 한다. 그러나 이제 진나라 이래로 정통(正統)이라 일컫는 사람을 살펴보건데, 모두 6대성인데 고요(皐陶) 씨의 후손이 이에 그 반을 차지하고 있으니 억측컨대 또한 어찌 그처럼 성창한 것인가? 이뿐만 아니라 사위(士蔿) 씨는 대대로 상구(爽鳩) 벼슬을 했는데 금도(金刀)의 통서가 또 가장 끊임없이 이어진 것은 어째서인가? 어떤 이는 평윤(平允)이 보답을 받은 것은 세속에서 전하는 바 장불자(張佛子)의 종류와 같은 것이라고 함인가? 이것은 괴이할 것이 없으나, 홀로 저 비렴(飛廉)이나 악래(惡來)와 같은 자들은 이른바 흉교(凶狡)하고 영특(佞慝)한 사람이 아니겠는가? 이에 그 손자들이 융대(隆大)함이 이와 같으니 또한 두 사람의 불선은 족히 황제(黃帝)와 현효(玄囂) 같은 여러 성신(聖神)의 원대(遠大)한 은택을 잘라낼 수 없음이 아니겠는가? 알 수 없는 것이다. 그 열국이 분할하여 참절(僭竊)한 것과 오랑캐로서 중화를 혼란시킨 것들은 곧 별도로 다른 기록에 보이니 여기에는 첨부해서 기술하지 않는다.

원문

自黃帝至周, 君天下者, 系譜已有圖行, 而周以下則, 盖闕焉, 學者病之. 余謹彙諸氏族家所錄者, 芟繁就簡, 以伐爲序, 俾便考檢云.

少昊氏支子, 大業生陶, 爲虞士師, 封于皐, 是爲皐陶. 生伯翳, 采于嬴, 爲嬴氏, 後有善走者曰, 飛廉. 飛廉生二子曰革曰季勝. 革卽惡來也, 惡來之五世曰非子, 封于秦谷, 復嬴氏, 裔孫政爲秦始皇.

堯之子, 有封于劉者, 爲劉氏, 劉累之後, 徙杜者, 爲杜氏. 杜伯之子, 隰叔, 奔晉, 生士蔿, 世爲士師, 故爲士氏. 士會在秦, 生子, 復爲劉氏, 裔孫邦爲漢高帝.

堯封重黎之後, 爲羲和, 商封和氏之後于程, 爲程氏, 有程伯休甫者, 當周宣王時, 失守, 爲司馬氏, 裔孫炎爲晉武帝. 周宣王封其子尙父于楊, 爲楊侯, 楊侯之曾孫, 失國爲楊氏, 裔孫堅爲隋文帝. 伯翳之後, 有以理爲姓者, 而理徵逃難伊墟, 爲李氏, 其後, 敬爲周上柱史. 敬生子耼, 裔孫淵爲唐高祖. 飛廉之子季勝生孟增, 封皐狼, 孟增子造父, 封于趙, 七世叔帶, 隷于晉, 又九世而武立裔孫匡胤, 爲宋太祖. 顓頊子季禺之後, 封于吳, 爲吳回, 吳回之後, 又封于曹, 爲曹氏, 周武王, 封曹挾于邾, 其後爲小邾, 十四世而去邑, 爲朱氏, 裔孫元璋爲明太祖.

噫! 世言皐陶刑官, 其後弗昌. 而今按嬴氏以來, 稱正統者, 凡六姓而皐陶之裔, 乃據其半, 抑何盛也? 不唯此爾, 士蔿之世官爽鳩, 而金刀之緖, 又最綿長, 奚哉? 或者, 平允之受報, 如俗所傳張佛子之類歟? 是無足怪而獨彼飛廉惡來者, 非所謂凶狡佞慝人哉? 乃其孫子之隆大, 若此, 無亦二人之爲不善不足以翦黃帝玄囂, 諸聖神之澤之遠耶? 未可知也. 若其列國分割僭竊及以夷亂華者, 則別見他錄, 玆不附著焉.

21. 열국계보列國系譜에 대한 고찰 列國系譜考

譯 옮김 주(周)나라 때 제후(諸侯) 중에 항(項)나라가 있었는데 뒤에 인하여 성(姓)으로 삼았으며 그 후손 적(籍)이 서초(西楚)라고 호칭하였다. 주(周)나라 영왕(靈王)의 태자(太子) 진(晉)의 후손이 왕씨(王氏)가 되었는데 그 후손에 분(莽)이 신(新)나라라 호칭하였고, 조숙(曹叔) 진탁(振鐸 : 조나라의 시조임)의 후손이 조씨(曹氏)가 되었는데 그 후손 조(操)가 위(魏)나라라 호칭하였다. 어떤 사람이 전하기를 조조(曹操)는 하후씨(夏侯氏)였는데 조(曹)라고 모성[98]하였다고 한다. 강숙(康叔)의 후손이 손씨(孫氏)가 되었는데, 그 후손 권(權)이 오(吳)나라라 불렀다. 유루(劉累)의 후손이 유씨(劉氏)가 되었는데, 그 후손 유(裕)가 송(宋)나라라 불렀다. 미자(微子)의 지손(支孫)이 소(蕭)땅에 봉해져서 소씨(蕭氏)가 되었는데 그 후손 도성(道成)이 제(齊)나라라 불렀고 연(衍)은 앙(梁)나라라 불렀다. 호공만(胡公滿)은 진(陳)나라에 봉해져서 진씨(陳氏)가 되었는데, 그 후손 패선(覇先)이 진(陳)나라라 불렀다. 걸(桀)의 아들 순유(淳維)가 북막(北漠)으로 도망갔다가 또 묵특[冒頓][99]에게 들어갔더니 후에 한나라와 혼인을 해서 유씨(劉氏)라고 일컬었으며 그 후손인 연(淵)은 전한(前漢)이라 일컬었다. 흉노(匈奴)의 별부(別部)가 무향갈실(武鄕羯室)로 들어가 점거하고서 갈(羯)이 되고

98) 모성(冒姓) : 거짓으로 남의 성(姓)을 일컬음.
99) 묵특(冒頓) : 한(漢)나라 때 흉노(匈奴)의 추장. 그는 일찍이 월지국(月支國)을 격파하여 월지왕을 죽이고 월지왕의 두개골을 술그릇으로 만든 일로 유명하다. 『사기(史記)』「흉노전(匈奴傳)」에 보임.

석성(石姓)이라 일컫는 자도 있었는데, 그 후손 늑(勒)이 후조(後趙)라 일컬었다. 염제(炎帝)의 후손 축융(祝庸)이란 사람의 지파에 포씨(蒲氏)가 있었는데 그 후손 홍(洪)이 부씨(苻氏)라 고치었고 홍(洪)의 아들 건(健)이 전진(前秦)이라 일컬었다. 순(舜)의 작은 아들에 서융(西戎)에 봉해진 사람이 있었는데 후에 요씨(姚氏)가 되었고, 그 후손 장(萇)이 후진(後秦)이라 일컬었다. 제곡(帝嚳)의 서자(庶子) 염월(厭越)의 후손 중에 선비산(鮮卑山)에 거주하는 사람이 있어서 모용씨(慕容氏)라고 하였는데, 그 후손 황(皝)이 전연(前燕)이라 일컬으며, 창의(昌意)의 막내아들인 곤(悃)이 북쪽 땅으로 옮겼고 뒤에 척발씨(拓跋氏)가 되었더니 그 후손 규(珪)가 위(魏)나라라고 일컬었다. 태공망(太公望)의 후손 중에 고씨(高氏)로 된 사람이 있었는데 그 후손 환(歡)이 북제(北齊)라 일컬었다. 혹은 전하기를 환(歡)은 선비(鮮卑) 사람인데 고(高)씨라 모성하였다고 한다. 선비(鮮卑)의 부락(部落)에 성(姓)이 우문씨(宇文氏)라는 사람이 있었으며 그 후손 태(泰)가 후주(後周)라 일컬었다. 소주(少邾)의 후손 중에 고을을 버리고 주씨(朱氏)가 되었더니 그 후손 황(晃)이 후량(後梁)이라 불렀다. 우(禹)의 둘째 아들 균(均)의 후손 중에 두모산(兜牟山)에 살아서 돌궐(突厥)이 되었고, 그 별파가 사타주야씨(沙陀朱邪氏)라고 일컬었더니 뒤에 모성(冒姓)하여 이(李)가 되었으며, 그 후손 존욱(存勗)이 후당(後唐)이라 일컬었다. 정백(靖伯)의 후손 석작(石碏)의 자손이 대대로 대부(大夫)가 되어서 석씨(石氏)로 일컬었더니 그 후손 경당(敬瑭)이 후진(後晉)이라 일컬었다. 사회(士會)의 후손이 유씨(劉氏)가 되었는데 그 후손 지원(知遠)이 후한(後漢)이라 일컬었다. 혹은 전하기를 지원(知遠)은 사타(沙陀) 사람인데 모성하여 유(劉)씨라고 하였다 한다. 곽공(郭公)의 후손이 곽씨(郭氏)가 되었더니 그 후손 위(威)가 후주(後周)라 일컬었다. 거란(契丹)의 성(姓)은 야율씨(耶律氏)였는데 홍기(洪基)에 이르러서 호칭을 요(遼)라고 개칭하였다. 여진(女眞)은 성(姓)이 완안씨(完顔氏)인데 아골타(阿骨打)에 이르러 금(金)이라 개칭하였다. 우(右)는 모두 23국이고 그 나머지 편윤(偏閏 : 정통이 아니라는 의미)으로서 승광(勝廣), 효술(囂

述), 성전(腥羶)과 독발(禿髮)이나 저거(沮渠) 같은 등속은 비루하고 보잘것없어 다 기록하기가 어렵다. 또 사원(嗣源)이 후당(後唐)에 계속된 것과 시영(柴榮)이 후주(後周)를 이은 것은 따로 서술하지 않는다. 아! 세차(世次)를 차례로 잡건대 남조(南朝)를 북조(北朝)보다 먼저 하는 것은 내부를 높이고 외부를 누른 것이다. 족고(族沠)를 상고하면 강이(羌夷)가 화하(華夏)에 겸하게 된 것은 어려운 것을 상세히 하고 쉬운 것은 소략하게 했기 때문이다. 오직 달단(韃靼)과 건추(建酋)가 중토(中土)에 들어가 임금노릇을 해서 천하(天下)를 통합했는데, 비록 제왕(帝王)의 순서에 섞일 수는 없으나 또한 열국(列國)의 반열을 차지할 수 없기 때문에 여기서는 그것을 적지 않는다.

원문

周時諸侯, 有項國, 後因以爲姓, 其裔籍號西楚. 周靈王太子晉之後, 爲王氏, 其裔莽號新, 曹叔振鐸之後, 爲曹氏, 其裔操號魏. 或傳操夏侯氏, 冒姓曹云. 康叔之後, 爲孫氏, 其裔權號吳. 劉累之後, 爲劉氏, 其裔裕號宋. 微子之支孫, 封於蕭, 爲蕭氏, 其裔道成號齊, 衍號梁. 胡公滿, 封陳, 爲陳氏, 其裔霸先號陳. 桀之子, 淳維, 遁北漠, 又入冒頓, 後與漢婚, 稱劉氏, 其裔淵號前漢. 匈奴別部入據武鄕羯室, 爲羯, 而有稱石姓者, 其裔勒號後趙. 炎帝後, 祝庸之支派, 有蒲氏, 其裔洪改苻氏, 洪子健號前秦. 舜之少子, 有封于西戎者, 後爲姚氏, 其裔萇號後秦. 帝嚳庶子, 厭越之後, 有居鮮卑山者, 爲慕容氏, 其裔皝號前燕, 昌意季子悃, 遷于北土, 後爲拓跋氏, 其裔珪號魏. 太公望之後, 有爲高氏者, 其裔歡號北齊. 或傳歡鮮卑人, 冒姓高云. 鮮卑部落, 有姓宇文氏者, 其裔泰號後周. 少邾之後, 去邑爲朱氏, 其裔晃, 號後梁. 禹次子均之後, 居兜牟山, 爲突厥, 其別沠, 稱沙陀朱邪氏, 後冒姓爲李, 其裔存勗號後唐. 靖伯後石碏之子孫, 世爲大夫, 稱石氏, 其裔敬瑭號後晉. 士會之後, 爲劉氏, 其裔知遠, 號後漢. 或傳知遠, 沙陀人, 冒姓劉云. 郭公之後, 爲郭氏, 其裔威號後周. 契丹姓耶律氏, 至洪基, 改號遼. 女眞姓完顔氏,至阿骨打, 改號金. 右凡二十三國, 其餘偏閏如勝廣囂述腥羶如禿髮沮渠之屬, 陋瑣難盡. 又嗣源之係後唐, 柴榮之紹後周, 則不爲別叙焉. 噫! 第世次則南朝先於北朝者, 爲右內而抑外也. 考族泒, 則羌夷該於華夏者, 以詳難而略易也. 唯韃靼與建酋, 入主中土, 統合區宇, 縱未得混於帝王之序, 亦不可居於列國之班, 故玆闕之.

22. 애체설 僾逮說

譯 옮김 장정지(張靖之)의 『방주잡언(方洲雜言)』[100]을 살펴보니 "일찍이 지휘(指揮) 호롱(胡礱)의 집에서 본 것은 선조[宣廟]가 물건을 하사한 것이다"[101]라 하였다. 돈과 같이 큰 것은 그 형태와 빛깔이 운모(雲母)와 같고, 그 만들어진 것은 합하면 하나가 되고, 갈라지면 둘이 되었으니 저잣거리에 있는 저울 상자와 같았다. 노인(老人)이 눈이 침침해 작은 글자를 구분하지 못할 때에, 이 물건을 눈에 펼치면 글자가 밝아져 크기가 배는 더한다. 최근에 또 손경장(孫景章) 참정(參政)에게서 재차 안경 하나를 보았는데 그것은 귀해서 얻기가 어렵기 때문에 화완포(火

100) 방주잡언(方洲雜言) : 『사고전서총목제요』에는 "명(明)나라 장령(張寧)이 찬(撰)했다. 령(寧)은 자(字)가 정지(靖之)이고 방주(方洲)는 그의 호이다. 해염(海鹽) 사람이다. 경태(景泰) 갑술년(甲戌年)에 진사(進士)가 되어, 관직이 급사중(給事中)에 이르렀는데, 사적(事蹟)이 『명사(明史)』「본전(本傳)」에 갖추어져 있다. 이 책에 서술한 것은 모두 보고 들은 자질구레한 일들이다. 급제할 때 몽조(夢兆)를 기록하기를 상세히 하였는데 자못 외잡(猥雜)함에 가까웠다. 또 다만 20칙(則)은 편폭(篇幅)이 요요(寥寥)했으니 족히 근본으로 삼을 만한 것이 아니다[明張寧撰. 寧字靖之, 方洲其號也. 海鹽人. 景泰甲戌進士, 官至給事中. 事蹟具『明史』本傳. 是書所述, 皆見聞瑣屑之事. 於登第夢兆, 記之尤詳, 頗近猥雜. 又祇二十餘則. 篇幅寥寥, 疑非足本之也.]"라고 했다.

101) 장령(張寧), 『방주집(方洲集)』 권26 「잡언(雜言)」에 "向在京時, 嘗於指揮胡礱寓家所見, 其父宗伯公所得, 宣廟賜物."이라고 했다.

浣布)[102]에 비유하기까지 하였다. 그러나 이제는 안경이 흔한 물건이 되어서 우리나라처럼 궁벽한 곳의 사대부라도 거의 사람마다 가지고 있다. 아! 장정지는 천순(天順) 연간 사람이니 거슬러 계산해 보면 겨우 200여 년밖에 안 된다. 그러나 그때 드물게 있던 보배가 이제 곧바로 이와 같이 많게 되었다. 세속에서 숭상하는 것이 공교하고 사치스러워서 달마다 다르고 해마다 바뀐다는 것을 미루어 알 만하다. 어찌 다만 하나의 안경뿐이겠는가? 안경은 또 애체라고도 쓰는데 늙은이나 젊은이나 가릴 것 없이 쓰면 잘 보인다고 한다.

원문 按張靖之『方洲雜言』, 言"嘗於指揮胡豅所, 見宣廟賜物." 如錢大者, 其形色似雲母, 其制合則爲一, 岐則爲二, 類市肆中等子匣. 老人目昏, 不辨細字, 張此物于眼, 字明大加倍. 近又於孫景章參政許, 再見一具, 以其貴難得, 至比火浣布. 然今則優逮爲常貨, 以我國之遐僻, 而士大夫, 幾人人蓄之. 噫! 張天順間人, 遡計, 纔二百餘年. 而其時罕有之寶, 今直如是多也. 俗尚巧侈, 月殊歲變, 可推知爾. 豈獨一優逮哉? 優逮又作靉靆, 勿論老衰少年用之, 亦良視云.

23. 석죽설 石竹說

譯 옮김 무릇 꽃의 종류를 말할 적에 가장 번화(繁華)한 것으로는 반드시 국화를 든다. 그러나 또한 수십 종에 그칠 따름이다. 유독 석죽(石竹)만은 색색으로 달라서 마치 귀신이 아로새기고 물들인 듯하여

102) 화완포(火浣布) : 서역에서 생산된다는 일종의 베. 불로 세탁을 해도 타지 않는다고 알려져 있다.

거의 백여 개의 모양이 있다. 그러나 길쭉하고 아름다워 자못 야운(野韻)을 갖추었기 때문에 은둔하는 선비들이 많이 숭상했다. 옛날 장헌민(張獻敏)이 여러 꽃들에 차례를 매겨 구품(九品)으로 만들었는데, 석죽(石竹)이 가장 아래에 위치하게 되었으니 어찌 속인.것이 아니겠는가? 대저 다른 풀들은 비록 아름다워도 한 번 보면 그만이지만, 석죽(石竹)만은 그렇지 않다. 이는 무이(武夷)와 계령(桂嶺)이 숭산(嵩山)이나 대산(岱山)과 견주어지는 까닭이다. 나는 여기기를 모름지기 장씨(張氏)가 만들어 놓은 것을 고쳐서 석죽을 건란(建蘭)과 납매(蠟梅)의 뒤에다 놓고, 산다(山茶)와 해당(海棠)의 앞에다 놓여야 할 것이니 그렇게 되면 거의 등급이 마땅하게 될 것이다. 비록 그러나 이것은 오히려 지극히 자질구레한 일이다. 아! 부령(腐令)[103]이 역사를 찬술할 적에 노담(老聃)과 한비(韓非)가 함께 전에 들었고, 반연(班掾 : 班固를 말함)이 사람을 평하는 데에 굴원(屈原)과 맹자(孟子)[104]가 아울러 나열되었으니 이런 까닭으로 시비(是非)에 관한 의론은 반드시 안목을 갖춘 자가 귀한 것이다.

원문

凡言花之族類最繁者, 必擧菊. 然亦數十種而止爾. 獨石竹, 色色殊異, 若鬼鏤神染, 殆百有餘樣. 而纖踈婀娜, 頗具野韻, 故幽遯之士, 多尙焉. 昔張獻敏第諸花, 定爲九品, 而石竹, 抑居最下, 豈弗誣哉? 夫它卉, 雖佳, 一覽可盡, 石竹則不然. 此武夷桂嶺之所以與嵩岱角者也. 余以爲須改釐張氏之制, 置石竹於建蘭蠟梅之後, 山茶海棠之前, 則庶乎班次得宜矣. 雖然是猶其至微細事也. 噫! 腐令之纂史而聃非同傳, 班

---

103) 부령(腐令) : 『사기(史記)』를 지은 태사령(太史令) 사마천(司馬遷)은 무제의 노여움을 사서 부형(腐刑, 궁형)을 당했기 때문에 이렇게 말한 것으로 생각되나 보이는 곳이 없다.

104) 굴원(屈原)과 맹자(孟子) : 굴원은 중국 전국 시대 초(楚)나라 사람으로서 소인의 참소로 상강(湘江)에 유배되자 나라에 대한 걱정 끝에 멱라수(汨羅水)에 빠져 죽은 애국 시인 굴원(屈原)을 가리키며, 맹자는 주(周)나라 때 선비였던 맹자라는 사람이 소인의 참소를 받아 궁형(宮刑)에 처해졌으므로 항백(巷伯 : 詩經小雅)이란 시를 지어 울분을 토로한 사람을 가리킨다. 여기서 혜환이 아성(亞聖)인 맹가(孟軻)라 한 것은 잘못된 것임을 밝힌다.

椽之評人, 而原軻並列, 以故是非議論, 必貴具眼.

24. 『유이록』[105]의 뒤에 쓰다 題幽異錄後

譯 옮김 저승과 이승은 한 가지 이치이다. 고금에 전하는 모든 놀랍고 괴상하고 환상적이고 괴이한 일들이 비록 감히 다 있었다고 말할 수는 없으나 또한 다 없다고 말할 수도 없는 것이다. 대저 풀이 썩으면 반디가 생겨나고 애벌레가 허물을 벗으면 매미가 되는 것은 사람들이 항상 보는 것이다. 그러나 수련을 쌓아서 신선이 되고, 본성을 다스려 부처가 되는 것에 이르러서는 오직 믿지 않을 뿐 아니라 무리 지어 떠들면서 비난하고 배척하니, 얼마나 잘못인가! 비록 그러나 또한 한마디 말로 깨우쳐서 이해할 수 있는 것이 있으니, 지금 만일 하루살이가 거북이나 학처럼 영구히 산다고 말한다거나 개미가 낙타나 코끼리처럼 크다고 하면 저들은 반드시 해괴하게 여겨서 서로 돌아보며 말하기를 "(하루살이는) 아침에 태어나 저녁에 죽고, (개미는) 한 줌의 흙덩이를 나라로 삼는 것이 떳떳한 일이니 이것을 벗어난 것은 모두 허망한 것이다"라고 할 것이다. 이것은 다른 것이 아니라 의사(意思)와 국량(局量)이 미치지 못한 것으로써 지레 생각하기 때문이다. 아! 사람의 정념은 혹은 선으로 향하고 혹은 악으로 가서 왕래가 일정하지 않으니, 이것은 곧 윤회의 종자(種子)이고, 신식(神識)이 잠깐 사이에 일어났다가 잠깐 사이에 그쳐서, 일어남과 소멸함이 일정하지 않으니, 이것은 생사의 근본 원인으로 진실로 현재의 일이다. 유추(類推)해보면 유(幽)는 통하지

105) 유이록(幽異錄) : 책 이름으로 여겨지나 보이는 곳이 없다.

않음이 없는 것이다. 그렇다면 『유이록』에 실린 것은 법으로 묶고 들은 바를 국한시켜 한결같이 하루(何樓)[106]로 여겨서는 안 된다. 그러므로 발문을 지어서 해석을 한다. 때는 바야흐로 여름 더위라 홀연 구름이 일어나 세찬 바람과 소낙비를 지으면 날짐승들이 두려워해서 대나무로 도망하여 부르짖고 우는 것이니, 어찌 입을 열고 붓을 놀려서 현묘한 것을 말하고 괴이한 것을 적어서 조화의 비밀을 드러내어 그런 것인가? 인해서 아울러 기록한다.

원문 幽明一理也. 古今所傳, 諸驚怪幻詭之事, 雖不敢謂之盡有, 亦不得謂之盡無. 夫草腐而螢, 蠐蛻則蟬, 人所恒覩. 而至於鍊形得仙, 繕性成佛, 則非唯不信, 又從而群噪非排之, 何其謬哉! 雖然亦有一言而可以喩解者, 今若語蜉蝣以龜鶴之永, 告螻蟻以駝象之巨, 則彼必駭然相顧曰 : "朝生而暮死, 國于一抔之壤常, 外此則皆妄也." 是亡它, 以其意量之所不及, 而徑臆之也. 噫! 人之情念, 或之善, 或之惡, 往來不常, 便是輪廻種子, 神識倏而作, 倏而息, 起滅無定, 此爲生死根因, 而固皆見在事也. 類而推之, 亡幽弗通矣. 然則是錄所載, 不可縛法局聞, 而壹以何樓之也. 故爲作跋語以釋之. 時方夏炎赫, 忽雲作峻風急雨, 禽鳥怖竄, 竹木叫鳴, 豈爲 [缺][缺]開口弄筆, 談玄志怪, 發造化之秘而然耶? 因幷記之.

25. 명당明堂 제도에 대한 변설 明堂制辨

譯 옮김 명당(明堂)에 대한 제도는 선배들이 변증한 것이 많았다. 그러나 그 설명은 서로 달라 이제까지 정해진 안이 없다. 『예기(禮記)』

106) 하루(何樓) : 물품의 조잡함이나 가짜, 위조품을 뜻하는 말이다.

「명당위(明堂位)」에서 말하기를 "구이(九夷)의 나라는 동문(東門)의 밖에 있었고, 팔만(八蠻)의 나라는 남문(南門) 밖에 있었고, 육융(六戎)의 나라는 서문(西門) 밖에 있었고, 오적(五狄)의 나라는 북문(北門) 밖에 있었고, 구채(九采)의 나라는 응문(應門) 밖에 있었다"107)고 했는데 소(疏)에 말하기를 "명당은 중문(重門)이 없고 다만 응문(應門)만 있다"라고 했다. 『의례(儀禮)』「배제(配帝)」조(條)에서 공자(孔子)의 말을 인용하여 말하기를 "문왕(文王)을 명당에 높이어 제사를 지낸다"108)라고 하였고, 주(註)에 이르기를 "명당은 천자(天子)가 정사를 펴는 궁이다"라고 하였으며 소(疏)에 말하기를 "옛날의 말에 명당은 도성의 남쪽 성(城)에서 7리(里)쯤의 거리에 있다"라고 하였다. 『사기(史記)』에서 "황제(黃帝)가 명정(明庭)에서 만령(萬靈)을 접하였다"109)라고 했으니 곧 명당이다.

『고공기(考工記)』에 "하후씨는 세실(世室)이라고 했으며, 은(殷)나라 사람은 중옥(重屋)이라 했으며, 주(周)나라 사람은 명당(明堂)이라 했다"라고 했다. 『대대례(大戴禮)』에 "명당은 방이 9개이니 방 하나에 문이 4개이고, 창문이 8개이고 또 36개의 방과 72개의 창이 있다"110)라고 했으며, 소(疏)에서 인용한 것은 고어(古語)가 매우 많았는데, 적실한 증거가 될 만한 것은 없었다. 요지는 사람으로 하여금 방위를 살펴서 제도를 일으킬 수 있는 것이라 했으니 이것은 그 말이 더욱 갈라질수록 의심이 더욱 불어나게 된다. 나는 생각하기를 『고공기』에서 이미 중옥(重屋)이라 일컬었으니 대개 세상에서 중문은 거듭 설치해도 옥(屋)은 거듭 설치하

---

107) 원문은 다소간의 차이가 있으니, 다음과 같다. 『예기(禮記)』「명당위(明堂位)」에 "九夷之國, 東門之外, 西面, 北上. 八蠻之國, 南門之外, 北面, 東上. 六戎之國, 西門之外, 東面, 南上. 五狄之國, 北門之外, 南面, 東上. 九采之國, 應門之外, 北面, 東上. 四塞, 世告至. 此周公明堂之位也"라고 했다.

108) 『효경(孝經)』「성치장(聖治章)」에 "宗祀文王於明堂. 以配上帝. 是以四海之內, 各以其職來祭"라고 했다.

109) 『사기(史記)』「효무본기(孝武本紀)」에 "其後於黃帝接萬靈明廷. 明廷者, 甘泉也. 所謂寒門者, 谷口也"라고 했다.

110) 『대대례(大戴禮)』「명당(明堂)」에 "明堂者, 古有之也. 凡九室 : 一室而有四戶八牖, 三十六戶, 七十二牖. 以茅蓋屋, 上圓下方"이라고 했다.

지 않을 수도 있으나 어떻게 집은 이중인데 문은 이중이 아닌 것이 있으리오? 진실로 『대대례(大戴禮)』에 이른바 "아홉 개의 방에 문과 창은 100여 개가 된다"라고 했는데 다만 중문이 없다고 말할 수가 있겠는가? 의예도(儀禮圖)를 살펴보건대 응문은 명당의 북문(北門)이 되는 것이니 알 수 없는 것은 오적(五狄)과 구채(九采)는 모두가 동일한 문인데 억측컨대 이른바 북문이란 것은 따로 응문 안에 있었으니 만약에 구채를 밖으로 하고 오적을 안으로 한다면 뜻에 합당하겠는가? 또 적(狄)에서는 이르기를 남면(南面)이라 했고 채(采)에서는 이르기를 북면(北面)이라 했으니 무릇 북으로부터 들어가는 자가 어떻게 북쪽으로 낯을 둘 이치가 있겠는가? 이것은 방위(方位)가 바뀐 착오이니, 한(漢)나라 유학자들이 견강부회한 것을 엄폐(掩蔽)할 수가 없는 것이다. 의예도(儀禮圖)에 명당이 분명히 대침(大寢)의 앞과 응문(應門)의 안에 있다고 하였으니 그 성에서 거리가 7리라고 한 것은 무슨 근거인가? 무릇 오문(五門)을 설치하는 것은 각기 위하는 바가 있는 것이다. 노문(路門)은 노침(路寢)을 위한 것이고 응문은 명당을 위한 것이고 고문은 구고(廐庫)를 위한 것이고 고문은 외조(外朝)를 위한 것이니 호령이 나오는 것이다. 치문은 양관을 위한 것으로 밖으로 치첩(雉堞)에 통달하고 있으니 혹시라도 명당을 교외에 짓는다면 노문(路門)과 고문(庫門), 고문(皐門)과 치문(雉門)을 다시 무엇 때문에 설치하는 것인가?

또 의가(醫家)에도 명당도(明堂圖)가 있으니 대개 사람의 구체(軀體)와 장부(臟腑)를 말한 것인데, 그 친근(襯近)히 하고 소외하지 아니 한 것을 여기서 또한 미루어 알 수 있는 것이다. 만약에 말하기를 제도가 황제에게서 창시되고 하(夏)·은(殷)·주(周)가 각각 호칭을 달리했다면 당(唐)·우(虞) 시대에는 어찌 유독 들을 수가 없는가? 혹 그 체종(禘宗)과 조근(朝覲)을 모두 이 장소에서 했는데 후세에 이름이 전하지 못한 것인가? 혹은 이르기를 "무왕이 돌아가고 주공이 섭정을 할 적에 제후가 크게 모였는데 외조에 모이고자 하면 정이 불안했고, 조묘에서 하려고 하면 지역이 좁았으니 명당은 허다한 문호와 오실, 삼계가 있기 때문에 인해서 썼다"고 한다. 명당은 본래 조위(朝位)가 아니고 다만 제왕을 향사 지내는 장소였는데 주공이 권도로 빌었다고 했으니 이 말이 이치에 가깝다. 『고공기』에서도 또한 이르기를 "세실"이라고 했으니 세실이라고 하는 것은 종묘에서 제향을 지내는 방이다. 만약 다만 왕이 정사를 베푸는 궁이라 한다면 어찌 잘못이 아니겠는가? 다만 『맹자』에서 "제선왕이 묻기를 사람들이 모두 나에게 명당을 헐라고 한다"111)라고 하였고 주에 이르기를 "명당은 태산에 있는 명당이니 한(漢)나라 때에도 그 유지가 아직도 남아 있었다"라고 했으니 그 항산(恒山)·태산(泰山)·형산(衡山)·화산(華山)이 똑같이 순수하는 지역인데도 오직 태산에만 명당을 설치하고 다른 데에는 그렇지 아니 한 것은 무슨 뜻인가?

어쩌면 동쪽은 모든 방위의 으뜸이 되기 때문에 그런 것인가? 혹은 사악(四岳)에 모두 설치했으나 태산에 있는 것이 선왕(宣王)의 물음으로 인해서 홀로 나타나게 된 것인가? 그렇다면 다만 여기에만 유지가 있다고 한 것은 어찌된 까닭인지 알지 못하겠다. 대개 명당이 응문 안에 있는 것은 이미 믿을 만한 징험이 있는 것이고 선왕의 물음이 또 이와 같았으니 이에 따로 순유하는 곳에 별도로 건축한 것이 지금 세상에 이른바 행궁(行宮)과 같은 것이 있었던가? 이것은 뚜렷이 그 있고 없는 것을 억측할 수는 없으나, 또한 다만 하나의 설일 뿐이다. 만약에 옛날에 이른바 명당이라고 일컬어서 경전에 섞여서 나오는 것은 모두가 응문(應門) 안에 있는 것을 가리킨 것이다. 아! 명당은 왕자의 중조(中朝)인데 몇몇 유생을 거치고서도 오히려 있는 곳을 정하지 못하고 있거든 하물며 그 시공(緦功)의 포루(布縷)와 변두(籩豆)의 고수(鹽脩)들로써 아주 자질구레해서 다하기 어려운 것이랴. 그러므로 내가 옛날의 설을 모으고, 겸해서 나의 의견을 첨부해서 뒤에 올 현인들을 기다리는 바이다.

---

111) 『맹자(孟子)』 「양혜왕장구상(梁惠王章句上)」에 "齊宣王問曰, 人皆謂我毁明堂, 毁諸已乎"라 했다.

원문

明堂之制, 前輩辨之者, 衆矣. 然其說互異, 迄今無勘案. 『禮記』「明堂位」曰 : “九夷之國, 東門之外, 八蠻之國, 南門之外, 六戎之國, 西門之外, 五狄之國, 北門之外, 九采之國, 應門之外.” 疏言“明堂, 無重門, 但有應門耳.” 『儀禮』「配帝」條引孔子語曰 : “宗祀文王於明堂.” 註云 : “明堂, 天子布政之宮.” 疏言 “舊說, 明堂在國之南, 去城七里.” 『史記』 “黃帝接萬靈於明庭.” 卽明堂也.

『考工記』 “夏后曰世室, 殷人重屋, 周人明堂.” 『大戴禮』 “明堂, 九室, 一室而有四戶八牖, 三十六戶七十二牖”云. 疏中所引古語甚多, 而亦無的證. 要旨, 可令人按方起制者, 此其言愈支而疑愈滋者也. 愚以爲『考工記』旣稱重屋, 盖世有門重而屋不重者, 豈有屋重而門不重者? 誠如大戴所云, 則九室戶牖百有餘數而獨言無重門乎? 按儀禮圖, 應門於明堂爲北門, 未知五狄與九采, 皆同一門, 抑所謂北門者, 別在應門之內, 若外九采而內五狄, 則於義爲當否? 又狄云南面, 采云北面, 夫入自北者, 安有面北之理? 此方位換錯, 漢儒傅會, 不可掩矣. 儀禮圖, 明堂, 分明在大寢之前, 應門之內, 則其云, 去城七里者, 何據? 凡五門之設 各有所爲. 路門爲路寢, 應門爲明堂, 庫門爲廐庫, 皐門爲外朝, 號令所出. 稚門爲兩觀, 外達雉堞, 倘建明堂於郊, 則路庫皐雉, 復何爲而設耶?

且醫家有明堂圖, 盖言人之軀體臟腑也, 其襯近, 不外此, 亦可推知也. 若說制刱於黃帝, 而夏殷周, 各異其稱, 則唐虞之際, 何獨無聞? 或其禘宗朝覲, 皆於此所而後世名未傳歟? 或云, “武王沒, 周公攝政, 諸侯大會, 欲於外朝, 則情不安, 欲於祖廟, 則地狹, 以明堂之有許多門戶五室三堦, 故因以用之.” 明堂本非朝位, 但享帝之所, 周公權借之, 此語最爲近理. 『考工記』 亦謂之“世室.” 則世室者, 宗廟祭享之室也. 若但云, 王者布政之宮, 則豈不誤哉? 第『孟子』“齊宣王問, 人皆謂我毁明堂.” 註云 : “明堂, 泰山明堂, 漢時遺址尙存云.” 夫恒岱荊[112]華, 均爲巡守之地, 而惟於岱

112) 형(荊)은 형(衡)의 오자이다.

設明堂, 它則不爾者, 何意?

豈以東爲諸方之首而然耶? 或四岳皆設, 而在泰者, 因宣王之問, 而獨著見否然? 則但於此有遺址者, 亦不知, 其奚故也. 盖明堂在應門之內, 旣有信驗而宣王之問, 又如此, 無乃有別建於巡遊之處, 猶今世所云, 行宮者乎? 是未可懸臆, 其有無而亦持特一說也. 若古所稱明堂云, 而雜出於經傳者, 則皆是指在應門內者矣. 噫! 明堂, 王者中朝, 經幾儒生, 猶未定其所在也, 矧其緦功之布縷, 籩豆之鹽脩, 纖瑣難悉者哉. 故愚略集古說, 兼附己見, 以俟來賢焉.

26. 장중우張仲瑀의 일을 기록하다 記張仲瑀事

譯 옮김 문관과 무관을 함께 쓰는 것은 오래된 방법이다. 그러므로 관(官)은 분임(分任)하고 과(科)는 겸거(兼擧)하였다. 그러나 후세에 일종의 부망(浮妄)한 무리들이 문장을 짓는 기예만을 믿고 무인(武人)을 업신여기며 문득 그들을 꾸짖어 말하기를 "저들은 다만 거칠고 어리석을 뿐이다"라고 한다. 그러나 이서평(李西平)[113] · 조무혜(曹武惠)[114] · 서중산(徐中山)[115] 등과 같은 여러 사람들은 유가(儒家)에서 구한다 하더라

---

113) 이서평(李西平) : 당(唐)나라 이성(李晟)을 가리킴. 자는 양기(良器). 덕종(德宗) 때 주자(朱泚)가 반군의 추대를 받아 황제라 칭하자, 난을 평정하고 경사(京師)를 수복했음. 덕종은, "天生李晟 以爲社稷 非爲朕也"라고 말했다.

114) 조무혜(曹武惠) : 조빈(曹彬, 931~999)을 가리킴. 그는 자가 국화(國華)이고, 시호는 무혜(武惠)이다. 송 태조(宋太祖)를 도와 천하를 평정하였다. 촉(蜀)을 정벌하고 남당(南唐)을 이겼으나 한 사람도 함부로 죽이지 않았다.

115) 서중산(徐中山) : 서달(徐達, 1332~1385)을 가리킴. 중국 명나라의 건국 공신. 자는 천덕(天德)이다. 집안 대대로 내려오는 농민 출신이다. 22세 때 곽자흥(郭子興)의 배하(配下)에 있던 주원장(朱元璋)의 부하가 되어, 손덕애(孫德崖)에게 붙잡힌 주원장을 구

도 또한 짝이 드물 것이니 무사(武士)라고 해서 그를 덤덤히 볼 수 있겠는가? 그러므로 현명한 자들은 오직 비교하지 않을 뿐만 아니라 또 따라서 그것을 안타깝게 여긴다. 그중에 불초(不肖)한 사람들은 팔을 휘두르고 눈을 부라리면서 통쾌하게 복수하기를 생각하였으니 이것이 고려 말에 임견미(林堅味)와 정중부(鄭仲夫)의 난이 말미암아서 일어난 것이다. 내가 『북사(北史)』를 보건데 장중우(張仲瑀)가 인재를 선발하는 격식을 고치되 무인(武人)들을 배척하고 억눌러서 청품(淸品)에 참여할 수 없게 하였다. 당시의 무인(武人)들이 매우 분함을 견디지 못한 나머지 우림(羽林 : 근위병)과 호분(虎賁 : 범을 때려잡을 만한 勇士) 1,000여 명이 곧바로 중우(仲瑀)의 집으로 가서 그 집의 사람들을 모두 도멸(屠滅)하여 불속에 던져버렸다. 그의 시체를 찾았지만, 구별되지 않아서 오직 상투 가운데에 있는 동곳으로써 증험을 삼았으니 아! 일이 과격하여 앙화가 발생하는 것이 이처럼 혹독한 데에 이르렀으니 어찌 슬프지 아니한가? 옛날 사람들이 이르기를 "기운이 날카로운 자는 사람들이 꺼리고, 성품이 각박한 자는 신이 처벌한다"고 했으니 바로 이것을 이른 것이다. 모든 세상에서 전추(銓樞)를 맡은 자들은 몰라서는 안 될 것이다.

원문 夫文武並用長久之術也. 故官則分任, 科則兼擧. 而後世一種浮妄之徒, 憑負雕虫, 欺蔑弁鶡, 輒詬之曰 : "彼眞麤卒耳, 憨騃耳." 然如李西平曹武惠徐中山諸公, 雖求之儒家, 亦罕其儔, 其可以介胄概之耶? 故其賢者, 非唯不較, 又從而憫嗟之. 其不肖者, 扼腕睜目, 思欲甘心焉, 此麗季林鄭之亂, 所由作也. 余觀『北史』張仲瑀, 改削選格, 排抑武人, 使不得預淸品. 一時武人, 憤恨不堪, 羽林虎賁, 千餘人, 直造仲瑀

출한 뒤로 신뢰를 받아, 양자강(揚子江)을 건너 집경로(集敬路 : 南京)를 공략한 뒤 대장이 되고, 진강(鎭江)을 점령한 뒤 통군원수(統軍元帥)가 되었다. 1370년 위국공(魏國公)에 봉해지고 5,000석의 녹(祿)을 받았다. 죽은 뒤에 중산왕(中山王)에 추봉(追封)되었다.

第, 屠滅其家群小, 悉投火中. 及得尸不辨, 唯以髻中小釵爲驗, 噫! 事激禍發, 至此之毒, 豈不悲哉? 古人云: "氣銳者, 人忌, 性刻者, 神罰." 正謂是也. 凡世之司銓樞者, 不可以不知也.

27. 『농설』[116] 발문 農說跋

譯 옮김 내 일찍이 교외(郊外)의 들을 지나가다 밭이 거칠게 있는 것을 보고 늙은 농부에게 "왜 개간을 하지 않느냐?"고 묻자 곧 말하기를 "어떤 것은 척박해서 버려두고, 더러는 습지여서 등한했답니다. 사람의 힘으로 할 수 있는 것이 아니니 어쩌겠습니까?"라고 했다. 내가 진실로 그렇다고 여겼다. 근자에 우연히 율양(溧陽) 마맹하(馬孟河) 씨(氏)의 『농설(農說)』 1편을 보니 조목별로 해 놓은 씨 뿌리고 김매며 번식시키고 배양하는 방법이 하늘을 이기고 조화를 돌릴 수가 있었으니, 비로소 천하에 불가능한 일은 없고, 만약에 불가능이란 것으로 핑계를 대는 사람

116) 농설(農說): 『사고전서총목제요』에 "명(明)나라 마일룡(馬一龍)이 찬하였다. 일룡(一龍)은 자(字)가 부도(負圖)이고 율양(溧陽) 사람이다. 가정(嘉靖) 정미년(丁未年)에 진사(進士)가 되었고, 관직은 국자감사업(國子監司業)에 이르렀다. 자서(自序)에 이르기를 '농사짓는 사람은 도를 알지 못하고, 도를 아는 사람은 또 농사일에 밝지 못하다. 그러므로 천하에 이 일을 힘쓰지 아니 하고 다른 장사치의 이익을 도모하는 것이니 여염 사이에서는 힘을 배나 들여도 공은 절반이 안 되므로 열 집에 아홉 집이 비었으니 도를 아는 자가 깊이 근심하는 바이다.' 인해서 전려(田廬)에 나아가 『농설(農說)』 1장을 짓고, 조목마다 자신이 주를 달았는데 문장은 자못 간략(簡略)하다[明馬一龍撰. 一龍字負圖, 溧陽人. 嘉靖丁未進士, 官至國子監司業. 自序謂: 農不知道, 知道者又不明農. 故天下不務此業而他圖賈人之利. 閭閻之間力倍而功不半, 十室九空, 知道者之所深憂. 因就田廬作『農說』一章, 逐條自爲之註. 文頗簡略]"라고 하였다. 또, 『연암집(燕巖集)』 「과농소초(課農小抄)」에도 마일룡의 「농설」을 인용하고 거기에 주석 형식으로 붙인 것이 있다.

은 스스로 그만둔[畫][117] 것이라는 것을 알 수가 있었다. 또 그중에 음양(陰陽)의 괘상(卦象)으로 미루어서 유연(流衍)[118]하고, 왕장(旺長)하며, 폐흡(閉翕)・고색(固嗇)한 설을 하여 정화(精華)를 섭륵(攝勒)[119]하고 두해(蠹害)를 저지하는 요체가 갖추어지지 않은 것이 없었으니 은연중에 헌정(軒政)[120]의 남긴 뜻이었다. 아! 옛사람이 입언(立言)을 할 적에는 온갖 이치를 포축하는 것이 많았으니, 후세에 한쪽으로 치우쳐서[121] 맛이 적은 것과는 같지 않았다. 내가 장차 베껴서 책상에 놓고 아침저녁으로 살피고 연구하여서 거칠게나마 그것으로써 나의 [缺]정([缺]精)을 기르고, 나의 신심(神心)을 기르려고 한다. 그러므로 이 발을 짓는다.

원문 余嘗行郊野, 見有田區蕪荒者, 問于老農, "曷不治墾" 則曰: "或以燥瘠舍也, 或以沮汚閑也, 非人力之所能, 奈何也?" 余信以爲然矣. 近偶看溧陽馬孟河氏『農說』一篇, 所條蒔耨滋培之法, 可以勝天而斡化, 始知天下無不可能爲之事, 若諉以不可能爲者, 則皆畫也. 又其中以陰陽卦象, 推爲流衍旺長閉翕固嗇之說, 而攝勒精華, 拒制蠹害之要, 亡不具焉, 隱然軒政遺意也. 噫! 古人立言, 率多包蓄衆理, 不如後世之偏枯少味也. 余將寫置丌案, 朝夕省繹, 粗以養我 [缺]精, 以養我

---

117) 획(畫) : 『논어(論語)』 「옹야(雍也)」에 "염유가 말하기를 '선생님의 도를 좋아하지 않는 것은 아니나 힘이 부족합니다'라고 하니 공자께서 말씀하시기를 '힘이 부족한 자는 중도에서 폐지하게 되는 것이니 이제 너는 스스로 그치는 것이다'[冉求曰 : '非不說子之道, 力不足也.' 子曰 : '力不足者, 中道而廢. 今女畫']"라고 하였다.

118) 유연(流衍) : 넘쳐 흐른다는 말.

119) 섭륵(攝勒) : 섭심늑취(攝心勒取)란 뜻으로 쓴 것 같다. 심신(心神)을 수렴하여 억지로 찾아 취하는 것.

120) 헌정(軒政) : 헌원(軒轅)의 치정(治政). 헌원은 중국 고대 천자(天子)인 황제(黃帝)의 이름이다. 『사기(史記)』 「오제기(五帝記)」에 "헌원 때에는 신농씨의 세대가 쇠약하여 제후들이 서로 침벌하고 백성을 포악하게 다스려도 신농씨가 정발할 수가 없었다. 이에 헌원이 간과(干戈)를 익히 써서 조향(朝享)하지 않는 자를 정벌했다[軒轅之時, 神農氏世衰, 諸侯相侵伐, 暴虐百姓, 而神農氏弗能征. 於是, 軒轅, 乃習用干戈, 以征不享]"라고 하였다.

121) 편고(偏枯) : 반신불수(半身不隨)의 병(病). 또는 한쪽으로 치우치는 것.

神心也, 故爲之跋.

28. 꿈을 기록하다 記夢

譯 옮김 나는 평소에 한 달을 따져 보면 꿈을 꾼 것이 거의 절반이다. 꿈을 꾸면 장천(長川) 옛집이 보이는 것이 또 혹 열에 두 셋이나 되었다. 아! 나는 어려서 고향을 떠나 지금 20여 년이 되었다. 중간에 구호(鷗湖)와 섬리(剡里)[122]에서 노닌 것이 더욱 오래 되었다. 그런데 구호는 곧 외가가 사는 곳이고, 섬리는 본래 우리 이씨의 두곡(杜曲)[123]이다. 그리하여 또 집안의 계부(季父)와 백씨(伯氏)의 집이 여기에 있었으니 그 평소에 사모하는 마음이 깊었다. 하물며 나이가 들고 머리가 깨친 뒤에는 모든 산천의 물속(物俗)이 뚜렷하게 겸하여 익혀진 것이 또한 장천(長川)이 희미하여 상세하지 못한 것만 못했다. 그런데 그 잠 속의 꿈에 가는 바는 저쪽이 도리어 많았던 것은 진실로 젖먹인 곳으로써 정혼(精魂)과 신기(神氣)가 저절로 유통되고 인속(引屬)[124]되어서 가로막아 한정할 수가 없는 점이 있는 것이다. 불교 경전에 이른바 회광반조[125]로써 본래의 면목을 찾게 된다고 하는 것이 거짓이 아님을 알게 되었다.

---

122) 섬리(剡里) : 충청도 덕산현(德山縣) 섬곡(剡曲).

123) 두곡(杜曲) : 중국 섬서성(陝西省) 장안현(長安縣) 남쪽에 위치한 지명. 당(唐)나라 때 대성(大姓)인 두씨(杜氏)가 대대로 살았기 때문에 붙여진 이름이다.

124) 인속(引屬) : 인속(引續)과 같은 말로 끊임없이 이어진다는 뜻으로 쓴 것이다.

125) 회광반조(回光返照) : 선종(禪宗)에서 쓰는 말. 곧 자기의 본분(本分)을 아는 것을 말한다. 보통 언어나 문자에 의지하지 않고 자신이 회고하고 반성하여 얻게 된다.

원문

余平居, 計一月而夢者, 幾半. 夢而夢長川舊莊者, 又或十二三. 噫! 余幼小離鄕, 今二十有餘年矣. 中間遊於鷗湖·剡里者, 爲尤久. 而鷗湖卽外氏所居, 剡本吾李杜曲. 而又家季父暨家伯氏之宅在焉, 其尋常係慕, 不爲不深. 况齒大智開之後, 凡山川物俗之歷歷該慣, 亦不如長川之依俙難詳也. 而其寢夢所之, 則彼反爲多者, 誠以胎育之地, 精魂神氣, 自然流通引屬, 有不得遮限之者也. 釋典所稱, 回光返照, 以尋本來面目者, 知不誣矣.

29. 『식색신언』[126] 발문 食色紳言跋

譯 옮김

자장(子張)이 쓰기를 청한[子張請書][127] 이후로 무릇 세상의 일체 요언(要言)과 지결(旨訣)은 이것을 취하여 이름 붙였는데 유독 개춘거사(皆春居士)가 지은 것이 가장 긴절하고 투창(透暢)하다. 시험 삼아 보건대 사람의 냉열(冷熱)과 함창(陷脹)[128], 변비와 설사, 만축(慢縮) 등 이

126) 식색신언(食色紳言) : 『사고전서총목제요』에 이르기를 "구본(舊本)에는 명(明)나라 개춘거사(皆春居士)의 찬이라 하고, 성씨(姓氏)는 나타내지 않았다. 명나라 때 『영규율수(瀛奎律髓)』를 상고하건대 성화(成化) 정해년(丁亥年)에 신안(新安)군수 용준(龍遵)의 서문에, 스스로 일컫기를 개춘거사(皆春居士)라 했으니, 아마 용준의 작품인 듯 싶다. 그 책에서 대체로 『음식신언(飮食紳言)』(1권)은 사람에게 권면하여 살생을 경계한 것이고, 『남녀신언(男女紳言)』(1권)은 사람에게 권면하여 욕망을 절제하라는 것인데 모두 전인의 성어나 경전(佛經), 도장(道藏)과 같은 책에서 주워 모은 것이다[舊本題明皆春居士撰. 不著名氏. 考明本『瀛奎律髓』有成化丁亥新安守龍遵叙, 自稱皆春居士, 疑卽遵作也. 其書凡『飮食紳言』一卷, 勉人戒殺, 『男女紳言』一卷, 勉人節慾. 皆摭取前人成語及佛經道藏諸書]."

127) 자장(子張)이 쓰기를 청하다[子張請書] : 원문(原文)에는 "자장이 큰 띠에 썼다[子張書諸紳]"로 되어 있다. 공자의 제자 자장이 공자의 가르침을 잊지 않으려고 길게 늘어뜨린 옷 띠에 써서 보고 익혔다는 말인데, 여기서 인용한 것은 신언(紳言)이란 어원(語源)을 밝히기 위한 것이다. 『논어(論語)』 「위령공(衛靈公)」 참조.

128) 함창(陷脹) : 병명(病名)을 말한 것인데 기(氣)가 함하여 배가 불룩해지는 병을 말한 것 같다.

따금 일어나는 여러 병의 온갖 모습이 음식과 잠자리에 빌미가 되지 않는 것이 있었던가? 그러므로 산곡(山谷)은 고사리를 아이 주먹에 비유하였으나,129) 장노(張老)는 지목하기를 인인(忍人)이라 여겼고, 백양(伯陽)은 단후(丹候)로써 인구(人媾)에 비유하였는데 영사(寧師)는 꾸짖기를 음근(淫根)이라 했으니, 하물며 맛 좋은 음식은 그 원기(元氣)를 손상시키고 여색(女色)은 참된 정기를 좀먹는 것임에랴? 나는 타고난 자질이 매우 허약했으나, 조심을 소홀히 해서 이 두 가지 경계를 곧 지키다가도 곧 잃었다. 지금 이 편을 대하니 나도 모르게 두려워짐이 칼날을 밟거나 불을 안는 것 같아서 모골이 송연해졌다.

원문 自子張請書之後, 凡世一切, 要言旨訣, 取是以名, 而獨皆春居士所撰, 爲最緊襯透暢也. 試看人之冷熱陷脹, 閉泄慢縮, 種種諸疾, 百狀千態, 有不由口腹衽席而祟者乎? 故山谷以蕨芽比兒拳, 而張老目之爲忍人, 伯陽以丹候喩人媾, 而寧師呵之爲淫根, 矧滋味敗其元氣, 姝艶蠱其眞精者耶? 余賦質甚薄而操心未牢, 於此二戒, 旋守旋失矣. 今對是編, 不覺怖慄, 如蹈刃抱火, 膚粟毛竪也.

30. 문연文淵의 귀거래사歸去來辭 뒤에 쓴 발문 跋文淵歸去來辭後

譯 옮김 『서경(書經)』의 「서도장(徐屠章)」은 세 명의 대가(大家)가 평정(評訂)하였다. 또 중국(中國) 각본(刻本)은 정밀함이 뛰어나다 불린다. (그런데) 이제 살펴보니 이 사(辭 : 歸去來辭) 중에 면정(眄庭)이라 한

129) 산곡(山谷) : 황정견(黃庭堅)의 호. 그의 「관화십오수(觀化十五首)」 11번째 시에 "竹笋初生黃犢角, 蕨芽已作小兒拳. 試挑野菜炊香飯, 便是江南二月天"이라고 했다.

아래에 가(柯)라는 글자가 빠져서 문장의 이치가 맞지 않고, 문수설(門雖設)은 설(設)이란 글자가 섭(涉)으로 되어 있어서 위의 원일섭(園日涉)과 더불어 첩자가 되었고, 등동고(登東皐)란 고(皐)자는 고(高)라 되어 있어서 아주 뜻이 없다. 그러나 우선 그 대강을 든 것뿐이다. 다른 곳에도 이와 같은 것이 매우 많았으니, 진실로 글을 교정하는 어려움은 먼지를 쓰는 것과 같아서, 쓰는 대로 있게 되는 것이다.

원문 『書經』「徐屠章」, 三大家評訂. 且中國刻本, 號爲精佳. 今按此辭中, 眄庭下, 脫柯字, 文不成理, 門雖設之設字, 作涉, 與上園日涉, 相疊, 登東皐之皐字, 作高, 殊無義矣. 然姑擧其槩也, 它類是者, 甚衆, 信乎校書之難, 如掃塵, 隨掃隨有也.

31. 『신언』 발문 愼言跋

譯 옮김 『신언(愼言)』[130]이란 글은 청강 소영(淸江 敖英) 씨(氏)가 찬집(纂集)한 것이다. 글이 모두 2편인데 상편(上篇)은 22칙(則)으로 모두 242조(條)이고, 하편(下篇)은 10칙(則)으로 모두 92조(條)이다. 22칙(則)은 말 중에서 경계해야 할 것을 말하였고, 10칙(則)은 말 중에서 귀하게 여겨야 할 것을 말하였다. 아! 어찌 경계할 것은 많고, 귀한 것은 적은가? 이밖에 또 위언(危言)·감언(甘言)·번언(煩言)·과언(夸言)·유언(莠言)·편언(諞言)·무언(誣言)이란 경계하여야 할 것과 충언(忠言)·미언(微言)·온언(溫言)·요언(要言)·지언(至言)이란 귀하게 여겨야 할 것이었으니, 어찌

130) 신언(愼言): 책 이름. 명(明)나라 오영(敖英)이며 2권이다.

면 위언은 망언과 같고 감언은 첨언과 같고, 번언은 잡언과 같고 과언과 긍언과 같고 유언은 악언과 같고 편언과 무언은 참소하는 것과 같으며, 충은 곧 정성이고 은미한 것은 곧 부드러운 것이고 온순한 것은 곧 온화한 것이니, 요컨대 지극히 편리하고 이치에 맞아서 따로 나열하지 아니 한 것인가? 비록 그러나 바야흐로 말을 삼가라고 교훈을 하면서 도리어 말을 많이 했으니 아마도 불이문(不二門) 가운데에 존자(尊者)를 말한 것이 없는 것 같아서 사람을 웃긴다.

원문 愼言者, 淸江敖英氏, 所纂集也. 書凡二篇, 上篇, 二十二則, 共二百四十二條, 下篇, 十則, 共九十二條. 二十二則, 則言言之可戒者, 十則, 則言言之可貴者. 噫! 何其可戒者多, 而可貴者少也? 此外又有危言・甘言・煩言・夸言・莠言・諞言・誣言之可戒, 忠言・微言・溫言・要言・至言之可貴, 豈以危似妄, 甘似諂, 煩似雜, 夸似矜, 莠似惡, 諞誣似讒, 忠便誠, 微便婉, 溫便和, 要至便中理而不別列耶? 雖然, 方訓愼言而反多言, 恐不二門中, 無言尊者, 笑人.

32. 『괘효명의』 발문[131] 卦爻名義跋

譯 옮김 진실로 『단연록(丹鉛錄)』에 이르기를 "역(易)이란 것은 여전(盧蟺)의 이름으로 수궁(守宮 : 도마뱀의 일종)이라는 것이 이것이다. 몸의 빛깔은 항상 일정하지 않아서 날마다 12번을 변하니 역은 그 변화에서 취한 것이다. 단(彖)[132]이란 것은 모서(茅犀)의 이름이니 희신(豨神)이

131) 문집에는 제목 아래 아무 글도 없다. 「식색신언발(食色紳言跋)」 뒷부분에 잘못 들어가 있으므로, 이 글을 여기에 번역해 실었다.

이것이다. 무소의 형상에 뿔이 하나인데 기미를 알고 상서를 안다. 단(彖)이란 것은 기미를 취한 것이고, 상(象)[133]이란 것은 대황(大荒)의 짐승이니 사람이 드물게 보는 것이다. 그 그림을 살핌으로써 그 형상을 상상해서 상(像)이라 이름 지었다. 그러므로 그 글자가 사람인 자[人]에 상(象)을 따른 것이다. 괘(卦)라고 하는 것은 규(圭)이다. 옛날에 음률(音律)을 만들고 도량을 제정할 적에 64개의 기장[黍]을 규(圭)라고 했으니 64개의 형상을 모두 이름 하여 괘(卦)라고 하는 것이 옳을 것이다. 효(爻)라는 것은

---

132) 『오주연문장전산고』에 다음과 같이 나온다. 단(彖)은 모신(茅神)의 이름으로, 희신(狶神)이 바로 그것이다. 단은 또한 모서(茅犀)라고도 하는데, 모양이 무소와 같으나 뿔이 작으며, 길·흉(吉凶)을 잘 안다. 교광(交廣)에 있는데 그곳 사람들이 희신(狶神)이라 부른다. 무소처럼 생기고 뿔이 하나이며 기미(幾微)를 알고 상서로움을 안다고 한다. 그렇다면 『주역』에서 단이란 그 기미를 취한 것이다. 『거이록』에, "단은 무소와 같으나 뿔이 작으며 길하고 흉함을 알며, 귀는 손바닥처럼 크고, 눈은 항상 웃음을 띠고 있다. 양월(兩粤)에 나는데, 동월(東粤)에서는 모서(茅犀)라 하고, 서월(西粤)에서는 저신(豬神)이라 하며, 그것을 만나면 길(吉)하다" 했다. 명나라 담회(覃懷) 사람 사응선(史應選)의 『하락이수(河洛理數)』에는, "모신(茅神)은 맹수(猛獸)의 이름이며 단(彖)은 극히 큰 짐승의 이름인데, 고개를 숙여 한 번 바라보면 그 전체를 다 보므로, 한 괘(卦)의 전체를 통론(統論)하는 뜻으로 썼으며, 이빨이 무척 단단하여 물건을 물어뜯을 수 있으므로 괘의 뜻을 결단하는 이름으로 쓴 것이다"라고 했다.

133) 『오주연문장전산고』에 다음과 같이 나온다. 상(象)은 매우 큰 짐승이며, 산[生] 상을 본 사람은 드물고, 그 그림을 보고서 그 형체를 상상하여 상(像)이라고 이름하였으므로, 그 글자 됨이 인(人)이 상(象)에 붙은 것이다. 『한비자(韓非子)』「해로편(解老篇)」에, "사람이 산 상(象)은 보기가 드물기 때문에 죽은 상의 뼈를 얻고 그 그림에 비추어 살았을 때를 상상했으므로, 모든 사람들이 제각기 상상하는 것을 다 상(象)이라 한다" 했고, 사응선의 『하락이수』에는, "상은 온갖 짐승의 고기를 갖추어 분수가 있는 것이 마치 효(爻)가 온갖 물건의 이치를 갖추어 있는 것과 같다"고 했고, 청나라 궁몽인(宮夢仁)의 『독서기수략(讀書紀數略)』에는, "상의 몸에는 열두 가지 짐승과 비슷한 고기를 갖추었는데 쓸개도 달에 따라 옮겨지니, 가령 정월[寅月]이면 바로 범고기[虎肉]와 비슷해진다"고 했으며, 사조제(謝肇淛)의 『오잡조(五雜俎)』에는, "상은 온갖 짐승의 고기를 갖추고 있는데 오직 코만이 그 본래의 고기이며, 기름지고 연하고 달아서 맛이 있다" 하였고, 『여씨춘추(呂氏春秋)』에는, "고기 중에 맛있는 것은 모상(髦象)의 약(約)인데 약은 바로 코이다"고 했다. 서현(徐鉉)은, "상의 쓸개는 철따라 발에 옮겨 다니는데, 봄에는 앞쪽 왼발에 있고 여름에는 앞쪽 오른발에 있고 가을에는 뒤쪽 왼발에 있고 겨울에는 뒤쪽 오른발에 있다"고 했으며, 또 상고하건대, "상의 쓸개는, 북두(北斗)의 자루가 가리키는 데를 따른다"고 하였고, 속담에도, "사람의 마음은 코끼리 쓸개 같고, 세상일은 물개간[獺肝] 같다"고 하였다.

서로 소통하는 창문이니 그 글자의 상형(象形)은 널리 통한다는 것을 취한 것이다"라 했다.

내가 살피건대 수궁(守宮)은 또 다른 말로 용자(龍子)라고 한다. 그 피를 여자의 팔뚝에 장식하여 문채를 이루고 음양(陰陽)이 합해지면 없어져서 바뀐다고 하니 이것이 일부(一部)의 음양이라 했고 맨 머리에 용덕(龍德)이라고 말했다. 모(茅)는 깔 수 있는 것이고 영서(靈犀)는 능히 그윽한 곳을 비출 수가 있다. 그런데 단(彖)이라 하는 것은 길흉(吉凶)을 결단하는 것이니, 두 가지가 혹 여기에서 취한다면 나머지는 모두 근거가 있게 될 것이다. 다만 여전은 자서에 이르기를 노전이라 했으니 대개 노(盧 : 사냥개)라는 것은 검은 것이다. 그 늙은 것은 감현색(紺玄色)이 많은데 사람을 잘 매혹시키므로 일컫게 된 것이다. 그런데 이제 여전이라고 했으니 어쩌면 우연히 검색(檢索)을 잘못했거나 혹은 별도로 상고함이 있어서인가? 알 수가 없다.

원문 固『丹鉛錄』云, "易者, 廬蟺之名, 守宮是矣. 身色無恒, 日十二變, 易取其變也. 彖者茅犀之名, 豨神是矣. 犀形獨角, 知幾知祥, 彖者, 取于幾也, 象者, 大荒之獸, 人稀見也. 按其圖以想其形, 名之曰像. 故其爲字, 從人于象也. 卦者圭也. 古者, 造律制量, 六十四黍爲圭, 則六十四象, 總名爲卦, 可也. 爻者, 交疏之牕也, 其字象形, 取于旁通也."

余按守宮一名龍子. 其血飾女臂, 成文, 陰陽合則滅而易, 是一部陰陽, 又首言龍德矣. 茅可藉, 靈犀, 能照幽. 而彖斷吉凶矣, 二者, 或取義于此, 餘皆有據也. 獨廬蟺之說, 字書云, 廬蟺, 盖盧爲黑. 其老者, 多作紺玄色, 善魅人故稱. 而今云廬蟺, 豈偶然失檢? 或別有考耶, 未可知也.

33. 주기^酒器 이름에 대한 발문 酒器名跋

譯 옮김 술을 담아 놓는 그릇을 담(罎)이라 부르니 담(罎)이라는 것은 짐(鴆)의 다른 이름이다. 남쪽 오랑캐의 풍속에 대개는 이 새를 길러서 사람을 해친다. 옛날의 어떤 장사꾼 몇 사람이 월(粤)나라에 갔다가 비를 피하여 시골집에 들어갔다. 집안의 남자와 여자들은 모조리 나가 경작과 목축을 하였는데 새장에 길들이고 있는 새 한 마리를 보았다. 그 살지고 큰 것을 이상하게 여긴 끝에 그 새를 쳐서 죽여 잡아먹었는데 몇 사람이 다 죽었기 때문에 지금까지 그 망령되고 어리석음을 비웃는다. 비록 그러나 준작(尊爵 : 술잔)과 같은 종류들은 곧 날마다 접하는 것이 보통이다. 심하게는 그 가운데에 흠뻑 취하여 작게는 창자를 썩히거나 갈비를 썩히고, 크게는 가정을 파괴하고 종중을 망치기에 이르니 물건의 독렬(毒烈) 중에 어떤 것이 이보다 지나치겠는가? 옛사람들이 이름을 지었으니 그 뜻이 깊은 것이다.

원문 藏酒之器, 呼爲罎, 罎者, 鴆別名也. 南方夷俗, 多畜此鳥, 以蠱人. 昔有商客數人之粤, 避雨入村家. 家中男婦, 盡出耕牧, 見籠馴一禽. 異其肥大, 擊殺食之, 數人者, 俱斃, 至今笑其妄愚也. 雖然若尊爵之屬, 則日接以爲常. 甚至酣湎其中, 小者, 爛腸腐脅, 大者, 破家亡宗, 物之毒烈, 孰有過於是者乎? 古人命名, 其旨深矣.

34. 수운[峀雲]이 그린 묵죽장자[墨竹障子]에 쓰다 題峀雲墨竹障

譯 옮김 석양정(石陽正)[134]이 그린 대는 호방(豪放)하고 빼어나며 삼엄(森嚴)하고 과장(誇張)되어 필세로써 뛰어나고, 수운옹(峀雲翁)이 그린 대는 청초(淸楚)하고 윤택(潤澤)하며 소산(疏散)하고 광달(曠達)하여 운치로써 뛰어나다. 이따금 득의(得意)하여 융환(融幻)하게 되는 것은 다함께 천경(天境)에 이르고 있으니 비유컨대 상(商)나라의 이기(彝器)와 주(周)나라의 식기(食器)는 비록 멀고 가까운 시대의 차이가 있기는 하나 천하의 지극한 보배임에는 일반이다.

원문 石陽公子畵竹, 豪拔森張以勢勝, 峀雲翁畵竹, 淸潤散曠以韻勝. 而其往往得意融幻, 則俱造天境, 譬之猶商彝周敦, 雖代有近遠, 而爲天下至寶, 一也.

35. 수운이 색을 칠해 그린 설죽장자[雪竹障子]에 쓰다 題峀雲着色雪竹障

譯 옮김 대에는 눈[雪]을 그리기가 어렵고, 또 색칠하는 것을 더욱 어렵게 여긴다. 이것은 조금이라도 염식(染飾)에 관련되면 천취(天趣)가 사라지기 때문일 것이다. 오직 이 그림은 분록(粉綠)이 잘 조화되어 흐르며 정신이 날고 넘친다. 그것이 마치 '운암 화상(雲巖和尙)[135]이 송

---

134) 석양정(石陽正) : 이정(李霆, 1541~?)의 봉군명이다. 자는 중섭(仲燮), 호는 탄은(灘隱), 세종의 현손으로 석양정에 봉해졌다가 석양군(石陽君)이 되었다. 시서화(詩書畵)에 뛰어났으며 대를 잘 그렸다. 임란 때 오른팔이 부러진 뒤에 그림을 중단했으나 곧 회복되자 화필이 더욱 능숙해졌다.

(宋)나라의 명궁(明宮)에 들어가서 장난삼아 비단 도포를 걸치더라도 깡마르고 고야해서 선문(禪門) 본래의 풍모를 잃지 않은 것'과 같은 것을 활필(活筆)이라 하는 것이니, 바로 이 장자(障子)가 그것이다.

원문 竹, 以雪爲難, 而又以着色爲尤難. 盖一涉染飾, 天趣朘損故也. 惟其粉綠調溜, 神爽飛溢, 如雲巖和尙入宋明宮裡, 戲加錦袍, 而癯枯古野, 不失禪門本風者, 名活筆, 卽此障, 是已.

36. 연담蓮潭의 산수도 발문 跋蓮潭山水圖

譯 옮김 어제는 대단히 덥기에 우연히 연담(蓮潭)136)이 수묵(水墨)으로 그린 「산수도(山水圖)」를 꺼내어 벽에 걸어 놓았다. 온 집안이 시원하여 마치 추운 날 솜옷을 입고 싶은 것과 같은 환상을 느끼게 하였다. 붓을 두를 때에 근거로 삼은 물건이 있었을 것이다. 그렇지 않으면 어떻게 그 쏴쏴 출렁거려 소리가 날 듯하고 바위가 도사리어 일어날 듯이 그릴 수 있었겠는가?

---

135) 운암(雲巖, 782~841) : 담주(潭州) 사람이다. 속성은 왕(王)이며, 법명은 담성(曇晟)이다. 젊어서 출가하여 처음에는 백장회해(百丈懷海)에게 이십 년 동안 공부 하였으나 깊은 뜻을 깨닫지 못하였다. 백장선사가 죽은 뒤에 약산유엄(藥山惟儼)에게 참문하여 그의 제자가 되었다. 『송고승전(宋高僧傳)』, 『전등록(傳燈錄)』, 『오등회원(五燈會元)』에 그에 대한 이야기가 보인다.

136) 연담(蓮潭) : 김명국(金命國, 1600~?)의 호. 처음 이름은 명국(明國). 자는 천여(天汝), 호는 국담(菊潭) · 취옹(醉翁), 본관은 안산. 도화서 화원을 거쳐 사학교수(四學敎授)가 되었고, 통신사를 따라 일본에 다녀왔다.

원문

昨日大熱, 偶出蓮潭水墨山水圖, 張于壁. 滿堂灑然, 思挾纊想. 當揮管. 有物憑之. 不爾, 何其洶洶蹲蹲, 波濤欲吼, 巖峀欲起也?

37. 팔청편八聽編에 쓰다 題八聽編

譯 옮김

내가 일찍이 오시잠(五視箴)을 찬하고자 하였으니 눈으로 보는 것은 그 수가 대개 다섯 가지이기 때문이다. 지금 종제(從弟)인 순수(醇叟)가 팔청시(八聽詩)를 지었으니 또한 팔음(八音)[137]에서 취한 것이 있지 않겠는가? 이에 옛 선생들은 곧 들은 것을 통해 보는 데로 들어가서 여여(如如)[138]한 것을 증명했으니 이 또한 성신(聖神)의 지극한 공교함이다.

원문

余嘗欲撰五視箴, 以目之所寓, 其數蓋五也. 今從弟醇叟作八聽詩, 無亦有取於八音耶? 乃古先生則由聞入觀, 以證如如, 此又聖神之極工也.

137) 팔음(八音) : 악기를 그 재료별로 구별한 여덟 가지. 금(金 : 鐘)·석(石 : 磬)·사(絲 : 絃樂器)·죽(竹 : 管樂器)·포(匏, 笙簧)·토(土 : 塤)·혁(革 : 鼓鼙)·목(木 : 柷敔)이다.
138) 여여(如如) : 여기서는 영구적으로 존재하는 진여(眞如)를 가리킨다.

38. 팔청편八聽編 발문八聽編跋

譯 옮김 집에 칩거하고 있는 주인이 팔청시(八聽詩)를 새로 완성했는데 맨 먼저 나에게 보내서 보여 주었다. 그 후에 화답하는 자가 더욱 많았기 때문에 드디어 전첨(典籤)[139]을 부쳐 수집(收集)해서 책을 만들었다고 한다. 엄우경(嚴羽卿)이 말하기를 "당나라 사람이 지은 것은 반드시 시에 나타낼 것이 없다"라고 했으니 바라건대 그 제목(題目)과 서인(序引)을 보기만 하면 곧 이편에 실제로 가지고 있는 것을 알게 하여야 할 것이다.

원문 蟄舍主, 八聽詩新成, 首寄示余. 已而和者益衆, 遂付典籤, 收集爲卷云. 嚴羽卿言"唐人作, 不必見詩." 望其題引, 便知是編實有焉.

39. 이허주李虛舟의 그림에 쓰다題李虛舟畵

譯 옮김 이허주(李虛舟)[140]는 그림에 있어서 잘 그리지 못하는 것이 없고 또 종이와 비단의 좋고 나쁜 것을 가리지 않는다. 비유컨대 마치 온갖 보물은 항상 전대(前代 : 古代)의 식기 같은 잡물을 취하는데

139) 전첨(典籤) : 여러 사전에는 문서를 관리하는 관직으로 되어 있으나, 여기서는 '쪽지'라는 뜻으로 쓴 것 같다.

140) 이허주(李虛舟) : 이징(李澄, 1581~?)을 말함. 자는 자함(子涵), 호는 허주, 본관은 전주, 이경윤(李慶胤)의 서자다. 화원으로 6품직에 올랐고, 산수 · 인물 · 영모에 뛰어났다.

젓가락으로 두드리면 궁음(宮音)과 상음(商音)이 다 갖추어진 것과 같았으니 그 또한 매우 기이한 일이다. 그러나 정밀(精密)함은 지나치고 환화(幻化)는 부족하니 그러므로 마침내 연담(蓮潭)에게는 한 수 아래이다.

원문 李虛舟, 於畵無所不善, 又不擇楮素佳劣. 譬如萬寶常取前食器雜物, 以筯叩之, 宮商畢備, 其亦奇甚矣. 然精密過而幻化不足, 所以終遜蓮潭子一籌也.

40. 김金·이李 두 사람의 화품을 논평하다 評金李畵品

譯 옮김 당자서(唐子西)[141]가 말하기를, "사마천(司馬遷)은 감히 도를 어지럽혔는데도 도리어 좋고 반고는 감히 도를 어지럽히지 않았는데도 좋지 않다"라고 하였다. 나도 연담(蓮潭 : 金命國)과 허주(虛舟 : 李澄) 두 화가에게 같은 말을 하겠다.

원문 唐子西言, "司馬遷敢亂道却好, 班固不敢亂道却不好." 余於蓮潭·虛舟二家畵, 亦云.

141) 당자서(唐子西) : 송(宋)나라 당경(唐庚)을 가리킴. 자서(子西)는 그의 자이고 호는 노국선생(魯國先生)이라 일컬어짐. 소성(紹聖) 때의 진사(進士)이고 관직은 종자박사(宗子博士)에 승의랑(承議郞)이었으며 저서에 『당자서집(唐子西集)』이 있다.

41. 수운峀雲이 그린 난초첩蘭草帖 발문 峀雲蘭草帖跋

譯 옮김 수운의 그림은 그 전해진 것이 남으로는 탐라(耽羅 : 濟州)까지 이르렀고 북으로는 옛날 여진인 야인(野人)이 살던 곳까지 미쳤으며, 북경 저자에서도 팔리는 것이 있기까지 하였다. 그러나 대[竹] 이외의 다른 작품은 본 사람이 많지 않으니, 그런 까닭에 이 첩이 귀한 것이다. 옛날에 듣건대 어떤 선비 한 사람이 석양정의 묵매도(墨梅圖) 몇 장을 가지고 있었는데 호사가(好事家)가 다른 그림으로 바꾸려 해도 되지 않았고, 또 공자(公子)가 그린 대를 그 수를 배나 더 주고 바꾸려 해도 되지 않았다고 하니, 이것이 바로 증험이 된다.

원문 峀雲之畵, 其傳盖南達耽羅, 北盡古女眞野人之墟, 至有貨於燕市者. 然其竹外它品, 則見者無多, 所以此帖之爲貴也. 昔聞 一士人 蓄石陽正墨梅數紙, 好事者, 以它畵易之, 不可, 又以公子竹, 倍其數易之, 亦不可, 卽其驗也.

42. 탄은灘隱이 그린 묵죽장자墨竹障子에 쓰다 題灘隱墨竹障

譯 옮김 이 장자(障子)는 낡아 더러웠고 낙관(落款)이나 기록이 없다. 때문에 보는 사람들이 그다지 귀하게 여기지 않았으며, 어떤 사람은 궁중 화원(宮中畵員)의 작품이라 비방하기도 하였다. 하루는 수운옹이 찾아와 감상하고 "탄은의 필적(筆跡)이다"라고 말하니, 그런 뒤에야 비로소 의논이 확정되었다. 아! 만일 풍간(豊干)의 안목이 아니었다면 한

산자(寒山子)는 단지 하나의 '거지'로만 여겨졌을 것이다.[142] 옛말에 이르기를, "성인이라야 성인을 알 수 있다"[143]라고 하였다.

원문 此障弊涴, 且無款記. 見者不甚貴, 或訛爲院品. 一日峀雲翁來過賞焉曰, "灘隱筆也." 然後論始定. 噫! 如非豊干有眼, 寒山子只作一丐者. 故語云, "聖能知聖."

43. 주태사朱太史：之蕃가 그린 묵죽墨竹 발문 朱太史墨竹跋

譯 옮김 주태사(朱太史)의 묵죽도 한 폭을 옛날에 내가 아무개 어른에게서 얻었는데, 겨우 길이가 한 자쯤 되었다. 그러나 쓸쓸하고 엉성하며 굳세고 높직한 품이 하늘 끝까지 닿는 기상이 있어서 호주(湖州 : 文同)[144]의 유법을 깊이 터득하고 있었다. 그 곁에 태사(太史)가 대[竹]를 읊은 시 4구가 있는데, 바로 그가 스스로 쓴 것이니 충분히 삼절(三

---

142) 풍간의 …… 것이다 : 당나라 때 습득(拾得)은 시승(詩僧)으로 본래 고아였고, 한산(寒山)도 역시 시승으로 걸인이었다. 그러나 스님 풍간(豊干)만은 그들이 뛰어난 사람인 것을 알아보았다는 고사에서 나온 말로, 이정의 그림을 감식해 낸 수운의 탁월한 감식안을 높이 평가한 뜻으로 쓴 것이다.

143) 후한(後漢) 정현의 말이다. 『중용(中庸)』 제32장 주(注) 참조.

144) 문동(文同, 1018~1079) : 자는 여가(與可), 호는 금강도인(錦江道人)·소소선생(笑笑先生). 석실선생(石室先生)이라 부르기도 하였다. 1078년 호주(湖州)태수가 되어 다음해 부임하던 도중에 죽었다. 세인이 문호주(文湖州)라고 부르는 연유가 여기에 있다. 시문과 글씨, 죽화(竹畵)에 뛰어났으며, 사마광(司馬光)·소동파(蘇東坡) 등은 문동을 매우 존경하였다. 그의 묵죽(墨竹)은 '소쇄(蕭灑)한 자태가 풍부하다'는 평을 받았으며, 담묵(淡墨)으로 휘갈겨 그린 고목(枯木)그림은 '풍지간중(風旨簡重)'이라는 말을 들었다. 그는 후세에 묵죽(墨竹)의 개조(開祖)라고 추앙받았다. 시문집에 『단연집(丹淵集)』(4권)이 있다.

絶)이라 일컬을 만하다. 태사는 이름이 지번(之蕃)이고 자는 원개(元价)이며 자호(自號)를 난우거사(蘭嵎居士)라 하였다.

원문 朱太史墨竹一幅, 余昔得之於某公所, 盖長厘尺許. 而蕭疎遒竦, 有干霄之氣, 深得湖州遺法矣. 旁有太史咏竹四句, 乃其自書者, 足稱爲三絶耳. 太史名之蕃, 字元价, 自號蘭嵎居士云.

44. 시체첩時體帖 발문時體帖跋

譯 옮김 어떤 손님이 나에게 이른바 '시체첩(時體帖)'이란 것을 보여 주었다. 비록 어떤 사람의 글씨인지는 알 수 없으나 그 꾸밈에 공교한 변화가 가지각색이었으니, 유심(劉鄩 : 後粱의 인물)의 용병(用兵)은 한 발자국과 한 계책이 어려웠던 것과 같았다. 그러나 옛사람의 적(趯) · 탁(啄) · 견(牽) · 방(放)이란 방법은 모두 무너져 남은 것이 없다. 아! 누가 이것을 만들어서 후세 사람들을 잘못되게 하는가? 이에 느낀 것이 있어 쓴다.

원문 客有示余, 所謂時體帖者. 雖未知爲某人之筆, 而其塗飾巧變, 千態百狀, 如劉鄩用兵, 一步一計亦難矣. 然古人趯啄牽放之法, 則壞蕩無餘. 嗚呼! 孰創此以誤後生也? 感而書之.

45. 『고기기록』[145] 발문 跋古奇器錄

※『혜환잡저』에는 제목만 있고 본문은 적혀 있지 않다.

46. 종자상宗子相의 시권詩卷[146] 발문 跋宗子相詩卷

譯 옮김 자상(子相)의 시(詩)는 문기(文氣)에 미치지는 못하였으나, 때때로 규날(扎茶)[147]한 곳이 있었다. 엄주(弇州) 왕세정이 이에 이르

145) 고기기록(古奇器錄) : 『사고전서총목제요』에는 "명(明)나라 육심(陸深)이 찬했다. 심(深)에게는 『남순일록(南巡日錄)』이 있어서, 이미 저록(著錄)하였다. 이 글은 고인(古人)의 기기명목(奇器名目)을 잡록하되, 각기 출처(出處)를 표하고 끝에다 『강동장서목록(江東藏書目錄)』을 첨부하였다. (…중략…) 또 특별히 「제서(制書)」라고 하는 하나의 종류를 만들었는데, 그 의례(義例)가 역대(歷代)의 서목(書目)과 더불어 자못 같지 않은 것이 있으니 대개 매우 자기 생각으로만 만든 것이고 고법(古法)이 아니다[明陸深撰. 深有『南巡日錄』, 已著錄. 是書雜錄古人奇器名目, 各標出處. 末附以『江東藏書目錄』 (…中略…) 又特爲「制書」一類, 其義例與歷代書目頗有不同. 蓋深以意爲之, 非古法也]"라고 했다.

146) 종자상집(宗子相集) : 『사고전서총목제요』에는 "명(明)나라 종신(宗臣)이 찬하였다. 신(臣)은 자(字)가 자상(子相)이고 양주(揚州) 흥화(興化) 사람이다. 가정(嘉靖) 경술년(庚戌年)에 진사(進士)에 합격하여, 형부주사(刑部主事)를 제수받았다가, 이부문선사(吏部文選司)로 옮기었고, 계훈사원외랑(稽勳司員外郎)에 진출하였다. 양계성(楊繼盛)을 부의(賻儀)한 일로 엄숭(嚴嵩)에게 거슬리어 외지로 나가 복건참의(福建參議)가 되었다가, 제학부사(提學副使)로 옮겼고 관에서 죽었으니 나이가 겨우 36세였다. (…중략…) 신(臣)이 일찍이 오국윤(吳國倫)과 더불어 시를 논하다가 이기지 못하고 돌아와서는 깊이 생각하기를 오랫동안 하여서 마침내는 탁연하게 일가를 이룰 수가 있었다. 그래서 가정칠자(嘉靖七子)의 한 명이 되었다. 그의 시는 질탕(跌宕)하고 준일(俊逸)하여서 자못 청연(青蓮)에게 법을 취했는데 그 의경(意境)은 깊지는 못하였으며 간간히 천속(淺俗)한 데에 흠이 있게 되었다. (…하략…)[明宗臣撰. 臣字子相, 揚州興化人. 嘉靖庚戌進士, 除刑部主事, 移吏部文選司, 進稽勳司員外郎. 以賻楊繼盛忤嚴嵩, 出爲福建參議, 遷提學副使. 卒於官, 年僅三十有六. (…中略…) 臣嘗與吳國倫論詩, 不勝,

기를 "바람을 채찍질하고 우레를 타서 험한 것으로 절정을 삼았다"라고 하였다. 이 노인의 금강안(金剛眼)은 반드시 여기에서 비추는 것을 잃지는 않았을 것이나 혹은 사사로이 좋아하기 때문에 지나치게 허가(許可)한 것이 없겠는가?

원문 子相詩, 不及文氣, 時有扎茶處. 弇州乃云: "鞭風馭霆, 以險爲絶." 此老金剛眼, 必不於此失照, 無或爲私好而過與之耶?

47. 『건주여진고』[148] 발문『建州女眞考』跋

譯 옮김 세상에는 일찍이 충성을 바치려는 선비나 장구하게 생각하는 사람이 없지 않았으나 걱정은 위에 있는 사람이 쓰지 못하는 데에 있다. 내가 천도산신(天都山臣)이란 사람이 찬술한 『건주여진고(建州女眞考)』를 살펴보건대 그 모든 노호(奴胡)의 계파(系派)와 봉습(封襲)과 관애(關隘) 누혈(壘穴)을 상세히 기록하지 아니 한 것이 없어서 그 책을 펼치고 그림을 살펴보면 그 오랑캐들이 내 눈 안에 있는 듯 생생했다. 그의 말에 "적의 기세가 더욱 맹렬한데 변방의 대비는 점차로 해이해졌다. 곧 강개(慷慨)한 수분(愁憤)이 하늘에 넘칠 듯하여 화(禍)의 절박함이 아침과 저녁 사이에 있을 것 같다"라고 했는데 얼마 안 되어 천하(天下)가 좌임(左衽)하기를 과연 책에 쓴 것과 같이 하였으니 얼마나 신묘한

歸而精思累日月, 卒能卓然成家, 爲「嘉靖七子」之一. 其詩跌宕俊逸, 頗能取法靑蓮, 而意境未深, 間傷淺俗. (…下略…)]"라고 했다.

147) 규날(扎茶) : 규(扎)는 한의학(漢醫学)에서 말하는 맥상(脉象)으로 맥박이 크나 약한 것을 가리키며 날(茶)은 몸이 나른하다는 뜻이다.

148) 『건주여진고(建州女眞考)』: 보안당비급(寶顔堂秘笈)에 들어 있다.

일인가? 스스로 서술한 말에 의거하건대 대개 만력(萬曆)의 말기 사람으로 여곽(藜藿)[149]을 먹으며 근심하는 사람이었다. 아! 당시(當時)의 귀현(貴顯)으로서 추원표(鄒元標)[150]와 같은 사람들은 강단을 세우고 무리를 모아 강학(講學)을 한다고 일컬어, 어록(語錄)을 초절(抄節)하고 구두(句讀)를 평정(評訂)하면서도 국가(國家)의 대계(大計)에 대해서는 생각이 미치지 못하였다. 오직 서둘러서 헛된 명성만을 구하였다. 그 스스로 이르기를 "약간 견식이 있게 되었다"고 한 것 또한 왜노(倭奴)와 황태길(黃台吉)·청태길(青台吉) 등 두 태길(台吉)[151]을 복심질(腹心疾)로 삼은 것에 불과할 따름이었다. 그러나 이분의 생각은 홀로 건이(建夷 : 建州衛의 女眞族)에 대해서 생각하기를 "만주(滿州)를 사냥해서 늙은 추장들의 고기 점을 저미게 함으로써 만세의 환난(患難)을 단절시키려는 것"을 생각했으니 또 얼마나 장한 일인가? 내가 느낀 것을 발어로 만들어서 후세에 남의 임금 노릇 하는 자로 하여금 산택(山澤)과 초망(草莽) 가운데에도 또한 이러한 인물이 있으니, 구구한 문화(文華)로 명성이 난 자들은 곧 실용(實用)에는 보탬이 없다는 것을 알도록 한다.

원문 世未嘗無願忠之士, 長慮之人也, 患在上者不能用耳. 余觀天都山臣所撰『建州女眞考』, 凡奴胡之系泒, 封襲與夫關隘壘穴, 無不詳載, 披帙按圖, 虜在目中矣. 其言"賊勢益熾, 邊備漸弛. 則慷慨愁憤,

149) 여곽(藜藿) : 명아주와 콩으로 만든 음식. 가난한 자가 먹는 음식이란 뜻.
150) 추원표(鄒元標, 1555~1624) : 명(明)나라 사람. 자는 이첨(爾瞻)이고 호는 남고(南皐)이니 길수(吉水) 사람이다. 명(明)나라 세종(世宗) 가정(嘉靖) 34년에 태어나서 희종(熹宗) 천계(天啓) 4년에 죽었으니 나이 70세였다. 9세에 오경(五經)을 통달하였고, 약관(弱冠)의 나이에 호직(胡直)과 종유하였으니, 곧 학문에 뜻을 가지게 되었다. 만력(萬歷) 5년에 진사(進士)에 급제하였으며 여러 차례의 관직으로 형부우시랑(刑部右侍郎)에 이르렀다. 시호는 충개(忠介)였다. 저서로는『원학집(愿學集)』8권이 있다.
151) 태길(台吉) : 청(淸)나라 때 몽고의 추장(酋長)에게 내리던 작위(爵位). 황(黃)·청(青)의 구별이 있는데, 그 뜻은 잘 모르겠다. 뒤에는 군함(軍啣)과 행정구역의 장관(長官)에 대한 호칭으로 쓰였다 한다.

有若滔天之禍, 迫在朝夕者." 未幾天下左衽, 果如所策, 何其神哉? 據自爲叙語, 盖萬曆末人, 而爲藿食憂者也. 噫! 當時貴顯, 若鄒元標輩, 卽建壇聚徒, 稱爲講學, 抄節語錄, 評訂句讀, 而至於國家大計, 則念未及焉. 唯汲汲然, 浮譽是求, 其自謂稍有見識者, 亦不過以倭奴與黃靑二台吉爲腹心疾而已. 乃此公之慮, 獨在建夷, 思欲獵滿州而爨老酋以絶萬世之患, 又何壯也? 余感爲跋語, 使後之君人者, 知山澤草莽之中, 亦有此人物, 而區區文華聲聞, 卽無補於實用也.

48. 『연시잡시』[152] 발문 『燕市雜詩』跋

譯 옮김 밤이 깊고 달이 기우니 온갖 소리가 다함께 잦아들어서 황홀하게 사람도 사라지고 사물도 변화할 것 같은 때였다. 동자(童子)를 발길질로 일어나게 해서 우연방(于燕芳)의 『연시잡시(燕市雜詩)』를 노래하도록 하였다. 듣다가 그 편을 마치기 전에 기가 용솟음치고 머리카락이 서서 곧바로 혼하(渾河)[153]를 건너가 오랑캐들의 성채를 불사르고 싶었으니 유두(劉杜)[154] 여러 사람들은 비록 이제까지도 망하지 않았다고 하여도 될 것이다.

원문 夜深月昃, 萬籟俱息, 恍然如人消物化之候. 蹴童子起, 歌于燕芳『燕市雜詩』. 聽未終篇, 氣湧髮竪, 直欲渡渾河而焚夷寨, 劉

---

152) 연시잡시(燕市雜詩) : 보안당비급(寶顔堂秘笈)에 들어 있다. 명(明)나라 우연방(于燕芳)이 저술하였다. 내용으로 보아 명(明)나라 말기에 후일의 청(淸)나라 세력에 대항하여 애국심과 적개심을 강조한 여러 시편을 모은 책으로 보인다.

153) 혼하(渾河) : 요령성(遼寧省)에 있는 강 이름.

154) 유두(劉杜) : 연시잡시의 저자인 유모씨(劉某氏)와 두모씨(杜某氏)로 보임.

杜諸人, 雖謂之至今不亡, 亦可也.

49. 해서海西의 거지 海西丐者

譯 옮김 신유(辛酉, 영조 17년, 1741)년에는 크게 흉년이 들었다. "죽겠다"고 외치는 사람들의 발길이 길에 서로 이어졌다. 하루는 내가 서당에 있을 때, 큰 형님 죽파공(竹坡公 : 李廣休)155)을 모시고 옛일을 이야기하고 있었다. 거렁뱅이 한 명이 와서 포대를 풀어 놓고 담에 기대어 앉아 있는데, 나이도 많고 모습도 옛스러웠다. 그를 살펴보니 이상한 점이 있는 듯싶었다. 죽파공이 노인(老人)에게 묻기를 "노인이 비록 갖옷에다 새끼줄을 띠고 다니면서 빌어먹기는 하나 상놈은 아닌 것 같으니 어쩌면 향신(鄕紳)이나 토관(土官)의 부류인가요?"라고 했다. (거렁뱅이는) 말하기를 "농부입죠. 감히 망령되이 (그렇다고) 인정하지 못하겠습니다"라고 하였다. 또 (큰 형님이) 물었다. "본래 조그마한 산업(產業)이 있었다면 어찌 이 지경에 이르렀소?" 오래 한숨을 쉰 후 말하기를 "아들놈이 관가의 광산에 종으로 투신했는데, 은(銀)은 다 고갈되고 세금은 무거워졌으므로 사탕(私帑)을 팔아서 갚았습죠. 게다가 흉년까지 더해, 사방으로 돌아다니며 입에 풀칠을 하고 있습죠"라고 하였다.

때마침 초여름이어서 복숭아가 막 익었다. 내가 몇 알을 가져다주었더니, 그는 다 먹은 후에 천천히 말하였다. "나무를 먹고 사는 이는 건강하고 오래 살 수 있다더니 이치가 혹시 그런가요? 생각해보니 내가

155) 죽파공(竹坡公) : 이광휴(李廣休, 1693~1761)의 호. 자는 경미(景微)이다. 혜환의 맏형이다. 실학에 조예가 깊었다 한다. 저술로는 『죽파시집(竹坡詩集)』 필사본 1권이 있다 하나, 확인할 수는 없다.

어린아이였을 때 시골 선생님 최 아무개 어른에게 글을 배웠습니다. 그 분은 대개 도덕과 행실이 있었고 글을 잘 지었습니다. 일찍이 향시(鄕試)156)에서 장원을 했으나 성시(省試)를 치루지 않고서 말씀하셨습니다. '이곳은 어찌 천리마의 뼈를 둘 곳인가?' 하고는 드디어 산에 들어가 초가집을 짓고 여러 학생들을 가르쳤습니다. 그 분의 막내아우 아무개와 조카 아무개도 나와 더불어 가장 친하였습니다. 매번 글을 읽는 여가에 서로 불러 숲속으로 들어가 야생 과일들을 따서 멋대로 먹었더니, 선생님께서 우스갯소리로 '너희들은 늙지 않을 방도를 연습하느냐. 어찌하여 나무 열매 먹기를 이 같이 좋아 하느냐' 하셨습니다. 지금 나의 하찮은 나이가 여든이 꽉 찼고, 두 최씨(崔氏)는 또 나보다는 몇 살이 많으나 모두 병이 없으니 선생님의 말씀이 어쩌면 뜻이 있어서 하신 것일까요? 비록 그러나 나 같은 사람이야말로 굶주림과 목마름이 성품을 해쳤으며 선조를 더럽히고 자신을 욕되게 하였으니, 이른바 조화옹의 곤욕을 입은 자입니다. 장수를 한들 또한 무슨 이익이 있겠습니까?" 나는 그 말이 소박하고 정직하여 속이지 않는다고 여긴다. 대대의 문벌을 과장하지 않는 것을 보건대 더욱 믿을 수 있는 것이다. 아! 최씨는 진실로 높은 선비이다. 덕에 숨어 자기를 드러내지 않았으므로 세상에서 아는 사람이 드물었다. 거렁뱅이 또한 좋은 사람이다. 궁하고 늙어서 죽게 되었으나 참되고 소박함을 잃어버리지 않았으니, 거친 들판 옛 산협 속에 숨은 선비나, 낮은 농촌에서 살아가는 사람이 모인 곳에도 스스로 사람이 있는 것이다. 그러므로 드러내어 그것을 기록한다. 거렁뱅이는 성이 김(金)이요 이름은 아무개요, 해서(海西) 고을에 살고 있다고 한다.

원문

辛酉歲大飢. 叫化者, 踵相接於途也. 一日, 余方在書舍, 陪伯氏竹坡公, 談古事. 有丐者來, 解下包袋, 依墻而坐, 年高貌古. 審

156) 발해(發解) : 과거의 초시에 합격함.

之若有異者. 竹坡公問, "老人雖裘索行乞乎, 似非下流, 豈鄕紳士官族耶?" 曰 : "田家也, 不敢妄認矣." 又問, "本少産業, 何以至於斯?" 則歔唏久之曰 : "有子投隷官礦, 銀竭賦重, 盡市私胬以償. 加値歉荒, 轉走四方糊口耳."

時夏初含桃新熟. 余爲取數枚以餉, 啖已徐曰 : "木食者, 强而壽, 理或然耶? 憶俺童子時, 學於鄕先生崔丈某氏. 其人蓋有道行, 而善爲文. 嘗以發解高等, 不赴省試曰 : '是豈可處千里骨者耶?' 遂入山, 結草菴, 教授諸生. 其季弟某, 及其從子某, 與俺最善. 每讀書之暇, 相呼入林中, 摘諸野菓, 恣意食之, 先生戲謂, '而曹欲習不老方與? 何嗜木實若是?' 今俺狗馬之齒, 恰滿八十, 兩崔, 則又長俺數歲, 而俱無恙, 先生之言, 豈有意發哉? 雖然, 若俺者, 飢渴害性, 忝先辱身, 所謂爲造化困者. 壽亦奚益也? 余以爲其言質直不誣. 觀於不張世閥, 尤可信也. 噫! 崔固高士. 而隱德不衒, 世鮮識者. 丐亦好人. 窮老垂死, 而眞樸未喪, 可知荒陂古峽之所藏, 卑田養濟之所聚, 亦自有人也. 故表而錄之. 丐者, 金姓名某, 居海西某邑云.

50. 배裵씨, 장張씨 두 대부에 관한 일을 기록하다 記裵張二大夫事

譯 옮김 옛날 배관(裵寬)157) 상서(尙書)가 군수를 그만두고 서쪽으로 돌아갈 적에 날이 저물어서 배를 변수강에 매었다. 한 사람이 나무 아래에 앉아 있는 것을 보자 함께 말을 나누고서 크게 기뻐하며 말하기를 "그대의 재주와 식견으로 스스로 마땅히 진취(進取)하여야 할 것인

157) 배관(裵寬, 679~754) : 당(唐)나라 하동(河東) 사람. 성격이 통민(通敏)하여 기사(騎射)와 서화(書畵)에 능하였으며 발췌과(拔萃科)에 올라 번진(藩鎭)의 관작을 역임하였다. 이림보(李林甫)의 무고로 수양태수(睢陽太守)가 되었다가 다시 예부상서(禮部尙書)가 되었다.

데 어찌해서 가난한가요?"라고 하고 배에 있는 돈과 비단, 노비(奴婢)를 몽땅 나그네에게 주니 나그네 또한 주는 것을 사양하지 않았다. 말이 끝나자마자, 배에 올라서 노비 중에 교만한 놈을 채찍으로 때리니 지시하면 부려지는 것이 명령대로 다 되었다. 배익(裵益)이 그것을 이상하게 여겼으니 나그네는 장서주(張徐州)였다. 아! 범요부(范堯夫)가 보리를 실은 배[麥舟][158]로 상사(喪事)를 도운 것이 진실로 어려운 일이기는 하나, 오히려 친구간의 일이라 있을 수 있는 일이다. 이주영(爾朱榮[159])이 갈영(葛榮)[160] 백만군(百萬軍)을 처치하여 복종케 한 것은 웅대하다고 할 수 있다. 그러나 권위가 있어서 두렵게 한 것이다. 어찌 모르는 사이에 기약하지 않고 우연히 만나 그 많은 재물을 털어 주고, 백의(白衣) 신분으로 대신 거느려서 사나운 사람 꺾기를 배(裵), 장(張) 두 대부(大夫)와 같이함이겠는가? 내가 매번 이 일을 볼 때마다 으레 책상을 치면서 기이하다고 부르짖는 까닭이다.

원문 昔裵寬尙書, 罷郡西歸, 日晩維舟汴流. 見一人坐樹下與語, 大悅曰 : "以君才識, 自當進取, 何爲貧也?" 擧船錢帛奴婢貺之, 客亦不讓所惠. 語訖上船, 奴婢偃蹇者, 鞭撻之, 無不指使唯命. 裵益異之, 客乃張徐州也. 噫! 范堯夫, 麥舟助喪, 固難哉, 猶朋舊也. 爾朱榮處帖葛榮百萬軍, 可謂雄矣. 然有權威令慴也. 豈有素昧邂逅, 捐其重貲. 白衣代領, 處折豪悍, 如裵張二大夫者哉? 余每觀此事, 輒爲之拍案叫奇也.

---

158) 보리를 실은 배[麥舟] : 범요부(范堯夫)는 송(宋)의 명재상 범중엄(范仲淹)의 아들 범순인(范純仁)을 가리킨다. 그의 자(字)가 요부(堯夫)다. 맥주(麥舟)는 보리를 운반하는 배를 가리킨다. 그가 아버지의 명령으로 고소(姑蘇)에서 보리 5백 석을 운반해 오다가 단양(丹陽) 고을에 이르렀다. 친구인 석만경(石曼卿)이 돈이 없어 부모님의 장사를 지내지 못하는 것을 보고 배에 실린 보리를 모두 주고 빈 배로 돌아왔다고 한다.

159) 이주영(爾朱榮) : 후위(後魏) 명제(明帝)의 장수. 대장군(大將軍)을 지냈다. 성은 이주이고 이름은 영이며, 자는 천보(天寶)이다.

160) 갈영(葛榮) : 중국 북쪽 지방 한 부족(部族)의 추장(酋長). 자칭 천자(天子)라 하고 국호를 제국(齊國)이라 하다가 이주영에게 사로잡혔다.

51. 장동해張東海[161]의 서첩書帖 발문 張東海書帖跋

譯 옮김 첩(帖)이 모두 수십 장인데, 기이한 변화가 여러 가지로 드러나도 한 점의 속된 기운도 없다. 그리고 쓰여 있는 시와 문이 모두 다 자기 작품인데, 또한 굳세고 씩씩하여 매우 좋아서, 이른바 '숲을 뒤적이면 난초와 지초 아닌 것이 없다'[162]는 것이니 어찌나 이 노인은 예술에 뛰어남이 이와 같은가?

원문 帖凡數十紙, 奇變百出, 無一點塵俗氣. 而所寫詩若文, 俱自作也, 亦遒健可喜, 所謂披其叢薄, 無非蘭芝者, 何此老之長於藝若是?

52. 동현재董玄宰의 그림 발문[163] 董玄宰畫跋

譯 옮김 내가 수장하고 있는 옛 그림 중에는 현재(玄宰, 董其昌)가 그린 조그마한 「수묵산수도(水墨山水圖)」 한 폭이 있다. 필법이 훨훨 나는 듯하여 다른 화가(畵家)와는 완전히 다르니 그 그림을 보면 그 사

161) 장동해(張東海) : 장필(張弼, 1425~1487)을 가리킨다. 명(明)나라 서법가(書法家)이다. 송강(松江) 화정(華亭) 사람이다. 자는 여필(汝弼)이고 만년에 호를 동해옹(東海翁)이라 했다. 관직은 남안지부(南安知府)였는데 치적이 뛰어났다. 초서(草書)로 잘 알려져 있다. 스스로는 자기 글씨가 시(詩)만 못하고 시(詩)는 문(文)만 못하다고 했다. 저서로는 『학성(鶴城)』과 『동해(東海)』가 있다.

162) 숲을 뒤적이면 난초와 지초 아닌 것이 없다[披其叢薄, 無非蘭芝] : 당(唐)나라 장언광(張彦遠)의 『법서요록(法書要錄)』에 "披其叢薄, 非无香草"라 나온다.

163) 이익(李瀷)도 『성호전집(星湖全集)』에 「제동현재화(題董玄宰畫)」를 남기고 있다.

람을 상상할 수 있다.

원문 余所蓄古畵中, 有玄宰水墨山水一小幅. 筆法翩翩, 與諸家迴異, 見其畵, 想其人矣.

53. 계석명戒石銘 발문跋戒石銘

譯 옮김 이 명(銘)은 송(宋)나라 태종(太宗) 황제(皇帝)가 지은 것이라고 전하나 사실이 아니다. 『사천통지(四川通志)』에 촉(蜀)나라 맹창(孟昶)의 관잠(官箴) 24구(句)가 실려 있으니 목민(牧民)의 도리에 대해 말한 것이다. 태종(太宗)이 그중에서 4구(句)를 취해 명(銘)을 만들었는데, 말은 간략해도 뜻은 완전하여 번거로운 루가 없으니 이른바 점철성금법(點鐵成金法)이다. 그 천하에 반포해서 내린 것은 고종(高宗) 때에 있었는데 글씨는 황정견의 벽과(擘窠) 대자(大字)라고도 한다.

원문 此銘, 傳爲宋太宗皇帝所作, 非也. 『四川通志』, 載蜀孟昶官箴二十四句, 言牧民之道. 太宗於其中, 抄取四句爲銘, 辭簡意完, 無煩莇之累, 所謂點鐵成金法也. 其頒降天下在高宗世, 而書是黃預章擘窠大字云.

54. 취촉설 取蜀說

譯 옮김 촉(蜀)을 취한 일은 여러 작가(作家)들의 논설(論說)이 서로 같지 않다. 어떤 이는 선주(先主)의 계책이라 했고, 어떤 이는 공명(孔明)의 과실이라고 했다. 양용수(楊用修)가 이르기를 "한(漢)나라 소열(昭烈) 황제가 16년 겨울에 유장(劉璋)[164]의 영접에 따라 장로(張魯)를 공격하였다. 이때 공명(孔明)은 형주(荊州)의 유수(留守)로 있었다. (소열 황제는) 이듬해에 곧 가맹(葭萌)을 점거했으니 법정(法正)의 계책에서 나온 것이었다. 만약에 공명(孔明)으로 하여금 그 자리에 있게 되었다면 조치(措置)가 마땅히 이와 같게 하지는 않았을 것이다"[165]라고 하였다.

나는 이르노니 "이것은 모두 충무공(忠武公)[166] 때문에 한 말이다. 그러므로 왜곡하여 두루 변호한 끝에, 그 실제를 얻지 못하여 곧 이르기를 군자의 과실이라 하는 데까지 이르렀으니 어찌나 그처럼 잘못된 것인가?" 다만 진중순(陳仲醇, 陳繼儒)이 말하기를 "유장(劉璋) 부자(父子)는 한(漢)나라의 적(賊)이다. 유장(劉璋)의 아버지 유언(劉焉)이 안으로 교지목(交趾牧)을 구하여 출발하기 전에 동부(董扶)가 말하기를 '익주(益州)의 분

164) 유장(劉璋, ?~219) : 촉중(蜀中) 서천(西川)의 영주. 경릉(景陵) 사람. 자는 계옥(季玉). 그는 전에 한중(漢中)에서 장로(張魯)의 어미와 아우를 죽인 적이 있으므로, 서로 원수 사이였는데, 조조가 마초(馬超)를 쳐부순 뒤, 한중(漢中)을 칠 것을 두려워 한 장로가 이번엔 서천을 취하여 세력의 기반을 잡으려 하자, 본시 암우하기로 소문난 그는 어찌할 바를 알지 못하였다. 그리하여 신하 가운데 외부에서 영특한 군주를 맞아들이려는 장송(張松)·법정(法正) 같은 무리가 나오고, 드디어는 유비에게 청하여 그의 군사를 불러들여 자신 멸망의 계기를 마련한다. 유비도 처음에는 동종간(同宗間)의 우의를 내세웠으나 점차로 영토를 차지하려는 본색을 드러내, 수하의 충신들이 애써 항전하였으나 결국 항복하여 진위장군(鎭威將軍)이란 헛된 칭호를 받고 형주(荊州)로 옮겨졌다. 손권이 형주(荊州)를 뺏은 뒤 익주목(益州牧)을 삼았으며 뒤에 병으로 죽었다.

165) 이 글은 『단연속록(丹鉛續錄)』「촉취유장(蜀取劉璋)」에서 그대로 인용한 글이다. 이 글은 진계유(陳繼儒)의 보안당비급(寶顔堂秘笈)에 속해 있다. 혜환은 『혜환잡저』에 양신의 글을 다수 인용하고 있다.

166) 충무(忠武) : 삼국 촉(蜀)나라 제갈량(諸葛亮)의 시호. 따라서 제갈량을 가리킨다.

야(分野)에 천자(天子)의 기운이 있다'라는 말을 들었다. 드디어 다시 익주를 구하여서는 배반한 사람들을 어루만져 받아들여서 은밀히 다른 계책을 도모하고 장수를 보내서 곡각(谷閣)을 끊어 버리고 한(漢)나라 사신을 살해하였다. 천하(天下)의 제후(諸侯)들이 함께 동탁(董卓)을 치는데도 고을을 보전하여 스스로 지키기만 하고 조금도 출병하지 않았으며, 승여(乘輿)와 거구(車具)를 제작하였다. 유언이 죽자 유장이 곧 음보(陰溥)를 파견해서 조조(曹操)에게 공경을 다했으며, 조조가 유장에게 진위장군(振威將軍)을 더해주자 또 장숙(張肅)을 파견해서 군대 삼백 명과 여러 가지 어물(御物)을 조조에게 보내 주었으니, 그 부자는 일찍이 털끝 하나만치라도 왕가에 마음을 둔 적은 없었다. 왕실(宗室) 중에서 스스로 다른 계책을 품고 있으면서 구차하게 대의를 천하에 펴려고 했던 것은 유언(劉焉) 부자를 놓아두면 장차 누구에게 가겠는가? 공명(孔明)이 초려(草廬)에 있을 적에 유언(劉焉)은 원래 한(漢)나라 조정의 죄인이라는 것을 알고 있었다. 유장(劉璋)이 바야흐로 조조에게 정성을 돌렸으니 범에게 날개를 달아준 것과 같이 되었다. 유장을 잘라내는 것만이 또한 조조라는 교활한 토끼를 한 굴에서 단절하는 것이었다"라고 했으니, 아! 이것은 독창적인 논의이고 다른 사람의 말에 따른 것은 아니다. 또 근거를 들어 논핵(論覈)한 것이 정밀하고 해박하였으니 천 년의 의심스러운 사안을 확정하게 되었다. 선유(先儒)들이 말하기를 "제갈무후(諸葛武侯)의 왕을 보좌한 재능은 맹자의 뒤로는 첫째가는 인물이다"라고 했으니 그 존경하고 숭상하는 것이 대개 이와 같은 것이었다. 오직 이 한 가지 일만은 의논이 어지러워서 결정을 얻지 못했다가 황명(皇明)의 말기에 이르러서 중순씨(仲醇氏)가 나옴에 힘입어 변해(辨解)를 남김없이 하였으니 얼마나 통쾌한가! 또 사람의 사지(四肢) 끝에 종기가 나고 독이 흘러서 장차 장부(臟腑)를 공격하게 되면 반드시 갈라서 끊어내고야 마는 것이다. 이런 까닭에 희공(姬公: 周公을 가리킴)이 관숙(管叔)과 채숙(蔡叔)을 베었고 계우(季友)가 숙아(叔牙)에게 짐독을 먹게 했던 것이니[167] 만약에 사직(社稷)을 위하고 국가(國家)를 이롭게 한다면 형제간에 심히 우애하는 사정은 돌아볼 겨를이 없는 것이다.

유장(劉璋)이 비록 한(漢)나라 성씨이기는 하나 반역의 죄를 지었으니 용서하고 토벌하지 않을 수가 있겠는가? 어떤 이는 또 형주를 버리고 익주를 취한 것으로 잘못된 계획으로 삼는다. 그러나 유표(劉表)는 관망하고 거짓을 꾸미면서도 오히려 두기(杜夔)의 간함을 받아들여 뜰에서 아악(雅樂) 보는 것을 중지했으며, 또한 조조의 악한 것은 돕지 않았다. '참횡(僭橫)함이 서하(西河)가 성인을 의심한 것과 같았다'는 비난이 있기는 했으나 이것은 그 마음이 온전히 한나라를 잊지는 않았던 것이다. 종(琮)은 다만 한 명의 어리고 게으른 아들이었다. 그렇다면 당시에 죄를 묻는 군대는 이 두 사람에 있어서 완급과 선후의 구별이 있어야만 했다. 용수(用修)와 같이 깊고 넓으며 요확(要確)함이 스스로 이르기를 "전에는 나만한 고인이 없었다"라고 했는데도 오히려 이와 같은 과실이 있었거든, 하물며 세상에서 옛날에 들은 말을 지키는 것만 좋아하여 격식을 깨뜨리는 것을 꺼린 자임에랴? 말에 이르기를 "만 권의 책을 읽지 않으면 천고의 일을 이야기하지 말라"라고 했는데, 나는 말하노니 "비록 만 권의 책을 읽었다 하더라도 남다른 식견을 가지지 않았으면 어떻게 경솔히 남의 시비를 논의할 수 있겠는가?"라고 한다.

---

167) 『춘추』「민공(閔公) 원년(元年)」에 "춘추 시대, 노나라 군주 장공(莊公)에게는 4명의 형제, 즉 맏이인 경보(慶父)와 동생들인 숙아(叔牙)와 계우(季友)가 있었다. 장공과 계우는 한 어머니에게서 태어났고, 경보와 숙아는 또 다른 한 어머니에게서 태어났다. 노나라 장공 32년, 장공은 임종 전에 숙아를 불러 누가 왕위 계승에 적당한지를 물었다. '경보 형님께서 재능이 있으니 그가 계승하는 게 좋겠습니다.' 장공은 다시 계우를 불러 그의 의견을 물었다. '저는 형님의 큰아들인 공자(公子) 반(般)을 군주로 세우고자 합니다만, 이 사실은 절대 외부에 알리지 않겠습니다.' 장공이 죽자, 계우는 숙아가 경보를 지지할까 두려워서, 거짓 명령을 내려 숙아를 잡아다가 그에게 독주(毒酒)를 먹여 그를 죽였다. 계우는 계획대로 공자 반을 군주의 자리에 앉게 하였다"라고 했다.

원문

取蜀之事, 諸家論說, 互相不同. 或以爲先主之謀, 或以爲孔明之失. 楊用修云 : "漢昭烈, 于十六年冬, 從劉璋之迎, 而擊張魯. 是時孔明, 留守荊州. 至明年, 乃據葭萌, 出法正之計. 若使孔明在, 擧措, 當不如此."

余謂, "是皆以忠武故, 曲爲周護, 而不得其實. 則至曰'君子之過', 何其謬哉? 獨陳仲醇言'璋之父子, 漢賊也. 璋父焉, 內求交趾牧, 未行, 聞董扶言, '益州分野, 有天子氣.' 遂更求益州, 撫納離叛, 陰圖異計, 遣將斷絶谷閣, 殺害漢使. 及天下諸侯共誅董, 保州自守畧不出兵, 造作乘輿車具. 焉死璋立遣陰溥, 致敬於曹操, 操加璋振威將軍, 又遣張肅, 送兵三百及雜御物于操, 其父子, 未嘗一毫乃心于王家也. 宗室之中, 自懷異謀, 苟欲伸大義於天下, 舍焉父子, 將誰往哉? 孔明在草廬時, 看得焉原是漢朝罪人. 璋方歸誠于操, 如虎加翼, 剪璋亦是斷操狡兎一窟.' 噫! 此獨創之論, 弗隨人口吻者也. 且其據覈精該, 可定千載疑案矣. 先儒言, "武侯王佐之才, 孟子後, 第一人物也." 其所尊尙, 盖如是矣. 唯此一事, 評議紛紜, 未得了勘, 迄于皇明之季, 賴仲醇氏出, 而辨解無遺, 何其快也! 且夫人之肢末, 生疔流毒, 將攻臟腑, 則必割斷而後已. 是以姬公誅管蔡, 季友鴆叔牙, 苟爲安社稷, 而利國家, 孔懷友于之私, 有未暇顧也.

璋雖漢姓, 罪逋逆, 則其可赦而不討耶? 或者, 又以舍荊取益爲誤計. 然表則觀望矯飾, 而猶納杜夔之諫, 止庭觀雅樂, 亦不佐操惡焉. 僭橫有西河疑聖之譏, 是其心, 未全忘漢. 琮特一懦孺子耳. 然則當時問罪之師, 於此二人, 宜有緩急先後之別矣. 用修淹洽要確, 自謂 "前無古人." 而尙有此失, 況世之喜守舊聞, 而憚於破格者乎? 語曰 : "不讀萬卷書, 勿談千古事." 余以爲, 雖讀萬卷書, 未具一隻眼, 亦何以輕議人是非哉.

55. 동곡董穀[168]의 말을 중지시킨다 驟董穀語

譯 옮김 명(明)나라 해염(海塩) 사람 동곡(董穀)이 이르기를 "본조(本朝 : 明朝)에는 전대를 뛰어넘는 일곱 가지 일이 있다. 후비(后妃)들이 정사에 간여하지 못하게 해서 내정(內廷)이 매우 바른 것이 첫째이고, 오랑캐를 몰아냄에 한계 짓기를 매우 밝게 한 것이 둘째이고, 하나의 기원(紀元)으로 세대를 기록해서 변경하는 마음이 없게 한 것이 셋째이고, 많은 선비들이 마음을 하나로 해서 붕당이 없게 한 것이 넷째이고, 피휘(避諱)를 심하게 아니 해서 선비의 풍조(風調)가 점차로 옛스럽게 된 것이 다섯째이고, 신하가 감히 살육(殺戮)을 제멋대로 하지 못하게 해서 사람이 믿고 두려워함이 없게 한 것이 여섯째이고, 관기(官妓)를 한결같이 개혁해서 남의 아내와 간통하는[169] 추함이 없게 한 것이 일곱째이다"라고 했다. 아! 이것은 급히 태평한 세상을 과장해서 꾸밈으로써 지난날에 씌우려 하는 것이나 말을 살필 줄을 알지 못했으니 애석하다! 내가 살펴보건대 후궁(后宮)인 만씨(萬氏)와 정씨(鄭氏)의 화(禍)는 거의 나라를 위태롭게 했으니 궁을 옮기는 하나의 안건은 해독이 더욱 심하여서 곧 암탉이 새벽을 맞지 않았다고 이를 수가 없는 것이었다. 황제가 유천(楡川)에서 죽자 어가가 토목(土木)에 빠져서 천하(天下)의 판도(版圖)가 마침내 건추(建酋)가 되었으니 곧 호족(胡族)들이 남목(南牧)[170]하지 않았다고 할 수 없는 것이다. 양모(楊毛)의 총악(璁萼)이 이미 그 단서를 열었고, 동림당(東林黨)

---

168) 동곡(董穀) : 명(明)나라 사람. 자는 석보(碩甫). 정덕(正德) 병자년(丙子年)에 등과한 사람이다. 관직은 안의(安義), 한양(漢陽) 두 현의 지현(知縣)이었다. 관직을 마친 후에 스스로 호를 벽리산초(碧里山樵)라 지었고, 또 한양귀수(漢陽歸叟)라고도 했다. 해염(海鹽)의 감수진(澉水鎭)에 거하였다.

169) 원문은 기가(寄猳)라고 되어 있으나, 기가(寄豭)의 오자로 보인다. 기가는 남의 우리에 풀어 놓은 씨돼지. 남의 아내와 간통한 사람을 비유하는 말.

170) 남목(南牧) : 남쪽 땅에서 목축함. 북방 민족이 중국에 침입한 것을 말한다.

의 의논이 일어나서 국가의 명맥을 줄어들게 하였으니 즉 왕도(王道)가 평평(平平)하다고 이를 수가 없는 것이다. 천순(天順)[171]이라고 개원(改元)[172]하여 나쁜 사람인 주자청(朱自淸)이 사람을 죽였다. 그러자 조상의 교훈이 무용지물이 되고 가혹한 법이 고슴도치처럼 모여들었다. 아름다운 재덕(才德)을 떨치는 충현(忠賢)들이 한 마디 말이라도 자기를 거스르면 제복(制服)을 입고 말을 탄 이들이 사방으로 나가는 것이었다. 수령(壽寧)의 평로(平鹵)가 창관(娼館)에서 친압하게 놀면서 악곡에 맞추어 연희하였다. 그리하여 태아(太阿)의 자루가 거꾸로 되고 협사(挾斜)[173]한 길이 열렸다. 그렇다면 곧 역대(歷代)의 잘못된 정사와 그릇된 습관이 여기에서 아울러 모이게 된 것이다. 몸이 신하와 백성이 되어서 나라의 치부를 가리는 것은 괜찮다. 그러나 하늘과 땅을 바꿔서 보기가 아름다운 것으로 삼는다는 것은 상감을 속이는 데에 가깝지 않은가? 그러므로 군자가 입언을 할 적에는 반드시 진실을 귀하게 여기는 것이다. 나는 남의 흠점을 찾아내서 이론(異論)하기를 좋아하는 사람은 아니다. 후세 사람들이 동곡(董穀)의 말이 세차게 흘러 막힘이 없는 것을 보고서 마침내 본받게 될까 두렵다. 그러므로 않을 수가 없어 이 글을 짓는다.

원문

明海塩人董穀云, "本朝超越前代者七事, 椒房不預廷事, 內廷甚正, 一也, 驅逐夷狄, 大限甚明, 二也, 以一元紀世, 無變更之心, 三也, 多士一心, 無朋黨, 四也, 不甚避諱, 士風稍古, 五也, 臣下不敢專擅殺戮, 人恃無恐, 六也, 一革官妓, 無寄猳之醜, 七也." 噫! 是急欲張飾昭代以駕往昔, 而言不知審, 惜哉! 余按, 萬鄭二妃, 禍幾危國, 移宮一案, 流毒尤甚, 則未可謂牝不司晨矣. 帝崩楡川, 駕陷土木, 天下版圖, 終爲建酋, 則未可謂胡不南牧矣. 楊毛璁萼, 已啓其端, 東林議起, 耗朘國

171) 천순(天順) : 명나라 영종(英宗)의 연호.
172) 개원(改元) : 군주 국가(君主國家)에서 연호를 바꾸는 일.
173) 협사(挾斜) : 작고 굽은 골목 거리를 말한다. 창기(娼妓)의 거처를 뜻한다.

脉, 則未可謂王道平平矣. 天順改元, 歹朱殺人. 而祖訓弁髦, 苛法蝟毛矣. 振瑾忠賢, 一言忤己, 緹騎四出. 壽寧平鹵, 狎遊娼館. 度曲演戲, 而太阿柄倒, 挾斜路開矣, 然則歷代之疵政謬習, 於玆幷萃也. 身爲臣氓, 掩之猶可也. 貿換玄黃, 以爲觀美, 則不幾於謾上乎. 故君子立言, 必貴其實. 余非尋摘瘢纇, 好爲異論者也. 恐後之人見穀說之沛行無阻, 遂有效焉者. 故不得已騣之.

56. 안견의 그림 발문 跋安堅畵

譯 옮김

안견[174]의 그림은 위작이 많다. 그러나 이것을 허영숙(許永叔)으로부터 얻었으니 그것이 진짜라는 것을 믿을 수 있다.

원문

安堅畵, 多贗作. 然此得自許永叔, 所可信, 其爲眞也.

---

174) 안견(安堅, ?~?) : 조선 전기의 화가. 본관은 지곡(池谷). 자는 가도(可度)·득수(得守)이고 호는 현동자(玄洞子)·주경(朱耕). 화원 출신으로 도화원(圖畵院) 정4품 벼슬인 호군(護軍)까지 지냈다. 안평대군(安平大君)을 가까이 섬겼으며, 1447년 그를 위하여 『몽유도원도(夢遊桃源圖)』(日本 天理大學 중앙도서관 소장)를 그리고 이듬해 『대소가의장도(大小駕儀仗圖)』를 그렸다. 북송(北宋) 때의 화가 곽희(郭熙)의 화풍을 바탕으로 여러 화가의 장점을 절충, 많은 명작을 남겼는데 특히 산수화에 뛰어났고 초상화·사군자·의장도 등에도 능했으며, 그의 화풍은 일본의 수묵산수화 발전에도 많은 영향을 끼쳤다.

혜환잡저 12

1. 『이속고』[1] 발문 跋夷俗考

譯 옮김 중국에서 벗어난 것을 모두 오랑캐라 하니 오랑캐는 모두 네 종류가 있다. 이것은 먼저 동이(東夷)를 우선으로 삼고, 동이는 또 마한(馬韓)을 우두머리로 삼았다. 그런데 물산(物産)과 민속(民俗)을 기록한 것이 괴상하게 다르고 추하게 어그러져 지금 증명할 수 없을 뿐만 아니라, 비록 황당함이 많은 동방의 역사로서도 또한 기재되지 않았다. 그렇다면 기타 대식국(大食國)에서 아이를 나무 위에서 낳는다는 것과 미복(尾濮)에서 노인을 죽여서 손님을 대접한다는 것[2]과 오환(烏桓)에서

---

1) 이속고(夷俗考) : 명(明)나라 방봉(方鳳)의 저작으로, 진계유의 보안당비급에 수록되어 있다.

2) 미복(尾濮) : 『통전(通典)』 권187 「미복(尾濮)」에 "尾濮, 漢魏以後在興古郡今雲南郡地. 西南千五百里徼外. 其人有尾, 長三四寸, 欲坐, 輒先穿地爲穴, 以安其尾. 尾折便

개를 가지고 순장을 한다[3]고 말한 것과 같은 것들은 미루어 알 수 있다. 맹자가 말씀하기를 "서경을 모두 믿을 것 같으면, 서경이 없는 것만 못하다"[4]라고 하셨으니 그 말뜻이 깊은 것이다.

원문 外華, 皆謂夷, 夷凡有四. 此以序先東, 東又首馬韓. 而記其物産民俗, 則詭異醜悖, 非唯於今無徵, 雖東史之多荒唐, 而亦未載焉. 然則其它若大食之樹上生兒, 尾濮之殺老供賓, 烏桓之以犬殉葬云者, 可推知矣. 孟子曰: "盡信書, 不如無書." 其旨深哉.

2. 도장설 圖章說

譯 옮김 옛날에는 도장으로 관직의 신표(信標)로 삼았으니, 그것으로 문부(文簿)[5]를 기록할 따름이었다. 그 후에 일을 벌이기 좋아하는 사람이 모방해서 만들었으니 이른바 사장(私章)이라는 것이다. 그 도화(圖畵)와 서적(書籍)에 쓰는 것을 도서(圖書)라 일컫는다. 지금 모든 장(狀)·찰(札) 등 10건의 기록을 모두 이것으로 부르는 것은 잘못이다. 그 표덕(表德)[6]을 새긴 것은 장안세(張安世)[7]부터 시작했고, 진사(進士)는

死. 居木上, 食人. 俗又噉其老者. 唯識母而不識父. 俗有賓客, 殺老以供廚. 故賓婚有日, 老者必泣, 其地有稷及陸稻, 多鹽井, 饒犀象, 有弓矢, 革鎧以赤猱猴皮. 垂錫珠, 翡翠爲冠幘. 按: 木濮卽尾濮也. 又扶南土俗傳云: '拘利東有蒲羅, 中人人皆有尾, 長五六寸. 其俗食人.' 按: 其地並西南, 蒲羅盖尾濮之地云"이라 했다.

3) 오환(烏桓): 고대 북방에 있던 소수 민족의 이름이다. 『통전(通典)』 권196 「오환(烏桓)」에 "肥養一犬, 以綵繩嬰牽, 幷取死者所乘馬·衣物, 皆燒而送之, 言以屬累犬, 屬累猶付託也"라 했다.

4) 『맹자(孟子)』 「진심장구하(盡心章句下)」에 나온다.

5) 문부(文簿): 뒷날에 상고할 글발과 장부.

양유정(楊維楨[8])으로부터 시작했으며, 고구(古句)는 문징명(文徵明[9])으로부터 시작했다. 그 색깔(인주 색깔)은 당(唐)나라 때로부터 붉은 색을 통용했고, 송(宋)나라 사람들은 묵(墨)으로 했으며 원(元)나라 사람들은 청색으로 많이 했으니 대개 붉은 색은 참람한 데에 가깝기 때문이었다. 그 재질은 금은(金銀)・청록동(靑綠銅)・수정(水晶)・호백(虎魄)・마노(瑪瑙)・가요(哥窯[10])・관요(官窯) 등속이 있었으나 모두 보석이 번쩍거리는 것에는 미치지 못했다.

그 꼭지에는 코끼리와 사자를 만들어 장식하고 제도는 준노(尊爐) 같은 것을 기이한 것으로 여기나, 몸체가 높고 면방(面方)이 순아(純雅)한 것만 같지는 못했다. 그 문(文)은 고전(古篆)을 최상으로 삼되 자획(字畫)과 필의(筆意)가 털끝만치도 손상이 없는 것으로 아름답게 여겼다. 뒷날 전각을 하는 사람들이 많이는 칼 쓰는 법을 잃어서 오직 귀퉁이를 쪼아

---

6) 표덕(表德) : 아호(雅號), 별호(別號)를 말함.

7) 장안세(張安世, ?~前62) : 중국(中國) 서한(西漢)의 대신(大臣). 자는 자유(子儒)이고 두릉(杜陵) 사람이다. 장탕(張湯)의 아들이다. 성품이 근신(謹愼)하였다. 선제(宣帝)를 세우는 데에 공이 있어서 대사마에 임명되었다. 그는 생활이 간소하고 질박하여 비록 식읍이 만호였으나 몸에는 무명옷을 입고, 부인은 직접 베를 짰다.

8) 양유정(楊維楨, 1296~1370) : 중국 원나라 말기, 명나라 초기의 문학자. 호는 철애(鐵崖)・동유자(東維子). 자는 염부(廉夫). 시풍도 이백(李白)과 이하(李賀)를 배워 화려하고 강한 상징성을 보였으며, 원시(元詩)의 주류와는 달랐다. 그는 당시 강남의 시와 사회의 지도적인 존재였으므로 철애체(鐵崖體)라는 문체가 유행하기도 하였다. 특히 고악부(古樂府)에 뛰어났다고 한다. 저서에는 『동유자문집(東維子文集)』・『철애고악부(鐵崖古樂府)』 등이 있다.

9) 문징명(文徵明, 1470~1559) : 중국 명나라 때의 화가・서예가・시인. 자는 징명(徵明)・징중(徵仲). 호는 형산(衡山). 이름 벽(璧). 그림은 동향 사람인 심주(沈周)에게 배운 외에도 곽희(郭熙)・이당(李唐)・왕몽(王蒙) 등 원(元)나라 말기 4대가를 사숙하여 그들의 화풍을 절충한 경향이 있으나, 본령은 남종(南宗)의 산수화에 있으며 심주와 함께 남종화 중흥의 중심 인물이었다. 글씨는 이응정(李應禎)에게 배웠는데 왕희지(王羲之)・조맹부(趙孟頫)의 영향도 많이 받았다.

10) 가요(哥窯) : 옛날 도자기의 이름. 남송(南宋) 때 절강성(浙江省) 처주(處州) 용천현(龍泉縣)에 도공(陶工) 장생일(章生一)・장생이(章生二) 형제가 있어 함께 질그릇을 잘 만들었으므로 이름을 날렸다. 그때 형이 만든 것을 가요(哥窯), 동생이 만든 것을 제요(弟窯) 혹은 장요(章窯), 또는 장용천요(章龍泉窯)라고 했다.

이지러트리고는 옛 뜻이 있다 이르렀으니 자못 옛날에 도장(圖章)은 연수(年壽)가 이미 오래되고 또 진흙과 모래 가운데에서 많이 얻게 되니 긁히어서 흔적이 있는 까닭이라는 것을 알지 못한 것이다. 내가 보배로 여기는 몇 개는 연경(燕京)의 시장에서 산 것으로 전각(篆刻)이 모두 고묘(高妙)하였다. 그중에 도호(道號)를 새긴 인장은 돌의 질이 더욱 아름답다. 일찍이 도장을 꺼내서 손님에게 보였는데, 손님이 농담으로 말하기를 "자네는 궁색한 선비인데 또한 호(號)가 있는가? 내가 듣건대 중국 풍속은 비록 아전과 장사치의 무리라도 모두 호를 부른다고 하니 그렇다면 자네가 호를 가지는 것도 지나친 일은 아닐세"라고 하였다. 내가 말하기를 "대저 천지간에 풀과 꽃, 곤치(昆豸)는 지극히 번창했으나, 또한 미미한 것들이네. 그러나 여러 자서(子書)를 참고해 보건대 모두 명칭이 있거늘, 만물의 영장으로서 홀로 뚜렷하게 구별하는 것이 없겠는가? 그리고 내가 호를 만든 것은 다른 사람이 스스로 드러내서 세상에 자랑하는 것과 같은 것은 아니네. 한결같이 경계하는 뜻을 붙여 때때로 살피려 하는 것이니 어찌 안 될 것이 있겠는가?"라 하자, 손님이 다시 따져 묻지 못하였다. 드디어 그것을 아울러 기록해서 장차 보는 자로 하여금 한 번 웃도록 한다.

원문

古者, 印爲官職信, 令以識文簿而已. 後來好事者, 倣而制, 所謂私章焉. 其用於圖畫書籍者, 稱爲圖書. 今則凡諸狀札什件之記, 擧以是呼之, 誤矣. 其刻表德則始於張安世, 進士則始於楊維楨, 古句則始於文徵明, 其色則自唐通用朱, 宋人有以墨, 元人多以靑, 盖爲朱近僭也. 其材, 有金銀・靑綠銅・水晶・虎魄・瑪瑙・哥窯・官窯之屬, 而皆未及寶石之瑩潤者. 其紐, 作象獅以爲飾, 制肖尊爐以爲奇者, 不如身高面方之爲純雅也. 其文, 以古篆爲上, 而字畫筆意, 毫髮不傷者, 乃佳. 後世鍥家多失刀法, 唯琢缺邊傍, 謂有古意, 殊不知古圖章, 年壽旣久, 又多得於泥沙中, 所以剝蝕有痕也. 余所寶者數枚, 貿於燕市, 篆刻俱高妙.

其中道號印, 石品尤美. 嘗出而示客, 客戱曰 : "子窶儒, 亦有號耶, 吾聞華俗, 雖吏胥工販之徒, 皆私以號相呼, 然則子所爲不過矣." 余曰 : "夫天地間, 草卉昆豸至繁且微也, 然考諸子書, 則咸有名稱, 爲物之靈, 獨無所著別者乎? 且也, 余之爲號, 非如它人高自標以誇世也. 聊以寓戒而時省焉, 何不可之有?" 客無以復詰. 遂幷錄之, 將使覽者, 一解頤焉.

3. 인재설 印材說

譯 옮김 삼금(鋟金)[11] 등으로 만든 것은 지금 다시 볼 수 없고 수정(水晶)의 종류는 갈아서 새기기가 매우 어려워서 오직 보석(寶石)만이 가장 용도에 적합하니 이것은 옛날에 이른바 매괴(玫瑰),[12] 무부(碔玞)[13]라는 것으로 아름답기가 옥과 같은 것이다. 그러나 그중에는 또 그 재질이 강함과 약함, 마름과 윤택함의 다름이 있고, 그 색깔은 붉고 푸르고, 누르고 흰 것의 다름이 있고, 그 무늬는 나화(螺花)와 운첩(暈疊)의 다름이 있고, 그 품질은 밝고 어둡고, 순수하고 어그러진 것의 다름이 있고, 그 꼭지는 물고기, 충수(虫獸)의 다름이 있고, 그 제도는 모난 것과 둥근 것, 납작한 것과 바른 것의 다름이 있어서, 종류마다 물건마다 자못 다 서술할 수가 없으니 감상가들이 마땅히 스스로 가려서 구별하여야 할 것이다. 우리나라에서는 경주(慶州) · 해남(海南) · 진도(珎島) · 평산(平山) 같은 여러 고을에서 또한 생산이 되나, 양질의 것은 아주 드물다. 내가 이제 모아 놓은 것은 다섯 개인데 모두 북경 저자에서 구입한 물

11) 삼금(鋟金) : 일종의 금을 장식하는 공예. 금내리를 기물에 부착하는 것을 이른다.
12) 매괴(玫瑰) : 아름다운 옥을 이른다. 일설에는 화제주(火齊珠)를 가리키기도 한다.
13) 무부(碔玞) : 옥과 비슷한 돌.

건이다. 그중에서 세 개는 순백색인데 꼭지 하나에는 기린이 새겨져 있고, 하나에는 사자가 새겨져 있으며, 다른 하나에는 코끼리가 새겨져 있다. 그중 하나는 무늬가 엇갈리어서 꼭지가 없고, 그중 하나는 담황색으로 머리가 몸보다 적다. 꽃을 새기기를 산 것과 같이 하였으며 또 중국 사람들의 관지와 7언(言) 1구(句)가 있었으니 곧 앞에서 말한 도호장(道號章)이란 것이다. 매양 한가한 날에는 그것을 꺼내어 여러 오래된 법서, 이름난 그림, 특이한 향, 아름다운 묵과 섞어서 진열해 놓고 자세히 바라보면 으레 기쁘게 마음에 들게 되니 또한 저절로 속된 사람을 대하여 세속의 일을 말하는 것보다는 나았다.

원문 鏒金等制, 今不復見, 水晶之屬, 碾鍥甚難, 唯寶石, 最中用, 是古所稱玫瑰珷玞, 美似玉者也. 然其中又有剛脆枯潤之異其質, 紅碧黃白之異其色, 螺花暈疊之異其紋, 瑩晦粹纇之異其品, 鱗介虫獸之異其紐, 方圓匾正之異其制, 種種件件, 殆難盡述, 鑑賞家, 當自遴別矣. 我國慶州・海南・珎島・平山諸郡, 亦產焉, 然良者, 絶罕耳. 余今所蓄者, 五顆, 皆燕市物也. 其三純白, 紐一獜一獅一象. 其一錯紋無紐, 其一則淡黃首殺於身. 琱花如活, 且有華人款識, 及七言一句, 卽前所云道號章也. 每暇日則出之, 與諸古法書, 名畵, 異香, 佳墨, 雜陳觀之, 輒忻然會心, 亦自勝於對俗人談塵事也.

4. 단헌옹檀軒翁[14]의 60살에 대한 수서壽序 檀軒翁六十壽序

譯 옮김 내가 지난날에 듣건대 우리 이씨 가문이 창성할 때에는 벼슬하는 것이 끊이지 않았으니 당시에 거의 둘도 없는 일이었다. 그

런데 이따금 많지 않은 나이에 죽는 액운이 있어 여든 살이나 아흔 살은 말할 것도 없거니와 겨우 쉰 살의 나이에 노인이라 불리는 분도 오히려 겨우 한두 분을 볼 수 있을 뿐이었다. 중간에 점차로 쇠퇴해지자 곧 처음으로 장수하는 분이 많아져서 머리가 누래지고 얼굴에 기미가 끼는 극노인이 뒤서거니 앞서거니 해서 서로 바라보게 되었다.[15] 어쩌면 이치란 완전하게 갖추는 것을 아끼는지라, 이른바 조물주가 암암리에 그 사이에 조절해서 이 두 가지로써[16] 번갈아 먹이고 서로 주는 것인가? 이것을 알 수가 없다.

지금은 나의 고조할아버지 소릉선생의 증손과 현손과 오세손이 다함께 명릉(明陵) 7년 신유(辛酉)에 태어난 분이 모두 네 분인데, 현재 임금 17년 신유(辛酉)에 이미 회갑이 되시었다. 다함께 사고 없이 건강하게 진지를 잘 잡숫고 계시니, 세상에서 부러워하며 말하기를 "이상하게 드문 일이다"라고 한다. 그중에 한 분이 바로 단헌옹(檀軒翁)이다. 옹은 개제(豈弟)하고 자량(子諒)하여 옛날의 장자(長者)였던 만석군(萬石君)인 유문요(劉文饒)의 사람됨을 사모하시었다. 일상생활을 할 때에는 노기를 띠거나 나쁜 말이 없었으며 더욱이 선대를 받드는 데에 삼가하시며 일가에 화목하고 사람들을 사랑하시는 것은 실로 이것이 소품(素稟[17])과 숙식(宿植[18])에서 연유한 것이었다. 이 때문에 친척(親戚)은 그분에게 효를 돌리고 향당(鄉黨)은 그분에게 인을 돌려서 추대하여 숭상하기를 행위(行葦)[19]는 근본을 취하고 철새[20]는 장자(長者)를 취하는 것과 같아서 찬탄

---

14) 단헌옹(檀軒翁) : 그에 대한 글로는 이익(李瀷)의 『성호전집(星湖全集)』에 「간기단헌(簡寄檀軒)」, 「단헌기(檀軒記)」가 있다.

15) 점차로 가문이 쇠퇴해서 벼슬이 없어서 나이만 많은 노인들이 많아졌다는 말.

16) 오래 사는 것과 높은 벼슬을 하는 것.

17) 소품(素稟) : 본디 타고난 성품(性稟)이란 뜻으로 보았다.

18) 숙식(宿植) : 전세(前世)에 선행(善行)을 베푸는 일.

19) 행위(行葦) : 『시경(詩經)』 「대아(大雅)」 '행위편(行葦篇)'을 말함. '행위편'은 제사를 마치고 부형들에게 연회를 베푸는 것을 노래한 시이므로 근본을 취했다고 한 것이다.

20) 후조(候鳥) : 여기서는 기러기를 가리킨 것이며, 기러기는 떼 지어 날 적에 가장 나이

(贊嘆)하고 도축(禱祝)함이 아래에서 일어나면 하느님이 곧 보답하기를 복된 경사(慶事)와 신령의 보호로 곡진히 돕는다. (그리하여) 그 몸을 풍상(風霜)과 질려(疾癘)에서 벗어나서 나이를 늘리고 그 근력과 정신을 손상시키지 아니 하기 때문에 하여금 태평의 세계에 살면서 무한한 안락(安樂)을 받게 되는 것이니, 어찌 아름답지 않은가? 나는 나이가 많고 덕이 많은 선배들 중에서 옹을 가장 좋아한다. 옹의 아들 재희(載熙) 사규(士揆)는 나이가 엇비슷해 사귐이 막역하다. 손님이 왔거나 제사를 지낼 때와 높은 바람이 불거나 심하게 비가 내릴 때가 아니면, 반드시 날마다 한 차례는 옹의 방에 나아간다. 옹은 너무 친근하게 하지 않으신다. 때문에 이미 맞이하여 예법대로 받들면 끊임없이 가문 여러 대의 전고를 말씀을 하셨으며, 혹 아름다운 때의 아름다운 경치가 있으면 나를 데리고 사규를 딸려서 후포에 올라가, 기국(杞鞠)과 해바라기, 석류 사이에서 노셨다. 네모난 건과 베 도포로 지팡이를 세우고 앉아 계시면 보는 자들이 대뜸 강현(絳縣)노인[21]이나 녹리(甪里)[22]선생으로 여겼다.

옹은 스스로 나이가 들수록 뜻이 게을러진다 하여 모든 세상의 일체 성대하고 화려한 욕망은 나의 참다움에 보탬이 없고 마침내 충분히 나의 여생을 줄일 수 있다고 하여 모두 사양해 버리셨다. 비록 서책의 종류로서 평소에 즐긴 것이라 할지라도 말이 자기에게 이익이 되고 기르는 데에 보탬이 될 수 있는 것이 아니면 또한 그다지 살피지 않으셨다. 이미 기가 허비되는 것이 없고 정기가 흔들리는 것이 없으며 형체가 수고로운 것이 없어서 희연(熙然)하게 태평하고 화창하시니 비록 장수(長

많은 것이 앞에 감을 가리키는 것이다.

21) 강현(絳縣) : 강현옹(絳縣翁)을 가리킨다. 평생 험한 일에 종사하면서도 대우도 못 받은 채 늙어 버린 노인을 가리킨다. 진(晉)이 기성(杞城)을 쌓을 때 강현(絳縣) 출신의 73세 된 노인이 성을 쌓는 공사에 동원되자 조맹(趙孟)이 안쓰럽게 여기면서 사죄했던 고사에서 유래한 말이다. 『춘추좌전(春秋左傳)』「양공삼십년(襄公 30年)」 참조.

22) 녹리(甪里) : 녹리(甪里)는 한(漢)나라 초기에 상산(商山)에 은거하던 사호(四皓 : 동원공(東園公) · 기리계 · 하황공(夏黃公) · 녹리선생(甪里先生)) 가운데 한 사람.

壽)나 거수(鉅壽)를 욕구하지 않으신들 되겠는가?

정월에 사규(士揆)가 바로 아들 하나를 낳았는데 옹과 더불어 물을 같이 했기 때문에 아이 이름을 동손(同孫)이라 했다.[23] 옹이 날마다 데려다가 무릎에다 놓고 어르면서 이르기를 "나와 닮았다"라고 했다. 이것은 쇠하지 않는 복이 또 이 아이에게 있으니 우리 종중은 대대로 사람이 있게 된 것이다. 내가 어떻게 한 마디를 드려서 하례하지 않을 수 있겠는가? 옹의 호는 단헌(檀軒)이시니 집에 울창하고 사랑스런 늙은 박달나무가 있어서였다. 하루는 집안 아저씨인 성호공(星湖公)께서 옹에게 글씨를 주었는데 단헌옹(檀軒翁)이었다. 곧 기꺼이 "나의 생각을 이른 것"이라 하시며 받아 두시었다. 대저 박달나무는 소나무나 잣나무와 같은 등속으로 수로써 나타났으니 그 말이 우연히 이루어진 것이나 부합되는 징조가 된 것과 같았으니 진실로 또한 기이한 일이었다.

원문

不佞曩則聞, 吾李盛時宦仕蟬聯, 當世幾無兩. 而往往厄于年弗大施, 勿言八十九十, 且厘一二見知命稱老矣. 中稍以衰而卽始多壽, 黃耉大耋後先相望也. 豈理靳全具而所謂造物者, 陰爲乘除於其間用二, 是二者交餉而互畀也耶? 斯未可知已.

乃今則我高王考, 少陵先生之曾玄若五世諸孫, 同以明陵七年辛酉生, 凡四公, 至當宁十七年辛酉, 已甲一周矣. 俱無恙健匕箸, 世艶說爲異希. 而其一卽檀軒翁是也. 翁豈弟子諒慕古長者. 萬石君劉文饒之爲人. 居恒無厲色惡言, 尤謹於奉先, 而敦宗愛人, 實由素禀宿植. 以故, 親戚歸其孝, 鄕黨歸其仁. 推而尙之, 猶行葦之于本, 候鳥之于長, 贊嘆禱祝, 興於下, 而天卽以酬弗慶陰護曲右. 拔其躬於風霜疾癘之外, 以延之算而又弗損詘其筋力精神, 使容與於太平之世, 受無量安樂也, 豈弗休與? 不佞, 于先進耆碩, 最喜翁. 翁之子, 載熙士揆則年相近, 交莫逆也. 匪賓祭, 若

23) 정현이 할아버지를 닮았다고 해서 소동(小同)이라 한 것에서 유래한 것.

峻風甚雨, 必日一造翁之室. 翁弗以狎故, 已迎將禮, 娓娓道家世典故, 或佳辰媚景, 則挾不佞, 從以士揆, 登後圃, 遊於杞鞠葵榴間. 方巾布袍, 植杖而坐, 見之者, 佹以爲絳縣甪里也.

翁則自以齒邁意倦, 凡世一切淋漓芬華之欲, 無補於吾眞, 而適足以縮吾之餘日, 並謝遣焉. 雖書冊之類素嗜也, 而匪言可以益己資養者, 亦弗甚省也. 旣炁無所費, 而精無所撓, 而形無所勞, 熙然太和, 則縱弗欲遐齡鉅壽得乎哉?

春首, 士揆, 乃擧一子, 以與翁同物, 故小字曰, 同孫. 翁日攬置膝戱之謂類己也. 是其未艾之福, 又在此孩提, 而吾宗世有人矣. 不佞, 胡以無獻一言賀之也? 翁號檀軒, 軒有老檀樹茂鬱可愛. 一日家叔, 星湖公, 貽翁書而題曰, 檀軒翁. 卽喜謂吾意也. 受有之. 夫檀, 松栢族, 用壽著, 則其言偶成而如爲之符兆, 誠亦基異也已.

5. 삼가 순흥順興 사군使君 김공金公을 전송하는 서문 奉送順興使君金公序

譯 옮김

내가 옛날 충청도에 있을 적에 매일 시골의 어르신들과 종유하곤 했다. 여러 어르신의 말씀이 효종(孝宗)과 현종(顯宗) 때의 일에 대해서 자못 소상하였다. 대개 당시의 사대부들은 힘써 후하고 넓게 하기를 힘썼다. 비록 주현(州縣)의 관리라 하더라도 정치와 형벌로 공과(功課)를 매겨 등급의 차이가 있는 자라도 모두 대체(大體)를 보존하여 일체의 단속을 사용하는 것을 부끄럽게 여겨서 다스림이 넉넉하였다. 근래에는 풍속이 바뀌어 혹 밝은 자들은 그 숨은 죄들을 들추어내는 것을 좋아하고, 군센 자들은 항상 그 법률을 가혹하게 하였다. 순안관(巡按官)과 어사는 한때의 소공(小工), 편기(偏技) 중에 기뻐할 만한 것을 봐서 그 성적을 논주(論奏)[24]하면 문득 스스로 크게 자랑하며 이르기를 "옛날 사람이 나만 못하다"라 하였다. 그러나 속임수를 다투어 만들어 마을의 서민들 중에는 신음하는 자들이 있었다. 내가 매번 개연(慨然)하게 여러 번을 생각했다. 순리(循吏)로서 효현(孝顯) 때와 같은 자들은 작은 것으로써 우리 동포에게 감사했다. 이에 지금 상감 17년 신유년(辛酉年) 겨울 순흥(順興)의 수령이 결원이 되어 이조에서 한성서윤(漢城庶尹)인 경주(慶州) 김공(金公)의 이름을 올리니 비답에 "좋다"라고 회보하였었는데 공이 곧 그 사람이다.

공은 솔직하고 활달하여 성부(城府)[25]가 없고 경계가 없었다. 선을 즐거워하고 덕을 좋아하는 것이 하늘이 준 오랜 뿌리[26]에서 나왔다. 모든 여러 혹독하고 심각한 일들은 오직 평소에 한 번도 만들지 않았을뿐더러 우연히 만나 그것을 본다 하더라도 번번이 날이 마치도록 기뻐하지 않았다. 이렇기 때문에 사람들이 또한 군자와 장자라 일컬어서 인망이 날로 융숭하였다. 조정(朝廷)에서 문학(文學)을 선발하게 되자 곧 공이 일찍이 동궁(東宮)의 하급관리가 되었고, 조정에서 재부(財賦)를 중히 여기고 형옥(刑獄)을 삼가게 되자, 곧 공이 일찍이 호조(戶曹)에서는 원외(員外)가 되고, 형조(刑曹)에서는 낭중(郎中)이 되었으나 그 직무마다 어울렸다. 여러 번 군읍(郡邑)을 맡았는데 때에 감봉(甘奉)을 잘하지 못해서 파면되어 돌아가도 백성들이 으레 떠난 후에 비를 세워 준 일이 있었다. 지금 또 한성부에서 순흥 부사로 나갔으니 순흥은 진실로 이름난 영남의 고장으로 안문성(安文成, 安珦, 1243~1306)의 고향이니 인물과 습상(習尙)이 아직도 옛날 기로(沂魯)의 유풍이 있다. 공을 얻어서 원으로 삼은 것은 잘 만났다고 할 수 있으니 그 반드시 성취함이 있을 것이다.

비록 그러나 내가 듣건대 천실(千室)[27]의 고을에 정사를 하는 자가 관

---

24) 논주(論奏) : 의견을 진술하여 상주(上奏)함.
25) 성부(城府) : 마음속에 쌓은 담. 곧 남과 대할 때 마음을 터놓지 않음을 일컬음.
26) 숙근(宿根) : 전세에서부터 이미 정하여진 기근.

리에게는 군신(君臣)의 의리가 있고, 백성에게는 부자(父子)의 도리(道理)가 있는 것이니 여러 업무와 뭇 책임들이 자기 한 몸에게 집중된다. 새벽에 일어나 대청에 앉아 있으면 곡공(梏拲[刑具])이 뜰에 가득하고, 표첩(票牒)이 책상에 쌓이어 있으며 군오(軍伍)들과 서리(胥吏)들의 보충과 교대, 강초(繈鈔)와 양속(糧粟)의 징수(徵輸)와 문고(芟藁), 유탄(槱炭), 염면(塩麵), 주장(酒漿), 어해(魚蟹), 계압(鷄鴨)과 같이 지극한 것에 미치기까지 미세하고 번잡한 일들이 나의 눈에 섞여서 노정(露呈)되고, 서로 나의 마음에 투합되지 않는 것이 없었다. (만약에) 약간이라도 어긋남이 있게 되면 정사(政事)가 백성의 희망을 병들게 할 것이니, 비록 세상에 드문 총명(聰明)과 재력(材力)이 있다 하더라도 또한 어찌 일일이 다스려서 판정할 수가 있겠는가?

그러나 여기에는 요체가 있으니 너그러움으로써 사물을 다루고, 신의로써 사람과 함께하고, 청렴으로써 몸을 규율하는데 지나지 않거니와, 청렴은 또 그중의 근본이다. 세 가지가 갖추어지면 일이 잘 되지 않는 것이 없다. 이렇게 하지 못한다면 과연 과감하고 용맹스러움이 서무공(徐武功)[28]과 같고 민첩하게 살피는 것이 마문장(馬文莊)[29]과 같더라도 오히려 호민(豪民)에게 견제 당하는 바가 되고 서괴(胥魁)[30]에게 팔린 바가 되어서 이제에 이르기까지 웃음거리가 되고 있거든, 하물며 그 아래에 있는 자이랴? 공의 증조 관찰공(觀察公)이 일찍이 영남(嶺南)에 남긴

---

27) 천실지읍(千室之邑) : 천실(千室)은 경(卿)·대부(大夫)가 다스리던 일천 가구의 읍을 가리킨다. 『논어』「안연」에 "子曰 : 求也, 千室之邑, 百乘之家, 可使爲之宰也, 不知其仁也. 千室, 大邑. 百乘, 卿大夫之家. 宰, 邑長家臣之通號. 赤也何如?"라고 했다.

28) 서무공(徐武功) : 명(明)나라 서유정(徐有貞)을 가리킴. 자는 원옥(元玉), 호는 천전(天全). 진사(進士)에 합격하고 시강(侍講)이 되었으며 화개전태학사(華蓋殿 太學士)에 이르러 무공백(武功伯)에 봉해졌는데 우겸(于謙)과 왕문(王文)을 무함하여 주었음.

29) 마문장(馬文莊) : 명(明)나라 마자강(馬自强)을 가리킴. 자는 체건(體乾), 문장(文莊)은 그의 시호임. 진사(進士)에 합격한 다음 경연(經筵)·국자좨수(國子祭酒)를 거쳐 마침내 승상(丞相)에 올랐는데 관중(關中)에 올랐는데 관중(關中) 출신이 입각(入閣)한 것은 명(明)나라에서는 첫 번째였다 함.

30) 서괴(胥魁) : 낮고 작으며 천한 것.

은혜가 있었으니, 순흥 사람은 물론이고 독서해서 아는 것이 있는 이라면 비록 들판의 사내와 초야의 어린이 같이 하찮은 자라 하더라도 공이 온다는 말을 들으면 뛸 듯이 기뻐해서 모두 공의 용모를 보고 공의 덕을 이어서 변화하기를 원할 것이다. 공이 관직에 임해서는 장차 형벌을 완화시켜 이속(貳屬)[31]에게 맡기고 넘치는 일을 덜며 학교를 크게 일으켜 여러 향신(鄕紳)들과 함께 강론을 하였으니 풍교(風敎)를 베푸는 마땅함을 포개(布改)하여 선배(先輩)의 공렬(功烈)을 실추시키지 않기를 바라는 바였다. 여가가 있는 날에는 곧 대나무로 만든 가마를 타고 한 명의 더벅머리 아이를 딸려서 원야(原野)와 성황(城隍)이나 포지(圃地)와 전주(田疇) 사이에서 노닐었으니, 이로써 풍속을 묻고 농사를 권한다. 모든 백성들의 소원과 욕구, 굴함과 원망의 실정을 소장을 안고서 호소하기를 기다리지 않고서도 환하게 두루 다하게 하며 시설(施設)과 명령(命令)이 모두 그들의 뜻에 만족하게 하였으니 곧 이것은 옛날의 탁자강(卓子康)[32]과 황차공(黃次公)[33]에 견주어서 또 얼마나 멀겠는가?

이에 공의 객인 경생(慶生) 아무개는 곧 말하기를 "그의 아비가 일찍이 공을 따라 담주(潭州)로 따라갔었는데 돌아올 때가 되자 자루가 비어서 남물(南物)이 없었습니다. 조용히 이르기를 '관인의 집은 본래 구차하고 또 나이도 늙었는데 어찌 약간이나마 자손을 위한 계책을 하지 않습니까?'"라고 하니, 공이 곧 수염을 흔들고 웃으면서 말하기를 "우리 집안은 대대로 청백리가 있어서 우리 김씨를 칭송했는데 어찌하여 이제 갑자기 썩은 흙으로 그 빙벽(氷蘗)[34]함을 무너뜨릴 수가 있겠는가? 빨리

31) 이속(貳屬): 관청 하급 관리의 우두머리.
32) 탁자강(卓子康): 후한(後漢) 때 탁무(卓茂)를 가리킴. 자강(子康)은 그의 자. 원제(元帝) 때 장안(長安)에 나와 배웠는데 박사 강생(博士江生)을 섬겨 법례(法禮)와 역산(曆算)을 익히고 유술(儒術)로써 시랑(侍郎)에 천거되어 관직이 급사황문(給事黃門)에 이르고 포덕후(褒德侯)에 봉해짐.
33) 황차공(黃次公): 한(漢)나라 때 황패(黃霸)를 가리킴.
34) 빙벽(氷蘗): 청렴한 관리를 일컫는 말. 얼음을 마시고 황경피나무를 먹는다는 말로서 고통스런 생활을 뜻함.

자신의 술을 가져오라 하고는 함께 마시고 흠뻑 취해 파했다고 한다. 아아! 이것은 옛사람의 일이고 이제는 있지 않다. 공에 있어서 한 번 보기를 바랄 뿐이다. 그러나 공은 거처에서 항상 분명한 행동을 하지 않는 까닭으로 공을 좋아하는 자가 비록 많으나 공을 아는 자는 대개 적다. 내가 특별히 그 들기를 뚜렷이 하는 것은 또한 공이 이것으로써 자만하지 말고 오직 처음부터 끝까지 이 마음을 갖기를 원해서이다.

원문

不佞, 昔處湖西, 日從遊鄕之諸長老. 諸長老爲語, 孝顯時事頗詳云. 盖當時士大夫, 務爲緩厚恢濶. 雖州縣吏, 政刑以爲功課, 差次者, 率存大體, 恥用一切操束而治裕如也. 近稍風易, 或明者, 好鉤其伏, 而剛者, 恒騖其律. 巡按官若繡衣使者, 見其一時小工偏技之可喜, 論奏其績, 便自詫大謂, "昔之人, 弗己若也." 然騙僞競作, 閭庶有呻吟者矣. 不佞, 每慨然思得數三. 循吏如孝顯時者, 以少謝吾同胞也. 乃當宁之十七年, 辛酉冬, 順興守缺, 選部以漢城庶尹慶州金公名上, 批報可, 公卽其人也.

公坦直恬曠, 亡城府, 亡町畦. 樂善好德, 出於天授宿根. 凡諸苛急刻深之事, 非惟平生弗一作, 偶遇見之, 輒竟日弗怡. 以故, 人亦以君子長者歸之, 而望日隆. 朝家選文學, 則公嘗爲東宮屬僚, 朝家重財賦, 愼刑獄, 則公嘗於度支爲員外, 司寇爲郎中, 而各稱其職. 婁典郡邑, 時以弗善甘奉, 罷還而民輒有去後思也. 今又繇京地, 出守興, 興固嶺名府, 安文成之鄕, 人物習尙有古, 沂魯之遺焉. 得公爲宰, 可謂遇矣, 其必有成也與.

雖然, 不佞則聞之, 千室之邑爲之政者, 于吏有君臣之義, 于民有父子之道. 衆務群責, 叢輳一己. 晨起坐堂皇, 桔拲盈庭, 票牒累案, 軍伍胥吏之補遞, 緞鈔糧粟之徵輸, 以逮芟藁櫍炭塩麵酒漿魚蟹鷄鴨之至, 細猥者, 莫不雜呈於吾目, 而交投於吾心, 少有差焉, 政病民望, 縱有間世之聰明材力, 亦惡能一一理辨哉?

然是有要焉, 不過寬以馭物, 信以與人, 廉以律躬, 而廉又其本也. 三者, 備而事亡不擧矣. 不爾者, 果猛如徐武功, 敏察如馬文莊, 而尙爲豪民之所持, 胥魁之所賣, 至今以爲笑, 矧其下者乎? 公之先曾大父, 觀察公, 嘗有遺惠於嶺南, 輿人毋論, 讀書有識, 雖田父野孺之微, 聞公之來, 躍然起色, 皆願觀公之貌, 而承公德以吪也. 公莅官, 則將緩威罰, 任貳屬省幐濫, 而大興學校, 與諸鄕紳共講, 所以布改宣風之宜, 冀勿墜前人烈焉. 暇日則乘笋輿, 從一平頭竪, 遊於原隰圃疇之間, 于以問俗而勸農. 凡民願欲屈寃之情, 弗待抱狀而愬, 已瞭然周悉, 施設命令, 咸厭其意, 則此視古卓子康黃次公, 又何遠哉?

乃公之客慶生某, 則言"其父, 曾隨公之潭州, 曁歸橐枵亡南物, 從容謂官人, 家素窶, 年且老, 胡弗少爲子孫計." 公卽掀髯笑曰: "吾家, 世有淸白, 吾金氏之謂, 何今遽以糞土, 而壞其氷蘗哉?" 亟取我酒來, 因共飮酩酊而罷云. 嗚呼! 是古人事, 今亡有也. 於公幸一見爾. 然公居恒弗爲, 皭皭之行, 故悅公者, 雖衆, 知公者, 盖鮮也. 不佞, 特擧著焉, 亦願公之毋以是自滿, 而惟終始此心也.

6. 사내당기 四耐堂記

譯 옮김 옛날 우리 옥동(玉洞)선생이 아직도 옥동(玉洞)에서 종사(從事)하고 계실 적에 북면집경(北面執經[35])하거나 강담이도(講談理道)함을 따질 것 없이 한때의 종유하던 여러 분들은 몸가짐이 방정(方正)하고 염결(廉潔)함이 많아서 옛 군자(君子)의 풍모가 있었다. 선생께서 돌아가신지 이제 20년이 되었는데 지난날 빈우(賓友)들이 거의 다 돌아갔

35) 집경(執經): 손에 경서(經書)를 가지다. 스승을 따라 글을 배운다는 말.

으나 홀로 명고처사(鳴皐處士) 이공(李公)만이 아직 병환이 없기 때문에 때때로 "옥동이 쇠하지 않았다"고 일컬어졌다고 한다. 공이 처음에 군내(郡內)의 제생(諸生)으로서 과거 공부를 하게 되었는데 점차 쓰여지지 못하게 되자 문득 버리고서 날마다 옛 성인의 서적과 및 제자백가의 말들을 취하여 외우고 읽는 것을 즐거움으로 삼았다. 세간의 일체 분화(紛華 : 富麗)한 것들이 그의 마음을 유혹할 수 없었으니, 여러 고생스러운 것들로 어려우면 곧 반드시 마음을 가다듬고 성품을 인내(忍耐)한 까닭이었다. 말년에 그가 사는 당에 쓰기를 사내(四耐)라고 하여서 뜻을 나타냈다. 대개 사람은 몸뚱이를 가지고 있으면 면할 수 없는 네 가지가 있으니 굶주림, 목마름, 추위, 더위 등이다. 그러므로 그것을 위하여 밭갈이 하고 우물을 파며, 갖옷과 칡베 옷으로 때에 맞게 하는 것이다. 그러나 형통하고 안 풀리거나 후하고 빈곤한 것들의 뒤섞임이 현저하게 멀어서 가지런하지 아니 함이 있으니 이른바 운명이라는 것이다. 만일 (운명에) 순응하지 않는다면 그 화에 말할 수 없는 것이 있을 것이니, 어찌 두렵지 아니 한가? 그리고 인생(人生)에 수가 적은 자는 40년이나 30년이고, 많은 자는 70년이나 80년이 된다. 그리하여 그 수가 백에 이르면 지극하다고 일컫는다. 그러나 달자(達者)로 말미암아 본다면 찰나경(刹那頃)일 뿐이다. 만약 그 사이의 시간을 우유(優游), 안일(安佚)하게 살지 못하고, 반대로 파파(波波) 각각(却却)하게 하여 정신(精神)을 해치고 소모시킨다. 남거나 모자라는 것을 작제(酌劑)[36]하여 신계(身計)나 가계(家計)를 삼지 못하여 하나의 음식(飮食)이나 하나의 의복(衣服)의 약간 마땅함을 잃는 것까지도 축연(蹙然)히 근심하고 병으로 여기기를 견딜 수 없는 것같이 여기는 자는 갈단(鶡鴠)[37]이 우는 것이나 하마(蝦蟆)가 뛰는 것과 무엇이 다르리오. 다만 수고롭고 조급할 따름이니 무슨

36) 작제(酌劑) : 가득한 것을 빈 데에 넣어 고르게 하는 것.
37) 갈단(鶡鴠) : 산새 이름. 꿩과 모습이 비슷하지만 울지 못한다 한다. 『예기(禮記)』·『산해경(山海經)』에 나온다.

도움이 되겠는가?

이제 공은 배움이 넉넉했으나 때를 만나지 못해서 천하고 가난하게 되었다. 이것은 원망이 쉽게 생기는 바이나, 이에 조금도 근심하는 낯빛이 없었다. 혹 만나면 말씀하기를 "내가 거처하는 것은 선비의 떳떳한 것이니 떳떳한 것을 바꿀 수 있겠는가? 또 나는 비록 풍성하고 사치스러운 봉양이 없기는 하나 동포들이 좋지 않은 농지에서 신음하는 것에 비한다면 너무나 행복하다. 그런 까닭으로 참을 수가 있다"라고 했다. 아아! 그 도를 아는 분이 아니라면 이와 같이 할 수 있겠는가? 무릇 주역의 육괘(六卦)는 모두 동(動)을 주로하고 오직 지산곤간(地山坤艮)만이 우뚝하게 정(靜)하여 다만 굳게 참는 뜻이 있으니 곧 학자들이 말미암아서 덕을 진출시키는 바이다. 공은 여기에 터득함이 있어서인가? 포주(抱州 : 포천) 사람들이 곧 말하기를 "공이 올해에 70살인데 근력(筋力)이 조금도 병들지 않고 지기(志氣)가 충만하여서 부족한 바가 없는 사람과 같다"라고 하였으니 이것은 오직 참는 것일 뿐만 아니라, 거의 그것에 편안히 함일 것이다. 내가 후일에 궤장(几杖)를 잡고 공을 당에서 모시게 되면 그 곤궁한 데에 처신하면서도 안타깝게 여김이 없는 요결을 청하려 하는데, 우선 기(記)를 지음으로써 폐백으로 삼으려 한다.

원문

昔我玉洞先生之尙事玉洞也, 毋論北面執經, 談講理道. 一時從遊, 諸公, 率多操履方潔, 有古君子風. 先生沒, 今二十年, 嚮日賓友, 淪化幾盡, 獨鳴皐處士李公, 尙亡恙, 時時稱玉洞不衰云. 公始以郡諸生, 治公車業, 稍不售則輒棄去, 日取古聖人書及諸子百氏言, 諷讀爲樂. 世間一切紛華, 亡足以誘其中, 而諸困苦戹艱, 則必厲心忍性也. 晩署其所居堂曰, 四耐, 以見志焉. 盖人有是身, 所不能免者四, 飢渴寒暑. 故爲之耕焉鑿焉, 裘葛以適時焉. 然亨蹇厚約之等, 參錯縣迴, 有不齊者, 所謂命也. 苟不能順, 其禍有未可言者, 豈不懼哉. 且也, 人生, 少者四三十年, 多者七八十年. 而其數至於百, 則稱爲極矣. 然繇達者觀, 刹那頃爾.

若不以其間之暑, 優游安佚, 反波波却却, 弊精耗神. 酌劑羨縮, 作爲身計家計, 以及一飮食一衣服之稍失宜, 輒蹙然愁恚, 如莫可堪者, 是奚異鶗鴂之鳴, 蝦蟆之跳. 只自勞躁而已, 何益也.

今公學優而無時賤且貧焉. 此怨尤之所易生, 而乃亡幾微色. 或見曰 : "吾所居, 卽士之常, 常其可易耶? 且我雖無豊侈之奉, 比諸同胞之呻吟於畢田者, 已幸矣, 故能耐也." 嗚呼! 其非知道者, 而爲如是乎? 夫易六卦, 皆主動, 惟地山坤艮, 屹然靜止有堅耐意, 卽學者所繇進德也. 公其有得於此與? 抱州人則言公今年七十, 觔力不少病, 志氣充然, 有若亡所不足者, 是非惟耐焉, 庶幾安之矣. 不佞它日, 將操几杖侍公於堂, 請其所處窮亡悶之要, 姑爲記以當贄焉.

7. 화룡畵龍에 쓰다 題畵龍

譯 옮김 바야흐로 곤궁하여 진흙에서 도사리고 있을 적에는 굼틀거리는 질인(蛭螾 : 거머리와 지렁이)만도 못하더니, 머리를 들어 하진(河津)을 날면 비록 신악(蜃鰐 : 蛟龍과 鰐魚)일지라도 오히려 바라보면서 깜짝 놀란다. 동정을 때에 맞게 하여 허물이 없도록 하는 것은 오직 탄만(歎斆)과 숙옹(塾翁)만이 또한 그러하다.

원문 方其困而泥蟠也, 謂不如蛭螾之蠕然, 及驤首而翔河津則雖蜃鰐, 猶望而駭然. 夫動靜隨時而不愆者, 唯歎叟與塾翁, 亦然.

8. 열부 유인 한씨전 烈婦孺人韓氏傳

譯 옮김 열부(烈婦)인 유인(孺人) 청주 한씨(淸州韓氏)는 덕채(德采)의 딸이고, 어머니는 박씨였으니, 을해(乙亥)[38]년에 절개를 위해 죽은 박팽년(朴彭年)의 후손이 된다. 유인(孺人)은 딸이었을 적에 효녀로 불리었다. 그러나 성격이 엄하고 결백하여서 그 아버지가 일찍이 남에게서 하찮은 것을 구하니, 곧 간하기를 "없으면 그만이지, 어찌 구차하게 구할 것이 있습니까?"라고 하였다. 아버지가 매우 기이하게 여겨서 등을 어루만져주고 탄식하며 말하기를 "너 같은 아이가 사내 아이가 되지 않았으니 우리 집안이 쇠퇴하는 게 당연하구나"라고 하였다. 계집종들 중에서 행실이 나쁜 이들도 서로 경계하며 말하기를, "내가 행실을 나쁘게 하면 낭자가 비난하고 괴이하게 여길 테니 어쩐다지?"라고 하였다. 나이 열일곱에 채응전(蔡膺全)에게 시집갔으니, 희암(希菴)이란 호를 가진 채팽윤(蔡彭胤[39])의 둘째 아들이었다.

이듬해에 아들을 낳았고, 또 그 이듬해엔 채생(蔡生)이 병이 나서 한씨 집에서 죽었다. 유인(孺人)이 울부짖다가 넘어지기까지 하였으며 마실 것을 삼키지 아니 하니 보는 사람들이 슬퍼하였다. 이에 채생을 장사 지내고 나서 울면서 친정아버지에게 청하기를, "아버지께서는 저에게 채생을 섬기게 하셨으니 저는 곧 채씨집 며느리예요. 그런데 채씨집 며느리가 시어머니를 한 번도 보지 못했다면 어찌 채씨 집안사람이라 말할 수 있겠어요?"라고 하였다. 마침내 채생의 신주(神主)를 가지고 채생의 집으로 돌아갔는데 이미 뼈가 드러나서 사람의 몰골이 아니었다.

---

38) 을해(乙亥) : 을해(乙亥)는 1455년이다. 박팽년은 1456년(丙子) 6월에 죽었으니 1년 간의 오차(誤差)가 있다.

39) 채팽윤(蔡彭胤, 1669~1731) : 조선 영조 때의 문신. 자는 중기(仲耆), 호는 희암(希庵). 어려서부터 신동으로 이름났고, 21세 때 문과에 급제하였다. 만년 30년 동안은 산림에서 시문으로 세월을 보냈다. 저서에 『희암집(希庵集)』이 전한다.

머리가 어지럽게 얼굴을 덮은 채 벽을 바라보고 혼자 앉아 사람과 말함이 드물었다. 밤에도 질대(絰帶)를 벗지 않았고 겨울에도 장작을 때지 않았다. 종기가 겨드랑이에 나서 크기가 거의 사발만큼 커졌는데 비록 모시는 종이라도 알지를 못했다. 마침내 농이 터져 흘러나온 뒤에야 사람들이 비로소 놀라 약을 권했으나 물리치고는 먹지 않았다. 아버지가 혹 채소와 소금을 주어도 맛보지 않았고, 편지가 있으면 한 번 펴보고서는 곧 봉해서 돌려주었다. 얼마 안 돼서 채씨의 어린 아이가 죽었는데도 유인(孺人)은 슬퍼하지도 않았다. 사람들이 그 까닭을 묻자 말하기를 "내가 그 아이의 죽음을 슬퍼하지 않는 것이 아니라, 슬퍼할 겨를이 없답니다"라고 하였다.

이에 시어머니가 삼가 그 절개를 지키겠다는 뜻을 알고 억지로 밥을 먹게 했는데 보이는 데서는 먹고 보이지 않는 데에서 토하였으며, 혹은 거적자리에 엎기도 하였다. 채생의 집에서 매우 안타깝게 여긴 끝에 심부름꾼을 시켜 아버지에게 고하게 했다. 아버지가 달려와서 유인(孺人)에게 말하기를 "내 자식 열 명 중에 오직 너 하나 남았는데, 네가 죽으면 내가 누구를 의지하겠니. 죽는 것이 네가 하고자 하는 바이나, 너는 유독 네 아비가 너를 키울 때의 신고(辛苦)는 생각하지 않는 거니! 바라건대 죽지 말고 다만 나를 따라 의원에게 나아가 병을 치료하는 것이 어떻겠니?"라고 하였다.

유인(孺人)이 말하기를 "아! 백 년이 많다고 생각하세요. 없는 것과 같답니다. 하물며 방에는 궤연이 있으니 남편이 살아 있는 것과 같습니다. 제가 여기를 떠날 수가 있겠어요? 저는 죽는 것이 소원이니 아버지는 다시 말씀하지 마세요"라고 하고는 드디어 가지 않았다. 얼마 안 되어 유인(孺人)이 스스로 병이 위중해 죽게 될 것을 알고 시어머니에게 마지막으로 말하기를 "은혜 받은 것이 지극하거늘 보답을 하지 못했으니 그 때문에 눈을 감지 못하겠습니다. 또 저에게는 몸에 지니고 있는 조그마한 칼이 있습니다. 지난밤 문을 나가서 자진하려고 한 것이 세 번이었는데, 세 번 모두 그만두었어요. 저의 죄로 하늘이 화를 내린 것인데 제가 감히 이 실오라기 같은 목숨을 아끼겠습니까? 다만 제 손으로 목숨을 끊는다면 거듭 어머님의 뜻을 상하게 하는 것이니 저승에 가서도 남편을 볼 면목이 없기 때문에 세 번 죽으려 하다, 세 번 멈춘 것입니다"라고 하고는, 또 아버지에게 편지를 쓰고 목이 메어 목구멍 속으로 말하기를, "죽어도 좋다. 죽어도 좋다"라고 하였다. 시어머니에게 청하여 손발을 씻고 단정히 앉아서 죽었으니 나이가 스물이었다. 채생의 무덤 옆에 장사를 지냈다. 군(郡)에서 그 일을 예조에 올리니, 예조가 위에 아뢰어 특별히 정문을 내려 줄 것을 청했다고 한다.

야사씨가 말하기를 "과부의 행실에 두 가지가 있으니 절개를 지키는 것을 절(節)이라 하고, 따라 죽는 것을 열(烈)이라 한다. 채씨의 부인은 대개 열부(烈婦)라 할 것이다. 열(烈)에는 목을 매거나 칼로 찔러 그 몸을 훼손시키는 것이 있는데 채씨부인은 열(烈)이 있고도 효행이 있는 자이다. 이에 그 아버지가 말하기를 "집에 큰일이 있을 때에 반드시 유인(孺人)에게 물으면 마름질해서 계획하는 것이 질서정연해서 이치에 맞지 않는 일이 없었다"고 하였으니, 채씨부인은 또한 열(烈)이 있고도 재주[才]가 있는 자라 하겠는가?

원문 烈婦孺人, 淸州韓氏, 德采女. 母朴氏, 乙亥死節, 彭年之後. 孺人, 爲女時, 以孝稱. 然性嚴潔, 其父嘗有求於人微物也, 輒諫曰 : "無則斯已, 何苟也?" 父大奇之, 撫背歎曰 : "若而不爲男子子, 宜吾家之衰也." 諸女隷之褻行者, 相戒言, "吾則褻行, 娘子之非怪, 何?" 年十七, 嫁蔡生膺仝, 卽希菴彭胤, 仲男也.

明年生子, 又明年蔡生病, 歿於韓氏. 孺人, 啼號仆倒, 不呑水漿, 見者悲之. 乃葬生, 泣請其父曰 : "大人, 旣以兒事蔡生, 兒卽蔡氏婦也. 蔡氏婦, 而不一見蔡氏母, 則何以稱蔡氏婦哉?" 遂以生之主, 歸生家, 已骨立, 非人狀矣. 亂髮覆面, 面壁獨坐, 罕與人言語. 夜不說絰, 冬不然薪. 腫發腋間, 大幾如盂, 雖侍婢莫知也. 及膿裂流離然後, 人始驚嗟, 勸之藥則却之. 其父, 或遺以蔬塩, 不嘗也, 有書, 則一開見, 卽封還焉. 居亡何, 蔡氏之孤死, 孺人, 不之戚. 人問故曰: "吾非不之戚, 不暇戚爾"

於是, 其姑, 喩其意謹守之, 强之食, 則陽嚥而陰吐, 或覆於苫薦. 蔡生家, 甚愍之, 使人告其父. 其父, 卽馳往見, 孺人語之曰: "吾十子, 唯而在, 而則亡, 吾疇依. 死雖汝欲爾, 汝獨不念而父育汝時辛苦邪! 幸勿死, 第從我還以就醫, 醫疾則如何?"

孺人曰: "嘻! 百年謂長邪! 等亡耳. 况室有几筵, 猶夫在也. 兒安得輒去? 此兒死所願, 大人, 勿復言." 遂不行. 頃之, 孺人, 自知病困將絶, 訣於其姑曰: "蒙恩至矣, 未有報也, 爲不瞑耳. 且妾, 有隨身小刃. 前夜出戶, 欲決者三, 三止焉. 以妾之罪, 而天降之禍, 妾敢惜此一縷哉? 顧自屠其軀, 重傷我尊章意, 亡以見亡夫於地下故, 欲決者三, 三止焉." 又作書於其父. 咽咽喉語曰: "死好矣! 死好矣!" 請其姑, 出澡濯手足, 端坐而逝, 年二十. 葬于蔡生墓旁. 郡上其事於禮部, 禮部白淸特旌云.

野史氏曰: 嫠寡之行有二, 守曰: '節', 殉曰: '烈'. 蔡氏婦, 盖烈者也, 烈有投繯剚刃, 以毁其遺體者. 蔡氏婦, 其烈而孝者也. 乃其父則言, 家每有大事, 必以訪孺人裁劃, 亡不秩然中理也. 然則蔡氏婦, 又烈而才者邪!

9. 부시자의변 罘罳字義辨

譯 옮김 진미공(陳眉公)이 『침담(枕譚)』[40]에서 『한서(漢書)』를 인용하여 부시(罘罳)[41]를 병풍이라 하였다.[42] 또 유희(劉熙)[43]의 설(說)[44]을

40) 침담(枕譚): 명(明)나라 진계유(陳繼儒)가 찬(撰)한 것으로 보안당비급에 수록되어 있다.

인용하여 끝에서 말하기를 조장(照墻)[45]이라고 함으로써, 단성식(段成式)[46]이 작망(雀網)[47]이라고 한 오류를 배척하였다. 그러나 내가 사마상여(司馬相如)의 「자허부(子虛賦)」를 살펴보건대 "그물로 미산을 덮어썼다" 하였으며, 또 소악(蘇鶚)이 이르기를 "부시(罘罳)는 망(网)을 따랐으니 그 형상은 사(思)와 같지 않되 그 소리는 부(罘)는 부(浮)요, 시(罳)는 사(絲)이다. 실을 짠 무늬가 가볍고 엉성해서 부허한 모습을 이르는 것"이라 했다. 대저 미산(彌山)이라 하고서 실로 짰다고 한 것은 그물이 아니고 무엇이겠

---

41) 부시(罘罳) : 궁문(宮門) 안에 대나무 따위로 엮어 세운 담. 또, 궁문 밖에 있는 담에 낸 그물을 친 창(窓). 또, 참새 · 비둘기 같은 새가 앉지 못하게 하느라고 전각(殿閣)의 처마에 치는 철망을 이른다.

42) 『한서(漢書)』 「사마상여전(司馬相如傳)」에는 "子虛曰 : 可. 王駕車千乘, 選徒萬騎, 田於海濱, 列卒滿澤, 罘罔彌山. 掩菟轔鹿, 射麋格麟, 鶩於鹽浦, 割鮮染輪. 射中獲多, 矜而自功, 顧謂僕曰 : '楚亦有平原廣澤遊獵之地饒樂若此者乎? 楚王之獵孰與寡人?' 僕下車對曰 : '臣, 楚國之鄙人也, 幸得宿衛十有餘年, 時從出遊, 遊於後園, 覽於有無, 然猶未能徧覩也. 又烏足以言其外澤乎?' 齊王曰 : '雖然, 略以子之所聞見言之.'"라고 기록되어 있다.

43) 유희(劉熙) : 동한(東漢) 사람으로 『석명(釋名)』을 지었다. 『석명』은 아름다운 것들이 많은데 물류가 특히 많으나 상세하게 궁구함을 얻기는 어렵다. 같은 음을 가진 말로 어원을 설명하였다. 분류방법은 『이아(爾雅)』와 같으나, 소리가 비슷한 말은 의미에도 많은 관련이 있다는 성훈(聲訓)의 입장에서 해설을 한 점이 특색이다. 억지에 불과하다는 설도 있으나 어원을 해설한 점에서 중요한 자료이다. 또한 오늘날에는 그 실물을 알 수 없는 기물(器物)과 가구(家具)에 관해 귀중한 기록이 적지 않다. 청나라의 왕선겸(王先謙)이 지은 『석명소증(釋名疏證)』은 이 책의 훌륭한 연구서로 꼽힌다.

44) 『석명(釋名)』 「석궁실(釋宮室)」에 "罘罳在門 外罘復也 罳思也 臣將入請事於此復重思之也"라고 했다.

45) 조장(照墻) : 조장(彫墻)을 말하는 것으로 화초담이라고도 한다. 곧 여러 가지 채색으로 글자나 무늬를 놓고 치레한 담. 담의 면(面) 주위로 만(卍)자 · 아(亞)자나 또는 뇌문(雷文) · 초용(草龍) 등의 선을 두르고 그 가운데에 십장생(十長生)이나 화초의 모양을 그려 놓음. 또는 벽돌로 간단히 당수복(唐壽福)을 넣어 쌓기도 함.

46) 단성식(段成式, ?~863) : 당(唐)나라 때의 학자. 자는 가고(柯古)이다. 박학(博學)이라는 영예를 안으면서 연구에 정진하여, 비각(秘閣)의 책을 모두 읽었다고 전한다. 상서랑(尙書郞) · 강주자사(江州刺史) · 태상소향(太常少鄕) 등의 벼슬을 역임하였다. 주요 저서에 『유양잡조(酉陽雜俎)』(20권) · 『속집(續集)』(10권)이 있다. 『유양잡조』는 당대를 주로 한 괴이한 사건, 언어와 그리고 풍속 따위를 기술한 책이다.

47) 작망(雀網) : 참새를 잡는 그물을 말함. 단성식(成式撰), 『유양잡조(酉陽雜俎)』 「폄오(貶誤)」에 나온다.

는가? 만일 『한서』의 옛일로 여러 학설을 꺾는다고 한다면 「자허부」는 『한서』 이전에 나온 것인가? 진미공(陳眉公) 같이 해박한 지식을 가진 자라도 오히려 이와 같은 실수가 있었으니 글이라고 하는 것은 어찌 쉽게 다할 수 있는 것인가?

원문 陳眉公『枕譚』引『漢書』云罘罳, 屛也. 又引劉熙說證之末云, 今之照墻也, 以斥段成式雀網之誤. 然余按司馬相如「子虛賦」云, "罘網彌山." 又蘇鶚云, "罘罳從网, 是形不與思, 是聲罘浮也, 罳絲也. 謂織絲文, 輕踈浮虛之貌." 夫彌山而織絲者, 非網而何? 若以漢書之古, 折諸說則子虛又出漢書前邪? 以眉公之博雅, 尙有此失, 書豈易盡哉?

10. 족질族姪 인혜에 대한 뇌문 族姪獜兮誄

譯 옮김 유세차 임술년(壬戌年) 5월 27일 을유(乙酉)에 족질인 지환(趾煥, 字 : 獜兮)이 죽어서 호상(護喪)하는 자가 부고를 보내왔다. 오호 절통하구나! 인혜(獜兮)여! 소로(少魯)[48]와 같은 정화(精華)가 보통 사람보다 뛰어나지는 않았으나 사람이 평이하고 선량하고 넓고 밝아서 다른 사람들이 이것으로 그를 중하게 여겼다. 성품이 지극히 효성스러워 아버지인 봉사공(奉事公)과 어머니인 윤숙인(尹淑人)을 섬길 적에 어린애같이 사모함이 있었다. 봉사공이 이미 관직을 그만두어 가난한 생활을 하게 되고, 윤숙인(尹淑人)은 평소에 잘 앓았다. 인혜(獜兮)는 몸소 포장(脯

48) 소로(少魯) : 송(宋)나라 엄참(嚴參)의 자(字), 엄우(嚴羽)의 족인(族人). 지기(志氣)는 엄격하였으나 외면은 부드러웠다. 자호는 삼휴거사(三休居士)이다. 『상우록(尙友錄)』에 나온다.

漿)을 만들어서 충심으로 봉양하다 그래도 부족하면 아내의 화장 도구를 이따금 전당포에 잡히는데 인색함이 없었으니 또한 자식답다 할 만했다. 그러나 그가 크게 성취하지 못하고 일찍 요절했으니 애석하도다.

뇌(誄)를 지어 말하다. "세상이 생긴 지가 이미 오래되자 문채가 본질을 없앴도다. 그리하여 겉으로만 착한 체하고 내면은 도리어 소홀하게 하였도다. 오직 너는 하늘이 주어서 몽둥이로 쳐도 교활하지 않았도다. 그리하여 이치를 살피고 법도를 따르는 물건이었도다. 말하자면 성신(誠信)을 지키어 잃지 아니 하였도다. 이미 우애를 해서 부모가 기뻐했도다. 사람이 누구인들 효심이 없을까마는 뜻을 빼앗기는 일이 있느니라. 너는 너의 어버이만을 알고 나머지는 돌보지 아니 했도다. 인척과 향리(鄕里) 간에 부럽게 여겨서 전하였도다. 그 근본이 이미 섰으니 장차 스스로 달할 수 있었도다. 사람이 불행하여서 학질을 만났도다. 아이들이 노는 곳에 무덤을 정했도다. 해가 지면 무덤나무에서 부엉이와 인불이 나오는 도다. 죽은 사람이 어찌 앎이 있겠는가마는 산 사람만이 슬퍼하는 도다. 오호 슬프고 슬프도다. 다시 무슨 말을 하겠는가?"

원문 歲次, 壬戌五月二十七日乙酉, 族姪趾煥獜兮死, 護喪者, 以訃至. 嗚呼痛哉! 獜兮! 少魯菁華, 不隃等曹, 而易良坦洞, 人以是重之. 性至孝, 事父奉事公暨母尹淑人, 有嬰兒慕. 奉事公旣罷官食貧, 而尹淑人, 素善病. 獜兮, 身治脯漿, 忠養之不足, 則婦奩珥, 往往入子錢家, 亡吝也, 亦可以爲人子矣. 然其未大就以夭, 惜也.

誄曰 : "世生旣久, 文滅質兮. 而臧其表, 內反忽兮. 惟爾天授, 椎弗黠兮. 然審於理, 率軌物兮. 曰誠與信, 守勿失兮. 旣得于友, 父母悅兮. 人孰亡孝, 志有奪兮. 爾知爾親, 餘靡恤兮. 姻戚州閭, 間艷述兮. 其本已立, 將自達兮. 人之不幸, 遘虐疾兮. 童子所遊, 卜幽室兮. 日墮墓樹, 鵂燐出兮. 死豈有知, 生所怛兮. 嗚呼嘻噫, 復何說兮."

11. 이유화 뇌사 李囿和誄辭

譯 옮김

유화(囿和)는 이씨(李氏)인데 이름은 아무개다. 모습이 빼어나서 아름다운 여자와 같았는데 그 마음에는 지키는 것이 있었다. 집안사람들이 매번 모일 적에 손님이 우스갯소리로 멋대로 장난을 해도 유화는 공수(拱手)하고 자리에 앉아 있기만 하니 마침내 사람들이 유화가 있는지를 알지 못하였다. 어떤 사람이 장난하며 말하기를 "너는 석고상인가? 그렇지 않으면 입이 없는 뒤웅박이로구나!"라고 하면, 유화는 다만 빙그레 웃을 따름이었다. 그동안 그 아버지 처사공(處士公)의 명령으로 과거 공부를 하여, 한두 번 과거에 응시 하였으나 그가 좋아하는 것은 아니었다. 오직 옛날의 경전(經傳)과 송나라 대유(大儒)의 책을 모아서 날마다 소리 내어 읽었다. 의심나는 것이 있으면 구차히 같게 하지 않고 반드시 설을 지었으나 숨기고 스스로 이름을 내지는 않았다.

우리 가문의 아저씨뻘 되는 성호선생(星湖先生 : 李瀷)의 덕을 사모한 나머지 남쪽으로 가서 문하(門下)에서 알현하려고 하였으나 도정공(都正公)의 나이가 많아서 주저[49]하였다. 경신년(庚申年)에 아버지의 상을 당하여, 상례를 집행함에 예법보다 넘치게 하였다. 옛날에 설사를 앓던 병이 더욱 더쳐서 억지로 약(藥)을 먹었지만 낫지 않고, 담사(禫祀[50])를 지내고 나서 죽었다. 나이 겨우 서른이었으니 슬프도다. 내가 예전에 유화(囿和)를 한양(漢陽)의 저택에서 만났다. 그 형을 돌보며 말하기를 "저 훤칠하고 아름다운 것이 호련기(瑚璉器)[51]로구나"라고 했었다.

---

49) 자저(次且) : 『주역(周易)』「쾌(夬)」에 "臀無膚, 其行次且"라고 했다.

50) 담사(禫祀) : 대상(大祥)을 지내고 한 달을 넘긴 달에 날을 잡아 지내는 제사.

51) 호련기(瑚璉器) : 종묘(宗廟)에서 기장과 피를 담아 제사를 지냈던 중요한 그릇. 호련에 비유할 만큼 중요한 인물이란 뜻. 『논어(論語)』「공야장(公冶長)」에 나오는 말이다. 자공(子貢)이 "'저(賜)는 어떻습니까?' 하고 묻자, 공자(孔子)께서 '너는 그릇이다' 하셨다. '어떤 그릇입니까?' 하고 묻자, '호(瑚) · 련(璉)이다' 하고 대답하셨다[子貢問曰 :

내가 사람을 많이 겪어 보았으되, 아주 순수하고 전아하며 노성함이 이 사람 같은 자는 없었으니, 거의 모계위(茅季偉)[52]와 위숙보(衛叔寶)[53]의 다음쯤 되는 사람이었다. 그 형은 내가 사람의 등급을 매긴 것을 기꺼이 허여했는데, 이제 유화(囿和)가 마침내 죽었다. 영숙(永叔)이 또 울면서 나에게 고하였다. "내 아우가 비록 평생을 스스로 숨겼으나 당신은 그를 알고 있을 것인데 알고서도 그것을 말하지 않으면 이는 선을 숨기는 것이오"라고 했다. 내 그 말을 듣고 그렇게 여겼다. 드디어 제문 한 장을 지어서 그 집에 준다.

사(辭)를 지어 말한다. 오! 오직 유화(囿和)는 백성들 중에 선량한 사람이었도다. 크게 영험스러운 지혜가 있었으되 그것을 쌓아 두기만 하고 드러내지 않았으니, 마치 칠정(七情) 중에서 노여움과 미워함을 없애려고 한 것과 같았도다. 명리의 유혹에 온 세상이 거기에 허둥대지만 나는 홀로 그것을 잊었으니 나의 질박함이 상할까 두려워서였도다. 깨끗하고 깨끗함이 마치 여인이 세수하고 화장을 한 것과 같았는데 돌아가서 뜻을 즐기기를 옛날 선현(先賢)의 고향에서 했도다. 맏형은 서울에서 유학을 하고 둘째 형은 성균관에서 식사를 하고 있었는데, 집에 있는 그대만이 부모를 섬겼도다. 수수(滫瀡)[54]를 마르지 않게 하고 저녁이면 잠자리를 살펴 드리고 아침이면 문안을 드렸으니, 어버이가 감동하고

'賜也何如?' 子曰: '女器也.' 曰: '何器也?' 曰: '瑚璉也'].”

52) 계위(季偉): 모용(茅容)의 자(字)다. 모용은 동한(東漢) 때 진(陳)나라의 유인(留人)이다. 나이 사십 남짓이었을 때도 배우지 않았다. 하루는 들에서 밭을 갈다가 비가 내리니 모두 나무 아래로 피했다. 사람들은 모두 책상다리를 하고 앉았는데, 모용만이 홀로 정좌(正坐)인채로 더욱 공손하였다. 곽태(郭泰)가 보고 그것을 기이하게 여겨 마침내 더불어 이야기 하게 되었다. 그런 후에 모용의 집에서 자게 되었다. 아침에 닭을 죽여 어머니를 봉양하고 스스로는 채소로써 손님과 더불어 식사하였으니 곽태가 더욱 그를 현명하게 여겼다. 『후한서(後漢書)』 참조.

53) 숙보(叔寶): 위개(衛玠)의 자(字)이다. 위개양거(衛玠羊車)란 말이 있다. 풍신이 빼어나 사람들이 그 모습을 듣고 많이 보러 왔다.

54) 수수(滫瀡): 뜨물이다. 뜨물로 국 같은 것을 끓이면 부드럽고 맛이 나므로, 전(轉)하여 부모에게 맛있는 음식을 드리어 봉양하는 일을 말한다.

기뻐하여 사람들을 돌아보며 말했도다. "춥고 더운 데에 기거를 할 적에 몸에 적합하지 않은 것이 없으니 나의 슬하에 언제나 세 사람이 있는 것과 같다."[55] 나머지 여가에 학문에 힘써서 서적을 모은 것이 책상에 가득했는데, 그간에 얻는 것이 있으면 그것을 으레 종이에다 썼도다. 그러나 문 닫기를 열 겹으로 해서 명성을 가까이 함을 수치로 여겼도다. 그가 사모하고 복종하는 것은 성호부자(星湖夫子)뿐이었으므로, 장차 폐백[56]을 가지고 성호에게 의지하려 하였도다. 병이 빌미가 된 것은, 상청에서 지나치게 슬퍼해서다. 마침내 효행에 죽었으니 죽어서 겨우 상복을 벗었도다. 마을 사람들이 유언을 했으니 친애하여 마음이 꺾임이로다. 이와 같이 빨리 돌아가려면 애초에 무엇 때문에 왔는가? 뽕나무와 버드나무는 서재를 덮고 있고 못에는 연꽃이 있건마는 그대는 있지 않으니 누구와 함께 감상하겠는가? 정신은 갔어도 자취는 남았으니 남은 말이 모범이 될 만하도다. 한 글자로 정신을 물들였으니 만겁이 가도록 썩지 않을 것이도다. 젊은 나이로 죽었어도 짧은 것은 아니니 무어 백발을 부러워하겠는가? 오호.

원문

囿和李氏, 名某. 肥晳秀眉目, 如好女子, 而中有守. 家每會, 客笑語謔浪, 囿和, 則拱坐席, 終人不知有囿和. 或戱之曰 : "而所謂泥塑者耶? 不爾亡口瓠耳?" 囿和但微哂而已. 間以其父處士公命, 治博士家言, 一再應試而非其好也. 惟聚古經傳及宋諸大儒書, 日諷讀焉. 有疑, 不苟同, 必爲之說, 然匿不自名.

慕吾家叔星湖子之德, 欲南走謁門下, 以都正公年老次且. 歲庚申, 丁外艱, 執喪隃禮. 舊所病泄, 益困. 强餌藥, 亦不愈, 旣禫而歿. 年厪三十, 悲哉. 余昔見囿和於漢陽邸中. 顧語其兄曰 : "彼頎而美者, 瑚璉器也."

55) 두 아들은 서울에 있으나 한 아들이 세 몫을 다하기 때문에 세 아들이 항상 있는 것과 같았다는 말.

56) 단정(腶脡) : 폐백을 이른다.

吾閱人, 多矣, 未有純雅老成如是子者, 殆茅季偉衛叔寶之流亞也. 其兄則喜與余之人倫, 今囿和竟死矣. 永叔, 又涕泣告余. "吾弟雖平生自晦, 子則知之, 知而不言, 是掩善也." 余聞然之. 遂撰哀辭一章, 以授其家.

辭曰: "於惟囿和, 寔民之良. 有大靈慧, 蘊而弗彰, 若七情中, 怒惡欲亡. 名利之誘, 擧世遑遑, 我獨忘之, 恐我樸傷. 洒洒皭皭, 如姝洗粧, 歸而樂志, 先哲之鄕. 伯游京國, 仲廩成均, 處家惟君, 能事其親. 免薨滫瀡, 定昏省晨, 親感而悅, 顧語諸賓. 起居寒燠, 亡弗適身, 若我膝下, 常有三人. 餘力學問, 聚書滿几, 間有所得, 輒疏于紙. 然局十襲, 近名是恥. 其所慕服, 星湖夫子, 將執腶脡, 門墻依止. 疾之云祟, 苫塈過哀. 卒死于孝, 喪厘脫衰. 里井流唁, 親愛心摧. 如是遄返, 始何爲來? 桑柳覆齋, 塘有菡萏. 君今不在, 誰與賞覽? 神去跡留, 遺言可範. 一字染神, 萬劫不朽. 靑春非短, 何羨皓首. 嗚呼."

12. 세전구물기 世傳舊物記

譯 옮김 오직 우리 이씨 가문은 경헌공(敬憲公)[57]으로부터 집안이 흥기해서 아홉 대 후에 소릉공(少陵公) 형제에 이르러서야 더욱 창성하여 좋은 집안으로 뚜렷하게 일컬어졌다. 그러나 그 강기(綱紀)와 법칙은 태호공(太湖公)이 실제로 공이 있고, 가숙(家叔)인 성호공(星湖公) 또한 그것을 이어 닦아 윤식(潤飾)을 더했으니, 그런 뒤에야 마침내 크게

57) 이계손(李繼孫, 1423~1484): 조선 초기의 문신. 본관은 여주(驪州). 자(字)는 인지(引之)이고, 호(號)는 귀헌(龜軒), 또는 귀봉(龜峰)이다. 시호는 경헌(敬憲)이다. 1470년에 평안도 관찰사가 되어 향교를 적극 후원하여 이 지방의 학문을 진작시키는 업적을 쌓았다. 명재상이라는 칭송을 받았으나 재물을 탐냈다는 평판을 면하지는 못하였다.

갖추어졌다고 한다. 매번 종인(宗人)이 모였을 때에는 높은 한 분에게 위촉해서 자리를 주관하게 하였으며 나머지는 차례로 앉아서 가문 선대의 덕을 말하고, 다음으로 전하는 모든 옛 물건을 꺼내서 그것을 진열하였으니 또한 옛날 완염(琬琰)[58]과 하도(河圖)[59]로써 후인(後人)에게 보이는 뜻이었다.

마침내 성호공(星湖公)이 손 때로 더럽히면 안 된다는 이유로 종자(宗子)인 단헌옹(檀軒翁)과 상의해서 함에 넣어 받들게 하였고, 또 이르기를 "물건은 반드시 전적이 있어야 한다"라고 하시어 나로 하여금 적게 하시었으니, 대개 문서로 만든 일이 네 가지였다. 수찰첩(手札帖)이 하나였으니, 소릉공(少陵公)이 신해년(辛亥年)에 연경(燕京)에 갈 때에 광해군(光海君)이 옛날 서연관(書筵官)[60]으로 있던 공로 때문에 손수 써서 여행길에 노자로 준 것이었다. 연경별장첩(燕京別章帖)이 세 권이었으니 한 권은 소릉공이 상사(上使)였을 때에 준 것이고, 두 권은 두봉공(斗峯公)이 서장관(書狀官)[61] 및 부사였을 때에 진신선생(搢紳先生)들이 말을 지어 준 것들이었다. 한때의 이름난 덕망가(德望家)로서 백사(白沙) 이항복(李恒福)과 한음(漢陰) 이덕형(李德馨) 같은 여러 공들의 작품이 거기에 있었다.[62]

문장을 짓는 일에는 그림에 관련된 것이 세 가지였다. 산릉첩(山陵帖)이 하나였으니 만력(萬曆) 경자년(庚子年)의 국장(國葬)에 따라갔던 춘방(春坊)[63] 관료의 별록(別錄)을 첩으로 만든 것이었고, 주역교정첩(周易校正帖)

58) 완염(琬琰) : 일종의 아름다운 옥을 이른다.

59) 하도(河圖) : 복희씨(伏羲氏) 때 황하(黃河) 가에 있던 용마(龍馬)의 등에 나타났던 도면(圖面). 주역(周易)의 8괘는 이 그림에서 나온 것이라 한다.

60) 서연(書筵) : 왕세자가 강서(講書)하는 곳을 이른다.

61) 서장관(書狀官) : 고려 · 조선 시대, 외국에 보내는 사절 가운데의 하나. 정사(正使) · 부사(副使)와 아울러 삼사(三使)의 하나에 드는데, 외교 문서의 작성과 사절 일행의 감찰에 관한 일을 맡았다.

62) 여기서는 백사(白沙) 이항복(李恒福)의 책으로 『백사북천일록(白沙北遷日錄)』를 가리키는 것 같다.

63) 춘방(春坊) : 조선 시대 세자시강원(世子侍講院)의 별칭.

이 하나였으니 윤해평(尹海平) 이하 60인의 문학을 엄정하게 뽑았는데 그중에서 소릉공(少陵公, 李尙毅)은 승정원[64]의 수장으로서 호산공(湖山公, 李尙信)[65]은 소사마(少司馬)로서, 두봉공(斗峯公)은 이조의 낭관으로 참가하였으니 성대했다 할 만하다. 청풍계첩(靑楓溪帖)이 하나이니 소릉공(少陵公)이 김후추(金後瘳)[66] 등 여러 사람과 함께 시내에서 놀 때에 각자 시를 지은 것인데 후추(後瘳)가 서문을 지었다. 세 개의 첩(帖)에 모두 그림이 있었는데 풍계도(楓溪圖)는 먼저 망가졌으므로 백연(白蓮) 윤덕희(尹德熙)[67] 씨(氏)가 고쳐 모사한 것이라고 한다.

의복(衣服)과 기물(器物)로 된 것이 여덟 가지였다. 금옥권자(金玉圈子)가 다섯 개인데 금(金)이 하나이고 순(純)이 하나이고 도옥(鍍玉)이 하나이며 약간 크게 매화 꽃잎을 만든 것이 하나이고 작고도 납작한 것이 하나이다. 더욱 작은 것은 모두 조각을 하지 아니 한 것이었으니 곧 일품(一品)의 장식이라고 한다. 화서대(花犀帶)가 하나였으니 또한 일품의 장식이라고 한다. 은장대(銀裝帶)라고 하는 것이 하나였다. 그것은 과보

---

64) 은대(銀臺) : 조선 시대 승정원(承政院)을 달리 이르는 말.

65) 이상신(李尙信, 1564~1610) : 조선 선조(宣祖) 때의 문신. 본관은 여흥(驪興). 자는 이립(而立)이고 호는 청은(淸隱). 선조 22년(1589) 별시 문과에 급제. 정언(正言) · 도승지(都承旨)를 거쳐 동왕 36년 대사간(大司諫)을 지내고 경상도 관찰사로 나갔다가 병으로 사직하였다.

66) 후추(後瘳) : 김신국(金藎國, 1572~1657)의 호. 조선 중기의 문신. 본관은 청풍. 자는 경진(景進). 임진왜란이 일어나자 영남에서 의병 1,000여 명을 모집 · 분전하여 적에게 큰 타격을 주고 참봉(參奉)이 되었다. 북인(北人)이 소북(小北) · 대북(大北)으로 갈라지자, 소북의 영수로 대북을 공격하다가 그들에 의해 삭직되었다. 1635년 병자호란 때 인조를 호종하여 남한산성에 들어가서 끝까지 싸울 것을 강력하게 주장하였다. 이듬해 볼모로 가는 소현세자(昭顯世子)를 선양[瀋陽]에 배종(陪從)하였다.

67) 윤덕희(尹德熙, 1685~1776) : 조선 후기의 화가. 본관은 해남. 자는 경백(敬伯). 호는 낙서(駱西) · 연옹(蓮翁) · 연포(蓮圃) 또는 현옹(玄翁). 선비화가 두서(斗緖)의 아들로 벼슬은 정릉현감을 지냈고, 뒤에 수직(壽職)으로 가선대부(嘉善大夫) 중추부동지사(中樞府同知事)에 추증되었다. 아버지 두서의 영향으로 화업을 계승하고 아버지의 화재를 그대로 이어받아 전통적이며 중국적인 소재의 도석 인물(道釋人物)과 산수 인물, 말 등을 잘 그렸다. 그러나 산수화를 비롯한 그의 작품들은 당시 화단을 풍미했던 남종화풍의 영향을 많이 받아 보수적인 성향이 짙은 느낌을 준다.

석(錡寶石)이거나 골각류(骨角類)인데 조각하는 방법이 정교해서 귀공(鬼工)과 같았으니 전하기를 신라의 궁녀가 만든 것이라고 하나 그런지 여부는 알 수 없다.

각패단도(角欛短刀)가 하나인데 코끼리 이빨로 집을 만들었으니 곧 첨정공(僉正公)[68]이 차던 것이었다. 기완(器玩)이 스물 네 가지였으니 말하자면 문대도기(文臺途器)가 하나인데 기이한 나무로 갑을 만들었고, 가운데에는 도필(刀筆)과 일용(日用)하는 작은 물건을 담는다. 도장(圖章)이 스물 세 개였는데 두봉공(斗峯公) 및 태호공(太湖公)의 관향, 성명, 자호, 관함이 모두 갖추어져 있다. 기완(器玩)으로 문사(文事)에 관계된 것이 네 가지였다. 주지번(朱之蕃)과 양유년(梁有年)의 두 조사(詔使)가 시를 써 준 쥘부채가 각각 두 개였는데 주지번의 글씨가 더욱 기이해서 보배스러웠다. 기완으로 회사(繪事)와 문사(文事)에 관계된 것이 두 가지였으니 수놓은 휘장이 하나이고, 수놓은 병풍이 하나인데 다함께 가도의 장수[69]가 소릉공(少陵公)에게 드린 것으로 성호공(星湖公)의 발문(跋文)[70]이 있으므로 여기에서는 생략한다.

아! 이 마흔 다섯 개의 물건은 그해가 오래되고 가까운 것을 따질 것 없이 곧 한 차례 왜란에 탔고 호란에 유린을 당했으니 비록 국가에 수장했던 것이라도 또한 더러는 흩어져 없어졌다. 이것들은 홀로 온전하게 이씨의 소유가 되고 있으니 천행이고 또한 잘 지킨 힘이다. 진실로

68) 첨정공(僉正公) : 이우인(李友仁, 1535~1594)을 가리킨다. 자는 성지(成之). 생원. 진사시를 거쳐 음직(蔭職)으로 관직에 진출했다. 그가 남긴 유훈(遺訓)에는 교자(教子)에 대한 남다른 공을 엿볼 수 있다. 그의 아들들은 가문을 중흥시키는 역할을 했다. 그의 행적은 아들인 상의(尙毅)가 지은 묘지, 행장에 자세히 실려 있다.

69) 가도수(椵島帥) : 모문룡(毛文龍, 1576~1629)을 가리킨다. 명나라 말기의 무장. 호는 진남(振南). 청병(淸兵)에게 패하자 가도(椵島)를 점령하고 청과 항전하며 우리나라에 물자 공급을 강요하는 등 상당히 괴롭히다가 산해관군문(山海關 軍門) 원숭환(袁崇煥)에게 참살되었다.

70) 성호공(星湖公)의 발문(跋文) : 『성호전집』 「발가전수장(跋家傳繡帳)」에 자세한 내용이 보인다.

10세를 잘 지키는 것이 가능했으니, 비록 백세라도 또한 가능할 것이다. 드디어 문적을 공에게 올리니 공이 말씀하시길 "단헌옹(檀軒翁)에게 주어서 후일의 상고가 되게 하라"고 했다.

원문

惟我李氏, 自敬憲公起家, 九列至少陵公兄弟, 益昌, 顯稱巨族. 然其綱紀槼則, 太湖公, 實有功焉, 而家叔星湖公, 又紹修之, 加潤飾, 然後乃大備云. 每宗人會, 屬尊一人主席, 餘以序坐, 道設家先世德, 次出所傳諸舊物陳之, 亦古琬琰河圖, 以示後人之義也.

乃星湖公則以手澤, 不可褻謀于宗子檀軒翁, 櫝而奉之, 又謂物必有籍, 使不肖籍之, 盖爲文事者, 四. 曰手札帖一, 少陵公, 辛亥赴燕時, 光海, 以舊書筵勞, 手書贐行者也. 曰燕京別章帖三, 一少陵公上价時, 二斗峯公書狀及副价時, 薦紳先生之所贈言者. 一時名德, 如白沙漢陰諸公之作在焉.

爲文事, 而麗繪事者三. 曰山陵帖一, 萬曆庚子, 國葬從行, 春坊官僚別錄爲帖者也. 曰周易校正帖一, 尹海平以下六十人, 文學極選, 而少陵公, 以銀臺長, 湖山淸隱公, 以少司馬, 斗峯公, 以吏部郎, 俱預焉, 可謂盛矣. 曰靑楓溪帖一, 少陵公同金後瘳諸公, 遊于溪, 各賦詩而後, 瘳爲叙之也. 三帖, 皆有圖, 而楓溪圖先壞, 尹白蓮德熙氏, 改摹云.

爲服物者八. 曰金玉圈子五, 金一, 純一, 鍍玉一, 稍大作梅花瓣一, 小而匾一. 尤小俱不爲瑂鏤, 卽一品飾云. 曰花犀帶一, 亦一品飾也. 曰銀裝帶一. 其銙寶石或骨角類, 而刻法精巧, 若鬼工, 傳云, 新羅宮女所作, 未知是否也.

曰角欛短刀一, 象齒爲室, 卽僉正公, 所服者也. 爲器玩者二十有四, 曰文臺途器一, 奇木爲匣, 中盛刀筆曁日用細物. 曰圖章二十有三, 斗峯公及太湖公之鄕貫姓名字號官銜, 種種具焉. 爲器玩而麗文事者四, 曰朱梁兩詔使所贈寫詩摺扇各二, 朱筆尤奇可寶也. 爲器玩而麗繪事兼麗文事者二, 曰繡帳一, 曰繡障一, 俱椵島帥所獻于少陵公者, 有星湖公跋文在, 今署之.

嗟! 玆四十有五物者, 亡論其年之久近, 卽一燹倭, 躝于虜, 雖秘府所庋, 亦或散遺. 而是能獨全, 爲李氏有, 天幸亦善守力耳. 苟善守之, 十世可也, 雖百世亦可也. 遂以籍進於公, 公曰, "授檀軒翁, 爲後日考."

13. 삼성산 성주사[71]를 수리할 적에 모연하는 것[72]에 대한 게偈 三聖山聖住寺修葺募緣偈

譯 옮김 삼성산(三聖山) 성주사(聖住寺)의 교화를 행한 비구(比丘) 밀엄(密嚴)이 계수(稽首)[73]·화남(和南)[74]하고 시방(十方)의 대중(大衆)에게 계로써 깨우치려 하니 인연이 있는 자들은 모두 와서 들으시오! 게(偈)하여 이르기를 "예전에 우리 석가모니는 천인사(天人師)[75]라 불렸는데 큰 법보(法寶)[76]를 갖추어서 큰 자비(慈悲)를 발하였다. 성자(聖者)가 보좌를 하였으니 문수(文殊)[77]와 보현(普賢)[78]이 인연을 따라 대중을 제도하기에 방편(方便)이 끝이 없었다. 서로는 서양(西洋)에 이르고 동으로

---

71) 성주사(聖住寺) : 경기도, 금천현(衿川縣)에 있는 절 이름이다.

72) 모연(募緣) : 인연이 있는 사람들로부터 정재(淨財)를 모집하는 것.

73) 계수(稽首) : 옛날 절하는 아홉 가지 방식의 하나. 머리를 땅에 대고 조아리는 절을 말한다.

74) 화남(和南) : 범어로 계수(稽首)와 같은 뜻으로 쓰인다.

75) 천인사(天人師) : 부처님은 천과 인의 스승이라는 뜻.

76) 법보(法寶) : 삼보(三寶)의 하나이다. 부처님이 말씀하신 교법은 소중하기가 세간의 값비싼 보배와 같으므로 법보라 한다. 곧 불법의 경전을 통틀어 일컫는 말.

77) 문수(文殊) : 보현보살과 짝하여 석가모니불을 왼쪽에서 모시는 부처로서 지혜를 맡은 부처라 한다.

78) 보현(普賢) : 문수사리 보살과 함께 석가여래의 협사(脇士)로 유명한 보살. 문수보살이 여래의 왼편에 모시고 여러 부처님 네의 지덕(智德)·체덕(體德)을 맡음에 대하여, 이 보살은 오른쪽에 모시고 이덕(理德)·정덕(定德)·행덕(行德)을 맡았다. 또 문수보살과 같이 일체 보살의 으뜸이 되어 언제나 여래의 중생 제도하는 일을 돕고 드날린다.

는 동양(東洋)에 이르렀으며, 위로는 천당(天堂)에 이르고 아래로는 지장(地藏)에 이르렀다. 유식(有識)[79]하고 무식(無識)한 사람과 짐승의 종류가 모두 와서 기뻐하고 모두 와서 보시(布施)를 해서 깊고 얕은 공으로써 각기 그 응보를 받았으니, 비유하자면 물가(物價)는 재화의 추하고 좋은 것을 견주는 것과 같다. 오직 저 야간(野干)[80]과 파순(波旬)[81]은 정교(正敎)에 돌아가지 못하고, 마침내 탐하고 노여워하는 것을 상쾌하게 여겼다. 신승(神僧)과 산성(散聖)은 때때로 나와서 자취를 나타내며 큰 법고(法鼓)를 울려서 미혹된 것을 깨뜨려 난사(蘭奢)[82]가 동토(東土)로 온 삼존(三尊)[83]이 전륜왕(轉輪王)[84]을 연법(演法)[85]했으니 세상을 구제하기 위해 온 것이다. 샘을 맛보고 땅을 찾아서, 띠풀을 가지고 지붕을 덮으니 만민이 우러르며 귀의하여서 향화(香火)를 대대로 닦았다. 세월이 지나고 겁(劫)이 바뀌자 장실(丈室) 안이 부서져서 비는 금 입힌 부처를 변하게 했고, 풀은 보체(寶砌)를 덮었다. 사문(沙門)[86]에 식(湜)이라는 중이 울면서 발원을 해서 단월(檀越)[87]의 힘으로 건물을 다시 건립하였다. (그러나) 아직 갖추지 못한 것은 결채와 주방이었고, 아직 칠하지 못한 것은 금벽(金

---

79) 유식(有識) : 식심(識心)을 가진 이. 유정(有情)·중생(衆生)과 같다.

80) 야간(野干) : 짐승 이름. 이리·여우와 비슷한 종류. 빛은 청황색, 개와 비슷하고 떼를 지어 다니며 밤에 우는 소리가 이리와 같다 한다.

81) 파순(波旬) : 파비야(波卑夜)·파비연(波卑掾)·파비(播裨)라고도 한다. 살자(殺者)·악자(惡者)라 번역. 욕계 제6천의 임금인 마왕의 이름. 항상 악한 뜻을 품고, 나쁜 법을 만들어 수도인을 요란하고 사람의 혜명(慧命)을 끊는다고 한다.

82) 난사(蘭奢) : 난도(蘭闍)와 같다. 난사는 인도인이 사람을 높여줄 때 일컫는 말.

83) 삼존(三尊) : 본존과 양편에 모시고 있는 불을 함께 일컫는 말. ① 미타 삼존. 아미타불과 관세음보살, 대세지보살. ② 약사 삼존. 약사여래와 일광보살, 월광보살. ③ 석가 삼존. 석가여래와 문수보살, 보현보살.

84) 전륜왕(轉輪王) : 인도의 신. 그 신이 소유하는 윤보(輪寶)의 선전(旋轉)에 의해서 일체를 항복받는다 함.

85) 연법(演法) : 교법(敎法)을 선전(宣傳)하여 강론하는 것.

86) 사문(沙門) : 부지런히 모든 좋은 일을 닦고, 나쁜 일을 일으키지 않는 이란 뜻. 외도·불교도를 불문하고, 처자 권속을 버리고 수도 생활을 하는 이를 총칭함. 후세에는 오로지 불문에서 출가한 이를 말한다. 비구와 같은 뜻으로 쓰임.

87) 단월(檀越) : 시도(施主). 보시(布施)를 행하는 사람을 이른다.

碧)[88]과 단악(丹堊)[89]이었다. 식(湜)의 도제(徒弟)인 엄(嚴)이라는 사람이 또 크게 맹서를 발하여 단월(檀越)의 힘으로 옛 제도를 회복하기를 기약하였다.

재관장(宰官長)과 선남선녀(善男善女)가 각기 곳집을 꺼내고, 각기 그 주머니를 풀어서 금은(金銀)·동철(銅鐵)과 진주(珍珠)·영락(瓔珞)[90]과 사포(絲布)·속미(粟米)와 석목(石木)·벽돌을 많건 적건 보시하는 것은 논할 것이 없고 보시했으면 잃어버리는 것이 복전(福田)이 된다. 무릇 사람의 재보(財寶)는 원래 평소에 갖고 있는 것이 아니어서 우연히 모이고 흩어지는 것이니 오래갈 수 없는 것이다. 태어날 때는 알몸으로 한 오라기 실도 걸치지 않았고, 죽으면 곧 입에 물리나 한낱도 씹지를 못한다. 이러한 생각이 떠오르면 꿈과 같은 것임을 비로소 깨닫게 되어서 종전에 탐하고 인색했던 것에 대해서 손뼉을 치면서 한 번 웃을 것이다. 표기(嫖妓)나 축창(畜娼)에는 만금(萬金)도 깨뜨리지만, 절을 짓고 탑을 건립할 때는 약간의 돈도 쓰지 않는다. 저승에 떨어지게 되면 완전(宛轉)히 슬피 부르짖으면서 어떤 해 어떤 날에 이 감옥에서 빠져 나올 수 있느냐고 한다. 이와 같은 생각을 하게 되면 마음이 두렵고 놀라와 종전(從前)의 미혹하고 연민했던 것을 배꼽을 씹어대며[91] 스스로 후회하게 된다. "가난한 여자의 몇 푼 돈에도 존숙(尊宿)[92]들은 친히 참회를 하고, 동자(童子)의 반쪽 과자에도 높은 지위의 자리를 차지하게 된다"라고 하

---

88) 금벽(金碧) : 노란빛과 푸른빛. 전(轉)하여 고운 색채를 이른다.

89) 단악(丹堊) : 붉은 칠을 한 벽을 이른다.

90) 영락(瓔珞) : 구슬을 꿰어 만든 목걸이.

91) 서제(噬臍) : 서제막급(噬臍莫及)과 같다. 스스로 배꼽을 물어 뜯어도 소용이 없다는 말로써 후회막급(後悔莫及)이란 뜻. 사향노루는 배꼽에서 향기가 나기 때문에 사람들은 그 향기를 따라가 포획하는데, 사향노루가 잡히면 그제서야 향기가 발산하는 배꼽을 물어뜯는다 하나 이미 잡힌 뒤라서 소용이 없는 일이다.

92) 존숙(尊宿) : 존은 경칭(敬稱)이고 숙은 장로(長老)란 뜻. 학문과 덕행이 모두 훌륭하여 다른 이의 사표(師表)가 될 만한 스님을 높여서 부르는 말. 또는 한 절의 주지스님을 가리키는 말로도 쓰인다.

니, 나의 이런 말을 듣고 공경하여 기뻐하지 않는 자가 없었다. 정예(頂禮)와 시폐(矢幣)를 여러 부처에게 공양(供養)하였다.

무엇이 법연(法蓮)인가? 보시(布施)를 좋아하면 이것이 곧 법연이다. 무엇을 이르러 선과(善果)[93]라고 하는가? 적공(積功)하는 것을 이른다. 나의 이런 말을 듣고 공경하여 기뻐하지 않는 자가 없어서 정예(頂禮)와 시폐(矢幣)를 여러 부처에게 공양(供養)할 것이다. 이 몸은 얻기가 어렵고, 이런 기회는 놓기가 어려우니 사람마다 마음을 다하여 하나하나 힘을 내어라. 조그만 것이 쌓이고 모아지면 공이 덕산(德山)을 이루게 된다. 이 선수(繕修)를 완성하는 것이 무슨 어려움이 있겠는가? 모든 재물이 일제히 실어오게 되면 큰 구축물이 반드시 이루어지게 된다. 포합(布鴿)이 거듭 살게 될 것이며, 지일(智日)이 다시 밝아질 것이다. 임궁(琳宮)[94]이 붕괴되지 아니 하여 불교(佛教)가 힘입어 영원히 가게 된다. 크게 이익이 되는 일은 이것보다 큰일이 없다. 모든 본사(本寺)에 사는 모든 승려들이 합장(合掌)하고 절하며 입으로 아미타불을 외워 위로는 나라를 위해서 천세(千歲) 만세(萬歲)를 축도하고 아래로는 백성들을 위해서 재해(災害)가 없을 것을 축도한다.

원문 三聖山聖住寺, 行化比丘, 密嚴, 稽首和南, 偈喩于十方大衆, 有緣者, 咸來聽之. 偈曰 : "昔我世尊, 號天人師, 具大法寶, 發大慈悲. 聖者爲輔, 文殊普賢, 隨緣度衆, 方便無邊. 西至西洋, 東至東洋, 上至天堂, 下至地藏. 有識無識, 人類畜類, 咸來歡喜, 咸來布施, 以功淺深, 各受其報, 譬如物價, 視貨醜好. 惟彼野干, 曁厥波旬, 不皈正敎, 乃逞貪嗔. 神僧散聖, 時出現迹, 震大法鼓, 決迷破惑, 蘭奢東土. 有三尊者, 轉輪演法, 救世來也. 嘗泉尋地, 把茅蓋頭, 萬衆瞻依, 香火世修. 星移劫換, 丈室中廢, 雨渝佛金, 草沒寶砌. 沙門曰湜, 涕泣發願, 以檀越力, 棟宇重

93) 선과(善果) : 불교어. 선업(善業)에서 생기는 선묘(善妙)한 결과라는 말.
94) 임궁(琳宮) : 도교(道教)의 도관(道觀)을 가리킨다.

建. 猶未備者, 廊廡庖湢, 猶未加者, 金碧丹垩. 湜之徒嚴, 又發大誓, 以檀越力, 期復舊制.

宰官長者, 善男善女, 各發其帑, 各解其褚, 金銀銅鐵, 珍珠瓔珞, 絲布粟米, 石木甎甓, 施少施多, 卽無論焉, 施而能忘, 是爲福田. 凡人財寶, 元非素有, 偶然聚散, 不可長久. 生時赤身, 未掛一縷, 死卽含口, 一粒未哺. 作如是思, 若夢始覺, 從前貪恡, 撫掌一笑. 嫖妓畜娼, 萬金立破, 造寺建塔, 半錢不捨. 及墮冥途, 宛轉哀號, 何歲何日, 出此犴牢. 作如是思, 心焉怖駭, 從前迷戀, 噬臍自悔. 貧女數錢, 尊宿親儭, 童子半菓, 高位超占, 聞我此言, 莫不欽悅. 頂禮矢幣, 供養諸佛.

誰是法蓮? 好施便是. 何謂善果? 積功之謂. 聞我此言, 莫不欽悅, 頂禮矢幣, 供養諸佛. 此身難得, 此機難釋, 人人盡心, 箇箇出力. 銖累寸鳩, 作功德山. 完此繕修, 有甚麽難? 衆資齊輸, 巨構必成. 布鴿重棲, 智日復明. 琳宮不壞, 像敎賴永. 大利益事, 莫此爲盛. 凡居本寺, 一切僧尼, 合掌膜拜, 口誦阿彌, 上爲國祝, 千歲萬歲, 下爲民祝, 無災無害.

14. 대신해서 지은 제문 代祭文 走筆

譯 옮김 재주가 알아줌을 받지 못하면 조급한 자는 하늘을 원망하나, 공(公)은 말씀하기를 "운명이 있다"라고 하시면서 대처하기를 기쁘게 하셨습니다. 재물을 모아서 나누어 주는 것은 옛사람들도 어려웠던 것이었는데, 공(公)은 말씀하기를 "동포(同胞)인데 어찌 남은 음식을 아끼겠는가?"라고 하셨습니다. 고모(高帽)와 관의(寬衣)[95]로 거리를 소요(逍遙)하시면, 시골에서는 빈객[96]으로 청하였고 백성들은 의심나는 것을

95) 관의(寬衣): 몸에 헐렁하게 넓은 옷.

질정하였습니다. 화기애애하고 신실하여 덕이 있는 체 않으셨으나 덕이 있는 분으로 귀착(歸着)이 되었습니다. 옛날에 은자가 있었으니 공(公)이 거기에 가까우셨습니다. 천도(天道)는 순리하는 사람을 도우니 백세에 오를 거라 생각하였는데, 어찌 갑자기 한 차례의 병으로 마침내 어찌할 수 없게 되셨습니까? 현철(賢哲)하신 부인이 먼저 돌아가셨는데, 공이 또 돌아가셨습니다. 이것을 "나란한 상사(喪事)"라고 하는 것이니 날짜로는 열흘을 넘지 않았습니다. 마을에서 위문하는 말이 나왔고 인척(姻戚)들도 슬퍼하였습니다. 비유하자면 저 철새들이 길을 떠나면서 길잡이를 잃은 것과 같은 것이었습니다. 저의 아내인, 당신의 딸과는 은의(恩義)가 가장 두터워서 한 이웃에 살았습니다. 하루면 한두 번씩 안부를 여쭈었습니다. 심지에 불을 밝혀 밤 깊도록 조금씩 술을 마시면서 상냥한 말을 주고받았는데 공은 나의 등을 어루만지면서 보통 사위가 아니라고 말씀하셨습니다. 도중에 헤어지자, 길은 멀고 또 막혀서 오직 마음속으로 한 오라기 실처럼 잘 통할 뿐이었습니다. 돌아가실 때에 염하는 것을 보지 못하였고 발인하는 데에도 상여 소리를 듣지 못했습니다. 비록 친상(親喪)을 당했기 때문임을 이해하셨을 것이나 저는 죄지었음을 알고 있습니다. 무덤의 잔디에 싹이 텄을 때에야 비로소 곡을 하게 되니, 음음(陰陰)한 소나무와 가래나무들은 마음을 상하게 하고 눈을 슬프게 합니다. 마른 생선과 구운 닭과 젖과 같은 술은 공(公)의 사랑하시는 딸이 손수 만들어 보낸 것이니 공께서는 영가(靈駕)를 멈추고 이 잔을 시험삼아 드시고 저로 하여금 돌아가서 아내에게 말하기를 당신의 아버지가 당신이 손수 만들어 보낸 것을 잘 자셨다고 하게 하소서.

96) 빈객(賓客) : 존경하는 손님이란 말.

원문

才不見知, 躁者怨天, 公曰 : “有命.” 處之怡然. 積而能散, 昔人所難, 公曰 : “同胞, 何靳餘餐?” 高帽寬衣, 逍遙巷術, 鄕用賓請, 民以疑質. 誾誾恂恂, 不德德歸. 古有逸民, 公其庶幾. 天道祐順, 謂躋期頤, 胡遽一疾, 乃不可爲. 哲配先逝, 公又返眞. 是曰 : “並喪.”, 日不隃旬. 坊邑流唁, 姻戚興愴. 譬彼候鳥, 行失其長. 我妻公女, 恩義最厚, 比隣而居. 日一再候. 燈灺更闌, 細酌軟語, 公撫我背, 謂非常婿. 中間分散, 路修且阻, 惟是中心, 有犀一縷. 喪未視斂, 靷不歌薤. 雖以親解, 小子知罪. 阡莎孕苗, 乃始來哭, 陰陰松梓, 傷心慘目. 腊魚炮鷄, 有酒如澠, 公之愛女, 手所治送, 公駐靈駕, 此盃試擧, 使我歸報, 而父歆汝.

15. 정우복[97]이 찬한 「한서평의 행장」 발문 跋鄭愚伏所撰韓西平行狀

譯 옮김

정우복(鄭愚伏)이 찬한 「한서평행장(韓西平行狀)」에 이르기를 “공은 함경도(咸鏡道)의 관찰사(觀察使)가 되었다. 북관(北關)[98]은 궁벽한 곳이라 교육이 무젖지 못했는데, 공이 이르러 풍습을 교화시키는 것을 우선시하니, 이에 상서(庠序)에 현송(絃誦)[99]하는 기풍이 있게 되고, 시골에 읍양(揖讓)[100]하는 풍속이 있게 되었다. 세상에 드물게 멀리 떨

---

97) 우복(愚伏) : 정경세(鄭經世, 1563~1633)의 호. 조선 중기의 문신 · 학자. 본관은 진주(晉州). 자는 경임(景任). 우복은 그 호인데 그밖에도 호는 일묵(一默) · 하거(荷渠)라고도 했다. 초시(初諡)는 문숙(文肅)이었으나 개시(改諡)하여 문장(文莊)이라 했다. 성리학에 밝았고 이기설(理氣說)에서 이황(李滉)의 학설에 반대, 이이(李珥)에 동조하였으며 특히 예론(禮論)에 밝아서 김장생(金長生) 등과 함께 예학파(禮學派)로 불렸다. 시문(詩文)과 서예에도 뛰어났다. 저서에 『우복집(愚伏集)』 · 『상례참고(喪禮參考)』 · 『주문작해(朱文酌解)』 등이 있다.

98) 북관(北關) : 함경도 지방을 이른다.

99) 현송(絃誦) : 현악기를 타며 낭송(朗誦)함. 학업의 하나로 현가(絃歌)라고도 한다.

어진 지역으로 하여금 일변함이 여기에 이르게 된 것은 진실로 공(公)의 교화였다"라고 했다.

삼가 최간이(崔簡易)[101]의 「경헌공사당기(敬憲公祠堂記)」[102]를 살펴보건대 이르기를 "함경도는 북쪽 오랑캐와 인접해서 백성의 풍속이 활쏘고 말달리는 일만을 알고 학문을 알지 못하여 비록 감사(監司)가 된 자라도 생각하는 것이 변방을 경계하고 군대를 살필 따름임에서 벗어나지 못했다. (그런데) 홀로 공(公)만은 학교(學校)를 급선무로 여겨서 조정에 청하여 군현(郡縣)에 경적(經籍)을 반포하게 하고 문신(文臣)을 가려 뽑아 교관(敎官)으로 삼고 난신(亂臣)과 문서에서 누락된 노비들을 색출해서 그에게 부쳐 주었다. 그 자제들로서 개명(開明)되고 민첩(敏捷)하여 선발된 자를 친히 강의하여 가르쳐 주고 또 법으로 도회(都會)[103]를 베풀고 철마다 시험을 실시하여 그들을 유도해서 거느리니 1년 만에 온 도내(道內)가 크게 변화하였다. 북쪽에서 치른 과거를 통해서 생원(生員)과 진사(進士)에 합격한 자가 수두룩하게 많았고, 점차로 다시 대과(大科)에 합격하여 좋은 벼슬에 들어가는 자가 있었다. 그러므로 그 사람들이 공을 추대하여 사랑하기를 부모 같이 여김이 오래되도록 사라지지 않는 지라, 그를 위해 사당을 지어 향사함으로써 보답하였다."라고 했다.

---

100) 읍양(揖讓) : 읍(揖)하여 겸손한 뜻을 표시함.

101) 간이(簡易) : 최립(崔岦, 1539~1612)의 호. 조선 중기의 문장가. 본관은 통천(通川). 자는 입지(立之). 1561년 문과에 장원으로 급제하여, 벼슬이 형조참판에 이르렀다. 문장에 능하여 팔문장 중의 한 사람으로 일컬어졌다. 저서에 『간이당집(簡易堂集)』이 있다.

102) 경헌공사당기(敬憲公祠堂記) : 최립, 『간이문집(簡易文集)』에는 제목이 「경헌공관북사당사록(敬憲公關北祠堂事錄)」이라 되어 있다. 원문은 다음과 같다. "蓋本道與北胡壤地民俗 知弓馬不知問學 雖爲監司者 慮不出飾邊詰兵而已 獨公以學校爲先務 請于朝 頒經籍於郡縣 擇文臣爲敎官 刷亂臣漏籍臧獲以屬之 其子弟開敏在選者 親爲講授 又設法都會 四時課試以誘帥之 今不可復詳其凡 幾期歲之間 一道大化 由北學中生員進士比比 稍復有占大科八顯仕者 故其人戴愛公如父母 久而不衰 爲立祠堂以饗報之"

103) 도회(都會) : 공도회(公都會), 곧 조선 시대 관찰사(觀察使)와 유수(留守)가 매년 관할 지방의 유생(儒生)에게 보이던 소과(小科)의 준말로 쓴 것이다. 이 소과에 합격하면 다음 해의 생원(生員)·진사시(進士試)의 복시(覆試)에 응할 수 있었다.

이지봉(李芝峯)의 「경헌공사당사록후발(敬憲公祠堂事錄後跋)」[104]에 이르기를 "관북(關北)은 산융(山戎)과 견아(犬牙)[105] 상태이던 것이 고려(高麗)시대 몽고(蒙古)에게 함락된 지 거의 90년이 되어 가던 공민왕(恭愍王)에 이르러서야 비로소 회복되었으며, 공의 시대에 당해서는 그 강광(强獷)하게 물든 습속들이 진실로 쉽게 개혁(改革)할 수 없는 것이 있었는데 이에 능히 이끌어 도와줘서 성취(成就)시키기를 힘썼다. 그리하여 한 지방의 사람들로 하여금 기월(期月) 안에 크게 변화하게 하였으며 또 후세의 선비된 자들로 하여금 오래될수록 크게 사모하고 멀어질수록 흥기하게 하여서 백 년이 지나도록 하루같이 하였으니 이것은 매우 존경할 일이다"라고 하였다.

바로 『여지승람(輿地勝覽)』 함경도(咸鏡道) 영흥(永興)의 명환(名宦)에서는 곧 이르기를 "처음 북쪽 사람들이 배움을 알지 못하였는데 이 아무개[李某][106]가 자제들 중에서 젊은 사람들을 모아서 경사(經史)를 가르치되 권과법(勸課法)을 세워서 장려하니 이때로부터 사람들이 배움을 일으켜서 육진(六鎭)에도 과거에 급제하는 자가 있게 되었다"[107]라고 했으니 대개 경헌공(敬憲公)[108]은 나의 9세조이다. 그분이 관찰사로 된 것이

---

104) 이수광, 『지봉선생집(芝峯先生集)』에는 제목이 「李敬憲公關北祠堂事錄後跋」라고 되어 있다. 원문은 다음과 같다. "夫關北地 與山戎犬牙 高麗世陷蒙古者且九十年 至恭愍朝 始復之 當公之時 其强獷汚染之習 誠有未易革者 乃能以誘掖成就爲務 使一方之人 丕變於期月之內 又能使後之爲士者 愈久而景慕 愈遠而興起 歷百年如一日 是可敬也已"

105) 견아(犬牙) : 견아상제(犬牙相制)와 같은 말. 여기서는 함경도와 그 북쪽에 있는 산융족(山戎族 : 鮮卑族)과의 국경선이 일직선으로 된 것이 아니라 개의 이빨처럼 들쭉날쭉하게 얽혀 있다는 말이다.

106) 이 아무개[李某] : 『여지승람(輿地勝覽)』에는 '이계손(李繼孫)이라 기록되어 있으나 혜환 이용휴(惠寰 李用休)에게는 직계조상이 되므로 그 성명을 곧바로 쓰지 않고 이 아무개[李某]라고 쓴 것이다.

107) 권별(權鼈), 『해동잡록(海東雜錄)』 「이계손(李繼孫)」에서 "驪州人 字引之 我光廟朝登第 嘗爲咸鏡監司 務興學校 官至兵曹判書 諡敬憲 尹永興府治 北人未知學 繼孫聚子弟之年少者教經史 立勸課之法以獎之 自是人興於學 [名宦錄]"이라고 했다.

108) 경헌공(敬憲公) : 경헌(敬憲)은 이계손(李繼孫)의 시호이다.

성화(成化) 기축(己丑) 연간에 있었고 서평(西平)이 관찰사가 된 것은 만력(萬曆) 경술년(庚戌年) 후에 있었으니 북도 풍교의 개척이 이미 100여 년이 되었다. 중간에 쇠잔한 것을 면하지 못하였던 것을 서평(西平)이 다만 다스려서 보충했을 뿐이다. 우복(愚伏)이 이른바 "광대천황지역(曠代天荒之域)이 일변하여 여기에 이르렀다"라고 한 것과 같은 것은 대개 상고(詳考)를 잘못한 것이다. 또 경헌공의 관북(關北)에 대한 것은 한(漢)나라의 문옹(文翁)이 촉(蜀)에 대한 것이나 창려(昌黎)가 조주(潮州)에 대했던 것[109]과 같은 것이었다. 이른바 맨 먼저 나와서 파천황(破天荒) 하였으니, 그 힘을 부지런히 하여 공이 컸던 것은 일시적인 행동으로 마땅함을 얻은 자에 비유할 것은 아니었다. 근래에 한 사람의 북인으로 서울에 와서 조정에 벼슬하는 자가 나의 족인(族人) 아무개를 만나서 이르기를 "무릇 공자(孔子)가 천하를 교화한 것은 내가 그 어떠한가를 알지 못하겠으나 경헌공은 우리들로 하여금 금수(禽獸)를 떠나서 의관족(衣冠族)이라 일컫게 하셨으니 그 덕(德)은 더할 수가 없는 것이다"라고 하였다 하니, 아! 여기에서 경헌공을 볼 수 있는 것이다.

원문

鄭愚伏所撰「韓西平行狀」云, "公爲咸鏡道觀察使. 北關僻陋, 不需文教, 公至, 以風化爲先, 於是, 庠序有絃誦之風, 村野有揖讓之俗. 使曠代天荒之域, 一變至此, 寔公之化也."

謹按崔簡易「敬憲公祠堂記」云, "本道與北胡壤接, 民俗, 知弓馬, 不知問學, 雖爲監司者, 慮不出飭邊詰兵而已. 獨公以學校爲先務, 請于朝, 頒經籍於郡縣, 擇文臣, 爲教官, 刷亂臣漏籍臧獲以屬之. 其子弟開敏, 在選者, 親爲講授, 又設法都會, 四時課試, 以誘帥之, 期歲之間, 一道大化.

109) 창려(昌黎)가 조주에 있었던 것[昌黎之於潮] : 창려(昌黎)는 당(唐)나라 한유(韓愈)를 가리킴. 한유는 당 헌종(唐憲宗) 때 조주자사(潮州刺史)로 있으면서 「제악어문(祭鰐魚文)」을 지어, 조주의 백성들에게 큰 해가 되었던 악어를 물리쳤고, 아울러 학교를 설립하여 그곳 백성들을 가르치는 등 매우 선정을 베풀었다. 이에 백성들이 사당을 지어 제사하며 그를 앙모(仰慕)하였다.

由北學中生員進士, 比比, 稍復有占大科, 入顯仕者. 故其人, 戴愛公, 如父母, 久而不衰, 爲立祠堂, 以饗報之."

李芝峯, 「敬憲公祠堂事錄後跋」云, "關北, 與山戎犬牙, 高麗世陷蒙古者, 且九十年, 至恭愍朝, 始復之. 當公之時, 其强獷汚染之習, 誠有未易革者, 乃能以誘掖成就爲務. 使一方之人, 丕變於期月之內, 又能使後之爲士者, 愈久而景慕, 愈遠而興起, 歷百年如一日, 是可敬也."

乃『輿地勝覽』, 咸鏡道永興, 名宦則云, "始北人, 未知學, 李某, 聚子弟之年少者, 教經史, 立勸課之法, 以獎之, 自是, 人興於學, 六鎭亦有登第者." 盖敬憲公, 余之九世祖也. 其爲觀察, 在成化己丑間, 西平之爲觀察, 在萬曆庚戌後, 則北道風敎之開, 已百有餘年矣. 中間, 未免頹殘, 而西平, 特釐補之耳. 若愚伏所云, "獷代天荒之域, 一變至此者." 盖失考矣. 且敬憲公之於關北, 猶文翁之於蜀, 昌黎之於潮, 所謂首出破荒, 其力之勤, 功之大, 非一時擧措, 得宜者之比也. 近日北人之來仕於朝者, 遇余族人某, 謂之曰: "夫孔子之化, 天下, 吾不知其何如也, 敬憲公之使我離禽獸而稱衣冠, 則德無以尙也." 嗚呼! 此可以觀敬憲公矣.

16. 『수호전』 뒤에 쓰다 書水滸傳後

譯 옮김 『수호전(水滸傳)』은 권모술수가 때에 따라 변할[110] 뿐만 아니라 문장(文章)도 실제로 아름답다. 『문헌통고(文獻通考)』[111]에 이르

110) 기변(機變): 임기응변의 책략을 말한다.

111) 문헌통고(文獻通考): 원대(元代)의 마단림(馬端臨)이 고대로부터 송대(宋代)에 이르기까지의 여러 제도에 관하여 편찬한 책으로 모두 348권이다. 당대(唐代)에 두우(杜佑)가 편찬한 『통전(通典)』을 기초로 하여 이를 증보한 것으로, 『통전』·『통지』와 함께 '삼통(三通)'으로 불린다.

기를 "나본(羅本)은 관중(貫中)이 저술(著述)한 것이다"라고 했는데, 양승암(楊升菴:明 楊愼)은 이르기를 "나관중(羅貫中)이 미칠 수 있는 것이 아니다"라고 하였다. 내가 일찍이 『전우산집(錢虞山集)』을 보니 이르기를 "공성여(龔聖予)[112]는 사마광(司馬光)[113]의 군막을 떠나자 오시(吳市)로 이사하여 살았는데, 말을 그려 생계를 꾸려 나갔으나 방안에 궤안(几案)도 없었다. 그 아들로 하여금 몸을 구부리고 종이를 받아서 『문육이전(文陸二傳)』을 짓게 하니, 오연영(吳淵穎)은 사마천(司馬遷)이 다시 나온 것으로 여겼다. 만년에 무료하여 송강(宋江)의 36인을 격찬함으로써 소리 지르고 호분(呼憤)하는 기개(氣慨)를 펴서 쓴 지 지금 삼백 년이 지났으나 긴 회수물 같이 도도히 흐르고, 이 사람의 이런 뜻이 창해(滄海)나 능곡(陵谷)과 더불어 모두 멸망하는 데에 돌아가겠는가? 아니겠는가?"라고 하였다. 나는 성여(聖予)가 어떤 사람인지 알지 못하였다가 뒤에 우연히 호원서(胡元瑞)가 편찬한 『시수(詩藪)』[114]를 열람해 보니 정극근(程克勤)[115]이 만든 『송

112) 공성여(龔聖予) : 성여(聖予)는 공개(龔開, 約1221~1305)의 자(字)이니 한편으로는 성여(聖與)라고 하기도 했으며, 호를 취암(翠岩)이라고 하였는데 말년의 호는 암옹(岩翁)이라고 하였으니 강소성(江蘇省) 회음(淮陰) 사람이다. 송(宋)나라 말기 유민(遺民) 화가가 되었다. 역사책에는 그의 일생을 기록한 것이 매우 적었는데 그의 일생 동안의 예술 사상과 활동은 송나라 정권이 망한 것과 관계가 더욱 긴밀하였다.

113) 사마광(司馬光, 1019~1086) : 자는 군실(君實). 호는 우부(迂夫)·우수(迂叟). 시호는 문정(文正). 속수선생(涑水先生)이라고도 하며, 죽은 뒤 온국공(溫國公)에 봉해졌으므로 사마온공(司馬溫公)이라고도 한다. 신종(神宗) 때 왕안석(王安石)의 신법(新法)을 반대하다가 실각(失脚)하였고 철종(哲宗) 때 정승(政丞)이 되어 신법을 모두 폐지하였음. 저서로는 『자치통감』·『속수기문(涑水紀聞)』 등이 있다.

114) 시수(詩藪) : 대가의 식견을 가지고 중국(中國) 시사(詩史)를 논한 최초의 저작으로 알려져 있다. 그의 시론(詩論)은 왕세정(王世貞)의 『예원치언(藝苑巵言)』을 바탕으로 하여 형식에 편중한 느낌이 있기는 하나, 논(論)한 범위가 매우 넓고 인용한 것이 광박(廣博)하며 특히 시가(詩歌)의 원류를 논(論)하고 예술(藝術)을 분석한 면에서 뛰어난 성취(成就)를 보여주고 있다.

115) 정극근(程克勤) : 극근(克勤)은 정민정(程敏政, 1445~?)의 자. 명(明)나라 문학가이고, 서법가(書法家)였다. 호를 황돈(篁墩)이라 하였으니 안휘성(安徽省) 휴령(休寧) 사람이다. 성화(成化) 2년(1466)에 진사에 오르고 홍치(弘治, 1488~1505) 연간에 관직이 예부시랑(禮部侍郞) 겸 한림학사(翰林學士)에 이르렀다. 박학에 글씨를 잘 썼으며, 저서에 『황돈문집(篁墩文集)』이 있다.

유민록(宋遺民錄)』[116]이 있었다. 모두 11인이었는데 뚜렷이 나타난 자는 사고(謝翺)와 당각(唐珏)이었으며 성여(聖予)도 여기에 있었다. 또 그 한 편의 절구가 기록되어 있었는데 이르기를 "한 번 구름·안개 좇아 천관으로 내려오니 헛되이 선조(先朝)의 열두 명을 막는 것을 다했도다. 지금 누가 파리한 늙은이를 불쌍히 여기리오. 해질녘 모래 언덕에 그림자가 산과 같도다"라고 하였으니 시 또한 웅대하고 기이하여 강개(慷慨)한 뜻이 드러나 있었다. 대개 『수호전(水滸傳)』은 간신이 나라를 좀먹는 정사와 북호(北胡)들의 노략질 때문에 헛소리에 맡겨서 그 울분을 쏟아낸 것이었으니, 어찌 유민으로서 성여(聖予)와 같은 자가 지은 것이 아니라는 것을 알겠는가? 그러나 단지 격찬(激贊)만을 말하고 찬한 자의 전을 말하지 않았으니 자세히 알 수가 없다. 성여(聖予)는 이름이 개(開)이니 상흥(祥興)[117] 연간의 사람이라 한다.

원문 『水滸傳』, 非惟權謀機變, 文章實佳. 『文獻通考』云, "羅本, 貫中著." 楊升庵云, "非貫中所可及." 余曾見『錢虞山集』云, "龔聖予去君實幕, 徙居吳市, 畵馬給食, 室無几案, 使其子曲躬受紙, 作文陸二傳, 吳淵穎以爲子長復出. 晚年無聊, 激贊宋江三十六人, 以申寫其呌號呼憤之氣, 去今三百年, 長淮湯湯, 此人此意, 與滄海陵谷, 俱歸交滅否?"[118] 余不知聖予何人也, 後偶閱胡元瑞所編『詩藪』, 有程克勤『宋

116) 송유민록(宋遺民錄) : 명(明)나라 때 정민정(程敏政)이 『송유민록(宋遺民錄)』 15권을 지었는데 사고(謝翺)와 당각(唐珏)과 왕원량(汪元量)과 정사초(鄭思肖) 등 11인의 시작품을 기록하였다.

117) 상흥(祥興) : 송(宋)나라 마지막 황제인 제병(帝昺)의 연호 1278~1279.

118) 전겸익, 『목재유학집(牧齋有學集)』 「함자시서(咸子詩序)」에 "龔聖予去君實幕, 徙居吳市, 畵馬食給, 室無几案. 使其子曲躬以受紙, 作文陸二傳, 吳淵穎, 以爲子長復出. 晚年無聊, 激贊宋江三十六人, 以申寫其呌號呼憤之氣. 去今三百餘年, 長淮湯湯, 此人此意, 與滄海陵谷, 俱歸變滅否?"라고 했다. 원래 문집과 몇 자의 차이를 보인다. 원 문집에는 식급(食給)이 혜환의 문집에서는 급식(給食)으로, 원 문집에는 이(以)가 있으나 혜환의 문집에는 보이지 않는다. 또, 의(懿)가 영(穎)으로 되어 있다. 원 문집에는 여(餘)가 있는데 혜환의 문집에는 보이지 않는다. 또 변(變)이 교(交)로 되어 있다.

遺民錄』. 凡十一人, 著顯者, 謝翺唐玨, 而聖予在焉. 又記其一絶云, "一從雲霧降天關, 空盡先朝十二閑. 今日有誰憐瘦骨, 夕陽沙岸影如山." 詩亦雄奇, 慷慨之意, 露焉. 盖水滸, 爲奸臣蠹政, 胡寇侵淩, 托之空言以泄其憤者. 安知非遺民, 若聖予者所作耶? 然只言激贊, 未言撰傳, 不可詳也. 聖予名開, 祥興間人云.

17. 관이재기 觀頤齋記

譯 옮김 전에 이르기를 "가(家 : 25家)에는 글방[塾]이 있다"[119]라고 했다. 숙[塾]이라는 것은 문 옆에 있는 방으로 아침저녁으로 강습(講習)하는 곳이니, 항상 익혀서 그 덕을 기르는 것이다. 삼대(三代) 이후에 이 제도가 없어지니 천하가 드디어 배움이 없게 되었다. 나의 벗 완산(完山) 이덕중(李德中)은 문간 옆에 집을 지어서 현판에 붙이기를 "관이(觀頤)"라 하였으니 대개 옛것을 본받은 것이다. 내가 일찍이 한두 번 덕중(德中)을 찾았는데, 덕중(德中)은 그 아버지 명곡옹(明谷翁)의 옆에서 푸른 모포로 만든 관을 쓰고 명주 도포와 가죽 띠 차림으로 책을 펴서 소리 내어 읽고 있었다. 내가 생각하기를 '덕중(德中)은 공부를 열심히 한다고 이를 만하다. 그러나 홀로 공부를 해서 어찌 이룰 수 있겠는가?'라고 했었다. (그런데) 지금 덕중(德中)이 편안하고 조용하게 살고 있는 곳은 마시고 먹고 세수하고 머리 빗기에 충분하였다. 또한 그 벽을 뚫어 감실

---

119) 『예기(禮記)』「학기(學記)」에 "옛날의 가르침에는 가(家 : 25家)에는 숙(塾)이라는 글방이 있고 당(黨 : 500家)에는 상(庠 : 中學校에 해당)이 있고 술(術(州) : 2500家)에는 서(序 : 高等學校에 해당)가 있고, 국(國 : 首都)에는 학(學 : 大學)이 있었다[古之學者, 家有塾, 黨有庠, 術(州)有序, 國有學]"라고 했다.

을 만들고 장서 수십, 수백 질을 쌓아 놓았으니, 친구가 오면 날마다 여럿이 즐길 수 있었다. 비록 그렇긴 하나 사람이 지키는 것이 없으면 쉽게 사물에 빼앗기게 된다. 세상의 불초한 자제들이 이따금 문호(門戶)를 욕되게 하고 지행(志行)을 망가뜨리는 것은 여럿이 거처하며 장난하고 친압하는 데에서 연유하는 것이다. 이에 덕중(德中)은 술을 먹지 않고 색을 좋아하지 않으며 잡희(雜戱)와 박혁(博奕)을 익히지 않는다. 오직 옛날의 시서(詩書)와 육예(六藝)의 남은 것에 종사하므로 일체의 밖에서 이르는 것들이 그 마음을 유혹할 수 없었으니 기른 것을 알 수가 있다. 가까운 계단에 국화 몇 그루와 포도 한 시렁은 글을 읽다가 지루할 적에 그 사이를 산보하면 또한 성정(性情)을 창달하고 정신(精神)을 기쁘게 할 만하다 이를 만하다.

원문 傳曰 : "家有塾." 塾者, 門側之室, 朝夕講習之所, 常習之, 養其德也. 三代以後, 此制廢, 而天下遂無學矣. 余友完山李君德中, 爲夾門之屋, 顔曰觀頤, 盖倣古也. 余嘗一再過德中, 德中在其父明谷翁旁, 冠靑毯, 繭袍革帶, 展卷吾伊. 余意謂德中業勤矣. 然獨學惡成? 今德中有便燕之棲, 足以飮食盥櫛. 又鑿其壁爲龕, 藏書數十百套, 朋友來者, 日衆可樂也. 雖然人無有守, 易爲物奪. 世之不肖子弟, 往往辱門戶, 壞志行者, 由群居媟褻也. 乃德中, 則不食酒, 不好色, 不習雜戱博奕. 而惟從事於古詩書六藝之遺, 一切外至者, 無以誘其中, 所養可知也. 近堦, 菊數本, 葡萄一架, 讀書倦, 散步其間, 亦可以暢性怡神云.

18. 경헌공의 「삼수제영」 발문 敬憲公「三水題咏」跋

譯 옮김 경헌공(敬憲公)의 문장(文章)은 세상에 그다지 일컬어지지는 않았으니, 대개 사업(事業)이 가려졌기 때문이다. 『황려세고(黃驪世稿)』에 단지 「삼수제영(三水題咏)」 7언 절구(絶句) 한 수만이 실려 있었다. 내가 항상 그 적음을 병통으로 여기다가 후에 『여지승람(輿地勝覽)』을 열람해 보니 또 「삼수제영(三水題咏)」에 공의 5언 1연이 실려 있는데 이르기를 "변방의 요새에 봉화 연기[120] 고요하고 오랑캐 산에 한나라 태양이 밝도다"라 하였으니, 내가 비로소 공의 시가 흩어져서 전하지 않는다는 것을 알게 되었다. 그러나 『세고(世稿)』에서 이를 거두지 않은 것은, 기구(起句)와 결구(結句)가 없어 편을 이루지 못했기 때문인가? 아! 세상 사람이 덕이 훌륭한 선배들의 일에 있어서는 조그마한 말과 구절이라도 모으며 심지어 비싼 값을 주고서도 그것을 사기까지 하거늘, 이에 선대의 고적과 유적은 간혹 도리어 시간을 내지 않으니, 어찌 후하고 박함의 순서를 잃음이 아니겠는가? 내가 이를 두렵게 여겨서 삼가 이 연(聯)을 기록하고 몇 마디 발(跋)로 지어서 후세(後世)의 자손(子孫)들로 하여금 이 뜻을 알게 한다.

원문 敬憲公文章, 世不甚稱, 盖爲事業掩也. 『黃驪世稿』, 只載「三水題咏」, 七言一絶. 不肖常病其少, 後閱『輿地勝覽』, 「三水題咏」, 又載公五言一聯云, "楡塞狼烟靜, 胡山漢日明." 不肖, 始知公之詩, 有散逸不傳者矣. 然世稿之不收此者, 以無起結不成篇耶? 嗟乎! 世之人, 於前輩名德, 片語隻句, 無不採輯, 甚至重價購之, 乃其先故遺迹, 則或反未暇焉, 豈非厚薄之失序耶? 不肖爲是懼也, 敬錄此聯, 跋數語焉, 使後

120) 낭연(狼烟) : 봉화를 이른다. 이리의 똥을 장작에 섞어 태우면 연기가 곧게 올라간다 한다.

世子孫, 知此意也.

19. 홍유화 뇌문[이름은 백창이다][121] 洪囿和誄[名：百昌]

譯 옮김 유화(囿和)는 이름이 아무개이니 태어나면서 남다른 자질이 있어서 옥처럼 서 있는 것 같은 넉넉한 모습이었다. 세 살 때에 대구(對句)를 지었고 책은 읽지 못하는 것이 드물었다. 비록 이씨(二氏)의 말[122]로써 세상에서는 익히지 않는 것들이라 해도 대략의 대의를 풀어내었다. 문(文)은 송(宋)을 배우고, 시(詩)는 당(唐)을 배웠으며, 강서(江西)의 여러 대가(大家)들을 참고하였으나 그 재능을 충족시키지는 못했으니 과의(科義)를 짓는 것에 빼앗겼기 때문이었다. 과의(科義)를 짓는 것은 정아(精雅)하고 민섬(敏贍)하여 붓을 대면 천언(千言)을 쓰니 매번 과거장에 들어가면 사람들의 이목이 그에게 집중되었다. 늠선생(廩膳生)으로 자주 남궁(南宮)[123]에 올랐으나 합격하지는 못했다. 방을 붙인 데에 유화(囿和)의 이름이 없자, 사람들이 문득 떠들썩하게 유사(有司)를 허물하였고 유사도 또한 잘못 본 것을 병통으로 여겼다. 그의 아버지가 탄식하며 말하기를 "내가 처음에는 내 아들의 낙방을 한스럽게 여겼는데 이제는 한으로 여기지 않는다. 내 자식의 과거 합격 여부를 가지고 어떻게 내 자

121) 홍백창(洪百昌, 1702~1742) : 본관은 남양(南陽). 자는 유화(囿和), 호는 농재(儂齋)이다. 1726년 소과에 합격해 생원이 되었다. 당색은 남인 또는 소북이었을 것으로 추정된다. 1737년에 쓴 금강산유기 『동유기실(東遊記實)』(4권 2책, 규장각 소장)이 있다.

122) 이씨지언(二氏之言) : 불가(佛家)·도가(道家)를 가리킨다. 한유의 『중답장적서(重答張籍書)』에 "今夫二氏之所宗而事之者, 下乃公卿輔相, 吾豈敢昌言排之哉?"라고 했다.

123) 남궁(南宮) : 당(唐)나라의 관제로 예부(禮部)를 이르는 말이었으니 여기서는 조선의 예조(禮曹)를 가리킨 말이다.

식을 볼 수 있으리오?"라고 하였다. 유화(囿和)가 중간에 눈에 백태를 앓았다가 한참만에야 나았다. 임술년(壬戌年) 12월 어느 날 밤에 잠자려 하다가 최각(崔珏)[124]이 가도(賈島)[125]를 곡한 시를 갑자기 외우고 그 아들에게 말하기를 "옛날 문인은 명운이 없는 것이 이와 같다"라고 하였다.

탄식하기를 오랫동안 한 후에 몸을 돌려 벽을 향한 채로 이미 죽어 있었다. 시신이 아주 가벼워 마치 매미가 껍질을 벗은 것과 같았다. 나이가 마흔 하나였다. 아! 마흔 하나는 괘(卦)에 있어서 손(損)괘인데 손(損)이라는 것은 잃는다는 뜻이고, 12월은 한 해의 끝이 되는데 끝이란 것은 죽는다는 뜻이니 유화(囿和)의 죽음은 우연이 아니다. 유화(囿和)는 거문고를 잘 타서 그 장인 이낭중(李郎中)의 지법(指法)을 얻었으나 스스로 이름을 내지는 않았다. 아름다운 산수를 매우 좋아해서 일찍이 풍악산(楓嶽山)에 들어갔다가 돌아와서는 『동유록(東遊錄)』를 저술하였다. 이 책이 나오면서부터는 앞서 행해지던 여러 기록들은 모두 버려졌다 한다.

뇌(誄)에 이른다. "재주가 어려운 것은 아니나, 참된 것은 보기가 드물도다. 사람이면 누가 식견이 없으랴만 그 높지 못함이 걱정이로다. 홍씨의 아들은 참다운 재주와 높은 식견이 있었으니 한 치의 마음이 천고에 알려졌도다. 정밀하게 살피고 넓게 포함해서 아름다움을 싣고서 바퀴자국을 같이 했도다. 좌구명(左丘明)·사마천(司馬遷)과 법칙을 같이 했으나 말류(末流)들은 근원을 잊었도다. 서로 허물하여 꾸짖었으니 사람들의 말에 의하여 쫓겨났도다. 그 끝으로 거슬러 올라가면 조화가 나에게 있

124) 최각(崔珏) : 자는 몽지(夢之)이다. 일찍이 형주(荊州)에 기거하였으며 대중(大中) 연간에 진사가 되었다. 막부(幕府)를 거쳐서 비서랑(秘書郎)에 임명되었다가 기현(淇縣)의 현령이 되어서는 은혜를 베푸는 정사가 있었다. 관직은 시어(侍御)에 이르렀고 그의 시에 언어는 난새의 날갯죽지와 봉황의 꼬리와 같아서 화려하고 아름다운 것이 비상하였다.

125) 가도(賈島, 779~843) : 중당(中唐)때의 시인(詩人). 자는 낭산(浪山). 고음파(苦吟派) 시인으로 특히 오언율시에 능했으며, 풍격이 맹교(孟郊)와 비슷했고 요합(姚合)과 더불어 '요가(姚賈)'로 이름 날렸다. 수주(遂州) 장강주부(長江主簿)를 지냈으므로 '가주부(賈主簿)'라고도 한다. 저서에는 『장강집(長江集)』 10권이 있다.

는 것이었도다. 오직 하고자 하는 것은 장인의 입으로 말을 하고 장인의 솜씨로써 만드는 것이었도다. 얼룩지고 빛나서 외식(外式)이 식(式)으로 들어왔도다. 경서를 공부하는 사람이 과거 공부를 하는 일은 공에게는 찌꺼기와 같은 것이었도다. 젊을 적에는 이름을 날려서 만 사람을 대적할 것이라 불리었도다. 마침내 과거 시험에 곤궁하게 되었으니[126] 옥을 바치고도 발을 베인 것이도다. 가장 한스러운 것은 저 유사(有司: 試官)의 눈이었도다. 정직하고 신실하여[127] 비탈진 것을 평탄하게 하였도다. 하늘의 수여(授與)가 순독(純篤)[128]하였으나 높아도 이응(李膺)과 범방(范滂)[129]과는 같지 않았고, 방종하여도 혜강과 완적과는 같지 않았도다. 그러나 세상 쓰임에 적합한 사람이어서 다만 문학(文學)만이 훌륭한 사람은 아니었도다. 남양(南陽)[130]에서 생산된 돌은 왕국(王國)의 상서가 되었는데, 남양(南陽)에서 나온 사람은 촌척(寸尺)도 펼 수 없었도다. 예전에 내가 그대에게 들렀을 때에는 돈의문(敦義門) 서쪽에 있는 집이었도다. 문에는 버드나무가 드리워져 있었고, 섬돌에는 가느다란 국화가 늘어져 있었도다. 면으로 된 갓옷과 모전으로 된 두건을 쓰고 정원을 소요하였으니, 보는 자들이 사모하여 탄식하며 궤이(詭異)함이 기리계(綺里季)와 녹리선생(甪里先生) 같았도다. 우뚝 솟은 저 풍악이 푸른 하늘에 치솟은 것을 기록한 자 많았으나 비슷하지는 못했지만 공은 형용을 잘했으니 공은 위대한 필력이었도다. 아! 환상(幻象) 같은 몸은 비록 없어졌으나, 남긴 말은 읽을 만하구나. 누가 오래 산 것을 자랑하리오. 죽으면 이름이 없어지니 공은 장생하고 저들은 짧게 산 셈이로다. 오호! 좋

126) 공거(公車): 옛날 관서(官署)의 명칭이다.

127) 이량(易諒): 이량(易良)과 같다. 평이하고 선량하다는 뜻이다. 『예기(禮記)』「경해(經解)」에 "廣博易良 樂教也"라 했다.

128) 순독(純篤): 순진하고 인정이 많음을 이른다.

129) 응방(膺滂): 동한(東漢) 때 이응(李膺)과 범방(范滂)의 병칭이다. 잘난 인물이란 뜻으로 인용한 것이다.

130) 남양(南陽): 하남성 남양현의 땅. 제갈량이 출사 전에 살던 땅이다. 여기서는 그가 남양홍씨라 이르는 말이다.

은 친구가 이미 죽었으니 나의 충정을 어디에 의탁하리오. 물 건너고 산을 넘어 찾아 왔으니 영원히 이별하는 하룻밤이로구나.[131] 변변치 못한 글로 욕되게 나를 알아주는 욕됨에 보답하노라."

원문 囿和名某, 生負異植, 玉立饒姿. 制三歲能屬對, 於書鮮所未讀. 雖二氏之言, 世不講者, 亦略解大旨. 文學宋, 詩學唐, 參以江西諸大家, 然未能充其才, 制科義, 奪之也. 制科義, 精雅敏贍, 下筆千言, 每入圍, 群耳目屬之矣. 以廩膳生, 屢上南宮, 不利. 當揭榜, 亡囿和名, 則人輒譁然, 咎有司, 雖有司, 亦病其失鑒. 其父處士歎曰: "吾始恨吾子屈, 今不恨, 吾子屈不屈, 何以見吾子也?" 囿和中患目眚, 久之獲愈. 壬戌十二月, 某日, 夜將寢, 忽誦崔珏哭賈島詩, 因語其子曰: "自古, 文人亡命." 如是.

歔唏良久, 轉身向壁, 則已逝. 屍輕甚, 若所謂蟬解者. 年四十一. 嗟! 四十一, 於卦爲損, 損失, 十二月, 於歲爲終, 終卒, 囿和之死, 弗偶爾也. 囿和善琴, 盡得其舅李郎中指法, 然不自名. 絶嗜佳山水, 嘗入楓嶽, 歸著『東遊錄』. 自是錄出, 而前所行諸錄, 皆廢云.

誄曰: "匪才之難, 眞者鮮覿. 人孰亡識, 患其未卓. 洪氏之子, 眞才卓識, 寸心千古. 諦精苞博, 輿休共轍. 左馬同則, 裔流忘源. 相咎以讁, 公汰衆口. 以溯其極, 造化在我. 惟其所欲, 匠口而談, 匠手而作. 犁然煥然, 外式入式. 經生制業, 於公糟粕. 早歲馳聲, 號萬人敵. 卒困公車, 獻玉刖足. 最可恨者, 彼有司目. 易諒坦陀. 天授純篤, 高弗膺滂, 流弗康籍. 而適世用, 匪直文學. 南陽産石, 爲瑞王國, 南陽産人, 未展寸尺. 昔我過公, 敦義西宅. 門有垂柳, 堦列細菊. 綿裘氈巾, 逍遙園陌, 見者慕歎, 侂爲綺角. 屹彼楓嶽, 蒼霄上薄. 記者萬數, 髣髴未得, 公能形容, 公大筆力. 嗚呼! 幻軀雖滅, 遺言可讀. 誰誇黎耇, 纊屬名息. 公爲長生, 彼卽短促. 嗚

---

131) 천재일석(千載一夕): 영원한 이별을 이루는 하룻밤. 죽은 사람에 대한 제문(祭文)에 쓰는 말이다.

呼! 良友旣盡, 衷悰疇托. 河山步武, 千載一夕. 不腆之譔, 報知我辱."

20. 이자앙 뇌문 李子昂誄

譯 옮김 자앙(子昂)은 이름이 경배(景培)이고 완산(完山) 사람이다. 그 할아버지는 국학생(國學生)으로 휘(諱)는 아무개인데, 문학으로 한 시대에 중히 여겨졌다. 아버지는 처사(處士)로 휘(諱)는 아무개였는데, 굳은 지조가 있었으나 일찍 죽었다. 자앙(子昂)은 큰 키에 눈썹과 눈이 훤칠했다. 성품이 솔직하였지만 나의 형제 이외에는 친구가 드물었다. 그러나 인륜(人倫)에 도타워서 어머니인 김유인(金孺人)을 섬기는 데 어린이같은 사모함이 있었다. 형 아무개는 몇 살밖에 나이가 많지 않은데도 예를 지킴에 매우 깍듯이 하면서 말하기를 "내가 불행하게도 어려서 아버지를 잃었고, 형도 없었으니 어디에서 내가 제자의 소임을 익히리오" 라고 하였으니, 자앙(子昂)은 만학이었고 또한 가난했기 때문이었다. 그러므로 공(功)에 힘쓰지 못했다. 그러나 때때로 시(詩)를 지었는데 말이 기이하여, 남의 말을 답습하지 않은 것이 있었다. 글씨 또한 강건함이 있었으니 진(晉)나라 사람 왕희지의 뜻을 얻었다. 일찍이 탄식하며 말하기를 "세상 사람들이 종일토록 급히 여기는 것은 과거 시험에 응시하는 것[132]이다. 세상일이 어찌 이것보다 더욱 급한 것이 없겠는가? 또한 얻고 잃음은 운명에 있으니 운명은 다시 바꿀 수 있는 것인가?"라고 하니, 듣는 자들이 그것을 기이하게 여겼다.

계해년(癸亥年) 여름 오랜 가뭄 끝에 갑자기 폭우가 내리쳐 집안의 침

132) 결과(決科) : 과제(科第)를 결정하다. 후에는 과거 시험에 응시한다는 뜻으로 썼다.

실이 무너져 김유인(金孺人)이 큰 아들의 처인 한씨(韓氏)와 한씨(韓氏)의 아들 두 사람과 함께 모두 죽음을 면할 수 없었다. 마침 밤이 깊은 때였다. 자앙(子昂)이 집이 무너지는 소리를 듣자 사랑방에서 나와서 손으로 기와장과 나무를 헤치면서 사람 살리라고 부르짖으니, 목구멍은 잠기고 열 손가락은 벗겨졌다. 이미 빈소를 침소에 설치하고 관 옆을 떠나지 않으면서 말하기를 "내가 차마 나의 어머니로 하여금 홀로 거처케 하고 모시는 사람이 없게 하지 못 하겠다"라고 하였다.

자앙(子昂)은 평소에 병이 있었는데 지나치게 슬퍼해서 병이 악화되었다. 오히려 때때로 영양식을 억지로 먹으면서 말하기를 "내가 내 한 목숨이 아까워서 먹는 것은 아니다. 나의 형에게 거듭 근심을 끼칠까 두려워서이다"라고 하였다. 얼마 안 되어 스스로 병이 깊어 다시 살 수 없다는 것을 알고 집안사람들에게 일러 말하기를 "나는 상복을 입은 사람이니, 만약에 상복을 입은 채로 나를 염하지 않는다면 나는 반드시 너를 허물할 것이다"라고 하였다. 아들을 불러 무릎에 앉히고 말하기를 "너는 나보다 낫다. 나는 아버지의 얼굴도 보지 못하였다"라 하고는 드디어 죽으니 나이 서른여덟이었다. 그의 집안사람들이 상복으로 염하는 것이 예가 아니나 죽은 자의 뜻을 어기지 않으려고 흰 베를 사용해서 염했다 한다. 아! 자앙(子昂)이 재주의 높음과 행동의 아름다움으로써 노력을 해서 글을 지었으면 마땅히 볼 만 했을 것이고, 더 나아가 유학(儒學)하는 사람의 말에 종사했더라면 반드시 대아(大雅)를 이루었을 것인데 얼마 못 살아 얻지 못하였으니 슬프도다.

뇌에 말한다. 내가 예전 어린 나이로 친구를 따라 놀러갔을 때 거리에는 사람들이 빽빽히 늘어서 있었다. 어떤 이는 종이연을 날리고, 어떤 이는 공을 차고 놀았도다. 준수한 총각이 있었으니 홀로 버드나무 그늘에서 쉬고 있었도다. 거동이 점잖고 우아하여 사람에게 공경하는 마음을 일어나게 하였도다. 나는 나아가 길게 읍하자 한 마디의 말에 마음이 맞았도다. 집이 한동네였으므로 하루에 한두 번은 찾았도다. 때로는 도중(途中)에서 서로 만나면 웃었으니 두 사람은 천교(天交)의 좋음이었도다. 나는 일찍이 그대를 일러서 “친구가 아니고 스승이다”라 했으며 그대 또한 나에게 이르기를 “그대가 하지 않는 것이 있으니 휩쓸리는 이 세상에서 쉽게 얻을 수 없다”라 했도다. 오호! 그대는 힘써 배우지는 아니 하였으나 높은 바는 천품이었도다. 무릇 밖으로부터 이르는 것은 능히 감동됨이 없었으니, 비유컨대 흰 실이 한 점도 물들지 않은 것과 같았도다. 효우(孝友)하고, 화목하여 내행(內行)에 더욱 독실하였으니, 종문에서는 이간질하는 말이 끊어졌고 집에는 안색을 어기는 이가 없었도다. 사람이 누가 어버이가 없으리오마는 그대는 부족한 줄을 알았도다. 문장(文章)이 예(禮)의 말단이기는 하나 또한 홀로 나가는 것이 많았도다. 기이하지 않으면 내지 않아서 백 번 정련하고 천 번 추렸으니 하나의 참된 영화(英華)는 온갖 꽃의 기림을 대적했도다. 오호! 인(仁)을 입고 의(義)를 지켰으며 규행(規行)을 하고 구보(矩步)를 하였으나 때로는 더러 징험이 없었으니 또한 이치가 잘못됨이었도다.

어찌 도리어 재앙을 내려서 선한 길을 막는가? 아! 외로운 아래에서 분진(分津)하여 부인의 병을 치료했도다. 집이 장차 나쁘게 되려면 징조가 먼저 있는 것이니, 신기(神氣)가 흩어지려면 별에 살별이 있는 것과 같은 것이도다. 얼마 안 되어 화가 있었으니 듣는 사람들의 심혼(心魂)이 놀랐도다. 인륜이 있을 때부터 절로 상척(喪慽)이 있는 것이나 누가 다시 그대와 같이 참혹하고 잔독(殘毒)했던가? 머리는 깨지고 손가락은 문드러졌으며 눈물은 변해서 피가 되었도다. 어찌 감히 예제를 어기리오만 슬퍼서 절제할 수가 없었도다. 기이한 병이 몸에 걸렸으니 일찍이 한 달을 넘기지 못하였도다. 임종 때 한 마디의 말은 그 사람을 볼 수가 있는 것이거늘, 치명(治命)을 어겨 버리고 어긋난 절문(節文)을 따라서 예에 없는 예[133]로 그대 뜻을 펴게 했도다. 아! (인생이란) 우연히 정신이 모

133) 예에 없는 예[無禮之禮] : 부모님 상복을 입은 채로 염습하는 것을 가리킨 것이다.

아졌다가 마침내 또한 풀려서 썩는 것이로다. 누가 능히 백 년을 살며 육신이 길이 있을 수가 있으리오? 귀한 것은 사람이 되어 명분을 저버리지 않음이로다. 아! 그대는 하루를 살면 하루의 책임을 행하였도다. 하늘은 높고 땅은 낮은 데에서 구부리나 우러르나 부끄러움 없었으니 이로써 참으로 돌아갔으니 혁혁하게 빛이 있도다. 아! 문 앞을 나오면 다니는 사람이 이와 같이 많으나 나를 알아주는 이는 드무니, 아! 장차 어이 하리오. 아! 잘 섬기는 것을 효(孝)라 하고 오래 살지 못하는 것을 도(悼)라 하도다. 청컨대 이로써 공의 시호로 지어 세도(世道)를 교화하려 하노라.

원문 子昂, 名景培, 完山人. 其大父, 國學生, 諱某, 以文學重一時. 父處士諱某, 有特操, 早卒. 子昂爲人, 長軀疎眉目. 性簡直, 自不佞兄弟外, 以朋友進者, 盖鮮矣. 然惇於人倫, 事母金孺人, 誾誾有嬰兒慕. 兄某長裁數歲, 執禮莊甚曰 : “吾不幸, 幼失父, 不有吾兄, 吾安所, 習弟子職也.” 子昂, 晩學又以貧. 故功不力. 然時作韻語, 語有奇警, 不經人道者. 書亦遒健, 得晉人意. 嘗歎曰 : “世人所終日劫劫者, 爲決科也. 天下事, 豈無更急於是者耶? 且得失命, 命其可更易哉?” 聞者奇之.

歲癸亥夏, 久旱, 忽暴雨, 所居屋內寢崩, 金孺人與其長子妻韓氏, 韓氏之子, 二人, 皆不得免焉. 時適夜深. 子昂, 聞屋崩聲, 從外寢出, 手撥瓦木, 且呼人救, 喉嗄, 十指盡禿矣. 旣殯寢處, 不離柩旁曰 : “吾不忍使吾母, 獨居而無人侍也.”

子昂, 素有疾, 其劇以毁過. 猶時時强餌藥曰 : “吾非愛此一縷者. 恐重貽吾兄慽也.” 頃之, 自知病困不復生, 謂家人曰 : “吾衰麻人, 若不以衰麻斂我者, 吾必若尤.” 呼其子, 置于膝曰 : “而勝我, 我不識我父面矣.” 遂死, 年三十八. 其家以衰麻斂屍, 非禮而重違死者意, 純用素布云. 嗟乎! 以子昂之才之高行之美, 刻勵爲文章, 當有可觀, 進而從事於洙泗家言, 必成大雅, 而局於年, 不得, 可悲也已.

誄曰 : “昔我童年, 隨伴出遊, 衚衕巷口, 人立駢稠. 或放風鳶, 或蹴氣毬. 有美一丱, 獨息柳陰. 儀貌儼雅, 令人起欽. 我就長揖. 一語投心. 居宅同坊, 日一再造. 時于中途, 相遇而笑, 是二人者, 天交之好. 我嘗稱子, 匪友實師, 子亦謂我, 而有不爲, 靡靡斯世, 未易得之. 嗚呼! 子匪力學, 所高天稟. 凡自外至, 亡有能感. 譬如素絲, 一點不染. 孝友睦婣, 內行尤篤, 宗絶間言, 室靡違色. 人孰無親, 子知不足. 文禮之末, 亦多獨詣, 不奇不出, 百鍊千汰, 一英之眞, 敵萬花翳. 嗚呼! 服仁守義, 規行矩步, 時或無徵, 亦理之誤.

胡反降災, 沮爲善路. 嗚呼! 孑下分津, 以醫婦疾. 家之將殄, 其兆先發, 神氣迸散, 如星有孛. 亡何禍作, 聞者魂愕. 自有人倫, 自有喪慽, 誰復如子, 慘惡殘毒? 頭破指禿, 淚化爲血. 豈敢違制, 哀不能節. 奇病纏體, 曾未越月. 臨死一語, 可見其人, 違棄治命, 從乖節文. 無禮之禮, 俾子志伸. 嗚呼! 偶然神凝, 終亦澌朽. 疇能百年, 肉身長有? 所貴爲人, 名之不負. 嗚呼! 子生一日, 行一日責. 天高地下, 俯仰無怍, 以此返眞, 奕奕有色. 嗚呼! 出門行人, 如此其多, 知我者鮮, 嗟將奈何. 嗚呼! 善事曰孝, 無年曰悼. 請以謚公, 以風世道.”

21. 단삼방 발문 丹參方跋

譯 옮김

태양초(太陽草)[134]를 일러서 인삼이라 한다. 그 용도는 몸을 보하는 것이니, 피로하고 마른 사람에게 필요하다. 그러나 근래에 화전(火田)이 넓어지자 생산이 이미 줄어들었으며, 관가에 바치는 세

134) 태양초(太陽草) : 사람이 먹으면 장수(長壽)한다는 황정(黃精)이란 약초(藥草). 여기서는 빌어서 인삼(人蔘)을 가리킨 것이다.

금이 많아지자 채취하는 자가 드물어졌다. 다행히 채취한 것도 분주하게 날마다 북쪽으로는 연경(燕京)에 수출되고, 남쪽으로는 왜국(倭國)에 수출되었다. 좋은 집에서는 차를 대신해서 마시는 자가 있으나 시골의 빈약한 사람들은 비록 병들어 죽을지라도 먹을 수가 없는 것이다. 내가 어린 시절에는 오히려 조그마한 양의 인삼(人蔘) 값이 동전(銅錢) 한 꾸러미인 것을 보았는데 십 년이 안 되어서 배나 되었고 또 십 년이 안 되어서 세 배가 되었다.

신통한 의원인 김군(金君) 아무개가 이것을 걱정한 나머지 생각하여 새로운 처방을 만들어서 단삼(丹參)이라 하였으니 비록 그 공력이 다 인삼과 같지는 못하였으나 인삼은 온열(溫烈)이 지나치면 혹 사람을 죽이기기도 하지만 이것은 그렇지 않다. 더욱이 부인의 자궁 출혈[135]에 잘 듣는다 하니 보배라 할 수 있다. 사람들이 만약에 그 자질을 의심한다면 저 성동(腥銅)을 만들고 완철(頑鐵)을 만드는 자들이 또 어떻게 황금을 이룰 수가 있겠는가?

원문 太陽之草, 曰人蔘. 其用爲補, 勞羸者須焉. 然近來火耕廣而産旣減, 官稅厚而採又稀. 其幸而有焉者, 又紛紛然, 日北輸燕, 南支倭. 貴豪之室, 有以代茶飮者, 鄕坊貧弱, 雖病死, 未得餌焉. 余幼時, 猶見人蔘, 若干直銅錢一串, 未十年倍之, 又未十年三之.

良醫金君某憂焉, 意刱新方曰, 丹參, 雖其功力, 不盡如人參, 然人參溫烈過則或殺人, 此不爾也. 尤宜於婦人崩帶, 可寶也已. 人苟以其質疑焉, 則彼腥銅頑鐵者, 又何以成黃金哉?

135) 붕대(崩帶) : 자궁 출혈.

22. 삼가 유(柳)씨의 어머니 이태부인을 축수하는 서문 敬壽柳母李太夫人序

譯 옮김

처음 내가 전하(殿下)의 원년(元年) 을사(乙巳)에 고인이 된 소사구(少司寇) 진산(晉山) 유공(柳公)의 가문에 장가를 들었다. 이미 혼례를 한 다음 날 들어가 사구(司寇)의 부인인 이태부인(李太夫人)을 뵈었다. 태부인(太夫人)은 나이 40여 세로 바라보니 덕용(德容)이 있어서 내가 마음속으로 공경하였다. 곧 아내와 함께 돌아와서 거처하였다. 아내가 하는 일을 봐서 좋은 것이 있으면 곧 어머니가 일찍이 가르쳐 준 것이라고 했고, 그 합당하지 않은 것은 곧 어머니가 일찍이 경계한 것이라고 했다. 나는 이 때문에 태부인이 현명하다는 것을 더욱 잘 알게 되었다. 대개 태부인이 나이 19살에 사구에게 출가해 왔다. 이때 사구는 전집현전(前集賢殿) 학사(學士)로서 당악(唐岳)의 수령으로 나갔었는데, 치정이 서쪽의 수령들 중에 으뜸이었고, 옮기어서 명주(溟州)의 수령으로 나아가서는 치정이 또 동쪽 수령들 중에서 으뜸이었으니 태부인의 내조가 있어서였다.

사구(司寇)의 전배(前配) 김부인(金夫人)의 아들 몇 명과 이부인(李夫人)의 아들 몇 명이 있었는데 태부인(太夫人)이 그들을 아들로 여기기를 자기 자식과 똑같이 하니 비록 아들들도 그 어머니를 여읜지를 알지 못하였다. 유씨(柳氏)는 대성(大姓)이고 사구는 또 높은 관직이었으니, 태부인은 한 유가(儒家)의 따님으로 와서 배필이 되어서는 집안 살림을 장악하여 비첩(婢妾)을 다스리기를 귀한 집안에서 처신(處身)하는 것을 익힌 듯이 하였으며, 후에 사구가 죽자 집안이 또한 점점 몰락해져서 생활이 힘들게 되었을 때는 또 곤궁한 처지에 익숙한 듯이 하였다. 그러나 의(義)를 좋아하고 베푸는 것을 기뻐하여 다른 사람이 급해서 오면 일찍이 없다고 사양한 적이 없었고, 능히 대중을 포용하고 남을 용서하였으며 나쁜 말이 개나 말에게도 미치지 않으면서, 말에 있기를 "사람은 은혜를 베푸는 데에 붙고 신(神)은 조화하는 데에 모이게 된다"라고 하였는데 태부인에게 이런 것이 있었다. 태부인이 유씨(柳氏)의 부인이 된 지 43년 만에, 유씨의 어머니가 되었으니 24년이 지나자 태부인의 나이가 이미 61세가 되어 예순을 넘어 일흔으로 들어선 그분의 회갑이 3월 3일에 있었다.

아들들 중에서 경기(敬基)와 손자들 중에서 산진(山鎭)이 생각하기를 "몸이 천하여 태부인(太夫人)을 영광스럽게 해 드릴 수 없었으며 집이 가난하여 태부인은 봉양을 받을 수가 없고, 또 교유가 좁기 때문에 현자(賢者)의 한 마디를 얻어서 태부인의 수로 삼을 수가 없으니 곧 어떻게 태부인을 기쁘게 해드릴 수 있는가?"라고 하였다. 그런데 바로 나는 곧 이르기를 "태부인은 이미 팔명(八命)[136]으로서 정부인(貞夫人)이 되었으니, 다시는 자식들의 도움으로 중하게 될 것이 없으며, 아침저녁으로 여러 음식을 늘어놓는 봉양은 없었으나, 정성으로 봉양하는 것이 잘 대접하는 것보다도 나았다"라고 하였다. 내 말이 비록 현자에는 부족하나 내덕(內德)을 아는 것은 혹 다른 사람보다 상세할 것이다.

또 부인(婦人)의 수로는 진(晉)나라의 유씨(劉氏)[137]보다 많은 사람이 없었다. 그러나 그 자신이 황건족과 조씨 유씨의 난리를 겪어서 그 위태로움이 미쳤으나 다행스럽게도 살아남은 것이 매우 위태로웠다. 아들 하나는 일찍 죽었고 손자 하나는 관가(官家)에 빼앗겼다가 진정을 해서야 걸양(乞養)을 하는 데에 이르렀으며 또 일찍이 병을 앓아 늘 병석에 있었으니 살아 있는 사람의 즐거움이 적었다.

지금 태부인(太夫人)은 그렇지 않아서 현융(顯隆)하고 희이(熙怡)한 세

---

136) 팔명(八命) : 8번의 임명으로 2품관인 높은 관직에 올랐다는 말이다. 옛날 주(周)나라 품계(品階)가 9등급이었는데 1명(命)으로 9품관이 되고 2명으로 8품관이 되는 방식으로 9명이면 1품관에 오르게 된다.

137) 유씨(劉氏) : 진(晋)나라 때 이밀(李密)의 「진정표(陳情表)」에 조모 유씨(劉氏)가 96세라는 기록은 있으나 그가 황건적(黃巾賊) 등 많은 난리를 겪었다는 기록은 없으니 누구인지 알 수 없다.

상에 태어나서 눈으로는 병화(兵禍) 때문에 유리하는 모습을 보지 않았으며, 자손(子孫)이 방안에 가득하여 새벽에 잠자리를 묻고 저녁에 편안하게 잠자리를 펴 드릴 때면 턱을 끄덕일[138] 따름이었다. 비록 이와 머리털이 조금 쇠하기는 했으나 신기(神氣)는 오히려 왕성해서 앉고 눕거나 일어나고 거처함에 사람을 기다리지 않고서도 매우 편안히 하였으니 그렇다면 태부인의 수는 하늘의 힘이고 사람의 힘이 아니다. 그 또한 성대한 일이로다. 내가 또 들으니 이에 방금 상감께서 그 어머니 일로 해서 여러 차례 유사(有司)에게 명령을 내려 모든 나라 안의 나이 많은 부인에게 하사하시는 것을 차등 있게 하시었다. 그리고 다음 해인 병인년(丙寅年)에는 왕후의 나이가 육십에 꼭 차고 또 이듬해인 정묘년(丁卯年)에는 주갑이 되는데 태부인의 수 또한 늘어나 괘수(卦數)에 가득 차게 된다.[139] 혹시라도 임금께서 옛날 고사(故事)를 써서 전전(前殿)에 납시어 옥치(玉卮)를 받들어 강릉(岡陵)[140]의 축수(祝壽)를 드리게 될 적에 선조(先朝)의 명부(命婦) 중에 기덕(耆德)으로 예를 익힌 자를 불러 의식을 돕게 된다면 태부인을 두고 누구를 하겠는가? 내가 그때에 다시 말을 받들어 축하할 것이다.

원문 始不佞, 以殿下之元年乙巳, 聘于故少司寇晉山柳公之門. 旣奠鴈之翌日, 入謁於司寇之配李太夫人. 太夫人年四十餘, 望之有德容, 不佞心敬之. 尋歸與婦居. 見婦事, 有合宜者, 則曰母之所嘗敎也, 其不合者則曰, 母之所嘗戒也. 不佞, 以是益知太夫人之賢也. 盖太夫人年十九, 而歸司寇. 時司寇以前集賢學士, 出守唐岳, 治冠西諸侯, 已移守

138) 턱을 끄덕일 따름이었다[頷之而已] : 자손이 많아 만년(晩年)의 팔자가 좋다는 뜻이다. 당(唐)나라 곽자의(郭子儀 : 汾陽王)는 자손이 많아 이름을 다 알지 못하므로 인사를 하면 턱을 끄덕일 따름이었다 한다.

139) 괘수(卦數) : 『주역(周易)』의 괘수(卦數)는 64괘이므로 64세라는 말이다.

140) 강릉(岡陵) : 임금의 만수무강을 기원한다는 말. 『시경(詩經)』「소아(小雅)」 '천보(天保)'의 "산처럼 언덕처럼 묏부리처럼 구릉처럼[如山如阜, 如岡如陵]"에서 나온 말이다.

溟州, 治又冠東諸侯, 太夫人有內助焉.

司寇前配金夫人之子, 若干人, 李夫人之子若干人, 太夫人子之, 無異己出, 雖諸子, 亦不知其失母也. 柳氏大姓, 司寇又顯官, 太夫人以一儒家女, 來配之, 握閫政, 御婢妾, 若習處貴者, 後司寇沒 家亦漸旁落, 而自奉之薄, 又若習處約者. 然嗜義喜施, 人以急來者, 未嘗以無辭, 亦能容衆恕物, 惡言不及於犬馬, 語曰 : "人附於惠, 神凝於和." 太夫人有焉. 太夫人爲柳氏婦, 四十三年, 爲柳氏母, 二十四年, 而太夫人之壽, 已六十一, 隃耆入耋, 而其設帨之辰, 則在三月三日矣.

諸子敬基, 諸孫山鎭輩, 念身賤, 無以爲太夫人榮, 家貧, 無以爲太夫人養, 又交狹不得賢者之一言, 以爲太夫人壽, 則何以爲太夫人懽. 而乃不佞, 則謂太夫人已八命, 爲貞夫人, 無復藉諸子爲重矣, 朝夕無駢簋之供, 而志養甘于肥醇矣. 不佞之言, 雖不足以當賢者, 知內德, 則或詳於它人也.

且婦人之壽, 莫高於晉之劉氏. 然身閱黃巾曹劉之鬩, 其佹及而幸存者, 僅如髮. 一子早死, 一孫爲官所奪, 至陳情而乞養, 又夙嬰疾病, 長在床褥, 而生人之樂, 鮮矣.

今太夫人則不然, 生於顯隆熙怡之世, 目不見兵燹流離之狀, 子孫滿室, 晨問寢而夕安置, 頷之而已. 雖齒髮少衰, 而神氣猶旺, 坐臥興居, 不須人而甚適, 然則太夫人之壽, 天也, 非人也. 其亦盛哉. 不佞, 又聞之, 方今人主, 以東朝之故, 婁下有司, 凡國內高年, 賜賚有差. 而乃再明年丙寅, 則長信寶算, 恰盈六十, 又明年丁卯, 則甲一周, 而太夫人之壽, 亦進而滿卦數矣. 倘人主, 用故事, 御前殿, 奉玉巵效岡陵祝, 而召先朝命婦耆德習禮者, 以贊儀焉, 則舍太夫人其誰哉. 不佞, 當於其時, 更以言奉賀.

23. 국학생 하공河公이 상산商山, 尙州으로 돌아가는 것을 전송하는 서문 奉送國學生河公還商山序

譯 옮김 내가 하공(河公)을 만난 것이 대개 국학(國學) 문외(門外)의 객석(客席)에서였다. 그때 의관(衣冠)을 갖춘 이가 여덟 아홉 명이었는데 누가 하공인 줄을 알지 못했다. 돌아오니 동사생(同舍生)이 말하기를 "상산(商山) 하공이 자네를 만나러 오겠다네"라고 했다. 나는 망령된 일이라고 여겼다. 얼마 후에 하공이 과연 이르러서 한밤중까지 말을 나누고서야 마쳤다. 이때로부터 내가 하공을 뵙지 않으면 하공이 나를 찾아 왔다. 그랬는데 그동안 장려하고 순종(順從)함에 그 사람이 취할 만하였다. 사람들 중에는 혹 인심을 잃었다는 것으로 하공에게 돌리기도 했으나 하공은 또한 그런 것을 살피지 않았다. 내가 사사로이 생각하건대, 하공은 현명(賢明)한 덕(德)이 있는 장자(長者)이다. 연소(年少)한 사람에게 예를 먼저 행하는 것이 마땅하지 아니함은 논할 것이 없고, 비록 그 문인 제자들 중 말단에 있는 자라도 나처럼 못난 사람이 없다. 그런데 이제 하공이 나에게 이렇게 대하는 것은 혹 그 가정에서 들은 것이 있어서인가 하고 의심하기도 하나, 또한 (내가) 구구하게 모선(慕善)하는 정성을 어여쁘게 여긴 것이리라. 아! 내가 매번 세상 사람들을 보건대 조금 수렴(收撿 : 收集整理)할 줄을 알면 곧 스스로 다른 것을 표방하거나 그렇지 않으면 방탕하고 태만하게 된다. 그러나 오직 하공만은 장엄하나 구속됨에 이르지 않고, 온화하되 흐르는 데에 이르지 않아서 잘난 이를 대하여도 굴하는 기색이 없고 못난 이를 대하여도 우쭐댐이 없었으며, 평범한 이를 대하여도 문학(文學)을 한다는 기색이 없었으니 간직한 것을 어찌 쉽게 헤아릴 수 있겠는가? 이에 하공의 향인(鄕人)이 말하기를 "일찍이 책 한 권을 읽는데 수십 수백 판(板)에 넘지 않는 것이었으나 쇠 채찍이 세 번이나 부러졌다"고 했었으니 비록 읽은 것이 무엇인지 알 수는 없으나 하공의 근학(勤學)은 볼 만한 것이다. 아! 큰 고개가 하늘에 닿아

있어 남북(南北)의 풍속이 같지 않고 근래에는 또 세상이 못해져서 습상(習尙)이 여러 번 바뀌었다. (그리하여) 남쪽 사람은 북쪽의 군자가 항상 문장만 숭상하는 것을 걱정하고 북쪽 사람은 남쪽이 순산(醇散)해서 묽기만 한 것을 걱정한다. 그 걱정은 비록 성심(誠心)으로 애호하는 데에서 함께 나오는 것이기는 하나, 이해할 수는 없는 것이다. 그러므로 내가 하공이 돌아갈 적에 이 글을 주는 것은 북쪽에서 남쪽의 제유들 중에 하공과 같은 대아(大雅)가 있다는 것을 알게 하고 남쪽은 북쪽 소년의 박루(樸陋)함이 나와 같은 자가 있다는 것을 알게 하려 하는 것이다.

원문 不佞之遇河公, 蓋于國學門外客席云. 其時衣冠八九人, 不知誰爲河公也. 歸則同舍生有言"商山河公將過若"者. 不佞以爲妄也. 已而河公果至, 語分夜而罷. 自是, 非不佞謁河公, 河公必辱見訪. 而間獎與若, 其人有可取者. 人或以失人歸河公, 河公亦不之顧也. 不佞私念, 河公賢德長者. 不宜先禮年少, 則毋論, 雖其門人弟子之末, 無無似如不佞者, 而乃今河公之於不佞如是者, 或疑其有所聞於家庭, 而亦憐區區慕善誠耳. 嗟! 不佞, 每見世之人, 稍知收撿, 卽自標異, 不爾放蕩惰慢. 惟河公, 莊不至拘, 和不至流, 對貴豪, 無屈色, 對賤弱, 無加色, 對庸衆, 無文學色, 所存, 豈易量哉? 乃河公之鄕人, 則言河公嘗讀一書, 書不過數十百板, 而鐵檛三折, 雖不識所讀者何書, 然河公之勤學可見矣. 噫! 大嶺除天, 而南北之風不同, 近又世下習尙屢易. 南憂北之君子而徒文, 北憂南之醇散而爲醨. 其憂雖同出於誠心愛好, 然無以爲解也. 故不佞於河公之還, 贈之以文, 欲北知南之諸儒大雅, 有如河公者, 欲南知北之少年樸陋, 有如不佞者云.

24. 문필文筆로 맺은 계契에 쓰는 서문 筆契序

譯 옮김 자서(字書)를 살피건대 '계(契)'자는 '합하는 것'이고 또 '약속하는 것'이다. 무리가 모였을 적에는 법으로써 관리하지 않으면 다툰다. 그러므로 합하면 곧 다시 약속이 있게 되는 것이다. 그러나 그 합하는 방법이 많고 약속하는 것도 한결같지 않다. 지금 우리들이 합하여 약속하는 것이 반드시 문사로 하는 것은 선비이니, 공예(工藝)나 도박(賭博)이나 하는 잡것들과는 다르다. 대저 골육을 같이 하는 친척과 혼인을 맺은 인척 관계가 있지 않은데도 속을 서로 보여 평탄(平坦)과 험난(險難) 간에 바꾸지 않는 것은 어찌 성기(聲氣)가 부합되어 천성(天性)에서 사귄 것이 아니겠는가? 아! 포의(布衣)를 입은 선비는 비록 재능이 있어도 펼 수가 없다. 그러므로 더러 상사(喪事)를 처리하고 제육(祭肉)을 분배하는 일로 그 재능을 드러내 보였다. 그래서 바로 육포산(陸包山)[141] 선생은 이르기를 "모든 일 중에 사람에게 유익한 것은 모두 정사(政事)이다"라고 하였으니, 이것도 정치의 일단이라고 할 수 있을 것이다. 계는 모두 열두 사람이니, 아무개 아무개이다.

원문 考字書, 契合也, 又約也. 群聚而無法以攝則爭. 故旣合而復有約也. 雖然, 其合多方, 而約亦不一也. 今吾輩之所爲合而爲約者, 必以文事者爲士, 異於工藝蒲博諸雜類也. 夫不有骨肉之親, 婚姻之好, 而出肝膽相示, 夷險不易者, 豈非聲氣之符, 自天交之者也耶? 嗟! 布衣之士, 雖有才無所施. 故或寓之於辦喪分肉, 而乃陸包山先生則云, 凡

141) 육치(陸治, 1496~1576) : 명(明)나라 때의 화가. 자는 숙평(叔平)이고, 호는 포산(包山)이니 오현(吳縣, 지금 강소성 소주시) 사람이다. 시문을 잘 지었고 화조와 산수를 잘 그렸다. 화조는 붓에 공들인 것으로써 낫게 여겨졌으니 서희(徐熙)와 황전(黃筌)의 유의(遺意)를 터득하였다. 구륵(勾勒)이 세밀하였고, 색칠하는 것이 아주 깨끗하고 화려하였으므로 연려파(姸麗派)라는 호칭이 있었다.

事之益人者，皆爲政也，此亦爲政之一端也夫. 契凡十二人，某某.

25. 정력헌[142]이 기록한 김사직[143]의 순절록에 뒤에 쓴 발문[144] 跋鄭櫟軒所記金司直殉節錄後

譯 옮김 이때에 적의 소리가 매우 다급하게 되니 듣는 자들의 마음이 어지러웠다. 바야흐로 거마(車駕)가 서쪽으로 거동을 하게 되자 비록 높은 관리와 귀한 신하라 하더라도 혹은 늙고 병든 것으로 사양하지 않는 자가 없었으니 그 누가 기꺼이 살림살이를 팽개치고 종군(從軍)을 할 것이며, 칼날을 무릅쓰고 맞이해 싸워서 추이(酋耳)[145]와 착치(鑿齒)[146]의 입으로 걸어 들어가겠는가? 사직은 한 명의 평범한 사람[147]으로서 홀로 분연히 자신을 돌보지 않고 앞장 서 나가서 모집에 응하였으며, 이에 마침내 나라의 일을 위해 순절했으니 얼마나 장렬한가! 아! 가령 사직이 군대에서 죽지 아니 하여 죽을 때까지 배불리 먹으며 따스히 입고 늙도록 수를 누리다가 죽었다면 이것은 우리에서 길러지던 것이 상구(商丘)에서는 버림을 받음에 불과한 것이다. 또 사직(司直)이 백성들을 따라 산으로 도망갔다가 갑자기 적에게 해침을 당했다면 뒷사람들이 쓰기를 "왜

142) 정력헌(鄭櫟軒) : 『해동유주(海東遺珠)』에 보이는 정치(鄭致)란 사람을 가리킨다.

143) 사직(司直) : 재판관(裁判官). 정5품직. 부호군(副護軍)의 차석(次席)으로 현직(現職)이 있지 아니 하고 문관(文官) 및 무관(武官) 또는 음관(蔭官)이 하는 벼슬.

144) 이 글과 관련된 글로는 신유한(申維翰)의 『청천집(靑泉集)』에 「김사직순절록(金司直殉節錄)」이 있다.

145) 추이(酋耳) : 범의 일종. 크고 꼬리가 길다 한다.

146) 착치(鑿齒) : 착치는 고대의 부족 이름이기도 하고 짐승 이름이기도 하다. 마치 끌과 같은 이를 가지고 백성을 해쳤기에 요임금이 예(羿)를 시켜 쏘아 죽이게 했다. 『산해경(山海經)』에 나온다.

147) 평범한 사람[白徒] : ① 과거(科擧)를 보지 않고 벼슬아치가 되는 일. ② 또는 훈련(訓鍊)을 받은 일이 없는 병정. 여기서는 후자의 뜻으로 쓴 것일 것이다.

병(倭兵)들이 어떤 고을에 들어와서 몇 사람을 포로로 잡고 몇 개의 목을 베었다"고 할 따름이었을 것이니 어찌 말할 만한 것이 있겠는가? 비록 그렇기는 하나 그때에 또한 어떻게 사직과 같이 하는 자가 아주 없어져서 나타나지 않는 것은 역헌(櫟軒)의 기록이 없음으로 해서 인 것을 어떻게 알겠는가? 친구라는 것을 적게 여길 수가 있겠는가? 유적(遺蹟)을 모아서 선조의 아름다움을 드러내는 것과 같은 것은 사직(司直)의 오세손(五世孫)인 득수(得壽)였으니 법도(法度)상 부서(附書)할 수 있는 것이다.

원문 當是時, 賊聲甚急, 聞者心碎. 方車駕西幸, 雖大官貴臣, 或不能無以老若病爲辭者, 其孰肯破家從軍冒刃逆鬪, 徑內맫耳鑿齒口哉. 獨司直以一白徒, 奮然不顧, 挺身應募, 卒殉王事, 何其烈也. 嗟! 假使司直不兵死, 終身飽煖老壽死, 是不過闒圈之豢, 而商丘之遺也. 又使司直, 隨諸民衆, 逃竄山峽, 卒然陷賊, 後人書曰, "倭寇某鄕, 鹵幾口, 斬幾級而已." 何足稱也? 雖然其時亦安知無忠節如司直爲者, 泯不著焉, 以無櫟軒記也. 朋友其可少哉? 若採輯遺蹟, 發闡先美者, 司直五世孫, 得壽也, 法得附書.

26. 허자정[148]의 『북한시권』 발문 跋許子正北漢詩卷

譯 옮김 내가 일찍이 두 번 북한산(北漢山)을 유람했으나, 전혀 시를 지은 것이 없었으니 대개 동토이조(東土二祖)[149]를 스승으로 삼아 의위(依位)에 예배하는 뜻에서였다. 지금 이 책은 비록 가어(家語)로 만들

148) 허자정(許子正) : 자정은 허필(許佖)의 자이다.
149) 동토이조(東土二祖) : 선종(禪宗)에서 이야기하는 혜가(慧可)를 말한다.

었으나, 신수(神秀)함이 다만 그 골격만 얻은 것이 아니겠는가?

원문 余曾兩遊北漢, 皆無詩, 盖師東土二祖, 禮拜依位之意也. 今此卷, 雖作家語, 然無乃神秀之只得其骨者耶.

27. 허자정의 『동협수창록』 발문 跋許子正東峽酬唱錄

譯 옮김 유뇌(乳腦)와 용사(龍麝)와 나갑(螺甲)과 애납(艾納)을 모아서 그것을 태우면 사람이 그 향기만을 맡을 수 있고 다시는 분별하지 못하게 되는 것인데, 지금 이 책을 보면 또한 그러하다.

원문 乳腦龍麝, 螺甲艾納, 聚而燒之, 人但聞其香, 不復分別, 今觀是卷, 亦然.

28. 허자정의 『금강록』 발문 跋許子正金剛錄

譯 옮김 세상에서 도를 사모하고 유람을 좋아하는 사람을 말할 적에는 으레 그대 가문의 정양(旌陽)150)을 든다. 그러나 정양은 벼슬하여 현령(縣令)에 이르렀고 만년에야 비로소 소요하게 되었다. 또 단양(丹

150) 정양(旌陽) : 진(晉)나라 허손(許遜)을 이른다. 정양현령(旌陽縣令)을 지냈다.

陽)과 서산(西山)의 승경이 풍악(楓嶽)에 비교해서 어떻다는 것을 알지 못하였다. 그때에 시를 지었는지 않았는지 까다롭게 살펴볼 필요는 없다. 다만 산으로 들어간 해가 대략 자정(子正)보다 뒤에 있을 것이니 그렇다면 자정(子正)의 이 유람을 과소평가할 수 있겠는가?

원문 世言慕道好遊, 輒擧君家旌陽. 然旌陽仕宦, 至縣令, 晚始逍遙. 又不知丹陽西山之勝, 比楓嶽如何也. 其時有詩與否, 不必苛覈. 而第入山之年, 約在子正後耳. 然則子正此遊, 其可少哉?

29. 『허씨가경권』 발문 許氏家慶卷跋

譯 옮김 부인(婦人)은 벼슬이 없고 남편의 작위에 따르는 것이니 이것이 경상(經常)이다. 만일 남다른 수를 누려서 봉작에 응할 것이 있으면 그 남편도 또한 은혜를 주기를 그 위계와 견주는 것은 곧 국조(國朝)에서 의리에 맞는 은전이나 항상 볼 수는 없다. 지금 상감 20년 갑자(甲子)는 처사(處士) 화성 허공(花城許公)의 부인 반남 박씨(潘南朴氏)의 수가 92세가 되는 해이다. 유사(有司)가 보고하자, 상감이 명령해서 숙부인(淑夫人)의 고신(告身)을 주고 처사(處士)에게는 하대부(下大夫)를 주었으니 이에 고장의 말을 잘하는 선비들이 시 약간 편을 지어서 그 일을 기록하였으니 성대한 일이다.

아! 숙부인은 영릉(寧陵) 계사(癸巳)에 태어나서 이미 오조(五朝)를 지냈다. 그와 함께 세상에 태어난 자들이 이제 남의 고조나 증조가 되지 않았으면 제사를 지내는 대가 다 되어서[151] 사당도 또한 조묘를 하게 될 것이다. 숙부인은 비록 선발(宣髮)[152]과 아치(兒齒)가 나기는 하였으나 신명(神明)의 작용은 오히려 쇠하지 아니 하여 기거(起居)를 편안히 하고 수저를 부지런히 한다. 여러 자식들이 좌우에서 봉양하는 것을 누리고 있으니 어쩌면 옛날에 이른바 사람의 상서라는 것이 이것인가? 내가 숙부인을 현절하게 다 알 수는 없으나 대개 들으니 그 분은 인자하고 선량하며 검소하고 절약하는 사람이라 한다. 사랑은 생기(生氣)에 가깝고 검소하면 허비하지 않는 것이니 이것이 수를 하는 까닭이다. 옛날 왕봉주(王鳳洲, 왕세정)가 문장으로 천하의 맹약을 주관했는데 남을 위해 수서를 지은 것이 더욱 많았다. 그러나 그 나이가 아흔 이상인 사람은 고모(顧母)나 전모(錢母) 등 몇 사람일 따름이다. 이에 내가 나이 어린 서생으로서 외람되게 이 권에다 쓰게 되었으니 그 또한 다행스런 일이다.

원문

婦人無爵, 從夫之爵, 此經也. 若有異壽, 膺封爵, 而其夫亦貤恩, 視其秩者, 卽國朝義起之典, 然不恒見也. 當宁之二十年甲子, 故處士花城許公之配, 潘南朴氏, 壽九十有二. 有司以聞, 上命予淑夫人告身, 贈處士下大夫, 於是鄕國, 能言之士, 爲有韻之文若干篇, 以紀其事, 盛哉.

嗟! 淑夫人生寧陵癸巳, 已歷五朝矣. 與之竝降于世者, 今不爲人之高曾, 則親盡而廟且祧矣. 淑夫人, 雖宣髮兒齒, 而神明之用, 猶不衰, 便起居勤匙箸. 享諸子左右之養, 豈古所稱人瑞者是耶? 不佞不能懸采淑夫人, 然盖聞其慈良儉嗇人也. 夫慈近生氣, 儉則不費, 此其所以爲壽也. 與昔王鳳洲以文主天下盟爲人作壽序, 尤多. 然其序九十, 則顧母錢母數人而已. 乃不佞以年少書生, 濫筆此卷, 其亦幸哉.

---

151) 친진(親盡): 제사(祭祀) 지내는 대(代)의 수가 다됨. 임금은 오대조(五代祖)까지이며, 평민(平民)은 고조(高祖)까지 제사(祭祀) 지내는 것이 통례임. 대진(代盡)과 같다.

152) 선발(宣髮): 검은 머리털과 흰 머리털이 섞여 있는 머리를 이른다.

30. 고왕고 소사참정 소릉공少陵公 화상찬 高王考少師參政少陵公畫像贊

譯 옮김 소자(小子)는 공을 닮지 않았지만 공이 남긴 골육(骨肉)이 된다. 그러나 공의 모습이 어떤지 알지 못하는 것은 세대간의 거리가 멀기 때문이다. 매번 족성(族姓) 중에 공의 한 몸과 같이 닮은 자가 있다는 것을 들으면 반드시 자세히 살펴보고 사모하며 탄식했는데 하물며 공의 온전한 형상임에랴? 공경해서 이 찬을 짓는다. 찬에 이른다. "세상에서 완복(完福)과 장덕(長德)을 공에게 돌리는 것은 (여론이) 모이는 것과 같아서 이설이 없다. 그러나 두봉(斗峯)과 매산(梅山)의 문학, 청선(聽蟬)153)과 성재(省齋)154)의 법서(法書)와 태호(太湖)와 옥동(玉洞)의 명리(名理)가 실제로는 공으로부터 시작된다는 것은 알지 못한다. 아! 공은 쉽사리 다할 수가 있겠는가?"

원문 小子不類, 爲公之遺骨肉. 然未得識公顔貌之何如, 以世代隔遠也. 每聞族姓中, 有肖公之一體者, 必諦審慕歎焉, 矧公之全像哉? 敬爲之贊. 贊曰 : "世以完福長德歸公者, 如委輸而無異說. 然不知斗峯梅山之文學, 聽蟬省齋之法書, 太湖玉洞之名理, 實自公發. 嗚呼! 公其可易悉耶?"

---

153) 청선(聽蟬) : 이지정(李志定, 1588~1650)의 호. 자는 정오(靜吾). 허목과 함께 총산(蔥山) 정언눌(鄭彦訥) 문하에 종유(從遊)하면서 매우 가깝게 지냈다. 허목이 공에 대해서 "굳세면서도 부드럽고 부드러운 가운데서도 강함이 있다[剛中有柔, 柔中有剛]"고 하였으니, 그의 성격을 잘 나타내 주고 있다. 그의 서법에 대해서는 여러 문헌에서 높게 평가하고 있다. 글씨에 뛰어났고, 특히 초서에 능했다. 우리나라 역대 명가(名家)의 글씨를 목각(木刻), 탁본하여 법첩(法帖)을 만들고 『대동서법(大東書法)』이라 하였다.

154) 이진휴(李震休, 1657~1709) : 조선 중기 문신·서예가. 자는 백기(伯起), 호는 성재(省齋)·성암(省菴). 1682년 문과에 급제하였다. 1703년 함경도관찰사로 나갔다가 국경을 넘는 두 사람을 죽인 사건으로 파직되었으나, 1705년 서용되어 도승지·예조참판 등을 지냈다. 필법이 훌륭하여 금석문(金石文)과 편액(扁額) 등이 많이 남아 있다. 저서로는 『성재유고(省齋遺稿)』가 남아 있다.

31. 집안의 종제 순수가 만경의 임지로 가는 것을 전송하는 서문 送家從弟醇叟之任萬頃序

譯 옮김 지금 임금 18년 임술(壬戌)에 임금께서 평대(平臺)에 임하여[155] 문제를 내어 거인(擧人)들을 친히 뽑으셨는데, 광주(廣州)의 진사(進士) 이맹휴(李孟休)가 일등이었다. (급제자의) 이름이 불리던 날에 별전(別殿)으로 초대하여 장려하였다. 이맹휴는 곧 우리 집안 종제(從弟)로서 자(字)는 순수(醇叟)라는 사람이다. 이때에 안팎으로 아름답고 기이하게 여겨, 말하기를 "얼마 안 가서 높은 선발을 얻을 것이다"라고 했다. 이미 경조부 주부(京兆府主簿)에 임명되었고, 그러고 나서 춘관(春官) 원외랑(員外郎)에 임명되었다. 그런데 원외랑이 된 지 3년이 되도록 옮기지 아니하니 사람들은 혹 오래간다고 여기기도 하였으나, 순수는 그것을 마음에 두지 않았다. 다만 그가 경조(京兆)에 있었을 때는 억울한 옥사가 없었고, 예조에 있었을 때는 고전(古典)을 거론하여 이로써 칭찬을 받았다. 금년 가을에 외직으로 나가서 호남(湖南)의 만경(萬頃) 고을을 맡게 되었다. 고을은 서울에서 600리나 떨어져 있어서 연무(烟霧)에 싸인 장기(瘴氣)가 모이고, 하신(蝦蜃)이 가까이하는 곳이다. 거기에 더하여 아전은 피폐하고 백성들은 병들어 수를 헤아릴 수 없었으니 다스리기 어렵다고 불리던 곳이었다.

제수하는 어지가 내려오자, 이군(李君)을 두고 이르기를 "비록 재주가 있다고는 하나, 처음으로 암읍(巖邑)에서 관리를 시험받게 되었으니, 어떻게 그 정사를 잘할 수가 있겠는가?"라고 하는 사람이 있었으며, 이르기를 "고치지 말고 이룬 법을 지키기만 하면 감사(監司)의 중이나 상의 평가를 얻을 수 있다"라고 하는 사람이 있었다. 나는 말하기를 "이 두 가지 말은 모두 옳고서도 모두 틀린 것이다. 왜냐하면 자식 기르는 방

155) 임헌(臨軒) : 임금이 평대(平臺)에 나와 앉던 일.

법을 배우지 않았다 하여 자식을 낳지 않는다는 말을 듣지 못했다. 질박한 덕(德)이 지극하니 또 무슨 문장으로 지을 것이 있겠는가? 이것은 순수(醇叟)를 논란할 것이 못 된다"라고 하였다. 돌아보건대 순수는 어려서 나와 함께 성호선생(星湖先生)에게 배웠다. 선생은 늘상 옛날 성현들께서 자기를 수양하고 사람을 다스리는 요체를 가르쳤다. 그러다가 선생이 가정을 다스리는 것을 보게 되니, 가사(家事)는 꾸리는 것이 비록 작기는 하나 닭과 오리, 섶과 쌀의 종류에 이르기까지 제도가 모두 질서정연 하였다. 만약에 그것을 이어서 정사에 옮긴다면 합당하지 아니한 것이 없을 것인데 하물며 이 한 고을의 현령임이랴. 또 순수가 지난날 대책(對策)한 것은 다스리는 이치에 통달하고 있기는 하였으나, 빈말일 뿐이었다. 이제 일을 행함에 나타낼 수가 있게 되었으니 순수는 그 힘쓸지어다. 비록 그러나 순수의 사람됨은 강명(剛明)이 승하다. (그러나) 무릇 여유가 있는 자는 반드시 부족한 것이 있는 것이다. 원컨대 부임한 뒤에 못 물 속에 물고기를 살피지 말며 구거(鉤距)[156]를 일삼지 말고 너그럽고 느슨하며 간단하고 활달하게 함에 힘써야 할 것이다. 말에 이르기를 "백성들에게 친근히 하면 백성들은 반드시 돌아온다"[157]라고 했으니 주공(周公)이 어찌 우리를 속였겠는가?

원문 十八年壬戌, 上臨軒發策, 試諸擧人親擢. 廣州進士, 李孟休爲第一. 唱名日, 召見別殿, 奬諭之. 李孟休, 卽余家從弟字醇叟者也. 當此時, 中外艶異, 以爲朝夕, 且得峻選. 已拜京兆府主簿, 已又拜春官員外郞. 而爲員外郞, 三歲不遷, 人或爲久之者, 然醇叟, 不以爲意也. 第其在京兆, 則無寃獄, 在春官, 則擧古典以是見稱矣. 今年秋, 出知湖南

156) 구거(鉤距) : 미늘, 술책으로 남을 꾀어서 그 실정을 탐지(探知)하여 꼼짝 못하게 하는 비유.

157) 『사기(史記)』「노주공세가(魯周公世家)」에 "夫政不簡不易, 民不有近; 平易近民, 民必歸之"라고 했다.

之萬頃縣. 縣距京師六百里而遠, 烟瘴之所聚, 蝦蠆之所狎. 加之吏弊民瘼, 不可許數, 號稱難治者也.

除旨下, 有謂李君 "雖才, 然初試吏於巖邑, 安能善其政也?" 有謂 "毋更張守成法, 可得監司中上考者." 余以爲此二言者, 皆是而皆非也. 何則, 未聞不學養子者, 不擧子也. 質之爲德至矣, 又何以文哉? 是不足以難醇叟也. 顧醇叟, 幼與余同受業於星湖先生. 先生每敎之, 以古聖賢修己治人之要. 及見先生之所以爲家, 則家事, 理雖微, 至於鷄鴨薪米之類, 無不秩然有制也. 若承而移之於政, 靡所不當, 矧此一縣令哉. 且醇叟前所對策, 達於治理, 然空言也. 今可以見於行事矣, 醇叟, 其勉之. 雖然, 醇叟爲人, 剛明爲勝, 凡有餘者, 必有所不足. 願下車之後, 勿察淵魚, 勿事鉤距, 務爲寬緩簡闊也. 語曰 : "平易近民, 民必歸之." 周公豈欺我哉.

32. 견산헌기 見山軒記

譯 옮김 나는 사심(士心)과 사는 곳이 아주 가까워 말소리를 서로 들을 정도였다. 일찍이 그를 살펴보건대 비록 그는 어려서 남해(南海)의 갈대 숲이 우거진 지역에서 자랐으나, 공손함이 지체 높은 집안의 법도(法度)가 있기에 마음으로 기이하게 여겼다. 요즘 그 헌(軒)에 편액을 달기를 "견산(見山)"이라 하고 나에게 그 기문(記文)을 지어 줄 것을 부탁하였다. 대개 사심(士心)의 증조부 참군공(參軍公)께서 따로 스스로 호를 짓기를 유연(悠然)이라고 한 것은, 도연명(陶淵明)의 시어[158]에서 취한 것인데 사심(士心)이 그것을 충족시킨 것이다. 그러나 국성(國城)의 안은 방

158) 도연명(陶淵明)의 시어[陶詩語] : 도연명의 시 중에 "採菊東籬下, 悠然見南山"란 시구를 말한다.

문을 열기만 하면 모두 산을 볼 수가 있으니 이것은 어찌 혼자서만 볼 수 있다고 말할 수 있는 것인가? 아! 우리 이씨가 이 동네에 살게 된 것은 소사(少師) 참정공(參政公)부터 시작된 것이다. 곧 그 가문이 성창했을 때에는 수십 집이 늘어서 있었으나 이제는 주인이 그대로인 데가 겨우 두세 집뿐인데 그중의 하나가 헌(軒)이었으니 곧 스스로 유연공(悠然公)의 유훈(遺訓)을 지키고 있는 자이다. 세력(勢力)이 핍박하고 음양(陰陽)이 망가뜨리는 일이 때때로 있었으나, 마침내 빼앗기지는 않았으니 이 헌은 오래도록 이씨(李氏)의 소유가 될 것이다. 헌은 다른 승경은 없으나 다만 뜰의 울타리에 국화 몇 포기를 심음으로써 그 말을 채운 것이다.

원문 余與士心, 居最近, 至言語相聞也. 嘗察之, 雖其少長於南海菰蘆之鄕, 而恂恂有故家法度, 心異之. 近顔其軒曰, 見山, 而屬余爲之記. 盖士心之曾大父參軍公別自號曰, 悠然, 取陶詩語, 而士心爲足之也. 不然, 國城之內, 闢戶則皆見山, 此奚獨稱哉? 嗟! 吾李之處是洞, 由少師參政公始. 方其盛時, 列第數十, 今不易主者, 廑兩三家, 而其一爲軒, 卽自悠然公遺戒保守者也. 勢力之逼, 陰陽之毁, 時時有之, 而竟不爲奪軒, 其長爲李氏有矣. 軒無它勝, 只於庭籬植菊若干本, 以實其語云.

33. 이처권·이처현 형제의 자字에 대한 설 李處權處鉉兄弟字說

譯 옮김 저울대[衡]는 물건을 다는 것이나 그 중요한 것은 저울추[權]에 있으니, 사람이 할 일을 당하면 반드시 마음으로 가늠하는 것과 같다. 솥[鼎]은 물건을 삶아 익히는 것이나 그 쓰임은 솥귀에 있으니, 다른 사람의 재업(才業)은 반드시 덕(德)으로 거느려야 하는 것과 같은

것이다. 그러므로 저울에 저울추가 없어 구실을 못하면 사법(死法)이 될 따름이고, 솥에 솥귀가 없어 들고 놓을 수 없게 되면 이지러진 그릇일 뿐이니, 그 관계되는 것이 어찌 무겁지 않겠는가? 나의 이종형 두 아들은 맏이가 처권(處權)이요, 둘째가 처현(處鉉)이다. 나에게 자(字)에 대해 묻길래 처권은 자(字)를 형심(衡心)이라 하며, 처현은 자를 정덕(鼎德)이라 하라 하고, 또 이 자설(字說)을 지어 주니 두 아들이 기뻐 절하고 일어나서 절하고 말하기를 "선생님께서 가르쳐 주시었으니 청컨대 종신토록 그것을 행하겠습니다"라고 하였다.

원문 衡所以稱量物者, 而其要在權, 猶人之當事爲. 必以心裁之也. 鼎所以烹飪物者, 而其用在鉉, 猶人之有才業, 必以德將之也. 故衡而無權, 輕重失宜, 死法而已. 鼎而不鉉, 擧措無所, 窳器而已. 其所係, 豈不重歟? 余姨兄李氏二子, 長曰, 處權, 次曰, 處鉉. 問字於余, 余字處權曰衡心, 處鉉曰鼎德. 且告之說, 二子起拜曰 : "夫子命之矣, 請終身行之."

34. 단헌옹 제문 祭檀軒翁文

譯 옮김 오호! 옛날 저의 집은 백문(白門)[159]의 남쪽에 있었습니다. 세시(歲時)의 명절이 되면 찾아와서 사당의 감실에 알현하고는 물러나와 옹(翁)에게 문안을 드리었는데, 계절 인사를 올릴 적이면 주선(周旋)하시는 성기(聲氣)에 이미 간직하신 바를 엿보게 되었습니다. 을묘년(乙

159) 백문(白門) : 서남쪽에 있는 문.

卯年)에 제가 옛집으로 돌아오게 되니 드디어 옹과 더불어 한 우물을 먹는 마을에 살게 되었습니다. 일이 있으면 문을 두드리고 일이 없어도 또한 찾아뵙기를 제 집에서 놀듯이 하여 밤낮을 가리지 않았습니다. 지금 10년이 넘어서 더욱 가깝고 더욱 익숙해졌으니, 옹의 옹이 됨을 이에 다 얻을 수 있게 되었습니다. 겸손하고 삼가함은 가문에서 전한 것이었고 온화(溫和)하고 전아(典雅)함은 하늘이 부여한 것이었으니 너그러운 장자로서 마음에 실로 지키는 것이 있으셨습니다.

족당이 번성하여 집안사람들이 매우 많았으니 어찌 그 일마다 합당하리오마는 기미(幾微)도 나타내심이 없이 화락하고 아름다우셨으니 비유하자면 봄 3월과 같이 모두가 양기의 화합이었습니다. 아! 저 회덕(回德)160)은 사람들이 허여(許與)하지 않습니다. 원망하고 미워하며 욕스럽게 꾸짖음이 독살스러운 저주보다 심했으나, 더러는 장수하고 강령하며, 거듭하여 높은 벼슬을 누리기도 하였습니다. 옹(翁)은 이에 반대가 되어 날로 오는 찬미(讚美)는 비록 선도(善禱)가 있더라도 마땅히 지나칠 것이 없을 것이거늘, 이에 보시(報施)가 인색했으니 이치가 어긋난 것입니다.

우리 선조 소사(少師) 노야(老爺)께서는 덕을 사람에 심어서 복을 집안에 만드셨으니 나무에 비유하면 옹은 엄지손가락의 줄기와 같습니다. 진이 불어나고 액이 윤택하며 기가 맺혀서 흩어지지 않았으니, 성한 경사가 성대함을 장래에 기약할 수가 있는 것입니다. 이로써 옹에게 말하면 거의 지하를 위로할 수 있을 것입니다. 오호! 역귀를 쫓는 저녁에 수세(守歲)할 적에는 매양 옹의 집에서 자기로 만든 동이의 술을 돌렸고, 질화로에 고기를 구웠습니다. 어둑어둑한 등불에 부드러운 말씀과 따뜻한 웃음을 지으셨으니 누구인들 친척이 없으리오마는 이런 즐거움은 적었을 것입니다. 겨울의 율려가 궁함을 드리우고, 섣달 그믐이 가까워

---

160) 회덕(回德) : 도덕(道德)에 어긋나는 사람이란 뜻. 간악한 마음이란 뜻으로 쓴 것이다.

오면 소악(素幄)에다 이불을 폈으며 그릇에는 두부(豆腐)가 탁자에 가득했습니다. (그런데) 찰나에 옛일이 되고 지금의 일이 되었으니 사람 사는 세상을 생각해 보건대 어찌 마음이 슬프지 않겠습니까?

오호! 영평(鈴平) 언덕의 산이 돌고 물이 얽혀 있는 임좌(壬坐) 병향(丙向)은 옹의 무덤입니다. 풍수지리를 안 보고 선영의 발자취에 경영을 했으니, 효자(孝子)인 희(熙)가 능히 유지(遺志)를 따랐습니다. 오호! 길일(吉日)을 잡아서 상여가 곧 출발하게 될 것이니 유명(幽明)의 영결이 다만 오늘날에만 있습니다. 옹은 술 마시는 것을 좋아하지 않았으니 주량이 얼마 안 되었기 때문이었습니다. (그러나) 제 술잔이라는 것을 아신다면 그 어쩌면 억지로라도 드실 것입니다.

원문

嗚呼! 維昔不佞家, 白門南. 歲時令節, 來謁廟龕, 退而省翁. 道寒叙暄, 周旋聲氣, 已窺所存. 乙卯之歲, 還我舊廬, 遂與翁居同一井閭. 有事則叩, 無事亦就, 如遊家內, 不擇夜晝. 今踰十年, 益狎益熟, 翁之爲翁, 於是盡得. 謙謹家傳, 溫雅天授, 寬然長者, 中實有守.

族黨盛繁, 家衆千指, 豈其事事盡合於理, 無幾微見, 熙熙佗佗, 譬春三月, 都是陽和. 噫! 彼回德, 人所不與, 怨惡詬詈, 甚於毒詛, 然或壽康, 重以靑紫. 翁反于是. 日來讚美, 雖有善禱, 宜莫過者, 乃嗇報施, 理之爽也.

顯我先祖少師老爺, 種德於人, 爲福於家, 方之于樹, 翁惟拇幹. 津滋液潤, 氣結不散, 苐慶之盛, 可期將來. 以是語翁, 庶慰泉臺. 嗚呼! 儺夕守歲, 每於翁宅, 瓷盆行酒, 地爐炙肉. 昏昏燈火, 軟語溫笑, 誰無親戚, 此樂則少. 冬律垂窮, 除日又迫, 素幄俠衾, 錭豆滿卓. 刹那之頃, 成古成今, 俛仰人世, 寧不愴心?

嗚呼! 鈴平之原, 山迴水縈, 壬坐丙向, 是翁佳城. 不溺堪輿, 營先壟趾. 有孝子熙, 克遵遺志. 嗚呼! 筮得吉辰, 靈轝將發, 幽明之訣, 只在此日. 翁不喜飮, 以無酒戶. 知爲我觴, 其或强擧.

35. 『분유록』 발문 跋賁幽錄

譯 옮김 효행이 증삼(曾參)과 같더라도 또한 당연히 해야 할 분수 안의 일이니 호군공(護軍公)은 아들의 구실을 했을 따름이다. 어찌 이것으로써 알려지기를 바라겠는가? 다만 아버지에게 아름다운 행동이 있는데도 없어지게 하고 밝히지 않는다면 곧 어떻게 그 자식을 두었다고 일컫겠는가? 이것은 또 춘기(春基) 보(甫)의 생각이다. 비록 그렇지만 말로만 하고 글이 없으면 전해지더라도 오래 못간다. 그런 까닭에 군자는 문장을 귀하게 여긴다. 지금 이 책 속 여러 편에는 빈빈한 작가의 말이 많으니, 또한 호군공을 사라지지 않게 하기에 충분하다.

원문 孝如曾參, 亦是分內, 護軍公, 共爲子職而已. 豈覬以是聞哉? 第父有懿行, 泯不闡焉, 卽何以稱有子也? 此又春基甫之意也. 雖然言而不文, 傳而不遠. 故君子貴修辭也. 今卷中諸篇, 多彬彬作家語, 亦足以不沒護軍公矣

36. 예헌기 例軒記

譯 옮김 하늘이 열리고 태양이 밝은 것은 정상적인 것이고, 천둥과 우박, 해무리와 혜성이 나타나는 것은 괴이한 것이다. 산이 솟고 시내가 흐르는 것은 정상적인 것이고, 산에 불이 나고 바다에 얼음이 어는 것은 괴이한 것이다. 삼강오륜(三綱五倫)은 정상적인 것이고, 독민여국(獨民女國)은 괴이한 것이다. (그런데) 인정(人情)은 도리어 정상적인

것을 싫어하고, 동작(動作)·운위(云爲)·복용(服用)·명수(名數) 사이에 괴이한 것을 좋아하여 [缺][缺]하게 그 한 가지라도 많은 것 중에서 그 특이한 것을 구하니, 오호! 또한 생각지 아니함이 심한 것이다. 지금 나의 조카 길보(吉甫)가 그가 사는 집에 예헌(例軒)이라고 편액을 달았으니 대개 이것을 격려함이리라. 그러나 기이함 또한 일찍이 그 가운데에 있지 아니한 것이 없다.

원문 天開日晅, 常也, 霆雹暈孛, 怪也. 岳峙川流, 常也, 火山氷海, 怪也. 三綱五倫, 常也, 獨民女國, 怪也. 人情, 反厭常而好怪, 於動作云爲, 服用名數之間, [缺][缺]然, 每求其一異於衆, 嗚呼! 其亦不思之甚也. 今余家姪, 吉甫顔其所居曰, 例軒, 盖有激于是云. 然奇亦未嘗不在其中矣.

37. 작은 어머니[161] 제문 敬祭季母文

譯 옮김 아! 대개 부인이 지아비에 대하여 아내의 도리가 있으며 또한 신하의 도리가 있는 것이고, 아들에 대해서는 어머니의 도리가 있으며 또한 스승의 도리가 있는 것입니다. 그러므로 말하기를 "이상(爾相)"이라 하고, "모의(母儀)"라고 하는 것입니다. 그러나 이러한 이름에 부합되는 분은 드뭅니다. 지금 부인께서는 우리 계부 성호선생(星湖先生)

161) 성호 이익의 전배(前配)는 고령 신씨(高靈申氏)로 정언(正言) 필청(必淸)의 따님인데 후사가 없고, 후배(後配)는 사천 목씨(泗川睦氏)로 천건(天建)의 따님인데 슬하에 1남 1녀를 두었다. 이 제문에서 언급하고 있는 작은 어머니는 천건의 따님으로 생몰은 1692 ~1746이다.

을 도우셨습니다. 한 세대에 그 도덕을 높여, 사모하고 좋아하셨으며 우리 종제 맹휴(孟休) 정랑(正郞)을 가르쳐 장원급제(壯元及第)하고 조정에 벼슬함에 명성이 있게 하셨으니, 부인이 세상에 대해서는 거의 유감이 없는 분이라고 할 수 있습니다. 그러나 오히려 유감이 있는 것은 그 나이가 하수(下壽)에도 미치지 못하고 먼 고을에서 고복(皐復)을 했기 때문입니다. 아! 저는 부인(夫人)께서 길러주는 은혜를 받고서도 어머니로 섬기는 도리는 어기었으니 그러므로 절통함을 머금고 저버린 것을 참기에 궁인(窮人)이 돌아갈 곳이 없는 것과 같이 하는 까닭입니다.

원문 嗚呼! 盖婦人於夫, 有妻道, 而亦有臣道焉, 於子有母道, 而亦有師道焉. 故曰 : "爾相" 曰 : "母儀" 然稱是名者鮮矣. 今夫人, 佐我季父星湖先生. 一世高其道德而慕說之, 敎我從弟孟休正郞, 壯元及第, 仕于朝有聲, 夫人之於世, 庶可謂無憾者. 然猶有憾者, 以其年未及下壽, 皐復於遐縣也. 嗚呼! 不肖, 受夫人子育之恩, 而違母事之義, 所以茹痛忍負, 如窮人無所歸也.

38. 이종사촌 형님 이동준 제문 祭姨兄李公東俊文

譯 옮김 아! 형님의 집은 황량한 사당과 같아 담과 벽 같은 가릴 것이 없었으니, 누가 그 일찍이 내실(內室)과 깊은 문에서 자라 바람을 피하기를 화살같이 했다는 것을 알겠습니까? 형님의 용모는 초췌(憔悴)하고 메마른 것이 포와 같았으니, 누가 그 젊은 날에 피부가 깨끗한 눈과 같아서 사람을 돌아보게 했다는 것을 알겠습니까? 형님의 성명(姓名)은 한 번도 유사(有司)의 천거에 오르지 못했으니 누가 그가 여러 책

들을 두루 보고 과거 글을 공부했다는 것을 알겠습니까? 다만 낙이(樂易)한 성품과 온공(溫恭)한 덕성은 일찍이 저 전후에 다름이 있지 않았으니 사람들이 모두 그를 알고 있으나 또한 다 알 수는 없었습니다. 오호! 천하의 곤궁함이 대개 형님에 이르러서 거의 극에 달했습니다. 오직 그 집에는 두 아들이 있는데 맏이는 문학을 잘하고, 막내 또한 아름다웠으니 이것은 조물주가 형을 완전히 저버릴 수 없었던 것으로서, 선을 한 사람이 오히려 믿을 수 있는 것이라고 하겠습니다. 아! 아우가 형을 곡하는 것이 순리이기는 합니다. 그러나 형의 나이가 중년(中年)에도 미치지 못하여 요절이라 말할 수 있습니다. 또 닭을 잡고 술을 사서 서성(西城 : 서울)에서 수세(守歲)하자는 약속이 이루어지지 못했습니다. 그리하여 이른바 닭과 술이라는 것이 도리어 오늘 궤연(几筵)의 전수가 되고 말았으니 어찌 애통하지 않겠습니까? 다른 구구한 아녀자의 슬픔과 같은 것은 제가 말할 수 없는 것이고 또한 형님도 듣고 싶어 하지 않는 것이리니 말하지 않겠습니다.

원문 嗚呼! 兄之屋廬, 如荒祠, 無墻壁障蔽, 誰知其曾長於曲房深閣, 避風如箭也? 兄之容貌, 憔悴戌削如腊, 誰知其少日肌膚玉雪, 顧眄動人也? 兄之姓名, 一不登於有司之薦, 誰知其淹博羣書, 而工於程文也? 第其樂易之性, 溫恭之德, 則未嘗有異於前後, 而人皆知之, 亦未能盡知者也. 嗚呼! 天下之窮, 盖至兄而殆極矣. 惟其家有二子, 伯能文學, 季亦佳妙, 此造物者之所以不能全負於兄, 而爲善者之所以猶有恃也. 嗚呼! 以弟哭兄, 於理順也. 然兄年未及中身, 稱夭矣. 且殺鷄沽酒, 守歲西城之約不成. 而所謂鷄酒者, 反爲今日几筵之奠, 寧不痛哉? 若他區區兒女之悲, 則弟之所不能說, 而亦兄之所不欲聞, 故不及也.

39. 열부 이부인전 烈婦李孺人傳

譯 옮김

열부(烈婦)인 이유인(李孺人)의 아버지는 세익(世翊)인데 태어날 때부터 지극한 품성이 있었다. 여덟 살에 아버지가 집상(執喪)하는데 제도에 지나친 것을 보고는 울면서 조금 절제할 것을 청하고, 따라가 여막에서 모시면서 아버지 곁을 떠나지 않았다. 아버지가 일러 말하기를 "내가 부모상을 모시는 것은 예가 그러하거니와, 너는 어린 여자 아이이니 그만두어도 된다"라고 하였다. 유인(孺人)이 대답하기를 "아버지는 아버지를 위하는데 저만 유독 아버지를 위하지 않아서야 되겠어요?"라고 하였다. 점점 자라 아버지가 학질에 걸려 거의 죽게 되자, 유인은 도와서 간호하면서 약은 반드시 먼저 맛을 보고 밤에는 하늘에 기도하여 제 몸으로 아버지를 대신하기를 구하자, 병이 곧 나았으니 대개 (하늘이) 효에 감동한 것이라 하겠다. 유인이 비록 온화하고 조용하며 정숙하고 유순하였으나 또한 총명하고 뛰어났다. 고인(古人)의 말과 지난 행동을 많이 알았는데 더욱이 절의를 숭상하였다.162) 일찍이 여러 형제와 앉아 있는데 광해군 때에 김충간(金忠簡)163)이 직간을 하고 귀향을 가서 죽은 것을 말한 이가 있었다. 하여금 행장(行狀)을 가져다 한 번 두루 읽고 문득 웃으면서 말하기를 "이것은 사람이 행하기 어려운 것은 아닙니다. 어찌 절의라 말하겠어요? 몸이 남자가 되었다면 누구인들 하지 못하겠습니까? 이것은 다만 아주 쉬운 일입니다"라고 하니, 듣는 사람들이 기이하게 여겼다.

---

162) 『주역(周易)』 「대축(大畜)」에 나온다. "하늘이 산 가운데에 있는 것이 대축(大畜)이니, 군자가 보고서 옛 성현들의 말씀과 지나간 행실을 많이 알아 그 덕을 쌓는다[象曰 : 天在山中, 大畜; 君子以多識前言往行, 以畜其德]"라고 했다.

163) 김충간(金忠簡) : 조선 중기의 문신. 김권(金權, 1549~1622)이다. 자는 이중(而中)이고 호는 졸탄(拙灘). 벼슬은 호조참판에 이르렀고, 1617년 폐모론(廢母論)에 반대하다가 유배되었는데, 인목대비의 서궁(西宮) 유폐설(幽閉說)을 듣고 자결하였다.

열아홉에 이재정(李載鼎)에게 시집을 가서 계실(繼室)이 되었다. 이생(李生)은 전부터 병이 있었는데 이때에 이르러 다시 병이 더하게 되었다. 유인(孺人)이 듣고서 근심하다 병이 나서 장차 위태롭게 되었다. 얼마 안 되어 이생이 병에 조금 차도가 있게 되니 유인(孺人)도 또한 조금 차도가 있었다. 갑자기 어느 날 낮잠을 자다가 놀라 깨어 그 아버지에게 말하기를 "꿈에 이랑(李郎)이 고운 옷을 입고 밖에서 들어오던데, 이것이 무슨 조짐입니까?"라고 하였다. 얼마 안 되어 이생의 부고가 이르렀으니 죽은 날이 바로 꿈꾼 날이었다. 유인이 가슴을 두드리고 발을 구르며 가슴이 미어질 것 같이 하다가 한참 지나서야 좀 정신이 들었다. 울면서 그 아버지에게 청하기를 "제가 비록 무릎으로 기어가더라도 반드시 남편 널에 가서 곡을 하고, 또 한 번만 시부모님을 뵙게 된다면 죽어도 한이 없겠어요"라고 하였다. 아버지가 딸의 병 때문에 어렵게 여기니, 유인이 여러 번 재촉하면서 매우 통절하게 여겨 살고자 하지 않았다. 그 아버지와 어머니가 눈물을 흘리면서 이르기를 "너는 네 지아비에게는 차마 하지 못하면서도 네 부모에게는 차마 할 수가 있느냐?"라고 하였다.

먹기를 권하여도 먹지 않자, 이에 억지로 권하니 곧 기꺼운 말소리로 대답하기를 "기(氣)가 오르고 목이 막히니 목이 조금 편해지면 먹겠어요" 하였다. 그러나 거짓말로 부모를 편안하게 한 것이지 실제로는 먹지 않거나 겉으로는 삼켰다가도 몰래 뱉어 버리고는 마실 것도 목 아래로 넘기지 않기를 거의 이십 일을 하니, 여위고 약해진 것이 마치 사람의 포와 같았다. 유인(孺人)이 스스로 병이 위중해 죽게 될 것을 알고는 집안사람들에게 이르기를 "나의 마음이 막혔으니 한 번 풀어 버리고 싶어요"라고 하고는 하늘을 우러러 큰 소리로 우니 소리가 슬프고 슬퍼 차마 듣지 못할 지경이었다. 이미 그러고 나서 그 부모를 불러 손을 달라고 해서 한 손으로 아버지 손을 잡고 다른 한 손으로는 어머니 손을 받쳐 들고 울며 말하기를 "제가 지금 죽습니다. 원컨대 부모님께서는 이 불효녀(不孝女)를 생각하지 말아 주세요"라고 하였다. 그 부모가 울면서 말하기를 "너는 부디 죽지 말라. 네가 죽으면 우리를 슬프게 하는 것이다"라고 하니 대답하기를 "제가 어찌 부모님을 슬프게 하고자 해서입니까? 어쩔 수 없어서입니다"라고 하였다. 또 말하기를 "저의 마음 또한 너무나 슬픕니다" 하더니 조금 있자 소리가 점점 잦아들고 불러도 대꾸가 없어 그녀를 보니 혼이 떠나 있었다. 유인이 죽은 후에 이른바 납폐(納幣)의 함 안에서 글 하나를 얻었는데 대개 이생의 부모에게 영결을 고한 것이었다. 집안사람들이 처음에는 알지 못했었는데, 이생이 죽었을 때 유인의 아버지가 문상을 가려하니 유인이 청하여 말하기를 "듣건대 남편에게 딸이 있다 하니, 저의 딸이기도 합니다. 키가 얼마며 모습이 누구와 같습니까?"라고 하므로 돌아와 딸에게 말하여 딸로 하여금 친히 본 것과 같이 하였다. 또 남편이 평소에 입던 옷과 버선을 청하여 베개 밑에 두며 말하기를 "제가 죽으면 이것을 같이 무덤에 넣어 주세요"라고 했으므로 그 집안사람들이 가엽게 여겨 그것을 따랐다고 한다.

야사씨는 말한다. "규방의 행실은 알려지기가 쉽지 않다. 세상에서 칭찬하는 자들은 대부분 모습을 잔인하게 훼손하여 깜짝 놀라게 하는 일이 많으며, 그리고 국가에서 내리는 정문을 내리는 은전도 또한 이로써 기준을 삼는다. 그렇다면 한때의 과격한 마음으로 귀를 자르거나 코를 베는 이가 중하게 여겨지고, 조용히 의(義)를 취하여 온전하게 살다가 온전히 죽는 이들은 도리어 가볍다는 것인가? 아! 옛날 사람들도 혹 곡기를 끊고 수십 일이 되어도 죽지 않으면 필경 다시 밥을 먹었던 것이다. 저 유인과 같은 이는 심장이 무너지고 마음이 썩어 이십 일 동안 먹지 않았으니, 이십 일은 누구나 죽는 날인데, 마침내 죽기를 소원대로 하였으니 고인이 죽기를 구하면서도 죽지 못한 자에 견준다면 다행이라고 할 수 있다.

비록 그러하나 유인의 죽음은 유인이 스스로 그 마음을 다했을 따름이다. 정문을 세우고 세우지 않는 것은 논할 것이 없다. 또한 유인이 친정에 있을 때 아비에게 효도를 다 했으니, 역시 옛날 도사(圖史)에 실린 이들과 함께 전할 만하다. 지금 열녀라고만 말하고 효녀라고 말하지 않는 것은, 여자의 삼종지도(三從之道)는 가운데[164]를 가지고 더욱 중한 것으로 여기는 까닭이다.

원문

烈婦, 李孺人, 父曰 : 世翊, 生有至性. 八歲, 見其父執喪過制, 泣請少節, 因隨侍倚廬, 不離. 其父謂曰 : "我居親喪, 禮然矣, 若稚女且休." 孺人對曰 : "父旣爲其父, 兒獨不爲兒父邪?" 稍長, 其父虐疾垂死, 孺人爲扶護, 藥必先嘗, 夜禱於天, 求以身代, 病尋瘳, 盖孝感云. 孺人, 雖婉嫕淑若, 然亦聰悟絶異. 多識前言往行, 而尤尙節義. 嘗與諸兄弟坐, 有言金忠簡之直, 謫死於昏朝者. 使取行狀, 讀之一遍, 輒笑曰 : "是, 非人所難行. 何稱節義? 身爲男子, 孰不辨此? 特易易耳." 聞者奇之.

十九, 歸李生載鼎稱繼矣. 李生, 前有疾, 至是復加. 孺人聞之, 憂愁成疾, 且殆. 頃之, 李生, 病少間, 則孺人, 亦少間. 忽一日, 晝寢驚寤, 語其父曰 : "夢, 李郞鮮衣, 從外入, 此何兆也?" 無何, 李生訃至, 死之日, 卽夢之日也. 孺人, 頓踊陷膺, 良久少蘇, 泣請其父曰 : "兒雖膝行, 必赴哭夫柩, 且一覲尊章, 死無恨矣." 其父, 以孺人病難之, 孺人, 遂促數, 慟絶不欲生. 其父與其母, 垂涕謂之曰 : "若不忍於若夫, 而乃忍於若父母邪?"

勸之食, 不食, 乃强之, 則怡聲對曰 : "氣上喉塞, 喉少平當食." 然詭辭以安父母, 實不食, 或陽啜而陰哇, 水漿不下咽者. 幾二十日, 羸削如人腊. 孺人, 自知病甚將死, 謂家人曰 : "吾心胸抑塞, 欲一洩也." 仍仰天大哭, 聲哀哀, 不忍聞. 已呼其父母, 請手焉, 左右捧持之, 泣曰 : "兒今死矣! 願父母無念不孝女." 其父母, 泣曰 : "若謹毋死! 若死戚我." 對曰 : "兒豈欲戚父母? 不得已也." 又曰 : "兒心, 亦至悲矣." 俄而聲漸微, 呼不應, 視之, 形神離矣. 孺人死後, 於所謂納幣函中, 得一書, 盖告訣於李生父母

164) 삼종지도 중 가운데, 즉 남편을 따르는 것이 가운데에 속해 있기 때문에 이르는 말임.

者. 而家人初未知也, 李生之歿, 孺人之父, 往吊焉, 孺人請曰 : "聞夫有女, 吾女也. 大小幾何, 狀貌孰似?" 歸爲兒道, 使兒如親見也. 又請夫平日所服衣襪, 置枕下曰 : "我死, 必以是爲殉." 其家, 憐而從之云.

野史氏曰 : 閨闈之行, 不易著也. 世之所稱說者, 率多殘形毁容, 驚暴之事, 而國家旌典, 亦以是爲程. 然則一時之激, 截耳斷鼻者爲重, 而從容取義, 全生全歸者, 反輕邪? 嗟! 古之人, 或不食數十日, 不死, 竟復食者. 若孺人, 則崩心腐腸, 不食二十日, 二十日, 皆死日, 而卒死亦其願, 視古人求死不死者, 可謂幸矣. 雖然孺人之死, 孺人自盡其心而已. 旌不旌, 不論也. 且孺人, 在家孝父, 亦足與古圖史所載者竝傳. 今曰 : 烈, 而不曰 : 孝者, 女子三從, 以中爲尤重也.

40. 여러 사람들을 대신해서 호군護軍 권공權公을 위하여 예부禮部에 바치는 글 代諸公爲護軍權公呈禮部文

譯 옮김 "적이 생각하건대 나라의 명맥(命脉)을 "강(綱)"이라 하고, 사람의 수행(首行)을 "효(孝)"라 합니다. 그러므로 한(漢)나라 황제가 작위를 줄 때 먼저 영민(潁民)에게 미쳐서 명신(明臣)이 상소(上疏)하자 조속히 반씨(潘氏)를 포상했던 것이었습니다. 그렇다면 임금이 위에서 높여서 장려하고 풍교(風敎)로 권면하는 것과 아래에서 찾아내어 신걸(申乞)하는 것은 마땅히 효와 같은 것이 없을 것입니다. 그러므로 국가는 법령으로 격려해서 권면하는 은전을 나열하고, 방리(坊里)에는 조목별로 올리는 길을 열어 놓은 것입니다. 그리하여 지극한 효로 남에게 뛰어나는 것이 있는 것을 보고서도 다 갖추어서 진정, 청원하지 못한다면 이것은 향당(鄕黨)의 수치이고, 진정하여 청원하였는데도 위로 보고하지

못한다면 또한 유사(有司)의 과실이니 두렵지 않을 수가 있겠습니까? 아! 사람은 누구인들 어버이가 없고, 누구인들 효심이 없겠습니까마는 오직 음(陰)으로는 귀신(鬼神)을 감동시키고 양(陽)으로는 보고 듣는 것을 움직이게 하여야만 바야흐로 지극한 효행이 남보다 뛰어나다고 할 수가 있는 것입니다. 그런데 작고한 부호군(副護軍) 권(權) 아무개와 같은 자가 곧 그 사람입니다.

아무개는 어려서 고아가 되어 홀로 어머니와 더불어 살았습니다. 얼굴빛을 기쁘게 해서 뜻을 봉양하고 절도를 어기는 일이 없었습니다. 어머니가 기뻐하면 또한 기뻐하고 어머니가 걱정하면 또한 걱정했으며, 맛있고 부드러운 공양과 혼정신성(昏定晨省)하는 예와 같은 것은 비록 옛날의 그림이나 기록에 전하는 것이라 하더라도 더 낫지는 않을 것입니다. 그 어머니가 항상 여색(女色)은 생명에 해가 된다는 것으로 경계하였으므로 비록 이따금 외읍(外邑)에 노닐 때 노래하는 기생들이 앞에 가득하여도 일찍이 한 번도 가까이 하는 법이 없었습니다. 갑술년(甲戌年)에 그 어머니를 모시고 포천(抱川)의 전장(田莊)으로 들어갔습니다. 그 어머니가 병중에 마침 복숭아 열매를 생각하는 데 때는 바야흐로 엄동이었습니다. 산속을 다니면서 울어대니 갑자기 눈이 많이 쌓인 속에서 두 개를 얻어서 어머니에게 올렸으니 듣는 사람들이 깜짝 놀라 감탄하였습니다. 병술년(丙戌年)에 그 어머니의 종기가 뇌의 뒤에서 일어났습니다. 독(毒)으로 고초(苦楚)가 계속되어서 그 반 년 동안이나 이르도록 오래되었습니다. 어머니를 간호할 적에 옷은 허리띠를 풀지 않았고 약은 반드시 먼저 맛보았으며 오줌, 똥이 묻은 속옷을 손수 빨았습니다. 종기가 곪은 곳에 침을 맞게 되니, 기운이 빠져서 증세가 위태롭게 되었습니다. 드디어 울부짖으며 하늘에 기도를 했는데, 황홀한 중에 신인(神人)이 와서 고하기를 "너희 어머니는 크게 곤란하기는 하나 병은 반드시 걱정이 없을 것이다"라고 하였습니다.

다음날 종기에 침을 놓으니 조금 차도가 있기는 했으나 고름이 그래도 있으므로 이에 친히 입으로 빨았습니다. 상처가 오래되자 고름이 썩어서 더러운 기운이 사람에게 뿜어 나와 곁에서 모시는 사람이 그 때문에 자주 얼굴을 찌푸렸으나 침착하게 빨고 핥아서 조금도 불편한 기색을 짓지 않았습니다. 이같이 하기를 며칠을 하자, 병도 편안하게 나았으니 사람들이 효성에 감동된 것이라고 했습니다. 정유년(丁酉年)에 어머니의 상사를 당하자 3년 동안 피눈물을 흘렸습니다. 매양 날씨가 춥고 밤이 고요할 때면 곡소리가 슬픈 바람과 함께 하니 근처에서 듣는 사람들이 상심하였습니다. 지나치게 슬퍼해서 병에 걸려 말라서 매우 새까맣게 되니 사람들이 혹 멸성(滅性)을 경계하면 말하기를 "우리 어머니가 아버지 때에 죽지 않은 것은 내 아버지의 고아인 제가 있었기 때문이었습니다. 먹여서 기르고 가르쳐서 오늘날까지 이르렀습니다. 그런데 저는 보잘것없어서 입신양명(立身揚名)하여 부모님을 드러나게 함으로써 수고하신 은혜의 만분의 일이라도 보답할 수가 없었으니 죄인(罪人)입니다. 어떻게 살수가 있겠습니까?"라고 하였습니다. 복을 벗은 이후에도 죄인으로 자처하며 옷을 화려하게 입지 않았고 음식을 살지고 맛있는 것은 먹지 않기를 대개 30년을 하루와 같이 하였습니다. 매번 말이 부모에게 이르면 으레 글썽글썽하게 눈물을 흘리었고 기일이 되면 목욕재계하고 울부짖으며 슬퍼하기를 초상 때와 같이 하였는데, 비록 늙은 나이에도 혹시 그만두는 적이 없었습니다. 병이 곤궁하여 죽으려 할 때에도 오히려 때때로 슬프게 울며 어머니를 불렀으니 사람들이 차마 듣지를 못하였습니다.

그는 정미년에 태어났는데 그의 아버지를 여읜 것은 무신년에 있었으니, 겨우 한 해를 넘어서 품안에서 벗어남을 면치 못하였습니다. 항상 아버지의 얼굴을 알지 못하는 것을 지극한 슬픔으로 여겨서 무신년이 돌아오게 되자, 추후해서 복을 입으려 하였으나, 예에 그러한 문장이 없으므로 그만두기는 했으나, 심상(心喪)은 행하였습니다. 그 후에 어떤 사람이 추복을 입는 것을 보고 그 손을 잡고 울면서 말하기를 "그대는 어디에서 근거해서 이것을 행하는가? 나는 일찍이 뜻이 있었으나 행하지 못하게 된 것은 그 예에 근거할 바가 없었기 때문이었다. 내가 이제 그대를 보니 나는 진실로 그대의 죄인이다"라고 하면서 이내 흐느껴 울기를 오랫동안 하였습니다. 이것은 권 아무개의 행실이었는데, 조사하여 사실을 얻은 것입니다. 그러하기에 천신(薦紳)들과 선비들이 이구동성으로 진정하여 청원하는 까닭입니다. 바라옵건대 본조(本曹, 禮曹)에서는 즉시로 효도로 다스리는 아래에 거듭 상달해서 하여금 아름다운 행실을 포양(褒揚)하는 은전을 입게 하심으로써 인심을 선하게 하고 또 그로써 풍속을 격려해야 할 것입니다라고 하였다.

원문 竊念, 國之命脉曰綱, 人之首行曰孝. 故漢帝賜爵, 先及穎民, 明臣上䟽, 亟褒潘氏. 然則上之所崇奬風勵, 下之所採訪申乞, 宜莫如孝也. 所以國家令甲列激勸之典, 坊里開條上之路. 而見有至孝絶人, 不能具悉陳請, 是鄕黨之恥, 陳請而不能上聞, 亦有司之過, 可不懼哉? 嗟! 夫人孰無親, 孰無孝心, 惟其陰感鬼神, 陽動觀聽, 方可謂至孝絶人. 而若近故副護軍權某者, 卽其人也.

某幼孤, 獨與母居. 愉色養志, 無違節. 母喜亦喜, 母憂亦憂, 若甘脆之供, 定省之禮, 雖古圖史所傳者, 亦無以過焉. 其母, 常以女色傷生爲戒, 故雖時遊外邑, 聲妓滿前, 未嘗一有所狎. 甲戌, 奉其母, 入抱川莊. 其母病中, 適思桃實, 而時方嚴冬. 行泣山間, 忽於積雪中, 獲二枚以進, 聞者驚歎. 丙戌, 其母, 腫發腦後. 毒楚宛轉, 淹至半歲. 其爲之扶護也, 衣不解帶, 藥必先嘗, 溲屎褻衣, 親手濯之. 及腫膿當針, 氣陷症危. 遂號泣禱天, 恍惚有神人來告曰 : "爾母太焦煎也, 病必無憂."

明日針腫, 得少愈, 然腫汁猶在. 乃親口吮之. 瘡久漿腐, 穢氣噀人, 旁侍者, 爲之頻顣, 而從容舐噏, 不少色難. 如是者, 數日, 病亦痊安, 人以爲孝感. 丁酉, 遭母艱, 血泣三年. 每天寒夜寂, 哭聲與悲風, 遠近聽者, 傷之. 過毁成疾, 羸瘦深墨, 人或以滅性, 戒之則曰 : "吾母之所以不死於吾父者, 以吾父之孤不肖在也. 哺育教誨, 以至今日. 而不肖無狀, 不能立身顯親以報劬勞之萬一, 罪人也. 何以生爲?" 服除之後, 亦以罪人自居, 衣弗華彩, 食弗肥甘, 盖三十年, 如一日. 每語及父母, 輒泫然流涕, 忌日則齊沐號慟, 如初喪時, 雖在耄耋, 未嘗或廢. 逮病困將絶, 猶時時悲泣呼母, 人不忍聞也.

其生以丁未, 其喪父在戊申, 纔踰歲, 未免懷矣. 恒以不識父顔爲至痛, 及當戊申之回, 欲追服, 而以禮無其文止, 然行心喪焉. 後見人有追服者, 執手泣曰 : "子何所據而行此? 吾嘗有意而不得行者, 以禮無所據也, 吾今見子, 吾誠子之罪人也." 因於邑者久之, 此卽權某之行, 而勘驗得實. 故諸薦紳章甫之所以同辭陳乞者也. 伏望本曺, 卽爲申達於孝理之下, 俾蒙褒嘉之典, 以淑人心, 以勵風俗云.

41. 『본초本草』 발문 跋本草

譯 옮김 근세 한 의원이 약을 쓸 적에 다만 하나의 맛으로 하나의 증세를 치료한다. 작게로는 오동나무 잎과 벼줄기의 종류에 이르기까지 기이한 효험이 많으므로 사람들이 매우 신통하게 여긴다. 그러나 어느 처방에서 나온지는 알지 못하였다. 내가 병중에 우연히 『본초(本草)』를 보고서야 그 방술이 여기에서 나왔다는 것을 깨닫게 되었다. 대개 『본초(本草)』 중에는 허다하게 많은 품종에서 모두 이르기를 "어떤 것은 어떤 증세를 치료하기에 합당하고 어떤 것은 어떤 병을 치료하기에 합당하다"라고 하였다. 그런데 지금 세속 의원들이 익혀서 쓰는 것은 다만 심장을 보충함에는 인삼이고, 사간(瀉肝)[165]에는 청피(靑皮)이고 신장을 따뜻하게 함에는 부자이고 폐를 시원하게 함에는 석고(石

膏)라고 하기만 하고 다른 것은 많이 들지 않으니 애석하다. 비록 그러나 어찌 유독 의술뿐이겠는가? 대저 하늘이 인재를 낼 적에는 각기 마땅한 바가 있어서, 아무개는 예를 관장할 수 있고 아무개는 음악을 맡을 수 있고, 아무개는 병정을 주관할 수가 있고 아무개는 재물을 다룰 수가 있다고 해서 마치 증세에 대한 생약(生藥)과 같다. 그러나 세상에서 취하는 것은 문벌과 과거 급제를 벗어나지 않는다. 그렇다면 저 오동나무 잎과 벼줄기라는 것이 한 번도 시험을 당해 보지 못하는 것이니 여러 가지 일이 모두 병이 많게 된다. 내가 그러므로 감회가 있어서 쓰기를 이와 같이 한다.

원문 近世一醫用藥, 只以一味治一症. 微而至梧葉稻稈之類, 多奇驗焉, 人甚神之. 然不知出何方也. 余病中, 偶看本草, 始覺其術之出于此也. 盖本草中許多諸品, 皆云, 某當療某症, 某當治某祟. 而今俗醫所習用者, 只是補心人蔘, 瀉肝青皮, 溫腎附子, 凉肺石膏, 而他則多不擧焉, 惜哉. 雖然, 豈獨醫也? 夫天生人才, 各有所宜, 某可掌禮, 某可司樂, 某可主兵, 某可理財, 如對症生藥也. 而世之所取者, 不出于門閥科第之外. 然則彼梧葉稻稈者, 曾不得一試, 而庶務其多瘝矣. 余故感而書之, 如此云.

165) 사간(瀉肝) : 치료 법의 하나. 맛이 쓰고 성질이 찬 약으로 간의 화(火)를 내리는 방법.

혜환 이용휴 산문 전집

부록

부록 1

습유(拾遺)

1. 『병세집[并世集]』 소재 작품

1) 허필[1)] 생지명[生誌銘] 許烟客生誌銘

譯 옮김 허연객은 이름이 필(佖)이며, 여정(汝正)은 그의 자이니 공암(孔巖)의 세가(世家)이다. 연객은 맑고 곱진 않았으나 모습과 거지(擧止)가 넉넉하였다. 성품은 온화하면서도 분명하였고, 편안하면서도 꿋꿋하였다. 남과 웃는 말을 하면 목소리가 즐거워할 만하여 좋아하지

---

1) 허필(許佖, 1708~1768) : 조선 영조 때의 학자·서화가. 자는 여정(汝正). 연객(烟客) 외에도 초선(草禪)·구도(舊濤)라는 호도 썼다. 본관은 양천(陽川). 진사시에 합격한 뒤 학문에만 열중하였고, 시·글씨·그림에 모두 능하여 삼절(三絶)이라 불렸다. 저서에 『선사창수록(仙槎唱酬錄)』·『연객유고(烟客遺稿)』 등이 있다. 생년에 대해서는 구구한 의견이 있는데, 여기서는 족보에 있는 기록을 따른다.

않는 이가 없었다. 그 형인 일(佾)과는(자가 子象이다) 기미(氣味)를 같이 하여 마치 한 몸인 것 같았다. 그러나 자상은 『주역』 읽기를 좋아했고, 연객은 시 읊기를 즐겼으니, 이것이 다른 점이다. 또 재주가 많아 전서(篆書)와 예서(隸書)를 잘 썼고, 아울러 사황육법(史皇六法)을 통하였으나 마침내 그 배움을 마치지는 않고 이렇게 말하기를 "이것은 사람을 얽매이게 하니, 나를 한갓 수고롭게 할 뿐이다"라고 했다.

집이 가난하여 뒤주가 자주 비었으나 태연한 낯빛이었다. 이따금 옛 기물이나 좋은 칼 따위를 보면 곧바로 옷을 벗어 그것과 바꾸었다. 남들이 세상 물정을 모른다고 비웃으면 말하기를 "나 같은 사람이 물정을 모르지 않으면 누가 물정을 모르는 사람이 되겠는가!"라고 했다. 뜨락에 해묵은 녹나무가 있었고, 계단에는 예쁜 국화를 줄지어 심어 두고 그 사이를 소요하며 세상사는 묻지 않았다. 항상 말하기를 "내가 밖에서 안을 돌보지 않는 것은 아내 김씨가 있기 때문이고, 안에서 밖을 돌보지 않는 것은 아들 점(霑)이 있기 때문이다"라고 하였다. 아내가 죽자 다시 결혼하지 않고, 집안일은 모두 다 점(霑)에게 맡기었다.

연객은 명릉(明陵) 기축(1709, 숙종 35)년에 태어나 27세 때 진사가 되었는데, 올해 53세이다. 문득 내게 말하기를 "내가 다행히 자네와 함께 한 세상에서 살고 또 자네와 친하다. 내가 죽으면 점(霑)은 반드시 내 죽음을 가지고 자네를 번거롭게 할 터인데 저승에서 자네를 번거롭게 하는 것보다는 어찌 이승에서 자네를 번거롭게 하는 것만 하겠는가?"라고 하기에 내가 그 뜻에 감동하여 지명(誌銘)을 지어서 이를 고한다. 명(銘)에 이른다.

"여름 이후로는 점차 음(陰)에 속하게 되고, 오시(午時) 이후로는 점차 저녁에 속하게 되며, 중년 이후에는 점차 죽음에 속하게 된다. 연객이 이를 알아 미리 이 일을 계획하려 하기에 내가 연객에게 고하노라. 통달한 것 같지만 통달하지는 못했으나, 오히려 누(累)는 알고 있도다. 옛날은 가고 지금이 돌아옴은 그대의 나이이고, 아름다운 산 좋은 물은 그대의 거처로다. 이[齒]가 있고 머리털이 자란 것은 그대의 권속(眷屬)이요, 슬픔과 기쁨, 행복과 불행은 그대의 이력이로다. 이용휴가 이 명을 짓고, 강세황(姜世晃)이 글씨를 쓰니 이것은 그대의 죽지 않음이로다."

원문 許烟客名佖, 汝正其字, 孔巖世家也. 烟客少淸姸, 饒姿止, 性和而辨, 易而立. 與人談諧, 聲氣可樂, 人無勿善之也. 與其兄佾子象, 同氣味, 若一身也. 然子象好讀易, 烟客喜吟詩, 此其異也. 又多藝, 善篆隸, 兼通史皇六法, 然不竟其學, 曰:"是人役, 徒勞我耳." 家貧屢空, 而有泰色. 或遇古器若良劍, 卽解衣易之. 人笑其迂, 曰:"我不迂, 誰當迂者?" 庭有古楠, 階列佳菊, 逍遙其間, 不問世事. 常曰:"吾外不內顧者, 爲有妻金也; 內不外顧者, 爲有子霑也." 妻亡不再耦, 盡以家屬霑. 烟客以明陵己丑生, 二十七成進士, 今年五十三. 忽謂余曰:"吾幸與子幷世, 而又善子, 我死, 霑必以幽累子, 如其死而幽累子, 曷若生而明累子?" 余感其意, 遂誌而詔之. 銘曰:"自夏而后, 漸屬之陰; 自午而后, 漸屬之暮. 自中身而后, 漸屬之幽. 烟客知之, 豫爲之謀. 余告烟客. 似達未達, 猶爲識累. 往古來今, 子之年也; 佳山好水, 子之居也; 含齒戴髮, 子之眷也; 悲懽否泰, 子之歷履也. 李氏爲之銘, 而姜氏書之, 是子之不死也."

2) 연명 硯銘

譯 옮김 하늘엔 본시 비가 없는데 구름이 생기면 비가 오고, 벼루에는 원래 물이 없는데 입김을 불면 물이 생기도다. 많지 않은 물을 어디다 쓸 것인가? 사관(史官)이 연산역(連山易)으로 점을 치니, 그 점괘에 말하기를 "감(坎, 물)을 체(體)로 하고, 이(离, 불)를 용(用)으로 하니, 인문(人文)의 충(衷 : 中心)이다"라고 하였도다.

원문 天本無雨, 雲蒸則雨, 硯本無水, 氣嘘則水. 一勺之水, 所需惟何? 史以連山筮之, 其繇曰, "坎之體, 离之用, 人文之衷."

3) 불상연명 佛像硯銘

譯 옮김 갈아도 갈리지 않고, 진흙 칠을 해도 검어지지 않으니,[2] 동쪽 노(魯)나라(儒家를 말함)나 서쪽 축(竺)나라(佛家를 말함)나 극에 가면 같아지는도다. 한 움큼 고인 물은 반원의 달 모양이도다. 중생이 나를 보면 예서 환상을 보아 나를 불러 수월관세음보살(水月觀世音菩薩)이라 하리로다.

원문 磨而不磷, 涅而不緇, 東魯西竺, 極處同之. 一泓之水, 半規之月. 衆生見我, 幻像於此. 號我爲水月觀世音菩薩.

※ 『혜환잡저(惠寰雜著)』에는 3편의 연명(硯銘)이 있다. 제목은 다음과 같다. 「硯銘(姜廷進硯石, 文成薇與竹葉)」·「硯銘(爲鄭德承作)」·「硯銘」 등이다. 또 그의 시 「매월연(梅月硯)」도 벼루에 대한 내용을 담고 있다.

4) 외종숙 조공趙公 제문[3] 敬祭從舅處士趙公文

譯 옮김 오호! 공의 평생은 주역 일부에 있었습니다. 손님을 접대하고 제사를 지내며 혼인하며, 어머니를 돕고 아버지를 계승함에 일

---

2) 『논어(論語)』 「양화(陽貨)」에 다음과 같이 나온다. "子曰 : 然. 有是言也. 不曰堅乎, 磨而不磷; 不曰白乎, 涅而不緇."

3) 그에 대한 제문으로는 이병휴(李秉休)의 『정산잡저(貞山雜著)』에 「제종구조처사문(祭從舅趙處士文)」라는 글이 있다.

이 거행되지 않는 것이 없었으니, 대개 고괘(蠱卦)에서 취한 것이었습니다. 옷을 줄이고 먹는 것을 덜면서, 들어온 것을 헤아려 지출을 계산하여 검소하게 해서 절제하는 것이 있었으니 대개 절괘(節卦)에서 취한 것이었습니다. 구학(丘壑)에서 살면서 부귀하는 것은 바라는 것이 아니었고, 뜻을 즐겁게 하고 일을 숭상한 것은 대개 돈괘(遯卦)에서 취한 것이었습니다. 끊어진 산과 같이 의연(嶷然)하고 멈춰 있는 물과 같이 혼탁하지 않아서, 남들은 바빠도 나는 한가했던 것은 대개 간괘(艮卦)에서 취한 것이었습니다. 도는 높고 처신은 낮게 하여, 견디지 못한 바를 견디고, 낮으면 낮을수록 자신을 더욱 감추었던 것은 대개 겸괘(謙卦)에서 취한 것이었습니다. 처음부터 끝까지 한결같은 덕으로 혹시라도 늘고 줆이 없어서, 오래되자 도가 이룬 것이 있었음은 대개 항괘(恒卦)에서 취한 것이었습니다. 살기는 순하게 하고 죽기는 편하게 하였으니, 수(壽)가 69세였으며, 시신(屍身)을 갈무리하여 옛집의 우측에 묻히셨습니다. 저녁 등불과 새벽 달빛에 오동나무와 가나무가 창에 비추게 되면 효자가 길이 사모하여 슬픔이 몸에 가득할 것입니다. 저같은 불초한 사람을 도에 나아갈 수 있다고 알아 주셨기에 알아줌에 누가 될까 두려워 한시도 삼가지 않은 적이 없었습니다. 말은 꾸밀 필요가 없는 것이니 충정의 곡진함에서 말미암는 것이 귀한 것이고, 물건은 반드시 많을 것은 없으니 제기(祭器)를 가리우면 충분합니다. 공은 소박함을 숭상하시었으니 거의 그 마음에 합당할 것입니다. 눈물을 머금고 하늘을 우러르니 막막하고 컴컴하기만 합니다.

원문 嗚呼! 公之平生, 在易一部. 賓祭婚嫁, 佐母承父, 事無不擧, 盖取諸蠱; 縮衣損食, 量入爲出, 儉而有制, 盖取諸節; 一丘一壑, 富貴非願, 樂志尙事, 盖取諸遯; 斷山嶷然, 止水不溷, 人忙我閑, 盖取諸艮; 道高處卑, 堪所不堪, 愈下愈晦, 盖取諸謙; 終始一德, 無或减增, 久道有成, 盖取諸恒. 存順沒寧, 壽六十九, 軆魄之藏, 在古廬右. 夕燈晨月,

梧檟影窓, 孝嗣永慕, 悲哀滿腔. 小子無似, 謂可適道, 恐累知人, 不敢顚倒. 言不必文, 貴由衷曲; 物不必多, 掩豆則足. 公尙簡質, 庶當其心. 含涕仰天, 漠漠陰陰.

5) 금시당기 今是堂記

譯 옮김 한 집안을 보존하는 것은 몸을 보존하는 것과 같으니 몸을 보존하기를 잘하는 자는 부모가 남겨 주신 몸을 받들어 감히 상처나게 하지 못하고 늙을 때까지 이르른다. 집안 보존을 잘하는 자는 선조의 유업(遺業)을 계승해서 혹은 없어지게 되거나 실추되지 않게 해서 영원한 데에 드리운다. 내가 이러한 말을 가지고 세상 사람들에게 구해 보건대 교남처사(嶠南處士) 이공(李公)[4]이란 분이 바로 그런 사람이었다. 예전에 공의 5세조인 밀직공(密直公)[5]이 내한(內翰)[6]으로서 벼슬을 그만두고 밀양으로 돌아왔다. 활천(活川)이란 냇물 위에다 당(堂)을 짓고는 편액을 쓰기를 금시당(今是堂)[7]이라고 했으니, 대개 도연명의 말에서

---

4) 교남처사(嶠南處士) : 이지운(李之運, 1681~1763). 자는 휴중(休仲)이고 호는 백곡옹(栢谷翁). 과거를 단념한 채, 선대의 흩어진 문적(文籍)을 수집하여 5권 2책의 세고(世稿, 『掇感錄』)를 완성하였다. 공의 5세조 금시당공(今是堂公)의 별업이 임진왜란 때 없어진 후 빈터만 남은 것을 개탄하다가 1744년에 복원 공사를 끝내고는 백곡서재(栢谷書齋)로서 연거지실을 삼았다. 거기에서 공은 원근의 명류들을 모아 도의를 교환하니 이용휴는 공을 '교남처사(嶠南處士)'라 칭도했다.

5) 밀직공(密直公) : 이광진(李光軫, 1517~?)이다. 조선 중기의 문신. 본관은 여흥(驪興). 자는 여임(汝任), 호는 금시당(今是堂). 1546년(명종 1) 문과에 급제하고, 후에 좌부승지에 이르렀다. 그 뒤 고향에 돌아가 산수를 즐기며 학문에 전념하였다. 어려서 아버지를 잃고 어머니를 지성으로 모셔 효자로 알려졌다. 김극일(金克一), 이정(李楨), 노정(盧楨) 등과 도의로써 사귀었다. 유학자로 널리 알려져 1564년 사유(師儒)로 뽑혔다.

6) 내한(內翰) : 한림(翰林)의 딴 이름. 예문관(藝文館)의 벼슬은 거의 겸직인데 한림은 겸직할 수 없기 때문에 이르는 말이다.

7) 금시당(今是堂) : 금시당공(今是堂公) 이광진(李光軫)의 추모정사(追慕亭舍). 경남(慶南) 밀양시(密陽市) 용활동(龍活洞) 백곡(栢谷)에 위치해 있다. 경남 지방 문화재 자료

취한 것이다.[8] 공은 독서를 하고 거문고를 타면서 영리(榮利) 보기를 더러운 것 같이 하였다. 높고 넓은 풍도(風度)가 멀리 전인(前人)의 뒤를 따랐다. 그런데 당(堂)을 지은 햇수가 오래되자 중간에 무너졌다. 처사(處士)가 옷을 줄이고 먹을 것도 줄여 그 남은 것으로 당(堂)을 중수(重修)하였다. 복숭아, 살구, 해바라기, 석류 등을 심으니, 매번 꽃이 필적에는 향과 색깔이 사람의 눈과 코를 휘감았다. 당(堂)이 호수의 언덕에 걸쳐 있었다. 어붕(漁棚)과 해가(蟹椵)들이 줄풀과 갈대 사이에서 어른거린다. 오리는 앉아 있고 해오라기는 머리를 든 것이 그림처럼 여기저기 널려 있다. 처사가 올라가서 조망하며 시를 읊으니 뜻이 매우 즐거웠다. 처사는 금년에 여든이어서 학같이 머리가 하얗고 복어같이 등이 얼룩졌지만, 정력은 그다지 쇠하지 아니 하여서, 때때로 원옹(園翁)과 계우(溪友)를 데리고 동네 거리에서 소요하니 사람들이 보고는 강구(康衢)의 녹리선생(甪里先生)이라고 하였다. 처사가 사람을 보내어 나에게 기(記)를 지으라고 맡기었으니, 내가 생각건대 멀리서 강산을 그리는 것은 마치 멀리서 인물을 그리는 것 같아서, 참됨을 잃기가 쉽다. 비록 그렇기는 하나 처사가 나에게 부탁하여 기록하도록 한 것은 한갓 임학(林壑)의 체세(体勢)와 목석(木石)의 위치(位置)만을 위한 것은 아닐 것이니, 그 또한 지어달라는 명에 부응할 수 있는 것이다.

원문 保家猶保身, 善保身者, 奉父母遺體, 不敢毁傷, 以至終老; 善保家者, 承先祖遺業, 勿或廢墜, 以垂永遠. 余持是說, 以求於世, 嶠南處士李公, 卽其人也. 昔公五世祖, 密直公, 以內翰棄官, 歸密州. 作堂於活川之上顔曰 : 今是, 盖取陶彭澤語也. 公讀書鼓琴, 視榮利若浼.

228호.

8) 도연명(陶淵明), 「귀거래사(歸去來辭)」에 "歸去來兮. 田園將蕪. 胡不歸. 旣自以心爲形役. 奚惆悵而獨悲. 悟已往之不諫, 知來者之可追. 實迷塗其未遠. 覺今是而昨非"라 나온다.

高風曠度, 遠追前人. 而堂歲久, 中圮. 處士, 縮衣損食, 以其贏, 重修之. 列植以桃杏葵榴之屬, 每花時, 香色殢人眼鼻. 堂踞湖岸. 漁棚蟹椵, 隱暎茭葦之間. 鳧坐鷺翹, 點綴若畵. 處士, 登眺嘯咏, 意甚樂也. 處士, 今年八十, 雖鶴髮鮐背, 而精力不甚衰, 時携園翁溪友, 逍遙巷街, 人見以爲康衢甪里也. 處士遣人, 屬余爲記, 余惟遙記江山, 如遙寫人物, 易於失眞. 雖然處士所以見屬余, 所以記之者, 不徒爲林壑之体勢, 木石之位置, 則其亦可以應命也已.

6)『삼소권』발문 三踈卷跋

譯 옮김 세상에서는 치밀한 것을 숭상하면서도 그 성글게 되는 것이 오래전부터이다. 그러나 정기가 모일 제는 처음에 성글다가 끝에 치밀하게 되는 것이고, 기지(機智)가 생길 제는 처음에 성글다가 후에 치밀하게 되는 것이며, 제도(制度)가 이루어질 제는 성근 데를 거쳐서 점차 치밀하게 되는 것이니 곧 성근 것이 근본이고 치밀한 것이 말단이다. 그리고 성근 것은 허한 것이고 또 통하는 것이다. 정신이 어깨 언저리나 장딴지, 정강이에 깃들지 아니하고 심목(心目)에 깃드는 것은 허하기 때문이고, 소리는 벽돌이나 장벽에서 나지 않고 구멍에서 생기는 것은 통하기 때문이다. 시문이란 것은 소리가 신령스런 구멍[靈竅]에서 나는 것이니, 한 번 닫히게 되면 어찌 통할 수 있을 것인가? 그러므로 성근 것이 극에 달하면 밝게 되고, 밝게 되면 깨닫게 되고, 깨닫게 되면 보이지 않게 감춰지는 것이 있게 되는 것이니, 보는 자는 이를 살펴야 할 것이다.

원문 世之尙密, 而厥踈久矣. 然精氣之聚, 始踈而終密; 機智之生, 初踈而後密; 制度之成, 由踈而漸密, 則踈者本, 密者末也. 且踈者虛也又通也. 神不棲於肩髆腓股, 而棲於心目者, 虛故也; 聲不生於塼甃

墻壁而生於孔穴者, 通故也. 詩文者, 聲之發於靈竅者, 一有閉塞, 烏能達也? 故踈極則明, 明則悟, 悟則有秘密藏焉, 見者審之.

2. 『강천각소하록江天閣銷夏錄』 소재 작품

1) 이씨 아이 글씨에 쓰다題李童書

譯 옮김 부제국(浮提國) 사람이 먹물을 뿌려 글을 이루었다 하니, 환어이거나 별도의 술책이 있던 것으로 의심된다. 만약에 인위(人爲)에 관련된 것이라면 모름지기 차서가 있는 공부가 있어야 할 것이므로 옛날의 글씨를 잘 쓰는 자가 높은 재주가 있더라도 그 성취는 반드시 중년 이후에 있는 것이니, 왕내사(王內史[9])가 52살이 되어서야 여러 비석을 본받아 썼다는 말이 이것이다. 지금 동자가 나이 겨우 열둘에 다른 아이들에 있어서는 파임과 삐침을 분간도 못해야 할 것인데, 그 성취한 것이 이미 이와 같으니 이것은 반드시 신오(神悟)와 천성(天成)에 말미암은 것이다. 사람이 사는 이 세상에서는 결단코 이러한 제2권은 없을 것이다. 혜환거사(惠寰居士)가 쓰다.

원문 浮提國人, 洒墨汁成書, 疑幻語, 或別有術. 若涉人爲, 則須有次序工夫, 故古之善書者, 雖上材, 其成必在中歲以後, 王內史之

9) 왕내사(王內史) : 왕창(王昶, 1725~1806)이니 청(淸)나라의 학자로서 자(字)는 덕보(德甫)이고, 호는 술암(述庵)이며 또 다른 호는 난천(蘭泉)이라 했으니, 강소성(江蘇省) 청포(靑浦) 사람이다. 건륭(乾隆) 연간에 진사(進士)에 올라 관직이 형부우시랑(刑部右侍郞)에 이르렀다. 금석학을 좋아하여 상(商)나라 주(周)나라의 동기(銅器)와 역대 석각(石刻)의 탁본(拓本) 1500여 종을 모아서 『금석췌편(金石萃編)』을 편찬하였으며, 저서에는 『춘융당집(春融堂集)』이 있다.

五十二, 師衆碑, 是也. 今童子, 年纔十二, 在他兒, 則波撇未分, 而其所就, 已如此, 此定由神悟天成也. 人世間, 決無此第二卷矣. 惠寰居士題.

2) 정수 제문[10] 祭晴叟文

譯 옮김 아무 해 아무 달 아무 날에 정수 노인이 죽어서 장사를 지내게 되었다. 종인(宗人) 아무가 술잔을 들어서 그를 마지막으로 보내며 말하기를 "공은 비록 세상에 있을 때도 늘 세상을 싫어했지요. 이제 돌아가는 곳은 의식의 경영이나 혼상의 절차, 또 영후(迎候)・배읍(拜揖)・서독(書牘)・문유(問遺) 등의 예가 없고 염량(炎凉)한 모습이나 시비의 소리도 없으며, 다만 맑은 바람과 환한 달빛, 들꽃과 산새만이 있으니, 공은 이제부터 길이 한가로울 수 있겠습니다. 내 마음을 아는 말이라 하여 응당 고개를 끄덕일 것입니다. 흠양하시옵소서."

원문 某年月日, 晴叟老人將大歸. 宗人某擧觴而送之曰, "公雖在世, 而常厭世. 今所歸處, 無衣食之營婚喪之節, 迎候拜揖, 書牘問遺禮, 又無炎凉之態是非之聲, 只有淸風明月, 野花山鳥, 公可從此而長閒矣. 知心之言, 想應頷之. 尙饗."

---

10) 그에 대한 글로는 다음과 같은 것이 남아 있다. 『시가점등(詩家點燈)』에는 「기정수(寄晴叟)」라는 제목으로 7언절구 3수가 실려져 있다. 『시가점등(詩家點燈)』에 실려 있는 3수 중 1수는 『혜환거사시집(惠寰居士詩集)』에는 「만필(漫筆)」이라는 제목으로, 3수중 2수는 『대동시선(大東詩選)』에 「방산가(訪山家)」라는 제목으로 실려 있다. 또, 이병휴(李秉休)의 『정산시고(貞山詩稿)』에는 「납조부득일수정정수(臘朝賦得一首呈晴叟)」, 「차정수한거팔영운(次晴叟閑居八詠韻)」, 「방정수초당귀로등서성유음(訪晴叟草堂歸路登西城有吟)」, 「차운간정수(次韻柬晴叟)」, 「차정수혜기시운이수(次晴叟惠寄詩韻二首)」 등이 실려져 있다.

3. 『혜환집초』 소재 작품

1) 『이모록』[11] 서문 貽謀錄序

譯 옮김 나로부터 아들·손자·증손·고손·운잉(雲仍)[12]에까지 해서 무궁한 데에 이를 것이요, 어릴 때부터 장성하고, 초로가 되고, 늙고 늙어서,[13] 더 늙어서는 백수가 되면[14] 마침내는 반드시 다함이 있을 것이니, 다함이 있는 몸으로 무궁한 계책을 삼으려면 그 도를 어디에서 말미암을 것인가? 반드시 책에 있을 것이다. 비록 그렇기는 하나 책 또한 몇 등급이 있다. 그 가장 위에 있는 것은 경전이니 진실로 이미 집집마다 외우고 집집마다 전해지고 있는 것이요, 그 가장 아래 있는 것은 패관잡기이니 이따금 사람의 마음을 무너뜨리고 사람의 명예를 망가뜨리니, 이것을 행한다면 책을 보는 것이 도리어 책을 보지 않는 것만 못한 것이다.

오직 예와 지금의 큰 유학자와 노련한 스승과 여러 높고 현명한 어른들의 지극한 말과 아름다운 행실이 흩어져 여러 서적에 있는 것들을 사람들이 다 볼 수가 없다. 그러므로 그 행위하는 것이 혹 이치에 어긋나기도 하고, 혹 가는 것이 편벽한 데에 들어가서 바로잡을 수가 없게 된다. 하지 못할 바가 있는 것을 보았고 통하지 못할 것이 있는 것을 알았으나 그것을 알릴 수가 없었다. 내가 이를 두렵게 여긴 끝에 고서

---

11) 이모(貽謀) : 『시경(詩經)』 「대아(大雅)」 '문왕유성(文王有聲)'에 "詒厥孫謀, 以燕翼子"라고 했다. 후에 "이모(貽謀)"는 부조(父祖)가 자손들에게 하는 훈회(訓誨)라는 의미로 쓰인다.

12) 운잉(雲仍) : 원손(遠孫)을 지칭함.

13) 애이기(艾而耆) : 애(艾)는 쉰을 가리킴. 『예기(禮記)』에 "五十曰 : 艾"라 했다. 기(耆)는 예순을 가리킨다. 『예기(禮記)』에 "六十曰 : 耆"라 했다.

14) 기이(期頤) : 백 살의 나이. 이(頤)는 양(養)의 뜻으로 음식 기타 일체를 스스로 하지 못하고 남에게 보양(保養) 받는 나이이다.

(古書)를 열람해서 사람이 심신(心身)을 이룰 수 있는 것을 보면 으레 그것을 기록하였다. 오래되자, 책에 가득하게 되었기에, 제목을 『이모록(貽謀錄)』이라 붙여 집에다 남겨 놓는다. 아! 대저 사람들이 자손을 사랑하는 것은 반드시 그칠 때가 없는 것이다. 성취시키려고 아무쪼록 노고를 하고 기대하기를 아무쪼록 높고 원대하게 한다. 그러나 그 돌아가는 것은 심신(心身)을 편안히 하여 생명(生命)을 보존하는 것에 지나지 않는다. 자손 된 자가 만일 이 마음으로써 마음을 삼는다면 후에 어찌 한 마디라도 방만하고 하나의 일이라도 소홀함이 있게 되겠는가! 또 『주역(周易)』은 육경의 으뜸이 되니 384효가 모두 다 겸퇴(謙退)와 공구(恐懼)를 뜻으로 삼고 있다. 이 겸퇴와 공구는 진실로 처세의 요결이니 가는 데마다 통하지 않는 것이 없다. 이것을 보좌하여 진덕(進德)과 수업(修業)할 수 있는 것은 오직 용서(容恕)와 인내(忍耐)뿐이다. 무릇 나의 자손들이 능히 좇아서 그것을 행하는 이가 있으면, 비록 빈천하여 산속의 농부나 들판의 나무꾼이 된다 하더라도, 내 반드시 현명한 자손으로 여길 거니와, 그렇지 않다면 비록 귀한 것이 김장(金張)[15]과 같고, 부유한 것이 탁정(卓程)[16]과 비슷하더라도 나는 반드시 불초한 자손으로 여길 것이니 이 두 가지에 거의 처할 바를 알게 될 것이다.

원문

自吾, 子而孫而曾而玄而雲仍而至於無窮; 自少, 壯而艾而耆而老而期頤而終必有盡, 以有盡之身, 爲無窮之計, 其道何由? 必也書乎. 雖然, 書亦有數等. 其最上者, 爲經爲傳, 固已家誦而戶傳矣; 其最下者, 爲稗官褋記, 往往壞人心術, 敗人名, 行此, 則看書反不如無書者也.

惟古今之鴻儒老師與夫高賢長者之至言懿行, 散在群書者, 人未能盡

15) 김장(金張) : 한 선제(漢宣帝) 때 대관(大官)을 역임한 김일제(金日磾)와 장안세(張安世)를 병칭하는 말이다. 보통 권문세가(權門勢家)를 가리키는 말로 쓰인다.

16) 탁정(卓程) : 전국 시대와 진시황(秦始皇) 때 촉(蜀) 땅에서 대장간 사업으로 거부(巨富)가 된 탁씨(卓氏)와 정정(程鄭)을 가리킨다.

見. 故其所爲或違於理, 所趨或入於僻, 而無以矯之. 見有所不爲, 識有所不徹, 而無以達之. 余爲是懼, 繙閱古書, 見有可以遂人心身者, 輒錄之. 久而盈卷, 題曰, 貽謀錄以遺家. 嗟! 夫人之愛子孫, 必無已也. 成之千萬劬勞, 期之千萬高遠. 然其歸則不過安躬而保命也. 爲子孫者, 苟能以此心爲心, 則後安有一言之放, 一事之忽哉! 且『周易』爲六經之首, 而三百八十四爻, 率皆以退以懼爲義. 是退與懼者, 眞處世要訣, 無所往而不通者也. 其輔此, 可以進德修業者, 惟恕與忍也. 凡我子孫有能遵而行之, 雖貧賤而爲山農野樵, 吾必以爲賢子孫, 不然, 雖貴如金張富埒卓程, 吾必以爲不肖子孫, 二者, 其庶知所處矣.

2) 계부 성호선생星湖先生 팔십八十 수서壽序 季父星湖先生八十壽序

譯 옮김 기(記)에 말하기를 "상수(上壽)는 100세요, 중수(中壽)는 80세요, 하수(下壽)는 60세이다"[17]라고 하였으며, 또 말하기를 "상수(上壽)는 120세요, 중수(中壽)는 100세요, 하수(下壽)는 80세이다"[18]라고 하였으니, 사람들 중에 이런 수를 누린 자가 있으면 높이지 않는 자가 없다. 그러나 반드시 이것을 전해서 중하게 여기는 것은 보통 사람이다. 대개 옛날에 증자(曾子)와 맹자(孟子)는 80여 세를 누렸고, 이천(伊川)과 회암(晦菴) 또한 70세를 넘었으며, 우리나라의 퇴계선생 또한 70세를 살았다. 그러나 이것으로써 중하게 여기지는 않았다. 중하게 여길 수 있는 곳은 따로 있었다. 지금 우리 계부(季父) 성호선생(星湖先生)은 연세가 80세가 된 상수자이다. 그러나 선생 또한 수를 중히 여기는 분은 아니며, 설령 중하게 여기더라도 이렇게 하는 것은 도가 중해서이지 한 명의 이씨가 중해서인 것은 아니다. 그러나 인정이 이르는 곳에는 사랑하면 반드시

17) 『장자』 「도척(盜跖)」에 나온다.
18) 『문선(文選)』에 나온다.

장수했으면 하고, 장수하면 또한 반드시 기뻐해서 축하한다. 그렇다면 내가 선생의 수에 대해 또한 어찌 말이 없을 수 있겠는가? 시를 짓는다. "사람이 그 선대를 거슬러 올라가면 시조에 이르는데 연대(年代)가 이미 멀어지면 사랑과 공경이 혹시 느슨해지기도 하는도다. 성현(聖賢)에 이르러서는, 존경하고 친근히 하며 기뻐하고 사모하게 되는도다. 어째서 그러한가? 그 반드시 까닭이 있는 것이로다. 남과 나는 한 몸이고, 예와 지금은 한 숨결이로다. 이것으로 선생을 알 수 있는 것이니 수가 끝이 있지 않으리로다."

원문

記曰: "上壽百, 中壽八十, 下壽六十." 又曰: "上壽百二十, 中壽百, 下壽八十." 人有得此者, 莫不尙焉. 然必傳此而重者, 凡人也. 蓋昔曾氏孟氏壽, 皆八十餘, 伊川晦菴, 亦皆踰七十, 國朝, 退陶亦七十. 然不以此爲重, 以可重者, 在也. 今我季父星湖先生, 壽八十大耋也. 然先生, 亦不以壽爲重者也, 設可重, 是爲者, 道重, 非爲一李氏重也. 然人情於所至, 愛必欲壽, 旣壽則又必喜而賀. 然則小子於先生之壽, 又烏得無言? 詩曰: 人於其先, 遡而至始, 年代旣遠, 愛敬或弛. 及[缺]聖賢, 尊親悅慕. 曷爲而然? 其必有故. 人我一體, 古今一息. 是知先生, 壽未有極.

3) 홍문백洪文伯[19])이 금강산을 유람하는 것을 전송하는 서문 送洪文伯遊楓山嶽序

譯 옮김

기왓장이 누르기 때문에 지식(知識)이 낮아지고 성벽(城壁)이 에워싸기 때문에 혼백(魂魄 : 精神)이 좁아진다. 눈은 얼굴에 붙어 있어 과문(科文)만을 보게 되기 때문에 면목(面目)을 욕되게 하고 발은 다

19) 홍주만(洪周萬, 1718~?) : 본관(本貫)은 남양(南陽). 자(字)는 문백(文伯). 영조(英祖) 42년(1766), 정시(庭試)에 급제 하였으며, 상세한 기록은 보이는 곳이 없다. 아버지는 홍회(洪晦)이고 조부(祖父)는 홍상빈(洪尙賓)이다. 처부는 이원휴(李元休)이다.

리에 붙어 있어 과거 시험장에만 가기 때문에 발을 저버리게 되는 것이니, 온 세상의 도도함이 이러하다. 남보다 뛰어남으로써 스스로 높이는 자에게 물어보면 또한 부푼 사모[浮慕]와 남을 이기려는 마음에 불과한 것이다. 듣건대 세상에서 서화(書畵)를 가지고 격조 높은 일로 여기는 자들은 반드시 옛사람의 명적(名蹟)을 구하여 손님이 오면 그것을 꺼내어 보여준다. 시(詩)와 주(酒)로 청치(淸致)로 삼는 사람은 반드시 무리를 나누고 자리를 점거하여 술을 가져오라 하고 운자를 낸다. 산수(山水)는 더욱 심하다. 그러므로 사람을 만나서 으레 묻기를 "그대 또한 유람할 수 있는가?" "그렇다", "유람하게 되면 관동에서 노는가?" "그렇다", "관동에서 놀게 되면 풍악(楓嶽)을 유람하는가?" "그렇다"라고 하므로 곧 침묵을 지키고 다시는 묻지 않았으나, 대답한 자는 자신만만한 얼굴 기색이 있었다. 대개 관동의 좋은 경치는 역내에서 제일 으뜸이고, 금강산이 경치가 좋은 것은 관동에서 제일 좋은 경치가 된다. 그러나 천하에는 명산이 매우 많아서 대여(岱輿)나 원교(員嶠)의 황괴(荒怪)한 것은 말할 것도 없고 천태(天台)·안탕(雁宕)·보타(補陀)의 등속을 이루다 셀 수가 없다. 그런데 입만 열면 반드시 금강산을 일컫는 것은 비유컨대 먼 곳의 외로운 마을에서 재상 한 사람만 나오면 자랑하는 말이 그치지 않는 것과 같으니, 어찌 비루하지 않은가? 이 때문에 나는 금강산에서 노니는 것을 그다지 허락하지 않는다. 이제 문백(文伯)이 유람하는 것은 그 선대에 치재선생(恥齋先生)[20]의 자취를 이으려고 한다 했으니, 그렇다면 명분이 있는 것이다. 그가 부모(浮慕)하고 이기려는 마음에서 나오지 않은

---

20) 치재(恥齋) : 홍인우(洪仁祐, 1515~1554)의 호. 조선 중기의 학자. 본관은 남양(南陽). 자는 응길(應吉). 서경덕(徐敬德)·이황(李滉)의 문인이다. 성리학에 조예가 깊어 당시 명인들과 강마하고 논란하였다. 노수신(盧守愼)은 학문하는 중에 의심나는 것이 있으면 서신이나 구두로 물었고, 김안국(金安國)도 그의 학행을 칭찬하였다고 한다. 어버이의 병환으로 의서를 배워 약의 처방을 알았다. 뒤에 영의정에 추증되었고, 여주의 기천서원(沂川書院)에 배향되었다. 저서로는 『치재집』 2권과 『관동일록(關東日錄)』이 있다.

것이 분명하다.

원문 瓦壓而識低, 城規而魄狹. 目著面, 但看程文以辱面, 足屬脚, 但踏省門以負脚, 滔滔是也. 問看超拔以自高者, 亦不過浮慕與勝心耳. 聞世以書畵爲雅事, 則必求古人名蹟, 客至出而示之. 以詩酒爲淸致, 則必分曹據席, 命觴拈韻, 而山水爲尤甚. 故見人輒問, "子亦能遊" 曰"然" 曰, "遊而遊關東" 曰, "然" 曰, "遊關東而遊楓嶽" 曰, "然" 卽默不復問, 而對者有得色. 蓋關東之勝, 冠域內, 楓岳之勝, 又爲關東最也. 然天下之名山甚多, 岱輿員嶠, 荒怪勿論, 天台雁宕補陀之屬, 不勝數也. 開口必稱楓岳者, 譬猶遐土孤村, 出一宰官, 則誇說不已, 豈不陋哉? 以是, 余於遊玆山者, 不甚與也. 今文伯之遊, 則將以繼其先耻齋先生之跡云, 然則有名焉. 其不出於浮慕勝心也, 明矣.

4) 『방화고』 소서小序 訪花稿小序

譯 옮김 거사(居士)는 평소에 병이 있고 성품이 게으르고 졸렬해서, 세상에 쓰이지 못하였다. 물러나서 정원과 남새밭을 다스리어 꽃을 접붙이고 약초를 심기도 하였다. 때로는 지팡이와 신발 차림으로 시를 읊기도 하였으니 말이 간혹 이치를 이루게 되었다. 거두어서 상자에 던져두니, 얼마 안 되어 가득하게 되었다. 그 번거로운 것을 거두어 내고 이내 그 잘 된 것만을 가리되, 신해년(辛亥年)으로부터 끊어서 계축(癸丑)년에 이르기까지 모두 430여 수였는데 합쳐서 한 책을 만들었다. 대저 성인(聖人 : 孔子)이 시경(詩經)을 산삭할 적에 홍녀(紅女)와 전준(田畯),[21] 역도(役徒)와 수부(戍夫)들이 그 수고로움을 노래하여, 그 일을 서술한 것

21) 전준(田畯) : 백성들에게 농사를 권장하고 감독하는 권농관(勸農官)이다.

은 비루하게 여기지 않고 남겨 놓으시었다. 이 편은 비록 촌조(村調)와 야강(野腔)이어서 성률(聲律)에는 맞지 않으나, 다만 철 벌레의 우는 소리는 자연에서 나온 것으로서, 도리어 혀를 잘라낸 구욕(鸜鵒)새의 소리보다는 나은 것이 있으니 의논할 적에는 이것을 살피기 바란다.

원문 居士素病, 性慵且拙, 無售於世. 退治園圃, 接花蒔藥. 旹杖屨嘯吟, 語或成理. 收投箱簏, 無幾輒滿. 遂剔其繁, 仍揀其稍雋者, 斷自辛亥, 至于癸丑, 共得四百三十餘首, 合爲一冊. 夫聖人刪詩, 紅女田畯役徒戍夫之, 所以歌其勞, 而叙其事者, 不鄙而遺之. 則是編, 雖村調野腔, 不中聲律, 而但候蟲之鳴, 發於自然, 反有勝於斷舌之鸜鵒者, 議庶審之.

4. 기타 작품

1) 『송목관집』 서문 松穆館集序

譯 옮김 시문은 남을 따라서 의견을 내세우는 자가 있고 자신의 의사에 따라서 의견을 내세우는 자도 있다. 남을 따라서 의견을 내세우는 자는 비루해서 말할 것도 없거니와 자신의 의사에 따라 의견을 내세우는 자도 고집과 편견이 그 안에 섞여 있지 않아야만 '진정한 견식[眞見]'이 되는 것이고 또 반드시 '참된 재재[眞才]'를 기다려서 보완을 한 뒤에야 비로소 이루게 되는 것이다. 내가 그런 작가를 구하기를 수년 동안 하다가 송목관(松穆館) 주인(主人) 이우상(李虞裳) 군을 얻게 되었다. 이 군은 이 도에 뭇사람을 초월한 식견[22]과 현묘한 경지에 들어가는 생각이 있었으며, 또 먹을 금처럼 아껴 쓰고, 시구 하나를 단약(丹藥)

을 고듯이 단련하여, 붓을 한 번 종이에 대기만 하면 세상에 전할 만한 시문이 되었다. 그러나 세상에 이름이 알려지기를 구하지 않았으니 이는 세상에 그를 알아줄 만한 사람이 없었기 때문이었고, 또 남보다 뛰어나기를 구하지 않았으니 자신보다 뛰어날 사람이 없었기 때문이었다. 오직 간혹 시문을 꺼내 내게 보여 주고는, 도로 상자에 넣어 단단히 감추어 놓을 따름이었다. 아! 품계(品階)를 밟아 올라가서 일품(一品)에 이르더라도 아침에 벼슬을 거둬들이면 저녁에는 평민이 되고, 재물을 늘려 만금(萬金)을 모으는데 이르더라도 저녁에 잃어버리면 다음 날 아침에는 가난뱅이가 되는 법이다. 그러나 문인재사(文人才士)[23]가 소유한 것과 같은 것은 한 번 소유한 후에는 제 아무리 조물주라 하더라도 어떻게 할 수가 없는 것이니, 이것이야말로 진정한 소유물이다. 이군은 바로 이러한 것을 소유하고 있으니 그 나머지 구구한 것들은 모조리 사절(謝絶)하여 버리고 가슴에 남겨두지 않는 것이 옳으리라.

원문 詩文有從人起見者, 有從己起見者. 從人起見者, 鄙無論, 卽從己起見者, 毋或雜之固與偏, 乃爲眞見, 又必須眞才而輔之, 然後乃有成焉. 予求之有年, 得松穆館主人李君虞裳. 君於是道, 有邁倫之識, 入玄之思, 惜墨如金, 鍊句如丹, 筆一落紙, 可傳也. 然不求知於世, 以世無能知者, 不求勝於人, 以人無足勝者. 惟間出薦余, 還錮之篋而已. 嗟! 積階至一品, 朝收之, 暮爲白身, 殖貨至萬金, 暮失之, 朝爲窶人. 若文人才子之所有者, 則一有之後, 雖造物, 無可如何, 是卽眞有也. 君旣得有, 此餘區區者, 悉謝遣之, 勿置胸中可矣.

---

22) 매륜(邁倫) : 비범함. 『포박자(抱朴子)』에 "邁倫之才, 非明主不能用也"라 했다.

23) 재자(才子) : 천재(天才)가 영민(穎敏)한 문사(文士). 『좌전(左傳)』에 "昔有高陽氏有才子八人, 謂之八愷, 高辛氏有才子八人, 謂之八元"이라고 했다.

2) 『기락편방』[24] 발문 沂洛編芳跋

譯 옮김 회옹(晦翁)이 낙성(落星)과 심진(尋眞)과 서현(棲賢)과 마애(磨崖)의 여러 승경을 노닐 적에 곧바로 모임에 있던 사람들의 이름을 배열해서 기록하기만 하고 그쳤거니와, 지금 이 기락편(沂洛編)의 기록과 그림은 대개 이 작품을 본받은 것이다. 대저 용화(龍華)[25]에 모인[26] 두세 사람의 유덕(儒德)은 온한제(溫韓第)에 추배된 분들로서, 나이와 위계의 높고 빛난 것이 낙사(洛社)보다는 조금 손색이 있다. 그러나 증점이 기수(沂水)에서 목욕할 적에는 다만 관동(冠童)이라고 말하기만 하였으니, 종유(從遊)하는 현자들이 반드시 모두 다 대 위[臺上]에 열제(列題 : 列書)된 것과 같지는 않았다. (그런데) 박씨(朴氏) 부자(父子)가 앞뒤로 참여하였으니 성대하도다! 또, 덕흥(道興)과 포산(苞山)의 두 모임은 모이는 자들이 모두 영남 사이의 문헌가(文獻家)들이었다. 그 앞서의 행적을 모아 기록하여 없어지지 않게 한 것은 또 박상절(朴尙節) 씨(氏)이니 오호! 현명하도다. 옛날 송나라[趙宋] 때 삼구(三衢)에서 시제(柴祭)와 망제(望祭)[27]

---

24) 기락편방(沂洛編芳) : 조선 시대 영남의 유학자 정구(鄭逑)와 김세렴(金世濂) 등이 산수(山水)를 즐기며 시를 지은 사적을 엮은 책. 박상절(朴尙節) 편저. 1757년(영조 33) 간행. 경상도 성주(星州)의 학자인 정구가 장현광(張顯光) 및 곽재우(郭再祐) 등 유학자 34명과 함께 함안군 북쪽 용화산(龍華山)에 모여, 낙동강에 배를 띄우고 시를 읊었던 일과, 1634년(인조 12)에 김세렴이 유자(儒者) 11명과 함께 현풍(玄風) 풍영대(風詠臺)에 모여서 시를 짓고 절벽에 이름을 새겼던 고사를, 후일 그 지방 선비인 박상절이 그들의 모임을 추모하기 위하여 그 사적과 그때 모였던 유학자들의 행록을 기록하여 영구히 기념하고, 또 그 후손들의 교의를 두텁게 하려고 편찬, 간행한 책이다. 1757년(영조 33)에 쓴 이상정(李象靖)의 서문과 책 끝에는 1799년 이익(李瀷), 이용휴(李用休), 1806년 이여적(李如迪), 1818년 김유수(金裕壽) 등이 쓴 발문이 있다.

25) 용화(龍華) : 용화수(龍華樹)를 가리킨다. 미륵보살은 56억 7천만 년 후 이 세계에 출현하여 이 용화수 아래서 성도한다고 함.

26) 합잠(盍簪) : 선비들의 모임을 가리킨다. 또 친구를 가리키기도 한다. 『주역(周易)』 「예(豫)」에 "勿疑, 朋盍簪"이라 했다.

27) 시망(柴望) : 고대 두 가지 종류의 제사를 이른다. 시(柴)는 섶을 태워서 하늘에 제사를 지내는 것이고, 망(望)은 나라 안의 산천에 제사 지내는 것을 이른다. 보통 제사를 가리키는 말로 쓰인다.

를 올릴 적에 말하기를 "정미년(丁未年)에는 반드시 재괴(灾怪)와 난액(難厄)이 있어서 변고가 희주(姬周)[28] 왕조로부터 말년에는 시주(柴周)[29]에 이르겠다"고 하였는데 어긋나지 않았다. 이제 함군(咸郡)에서 뱃놀이하는 것을 상고해 보니 바로 이해에 있었는데 그러나 조야(朝野)가 편안하고 즐거워서 나이 많고 어진 사람이 서로 모였으니, 저 말은 또한 증명되지 않은 것이다. 비록 그러나 내가 홀로 당시에 급섬(汲剡)을 주관하는 자들을 탄식하고 한하는 것은 여러 군자들이 박대부(朴大夫)가 여러 차례 기이한 공훈을 세워서 인망이 매우 무거웠는데도 벼슬이 겨우 절월(節鉞 : 節度使)이었으며, 그 아들 완석(浣石)의 수연(粹然)한 효의(孝義)는 태어날 때에는 단예(端禮[30])를 알지 못하였고 치문(鴟吻[31])으로 장식한 사헌부의 포양도 이에 몸이 죽은 뒤에 있어서 마침내 그 온축한 것을 궁구할 수 없게 되었다는 점이다. 삼가 발문을 짓는다. 기미년(己未年) 가을 여흥(驪興) 후인(後人)인 이용휴(李用休)가 공경히 쓰다

원문 晦翁遊落星尋眞棲賢磨崖諸勝, 直排記會中人名氏而止, 今編內, 錄若圖, 盖則是作也. 夫龍華盍簪, 二三儒德, 追配溫韓第, 齒秩崇赫, 略遜洛社. 而點浴于沂, 只言冠童, 則從遊之賢, 未必盡如臺上所列題, 朴氏父子後先與焉, 盛哉! 且道興苞山, 兩會, 會者率嶺之間, 文獻家, 其裒述前蹟, 不至泯磨者, 則又是朴君尙節氏, 嗚呼! 賢矣. 昔趙宋三衢柴望道, "歲丁未, 必有灾怪難厄, 變從姬周, 季到柴周." 不爽也. 今

---

28) 희주(姬周) : 중국 은(殷)나라를 멸망시키고 나라를 세운 주(周)나라를 가리킨 것이니 그 성이 희(姬)였다.

29) 시주(柴周) : 중국 오호십육국 때의 후주(後周)를 가리킨 것이니 그 창립자가 시씨(柴氏)였다.

30) 단예(端禮) : 인명(人名)으로 보인다. 중국 송(宋)나라 때 전단례(錢端禮), 조단례(晁端禮)와 원(元)나라의 정단례(程端禮)가 있으나 여기서 인용한 뜻이 어디에 있는지는 잘 모르겠다.

31) 치문(鴟吻) : 옛날 궁궐의 지붕에 벽사(辟邪)의 뜻으로 장식하는 귀면(鬼面) 또는 치미(鴟尾). 여기서 그런 장식이 있는 사헌부(司憲府)라는 뜻으로 쓴 것 같다.

考咸郡舟遊, 正在是歲, 而朝野寧豫, 耇良相集聚, 則彼說亦不徵矣. 雖然, 不佞所獨嗟恨於當時主汲剡者, 諸君子以朴大夫之屢建奇勳, 而望甚重, 仕董節鉞, 其徜浣石, 粹然孝義, 生未識端禮, 鵶吻司憲之褒, 乃在身歿後, 竟不得究厥蘊也. 謹跋. 己未秋, 驪興後人, 李用休敬題.

3) 『근예준선』 서문 近藝雋選序

譯 옮김 청(靑)・황(黃)・흑(黑)・적(赤)・백(白)의 다섯 가지는 같지 않으나 천지의 색을 발현(發現)하는 것은 같고, 금(金)・석(石)・사(絲)・죽(竹)・포(匏)・토(土)・혁(革)・목(木)의 여덟 가지는 같지 않으나 천지의 소리를 발현하는 것은 같다. 그러나 반드시 다섯 가지가 섞인 후에야 문채가 생기고, 여덟 가지가 조화가 된 후에야 음악이 이루어진다. 그러므로 이 책은 선한 것이 한 작가만이 아니고, 체제도 한 국면이 아니나 모두 찬란하고 영롱함을 기약할 따름이다. 아! 해와 달은 쉬지 않고, 사람의 마음은 항상 새로워 신령한 마음과 총명한 자질로부터 나오니 그 어찌 옛 것을 도습하고 썩은 것을 거둘 것이 있겠는가? 그러므로 거문고를 잘 타는 사람은 악보가 없고, 글씨를 잘 쓰는 사람은 첩이 없으며, 시를 잘 짓는 사람은 투식이 없는 것이니, 잘 변하기 때문이다. 또 쇄원(瑣院)[32]의 정예(程藝)는 평범해서 취할 것이 없는데, 기이한 것을 취하지 않을 수 없는 것은 형세(形勢)이다. 비록 그러나 만나고 만나지 못한 것과 감상하고 감상하지 못한 것의 생각은 뛰어나게 졸한 것에 교묘하고, 화려한 것을 거둬 실하게 된 것을 부친 것이니, 실로 인공(人工)은 없어지고 천경(天境)이 드러난 뒤에야 시품(詩品)이 정해지고 시품(詩品)이 정해진 후에야 사품(士品)이 정해지는 것이니 이는 또 몰라서는 안

32) 쇄원(瑣院) : 쇄원(鎖院)을 가리키는 것 같다. 쇄원은 한림원(翰林院)을 말함.

된다. 혜환거사(惠寰居士) 이용휴(李用休)는 짓는다.

원문 青黃黑赤白, 五者不同, 所以發天地之色同, 金石絲竹匏土革木, 八者不同, 所以發天地之聲同. 然必五者錯而後文生, 八者諧而後樂成. 故是編也, 選不一家, 體不一局, 總期於煥爛鏗鏘而已. 嗟! 日月不息, 人心常新, 出自靈竅慧性者, 其安能襲故撤腐耶? 故善琴者不譜, 善書者不帖, 善詩者不套, 以善變也. 且瑣院程藝, 平不勝取, 則不得不取奇, 勢也. 雖然, 遇不遇賞不賞之念, 絶寓巧於拙, 斂華而實, 人工泯, 天境露而後, 詩品定, 詩品定而後, 士品定, 此又不可不知也. 惠寰居士, 李用休譔.

4) 「망녀광명」[33] 亡女壙銘

譯 옮김 이진사(李進士) 용휴(用休)는 스스로 혜환거사(惠寰居士)라 불렀다. 문장(文章)이 기고(奇古)하여 근세(近世)의 글을 짓는 사람들이 미칠 수 없었다. 일찍이 누구의 집 「망녀광명(亡女壙銘)」을 찬하였다. 그 문은 다음과 같다. 일찍 죽은 딸아이는 아버지가 전 판관(前判官) 완산(完山) 이극성(李克誠)이었다. 그 선대에 알려진 사람이 있으니 지봉선생(芝峰先生) 휘 아무개였고, 어머니는 여주 이씨(驪州李氏)였으니 성호선생(星湖先生) 휘(諱) 아무개의 따님이었다. 죽은 딸아이는 태어나서 일찍부터 지혜가 있었다. 4살 때에 그 어머니에게 묻기를 “달 가운데 무엇이 있나요?”라고 했다. (어머니가) “계수나무가 있지”라고 대답하자, “제가 하늘에 올라가서 달을 쪼개고 계수나무를 보겠어요”라고 하였으므로 듣는 자들이 이상하게 여겼다. 5~6세 적에 언서(諺書)를 통달하였고

---

33) 『형설기문(螢雪記聞)』에 수록되어 있다

구구(九九) 등의 숫자를 잘 하였으며 간간히 고금 일의 성패를 따져 보고 사람의 장단을 논하였는데 종종 적중하였다. 어머니를 도와서 손님과 제사에 이바지하기를 어른과 같이 하였다. 또 성품이 한정(閑靜)하여 말과 웃음이 적고 시끄럽고 화려한 것을 경박(輕薄)하게 여겼으므로 사녀(士女)라고 하는 지목이 있었다. 정해년(丁亥年)에 병으로 죽었으니 그가 태어난 을해년(乙亥年)까지 겨우 13년이었다.[34] 면천(沔川) 방축동(防築洞) 갑좌(甲坐)의 언덕에 장사 지냈으니 시골집과 가까워서 나무꾼이나 목동의 출입을 금하기 위해서였다.

명(銘)에 이른다. "네가 태어나기 이전에는 너의 부모가 비록 꿈속에서도 너를 보지 못했던 것은 인연이 없어서이고, 네가 죽은 후에 너의 부모가 매번 앉거나 눕거나 간에 항상 너를 보는 것은 인연이 있기 때문이었다. 심하도다. 인연이 사람을 얽어매기를 굳게 함이여! 아! 서쪽 이웃의 노파가 백발을 드리우고 곤궁함과 병으로 날마다 죽기를 기원해도 저의 장수는 이와 같으니, 수를 못 누린 자는 눈을 감을 수 있을 것이다."

원문

李進士用休, 自號惠寰居士. 文章奇古, 非近世操觚者, 所可及也. 嘗撰誰家亡女壙銘, 其文曰, 殤女, 父爲前判官完山李克誠. 其先有聞人曰, 芝峰先生諱某, 母爲驪州李氏, 星湖先生諱某之女. 殤女生而夙彗. 四歲時, 問其母曰 : "月中何有." 曰 : "有桂." 曰 : "吾欲上天劈月看桂." 問者異之. 五六歲, 能通諺書, 善九九等數, 間策古今事成敗, 論人長短, 往往有中. 佐母供賓祭如成人. 又性閑靜, 寡言笑, 薄紛華, 有士女之目焉. 丁亥病沒, 距其生乙亥, 僅十三. 葬于沔川, 防築洞, 甲坐之原, 爲近田廬, 禁樵牧也. 銘曰 : "汝未生前, 汝父母, 雖夢寐, 曾不見汝, 無因也, 汝旣死後, 汝父母, 每坐臥, 常見汝, 以有因也. 甚矣. 因之纏人之固也! 噫! 西隣之嫗, 垂白窮病, 日日祈死, 彼壽如此, 不壽者, 可以瞑矣."

---

34) 원문(原文)의 30은 13의 오자이다.

5) 죽파처사 이공 묘지명 竹坡處士李公墓誌

譯 옮김 공은 성이 이씨(李氏)이다. 휘(諱)는 광휴(廣休)이며, 자(字)는 경미(景微)이다. 자호하기를 죽파(竹坡)라 했으니 여주 사람이다. 판서(判書) 시호 경헌(敬憲) 휘(諱) 계손(繼孫)의 9세손이며, 고조(高祖)는 좌찬성(左贊成) 휘(諱) 상의(尙毅)이고, 증조(曾祖)는 지평(持平) 휘(諱) 지안(志安)이며 할아버지는 대사헌(大司憲) 휘(諱) 하진(夏鎭)이다. 대헌공(大憲公)이 아들 다섯을 낳았으니 공은 곧 그중에서 넷째인 휘(諱) 침(沉)의 맏아들인데, 나가서 백부(伯父) 휘(諱) 해(瀣)의 후사(後嗣)가 되었다. 어머니는 밀양박씨(密陽朴氏) 직장(直長) 수화(守和)의 따님이고, 본생(本生)의 어머니는 초계 정씨(草溪鄭氏) 학생(學生) 수당(洙堂)의 따님이다.

공은 어려서 기개가 뛰어났으며 장성해서는 체격이 좋았고 눈은 밝은 빛이 풍부하여 밤에도 사물을 잘 분별하였다. 일찍부터 과거 공부를 그만두고 안산(安山)의 첨성촌(瞻星村)에 은거하여, 꽃에 물 주고 대나무를 심는 것으로 스스로 즐거워하였다. 사람됨이 곧은 마음과 너른 회포로 겉치레를 꾸미지 않았고 남과 담을 쌓는 마음을 베풀지 않았다. 일을 만나면 과감하게 하여서 억지로 피하는 것이 없었으며, 의를 즐기고 베풀기를 좋아하여서 급한 일로 오는 자가 있으면 반드시 힘껏 응하여 주고 일찍이 차가운 얼굴로 손을 깍지 끼고 있어 그로 하여금 실망하고 떠나는 일이 없게 하였다. 또 널리 듣고 많이 알았으며 또 역사에 장점이 있었으나, 이것으로 스스로 이름 내지는 않았다. 중년 이후에 발에 병이 있어서 외출을 그만둔 지 몇 해만에 세상을 떠났다. 공은 숙종(肅宗) 계유년(癸酉年) 5월 5일에 태어나서 지금 임금 신사년(辛巳年) 정월 11일에 돌아갔으니 향년 69이다. 덕산현(德山縣) 장천리(長川里) 선영(先塋) 좌록(左麓)의 임좌원(壬坐原)에 장례를 치렀다. 배(配)는 해주정씨(海州鄭氏) 생원(生員) 덕령(德寧)의 따님이다. 3남 1녀를 낳았으니 아들의 맏이는 철환(嘉煥)이고 다음은 정환(晶煥)이고, 다음은 삼환(森煥)이며 딸은 풍산(豊山) 홍첨한(洪瞻漢)에 출가하였다. 을유년(乙酉年) 4월 6일 둘째 아우 용휴(用休)는 삼가 짓다.

원문 公姓李氏. 諱廣休, 字景微, 自號竹坡, 驪州人. 判書諡敬憲諱繼孫之九世孫, 高祖左贊成諱尙毅, 曾祖持平諱志安, 祖大司憲諱夏鎭. 大憲公生五男, 而公卽其第四諱沉之長子, 出爲伯父諱瀣後. 妣密陽朴氏直長守和之女, 本生妣草溪鄭氏學生洙堂之女.

公幼而氣逸, 長而體豐, 眼饒晶光, 夜能辨物. 早棄擧業, 隱居安山之瞻星村, 灌花種竹以自娛. 爲人直心坦懷, 不餙邊幅, 不設畦畛. 遇事敢爲, 無所鯁避, 嗜義喜施, 有以急來者, 必力應之, 未嘗冷面叉手, 使之觖望而去. 又博聞多識, 又長於史, 然不以是自名. 中歲後有足疾, 廢杖屨者若干年而終. 公以肅宗癸酉五月五日生, 卒於今上辛巳正月十一日, 享年六十九. 葬於德山縣長川里先塋左麓壬坐之原. 配海州鄭氏生員德寧之女. 生三男一女, 男長嘉煥, 次晶煥, 次森煥, 女適豊山洪瞻漢. 乙酉四月六日仲弟用休謹撰.

※ 1765년에 지은 것으로 국립민속박물관에 소장되어 있다.

6) 제문[종자 용휴] 祭文[從子用休]

譯 옮김 아! 타고난 성품이 순수하고 실천함에 독실하며 조예가 심오한 것이 만일 선생과 비교한다면 우리나라에서 옛날에 더러는 있었을 것입니다. 그러나 여러 경전에 주석을 붙이고 제가(諸家)들을 절충하여서 이치의 굴을 탐구한 것은 지극히 깊고 연마한 것이 은미하였으며, 예수(禮藪)를 다스린 것은 의심나는 것을 구분하고 잘못된 것을 바로

잡았으며, 또 국전(國典)과 가헌(家憲), 역산(曆筭)과 종률(鍾律), 병농(兵農)과 수토(水土)와 같은 것은 사람들이 피곤하고 정력이 다하여서 힘이 그 일에 마칠 수 없는 것을 폭넓게 꿰뚫지 못한 것 없게 새털 같고 실오리 같이 분석하시었으니 곧 우리 동방에서 옛날에는 한 번도 본 적이 없었던 것인데, 이제 선생이 계셨으니 아! 지극 하셨습니다. 이전에 백세가 지나갔고 후일에 천세가 돌아올 것이니 제가 어떻게 감히 사사롭게 논평 하겠습니까? 아! 해와 달이 떨어져서 향할 곳을 헤매게 되고 하수와 바다가 말라서 윤택할 바를 잃게 되었습니다. 갖춤이 있어도 베풀지 못했으니 생령(生靈)을 슬프게 합니다.[35] 아! 아손(兒孫)이 세상에 가득하니 어찌 반드시 혈윤(血胤)[36]이어야 하며, 유구하여 끝이 없을 것이니 어찌 백 살을 논할 것이 있겠습니까. 보답하려 하여도 보답할 수 없는 것은 저를 길러 주심이고 저를 가르쳐주신 것입니다.

원문 嗚呼! 資稟之粹, 踐履之篤, 造詣之深, 如先生比, 我東方古或有之. 至於箋解羣經, 折衷諸家, 探理窟, 則極深而硏微, 釐禮藪, 則辨疑而正誤, 又若國典家憲, 曆筭鍾律, 兵農水土, 人疲精竭, 力不能終其物者, 無不貫穿該洽, 毫分縷析, 則我東方古未曾有, 而今有先生焉, 嗚呼至矣. 百世在前, 千世在後, 小子何敢私焉? 嗚呼! 日月墜矣, 迷所向矣, 河海枯矣, 失所潤矣. 有具未施, 哀生靈矣. 嗚呼! 兒孫滿世, 何必血胤, 悠久無疆, 何論期頤. 欲報莫報, 育我敎我.

※『성호전집』에 수록되어 있다.

---

35) 벼슬을 못하여 생령들에게 혜택을 못 미쳤다는 말.

36) 혈윤(血胤) : 아들을 가리킨다. 곧 이광휴(李廣休)는 아들이 먼저 죽어 아들은 없고 손자만 많다는 것을 알 수 있다.

7) 「묘지명」墓誌銘

譯 옮김 근세에 과거 급제가 성대한 것으로는 양천 허씨(陽川許氏)를 일컬으니 형제(兄弟) 여섯 사람이 모두 사마시(司馬試)에 합격하였으며, 세 사람은 문과를 거쳐서 대원(臺垣 : 사헌부, 사간원)에 들어갔는데 그 막내가 곧 공이다. 공(公)은 휘(諱)가 휘(彙)이고 자(字)는 진경(晉卿)이다. 오세조(五世祖)의 휘(諱)는 완(完)이니 병자년(丙子年)의 난리에 쌍령(雙嶺)에서 절의를 위해 목숨을 버려서 정려(旌閭)가 세워졌고 시호가 주어졌다. 고조(高祖)의 휘(諱)는 립(岦)이니 현감(縣監)이오 증조(曾祖)의 휘(諱)는 제(堤)이니 진사(進士)이고 조(祖)의 휘(諱)는 호(鎬)이니 증승지(贈承旨)이고 고(考)의 휘(諱)는 원(源)이니 목사(牧使)에 증이조참의(贈吏曹參議)이다. 비(妣)는 여산 송씨(礪山宋氏)이니 정하(廷河)의 따님이다.

명릉(明陵) 기축년(己丑年)에 공을 낳았는데 공은 용모가 깨끗하고 수려하였으며 재주와 식견이 총명하였으며 성품이 낙이(樂易)하고 간직(簡直)하여 평소에 남을 만나면 오직 손상될까 두려워하였으나 사람의 옳지 못한 것을 보면 반드시 배척하여 피하는 바가 없었다. 젊어서 박사가의 말을 다스렸으므로 그 과거의 문장이 한 시대의 으뜸이었다. 권수찬(權修撰)이 그 시권(試券)을 붙들고 쓰기를 "파도가 평온하고 물결이 잔잔하다가 갑자기 만곡의 물결이 생겼으니 모두 기이하도다"라고 했다. 공의 중형(仲兄) 장령군(掌令君)이 그 말 때문에 지제교(知製教)에 수찬과 장령이 되었으니 모두 정문(程文)을 잘하는 자들이다. 경신년(庚申年)에 진사에 올랐고 계해년(癸亥年)에 갈옷을 벗고서 승문원 정자에 선보되었다. 병인년(丙寅年)에 율봉찰방(栗峰察訪)에 제수되어서는 속리산의 여러 승지에 유람했는데 시를 지어 기행(紀行)하였다. 무진년(戊辰年) 전적(典籍)에 임명되었다가 예조좌랑(禮曹佐郎)으로 옮겼으며 또 병조(兵曹)로 옮겼다. 기사년(己巳年)에 사헌부지평(司憲府持平)에 임명되어서는 조목별로 여섯 가지를 진술하여 모두 채택 시행하게 되었다. 경오년(庚午年)에 흥양현감(興陽縣監)에 제수되어서는 형벌을 덜고 가혹한 것을 없앴으며 자기를 검약하고 공사를 받드니 안렴사의 특별한 포상이 있었고, 읍민들이 그것을 춘첩으로 삼아서 지금까지도 없어지지 않고 있다. 갑술년(甲戌年)에 성환찰방(成歡察訪)에 제수되었는데 병자년(丙子年)에 큰 흉년이 들었으므로 우역(郵驛)에 있는 사람들이 포흠을 냄이 매우 많아서 뿔뿔히 흩어지려 하였는데 공이 위하여 그것을 면제시켜 주니 우인들이 안심하게 되었다. 정축년(丁丑年)에 이조정랑(吏曹正郎)에 임명되었다가 조금 뒤에 장령(掌令)으로 전임되었으며 무인년(戊寅年)에 봉상시정(奉常寺正)에 임명되어서는 단종(端宗) 때의 세 정승과 및 여섯 육신의 시호를 의논하였다. 겨울에 나아가서 강진현감(康津縣監)이 되어서는 다스리기를 한결같이 흥양현에 있을 때와 같이 하였으며 신사년(辛巳年)에 그만두고 돌아왔는데 임오년(壬午年) 정월(正月)에 작은 병으로 돌아갔으니 춘추가 54세였다. 묘는 양주(楊州) 산내(山內)의 능곡(陵谷) 계좌원(癸坐原)에 있다.

부인(夫人)은 광주 이씨(廣州李氏)이니 한음상국(漢陰相國)의 후손이고 진사(進士) 광기(光箕)의 따님인데 현숙하여 예를 알고 있었다. 아들이 두 사람이었다. 맏이는 만(晩)이니 생원(生員)으로서 여주(驪州) 이용휴(李用休)의 딸에게 장가들었고 다음은 서(曙)이니 우윤(右尹)으로서 연안(延安) 이환(李渙)의 딸에게 장가들었으며 서자(庶子) 셋은 모두 어리다. 공은 평생토록 가난한 생활을 겪으면서 담담한 것을 먹었으며 화려한 것을 좋아하지 않고 인륜에 독실하였다. 형제간에 함께 살면서 재물을 함께하고 온순하게 우순(友順)하니 남들이 어려운 일이라고 여겼다. 저술에 『호은잡고(湖隱雜稿)』가 있다.

명에 이른다. "집에 있어서는 집이 잘되었고, 관청에 있어서는 관청일이 잘 되었으니 진실로 사람의 정상적인 것이나 세상에는 반대됨이 많았으니 이것이 공은 그 이인(異人)의 행능(行能)이 되었도다. 아! 나이는 겨우 중신(中身)이었고, 베푼 것은 백 리에 그쳤으나, 물이 쌓이면 가득해지고, 불이 오래되면 불꽃이 성하게 되듯이 온축을 하면 반드시 발현되는 것이니 그것이 자손(子孫)에게 있게 되리로다. 야사(野史, 혜환 자신)가 명을 지어서 석언(石言)을 대신하는 것이니 후대의 내세까지 나도 있고 공도 있게 되리로다. 여주 후인(驪州後人) 이용휴(李用休)가 찬하다."

원문

近世科第之盛稱, 陽川許氏, 兄弟六人, 皆中司馬試, 而三人由文譜, 入臺垣, 其季卽公也. 公諱彙, 字晉卿. 五世祖諱完, 丙子之亂, 立慬雙嶺, 旌閭贈諡. 高祖諱岦縣監, 曾祖諱堤進士, 祖諱鎬贈承旨, 考諱源牧使, 贈吏曹參議. 妣礪山宋氏廷河女.

以明陵己丑生公, 公顔貌淸削, 才識明敏, 而性樂易簡直, 平居遇物, 惟恐傷之, 見人不是, 必斥之, 無所鯁避. 少治博士家言, 其制科之文, 冠一時. 權修撰, 扶書其劵曰: "波恬浪靜, 忽生萬斛, 淪漪儘奇矣." 公仲兄掌令君以其言爲知修撰掌令, 皆善程文者也. 庚申陞上庠, 癸亥釋褐選補承文院正字. 丙寅除栗峰察訪, 遊俗離諸勝, 有詩紀行. 戊辰拜典籍, 移禮曹佐郞, 又移兵曹. 己巳拜司憲府持平, 條陳六事, 皆採施焉. 庚午除興陽縣監, 省刑除苛, 約己奉公, 按廉有異褒, 邑民用爲春帖, 至今不廢. 甲戌除成歡察訪, 丙子歲大饑, 郵人負逋甚多, 將欲流散, 公爲免之郵人安焉. 丁丑拜吏曹正郞, 俄轉掌令, 戊寅拜奉常正, 議端宗朝三相及六臣諡. 冬出爲康津縣監, 爲治一如在興陽時, 辛巳罷歸, 壬午正月微疾卒, 春秋五十四. 墓在楊州山內陵谷癸坐之原.

夫人廣州李氏, 漢陰相國之後, 進士光箕女, 賢而知禮. 男二人. 長晩, 娶生員驪州李用休女, 次曙娶右尹延安李渙女, 庶子三, 皆幼. 公平生攻苦食淡, 不喜華靡, 篤於人倫. 兄弟同居共財, 怡怡友順, 人以爲難. 所著有『湖隱雜稿』.

銘曰: "在家善家, 在官善官, 固人之常, 然世多反, 是則公其爲異人之行能矣. 噫! 算僅中身, 施止百里, 水積而盈, 火宿而熾, 蘊則必發, 其在子孫. 野史作銘, 以代石言, 後代來世, 我存公存. 驪州後人, 李用休撰.”

※『표은유고(豹隱遺集)』에 수록되어 있다.

부록 2

혜환공찰(惠寰公札)

[1] 삼환에게 부친다

譯 옮김 오군이 갈 때에 부친 편지는 생각건대 이미 도착했을 것이다. 더운 바람이 매우 심한데 이때에 시전(侍奠)하는 모든 일이 어떠하냐? 나는 넘어져서 뒤의 근맥(筋脉)을 다쳤기 때문에 구련(拘攣)[1]으로 행동에 방해가 되니 매우 안타깝구나. 글을 제술한 것이 으뜸을 차지하여 입시하라는 명령이 계셨기에 한나절 동안 전석(前席)에서 상감의 말씀이 따스하게 타이르셨다 하니 미천한 신하가 어떻게 이러한 것을 밝은 임금께 얻을 수 있었더냐! 황감하여 이기어 칭찬하기도 어렵구나. 고통을 받는 것은 혹 동정이 있느냐? 이 때문에 걱정이 되고 탄식이 된

1) 구련(拘攣) : 수족(手足)이 굽어져 마음대로 쓰지 못하는 병.

다. 이만 줄인다. 무술(戊戌, 1778)년 2월 17일 중부(仲父).

원문 吳君行, 所附之書, 想已達矣. 暑風甚顚, 此時侍奠諸節, 如何? 吾跌, 損後筋脉, 拘攣有妨行動, 可悶. 文製居首, 入侍有命, 半日前席, 天語溫諄, 微臣, 何以得此於明主? 惶感, 難勝贊也. 所[2]苦, 或有動靜? 爲之憂歎. 餘不褩. 戊戌, 二月十七日, 仲父.

※ 조카 이삼환(李森煥)에게 쓴 글이다. 제목이 없지만 임의로 붙였다.

[2] 삼환에게 부친다 寄與木姪

譯 옮김 심한 추위에 어떻게 산 넘고 물 건너 집에 돌아갔으며, 그 후 시전하는 모든 일이 어떠하냐? 생각을 늦출 수 없다. 이곳은 산증기(疝症氣)가 자주 일어나서 고민이다. 추수한 것을 나를 배는 백리 밖에 정박하고 있는데 실어 나를 방도가 없다고 하니, 아침저녁의 온갖 비용을 어떻게 대고 있느냐? 그러나 다만 세찬 바람과 험한 물결 중에도 온전할 수 있다는 것을 다행으로 여길 따름이다. 어린 여종 태매(太梅)가 성주사 감노(成舟師 甘奴)까지 아울러서 거느리고 왔다고 하니 묘하다. 추수에 대한 기록은 아직 도착되지 않았는데 도착하면 지난번은 이렇고 저렇고 한 것들은 마땅히 알리는 바가 있게 될 것이다. 이만 줄인다. 정유(1777)년 11월 18일 중부.

---

2) 전(前)인지 글자가 애매하다.

원문 祁寒, 何以跋涉還家, 後侍奠諸節, 如何? 念不能弛也. 此疝氣頻作愁悶. 秋漕, 泊在百里外, 無可輸之道, 朝夕百費, 何以給之? 然第以得完於風波中爲幸耳. 小婢太梅, 幷成舟使甘奴率來爲妙. 秋收記, 尙未到, 到則前所云云者, 當有所報耳. 餘不宣. 丁酉, 十一月十八日, 仲父.

[3] 삼환에게 주는 첩 與木姪帖

譯 옮김 인편 중에 비록 안부를 얻지는 못했으나 질병이나 근심이 없다는 것을 알게 되었으니 매우 기쁘구나. 여러 번 산증기가 치밀어 오르는 것을 자주 입어 거의 위태롭게 되었다가 가까스로 소생하였다. 외손주 여자 아이도 진짜 피붙이이니 걱정이 되는구나. 추수기(秋收記)는 아직도 도착하지 아니 하여 총수량 또한 상세하지 못하니 매우 안타깝다. 이환(彛煥)의 처는 병들어 죽었다니 비참하구나. 그 남편은 지금 관서에 있겠지. 자세히 쓰지 못한다. 초삼일 중부.

원문 便中, 雖未得候, 知無疾憂, 可喜. 此數服疝氣衝上, 幾危僅甦耳. 女外孫亦眞血屬, 可以爲憂耳. 秋收記, 尙不到. 總數亦未詳, 皆可悶. 彛煥之妻, 病歿悲慘. 其夫, 方在關西耳. 不具. 初三日仲父.

[4] 삼환에게 주는 편지 與木姪書

譯 옮김 종이 돌아와서 모시고 있는 일이 대강 편안하다는 것을 알게 되니, 다소 위안이 되는구나. 원(元)이란 조카가 병이 다 나았다 하니 다행이구나. 시기가 다시 만연되어 치성하지 않느냐? 장례(葬禮)가 장차 시행된다고 하니 더욱 서글픔을 느끼게 되는구나. 극인(棘人 : 상제)은 지탱하여 보존하고 있느냐? 눈이 어두워져 어른거리니 매우 걱정이 되는구나. 이만 줄인다. 초팔일 중부 복인.

원문 奴人還, 知侍事粗安, 稍慰. 元姪成完人, 幸耳. 時氣, 更不蔓熾耶? 襄禮將擧云, 尤覺悲愴. 棘人支保否? 目翳昏花, 深悶. 不具. 初八日, 仲父服人.

[5] 삼환에게 주는 첩 與木姪帖

譯 옮김 새해에 시사가 평안하냐? 여기는 편안히 지내고 있다. 집 아이가 어제 돌아와 단란하게 모이게 되니 기쁘다. 그런데 여러 곳에 안부 편지가 없었으니 뒤의 인편을 기다려야 하겠구나. 정월 초하루에 중부.

원문 新元, 侍事安平? 卽中安過. 家兒, 昨日入來, 團聚可喜. 而諸處, 未有候書, 容俟後便耳. 元月元日, 仲父.

[6] 병휴에게 보내는 첩 協季 奉候帖

譯 옮김 편지를 써 놓고서도 인편에 부칠 사람이 지레 돌아갔기 때문에 미처 부치지를 못하였네. 듣자하니 나산(蘿山)에 인편이 있기로 여기에 또 뒤이어 부치네. 며칠 새에 모든 일이 어떠한가? 집안의 우환은 점차 평온해져 가는가? 용호(龍湖)의 상사에 관한 부고는 슬프기만 하네. 덕이 높은 노인이 돌아가셨으니 더욱 슬픈 일이구먼. 율옹(栗翁)은 설사를 앓아서 증세가 가볍지 아니 하니 매우 안타깝네. 조카 유봉지(柳鳳之)[3]는 또한 소갈병이 점차 악화되어 거의 눕게 되었다고 하네. 남종(南從)이 선물을 준 것이 있어서 보내네. 이 사람은 능히 옛정을 잊지 않으니 또한 쉽게 얻지 못할 사람이네. 조환(祖煥)은 따라서 남읍으로 내려갔고, 사위 이유문(李幼文)은 호막(전라도 감영의 도사를 가리킴)에서 체임하는 것을 올렸다고 하니 쓸쓸하지만 조용하게 되었네. 이만 줄이네. 병신년 팔월 초십일. 둘째 형 경명.

원문 書成而便人徑還, 未及附耳. 聞蘿山有便, 玆又追寄耳. 日來諸節, 如何? 內患漸平否? 龍湖喪訃, 悲怛. 耆德已盡, 尤可悲也. 栗翁患泄痢, 症頗不輕, 可悶. 柳姪鳳之, 亦以消渴漸, 幾至委臥耳. 南從有所餉, 寄去. 此人能不忘舊, 亦不易得也. 祖煥, 隨下南邑耳, 李婿幼文, 呈遞湖幕, 灑灑閒閒耳. 餘不絮. 丙申, 八月初十日, 舍仲景命.

---

3) 유운우(柳雲羽, 1730~?, 진사)이다. 자는 봉지(鳳之). 유운익(柳雲翼)의 형. 혜환이 그에 대해 쓴 「送柳鳳之之任慈仁序」라는 글이 있다.

[7] 상환에게 주는 첩 與木姪帖[4]

譯 옮김 인편(人便)으로 들으니 앓는 병의 증세가 때때로 다시 갑자기 일어난다 하니 이를 위하여 늦게까지 탄식이 나온다. 그러나 날씨가 서늘해지고 온갖 사물이 성숙되어 가니 조섭을 하는 도와 자양분을 보충하는 일이 생각건대 지난날보다 나을 것이다. 이곳은 의지하여 넘기고 있다. 한 해의 농사가 풍년이 들었으니 매우 다행이다. 그러나 여러 전호(佃戶 : 小佚人)에게 분부하는 것은 "한 해가 풍년이 들었다 해서 곡식을 천하게 말라"는 것이다. 재중(載重)[5]의 병은 이미 고쳐져서 멀쩡한 사람이 되었다고 하니 기쁘다. 이만 줄인다. 병신년(丙申年) 칠월 이십팔일 중부(仲父).

원문 便中得聞, 所患病症, 時復闖發, 爲之晏歎. 然日候清凉, 百物成熟, 調爲之道, 滋補之節, 想勝前時耳. 此中依度耳. 年事豊登, 可幸. 然分付諸佃戶, 使勿以歲稔賤穀也. 載重之疾, 已平爲完人云, 可喜. 餘不絮. 丙申, 七月念八日, 仲父.

---

4) 편지 상단에 다음과 같이 기록되어 있다. "이 위장(慰狀)은 곧 재득에게 전하라. 추곡의 편지는 도착하면 즉시 전달하겠다. 이것은 곧 이용휴의 사위가 쓴 것이다[此慰狀, 卽傳于載得. 許也抵楸谷書到, 卽傳致也. 此卽許婿所題也]."

5) 이재중(李載重, 1747~1822) : 자는 유여(幼輿)이고 호는 석헌(石軒)이다. 금화공(金華公) 원휴(元休)의 손자이며 청계공(清谿公) 정환(晶煥)의 아들이다. 혜환은 그에 대해 「書贈從孫幼輿進士」와 「從孫載重字幼輿說」을 남기고 있다.

[8] 삼환에게 주는 첩 與木姪帖[6]

譯 옮김 전에 부친 두 번의 편지는 생각건대 이미 도달했을 것이다. 인편(人便)으로 모시고 지내는 일이 안평(安平)하다는 말을 들으니 비록 매우 위안이 되어 기쁘기는 하나, 다만 천연두가 가까운 마을에 퍼졌다고 하니 아이들 때문에 걱정이 되는구나. 봄의 조운이 아직도 정박했다는 것이 보고되지 않았으니 매우 안타깝기만 하다. 이 계집종은 복노(복이란 종)를 불러서 주는 것이 묘하겠다. 나머지는 인편이 곧 떠나겠다고 재촉을 하므로 새벽 창가에서 안부를 서둘러 쓰고 다 쓰지는 못한다. 기해년(己亥年) 23일에 중부(仲父).

원문 前所寄, 兩度書, 想已達耳. 便中槩聞, 侍事安平, 雖甚慰喜, 但痘入近村, 爲兒輩憂也. 春漕, 尙未告泊, 可悶. 此婢子, 卽招福奴, 付之爲妙. 餘便人立促, 曉牕探草, 不槩. 己亥念三日, 仲父.

[9] 사謝라는 애질에게 부친다 寄謝哀姪

譯 옮김 편지가 와서 비록 위로는 되나 고통받는 것이 그치지 않는 줄 알게 되니 매우 걱정이 된다. 더운 절서가 점차로 깊어지자 계절의 사물들도 또한 변하여 가는구나. 생각건대 유모(孺慕)[7]하는 것이

6) 편지 상단에 다음과 같이 기록되어 있다. "이 안부 편지는 즉시로 한곡택에 이르게 하라[此候書 卽致于閑谷宅也]."

7) 유모(孺慕) : 어린애가 돌아가신 부모를 사모함.

더욱 끝이 없을 것이니 어찌해야 하느냐? 찬(贊)이 죽었다 하니 슬픔을 이기기가 어렵구나. 그의 품행이 삼가는 것은 관계가 매우 중대하였다. 그 아들이 아름다운 것을 계승할 수 있겠느냐? 봄 조운이 배에 싣는 데에는 미치지 못했다고 하니 모름지기 노복을 지휘해서 조속히 실어 보내게 하라. 복상(福相)은 나이가 어리고 슬프고 분요한 중에서도 이 종들을 주관하여서 도운 뒤에야 일을 할 수가 있게 될 것이다. 이만 줄인다. 무술년(戊戌年) 2월 25일 중부(仲父). 광국(光國)의 위장을 첨부해서 보낸다.

원문 書來雖慰, 知所苦未已, 可憂. 暑序漸深, 時物亦變. 想孺慕益無極, 奈何? 贊之云亡, 悲怛難勝. 以其品行愿謹, 關係甚重也. 其子可能趾美耶? 春漕之未及裝載者, 須指揮奴輩, 趁速載送也. 福相年幼, 悲擾中, 幹此奴輩, 幇助後, 可以得辦耳. 餘不具. 戊戌二月, 念五日仲父. 光國慰狀附去.

[10] 애질에게 주는 첩 與哀姪帖

譯 옮김 근일에 조절이 더욱 나으냐? 여름 절서가 이미 깊어 가는데 생각건대 유모(孺慕)가 더욱 간절할 것이다. 어제 증광과의 방을 붙였는데 집 아이가 대책으로 장원을 했다고 하니 매우 기쁘다. 이 모두가 선조의 음덕으로 지난 것을 생각하고 옛날을 감격하니 슬픔을 이길 수가 없구나. 원양(元陽)이 모퉁이로 향했으니 또한 사람으로 하여금 서글프게 한다. 그러나 이 세상에서 어찌 원만한 일만 있을 수가 있느냐? 한일지(韓一之) 또한 향시(鄕試)에 합격했다고 한다. 친구들 중에 찾아와

서 문안한 자들이 십여 명이었는데 영남 사람이 육칠이나 되었다 하더구나. 앞서 보낸 침료(寢料)는 이미 도달했느냐? 나머지는 정신이 오락가락해서 더 쓰지 못한다. 정유년(丁酉年) 오월달 17일에 중부(仲父) 복인.

원문 近日調節益勝耶? 夏序已深, 想孺慕益切矣. 昨揭增榜, 家兒作策壯, 可喜. 此皆先蔭而念舊感昔, 不勝悲愴. 元陽之向隅, 亦令人怊悵. 然缺界, 安有圓滿事耶? 韓一之亦得鄉. 知舊中來候者, 十餘人, 而嶺南爲六七人云. 前所寄寢料已達耶? 餘擾擾不具. 丁酉仲夏十七日, 仲父服人.

부록 3

혜환 관련 주변 문인 자료

1. 혜환거사 이경명 용휴 만시[1] 惠寰居士李景明用休輓

내가 두 눈을 저버리지 않았기에	吾不負雙眼
사람 속에 혜환을 보게 되었네.	人中見惠寰
그의 전모 헤아림 쉽지 않으나,	未易測其全
그 반점 하나쯤은 엿볼 수 있었네.	差能窺一斑
그 반점 하나쯤을 엿볼 수 있다 함은	差能窺一斑

1) 이 만사(輓詞)는 정범조(丁範祖)의 『해좌집(海左集)』 권9에 있다. 정범조(丁範祖)는 조선 후기의 문신. 본관은 나주(羅州). 자는 법정(法正), 법세(法世), 호는 해좌(海左). 시율과 문장에 뛰어나 사림의 모범으로 명성을 얻었고, 또 이로 인하여 영조(英祖)와 정조(正祖)의 총애를 얻었다. 특히, 문체반정(文體反正)에 주력하던 정조에 의하여 당대 문학의 제1인자로 평가되어 70이 넘은 고령에도 불구, 오랫동안 문사의 임무를 맡았다. 문집으로 『해좌집(海左集)』이 있다.

온화함 그 얼굴에 있었음이니	淑氣在其顏
하늘 땅에 가득한 자질구레한 말은	僿說彌穹壤
자못 그 사이에 도움되지 않았네.	頗不資其間
운용은 신명(神明)에 참여하였고	運用與神明
열고 닫음 기관(機關)으로부터 하였네.	開闔自機關
구차스런 대동강 이동에 있는	區區浿以東
뭇 소리는 모두 다 깎아 버리고,	衆音皆可删
중국 땅 살고 있는 몇 사람들을	赤縣二三子
끌고 오지 못함을 한스러워 했네.	恨不携而還
바야흐로 득의에 즈음해서는	方其得意際
어찌 다시 비난을 두려워했던가?	寧復畏譏訕
상언(常言)은 비린내요 썩은 것이며	常言是腥腐
고법(古法)은 용렬하고 잔약(孱弱)하게 여겼네.	古法乃庸孱
산 만들 적에는 신오(神鼇)로 하려 하여	爲山欲神鼇
오악은 산중에서 완악한 거라 했고	五嶽山之頑
물 만들 적에는 천황(天潢)[2]으로 하려 하여	爲水欲天潢
사독[3]은 물 중에서 잔약한 거라 하네.	四瀆水之孱
조물주는 많은 재물 갖고 있기에	造物有餘藏
취하여도 감히 아니 아끼셨으나	取之不敢慳
우뚝한 서경(西京)의 성채는	屹然西京壘
변변찮은 선비들 어떻게 오를 손가?	下士焉能攀
내가 능히 총애를 받았었기에	吾能荷顧眄
이따금 그 사이를 엿보았었지.	往者伺其閒
사랑하여 글 주신 것 여러 번인데	寵贈非一二

2) 천황(天潢) : 은하수 또는 황족(皇族)을 뜻하는 말이다.
3) 사독(四瀆) : 중국에 있는 네 가지의 큰 강인 장강(長江), 황하(黃河), 회하(淮河), 제수(濟水)를 일컫는 말이다.

글자 하나하나가 다 묵직하였네.	隻字踰百鍰
아! 신축(1781)년 가을에는	嗚呼辛丑秋
사문에 양구[4]가 어려운 때였네.	斯文陽九艱
하늘에 가득한 별의 정기(精氣)를	滿空星斗精
거두어 신선의 반열로 돌아가시니	斂歸天仙班
보배로운 인재 어찌 항상 내려올 손가?	瓌才豈常降
규성의 운행 거듭 돌아오기 어려우리.	奎運難重環
쓸쓸한 서울에는	蕭條宛洛間
밝은 달 몇 번쯤 초승달 됐나?	明月幾回彎
크게 불러도,[5] 안 돌아오니,	大招招不返
부질없이 내 소매 적시는구나.	空令我袖濟

2. 혜환선생만시 36운[6] 追輓惠寰先生三十六韻

태평 세상 유술을 높였는데도,	昭代尊儒術
선생은 평생토록 포의이셨네.	先生竟布衣
여파(餘波)가 마침내 묘탕(渺蕩)했으니,	餘波終渺蕩
오당(五黨)에선 한 차례 탄식하였네.	吾黨一歔欷
바다와 산악은 원기를 거두었고,	溟嶽收元氣

4) 양구(陽九) : 재난(災難). 곧 음양도(陰陽道)에서 말하는 양의 오액과 음의 사액.
5) 크게 부르다[大招] : 초혼(招魂)을 말한다. 옛날 사람이 죽으면 죽은 사람이 입었던 저고리를 가지고 지붕으로 올라가서 왼편 손으로는 목 부분을 잡고 오른편 손으로는 허리 부분을 잡아 북쪽을 향해 휘두르면서 죽은 사람의 이름에 복(復)이라는 말을 붙여 세 번 외쳤던 의식을 말함.
6) 이 만사는 신광하(申光河, 1729~)의 『진택문집(震澤文集)』 권6에 있다.

구름 낀 하늘엔 소미성이 떨어졌네. 雲霄落少微
대동(大東)이 홀로 설 줄 아시었으니 大東知獨立
공중 밖엔 뭇 새들 나는 것이 끊겼네. 空外截群蜚
나라는 작아도 재사(才士)는 없어지기 어려워 國小才難盡
몸이 높아 사람들 의지함도 끊겼네. 身高衆絶依
한 명이라 하여도 적지 않으며 一人猶不少
천년이라 하여도 드문 것은 아니리. 千載未應稀
한 세대에 우리 형 함께 있으셨으니, 並世吾兄在
물론(物論)에 이름이 가지런히 돌아갔네. 齊名物論歸
문장은 체제(體製)를 달리하였고, 文章殊體製
풍아는 우리 휘음(徽音) 접하게 됐네. 風雅接吾徽
도철[7])을 나눈 것은 해롭지 않아, 未害分塗轍
마침내 범위를 지극히 했네. 終能極範圍
간심함은 보악(輔齶)을 지탱했었고 簡深枝輔齶
비동(飛動)함은 신위를 끼고 있었네. 飛動夾神威
온 도성(都城)에 달리기를 오래하였고, 奔走傾都久
온 나라에 유전(流傳)하길 거의하였네. 流傳擧國幾
예장에서 헛되이 벼락이 쳤으나 豫章空霹靂
풀들은 스스로 향기로웠네. 衆艸自芳菲
재목에는[8]) 애통이 얽히었고, 宰木纏哀慟
사림에는 시비가 끊어졌었네. 詞林絶是非
문득 생각나면 항곡(巷曲)으로 달려갔으니, 翻思趨巷曲
몇 번이나 사립문 두드렸던가? 幾度款紫扉
접인[9])은 남은 해의 일이었고, 接引遺年事

---

7) 도철(塗轍) : 굳어진 투식을 말한다.
8) 재목(宰木) : 무덤 가에 심는 나무.
9) 접인(接引) : 불교 용어. 부처가 중생을 서천으로 인도하는 것을 말한다.

조용히 해질녘에 멈추었다네.	從容駐晩暉
옷자락 잡고 무릎 대고 앉아서	把衣仍促膝
사탕수수 씹으며 스스로 시장함 잊었네.	啖蔗自忘饑
한 마디 말은 좌중을 놀라게 했고,	片語能驚坐
정묘한 말은 홀로 기미 알았네.	精言獨識機
서적은 청옥 책상[10]에 쌓여 있었고,	書藏青玉案
그림은 녹라의 휘장에 진열되었네.	畫列綠蘿幃
아득하게 통역[11]을 넘어섰고,	綿邈踰鞮象
미망하게 시위(豕韋)를 거꾸로 했네.	迷茫倒豕韋
벌레와 물고기에 풀, 나무 겸하고	蟲魚兼草木
금벽(金碧)에다 주기(珠璣)에 미치기까지	金碧及珠璣
동방삭은 많이 아는 체 말며	方朔休淹博
유향[12]은 발휘함을 잃어버렸네.	更生失發揮
비록 그때 세상에서 좋아하지 않았으나,	雖非時世好
뭇 사람의 나무람은 이르지 않았네.	不到衆凡譏
현준(賢俊)은 원래 곤궁하게 죽었고,	賢俊元窮死
난쟁이들은 스스로 배불리 살지었네.	侏儒自飽肥
연원 있는 집안이 어찌 적막하게 되랴.	故家寧寂寞
잘난 아들(이가환) 갑자기 빛을 발했네.	令子頓光輝
바닥에서 일어나 관적을 통하였고,	起地通閨籍

10) 청옥안(青玉案) : 푸른 구슬로 꾸민 책상. 한(漢)나라 장형(張衡)의 「사수시(四愁詩)」에 "何以報之青玉案"라 했다.

11) 제상(鞮象) : 제(鞮)와 상(象)은 고대의 통역을 맡은 사람을 일컫는 말이다. 남방의 통역을 맡은 사람을 상(象)이라 했고, 서방을 맡은 사람을 적제(狄鞮)라 하였다. 『예기(禮記)』「왕제(王制)」에 나온다.

12) 갱생(更生) : 유향(劉向, B.C.77~A.D.6)의 본명. 전한(前漢)의 종실(宗室)로 자는 자정(子政). 선제(宣帝) 재위시에 명유(名儒)와 준재(俊才)를 가려 뽑아 좌우에 두었는데, 왕이 그 경서에 통달하고 문장에 능한 것을 기특히 여겼다. 저서에 『열녀전(烈女傳)』과 『신서(新序)』 등이 있다.

구름을 헤치고 임금을 모시었네.	排雲侍禁闈
상감께서 승곤(勝袞)을 포양했으니,	至尊褒勝袞
영양은 자비(紫緋)를 입었다네.	榮養服紫緋
어찌하여 영춘 같이 장수하지 못했는고?	豈不櫺春壽
오히려 풀 이슬이 마름을 슬퍼하노라.	猶悲艸露晞
탄식함은 선배들 돌아감이니,	所嗟先輩落
헌걸찬 석인을 보기 어렵네.	難睹碩人頎
한 번 슬피 울고서 칼을 매담 생각했고,[13]	一慟懷懸劒
길게 읊으며 고사리 캘 수 있었네.	長吟能采薇
내포(內浦)의 묘소(墓所)에 회장(會葬) 못하고	撫墳違內浦
청기(青圻)의 정침(正寢)에서 곡(哭)을 하노라.	哭寢及青圻
나그네 길 관하(關河)에서 길을 돌릴 제,	客路關河轉
섣달의 겨울이라 눈이 펄펄 내렸네.	窮冬雨雪霏
짧은 만장 가지고 옛날을 추모하니,	短章追宿昔
높은 자취 어렴풋이 상상되노라.	高躅想依俙

13) 춘추 시대 오(吳)나라 계찰(季札)이 처음으로 사신 가는 길에서 서(徐)나라에 들렀다. 서(徐)나라 임금이 계찰의 보검(寶劍)을 보고 그것을 갖고 싶어 하면서도 차마 말을 못 하였다. 계찰은 돌아오는 길에 주려고 마음먹었는데 돌아오다 들러 보니 서(徐)나라 임금은 이미 죽었다. 이에 계찰은 보검을 그의 묘소의 나무에 걸어 놓고 돌아왔다. 『사기(史記)』「오태백세가(吳太伯世家)」 참조.

3. 혜환옹의 부고를 듣고[14] 聞惠寰翁訃[壬寅正月十五日酉時卒 十八日作 壽七十五戊子生]

우리나라 문창성(文昌星)[15] 어두워졌고	東土文奎晦
서릉(西陵)에는 큰 나무 없어졌다네.	西陵喬木亡
어깨를 나란히 사귄 지 60여년	肩隨六甲子
얼굴을 못 본 지 몇 해 였던가?	面隔幾星霜
난실에선 봄기운 자리서 일고[16]	蘭室春生座
용문(龍門)에는 선비가 줄을 이었네.	龍門士接行
깨끗한 맘 빙설처럼 시원했었고	清襟爽氷雪
전아한 인망은 홀처럼[17] 장중하였네.	雅望重珪璋
만년에 벼슬[18]이 이르렀지만	晚景銀緋至
한가한 동산에서 노니시었네.	閒園杖屨將
도서는 천고 세월 가까웠지만	圖書千古近
성시에는 한 몸뚱이 숨기시었네.	城市一身藏
호수 잣나무 아득히 눈물 떨구고,	湖栢揮遙涕
마루 거문고 영원히 상심 품었네.	床琴抱永傷
마음 붙이니 화초도 그윽해지고,	寄情花草奧
병 요양함에 약과 차 효험 있었지.	頤病藥茶良
복(福)의 완전함이 이와 같아서,	福履完如許
편안하여 수명이 절로 길었네.	康寧壽自長

---

14) 이 시는 유경종(柳慶種)의 만사이다. 『해암고(海巖稿)』에 있다.
15) 문창성(文昌星 : 文奎) : 문장을 맡은 별 이름을 이른다.
16) 이용휴와 같이 있으면 고매한 인품 때문에 봄기운이 일어나는 듯했다는 의미.
17) 규장(珪璋) : 조빙(朝聘)이나 제사(祭祀)에 쓰는 예기(禮記).
18) 은비(銀緋) : 은대(銀帶, 정9품부터 정6품까지의 문무관이 띠는, 가에 은으로 새겨 장식을 붙인 띠. 은띠)와 비옥(緋玉, 비단옷과 옥관자). 당상관의 관복을 일컬음. 높은 인품(人品)이나 뛰어난 인재(人才)에 비유하는 말.

희음(希音)[19]을 경슬(磬瑟)처럼 들었으니[20]　　希音聞磬瑟
저술하신 책들은 썩지 않으리.[21]　　不朽爛巾箱
갑작스레 신선되어 날아오르니　　奄忽神仙擧
어렴풋한 담소도 향기로웠네.　　依俙笑語香
운근(運斤)[22]하여 고칠 만한 곳이 없으니　　運斤無故質
달빛은 빈 대들보에 떨어지누나.[23]　　落月但空樑
화병(畵屛)엔 산을 평한 구절이었고,　　畫障評山句
금전[24]은 국화를 읊은 장이었네.　　金錢詠菊章
백 마디 말 남들도 부족했는데　　百言人不足
한자인들 내가 감당할 바이리오.　　隻字我攸當
예전에 「의원기(意園記)」[25]를 지었고　　舊述意園記
이제 막 「만채당(晩菜堂)」을 썼다네.　　新題晩菜堂
서로 아니 회자하지 않을 수 있나　　相知非膾炙
이 도(道)가 다시 백아와 종자기였다네.　　此道更峩洋
오십 년 동안 있었던 일이,　　五十年來事
들쭉날쭉 이곳 저곳에 남았구나.　　參差處各方

---

19) 희음(希音) : 기묘한 소리. 깊고 높은 말씀이란 뜻이 있으니 여기서는 혜환(惠寰)의 언담(言談)을 가리킨 것이다.

20) 그 사람의 독특한 사상이나 문학을 들었다는 말.

21) 건상(巾箱) : 저술한 책을 말한다. 오래토록 작품들이 보존될 거라는 의미.

22) 운근(運斤) : 운근성풍(運斤成風)이란 말에서 나왔다. 시문을 흔적 없이 잘 고친다는 비유로 쓴다. 『장자(莊子)』 「서무귀(徐無鬼)」에 "영인(郢人)이 코끝에 흰 흙을 묻히면 장석(匠石)이 휙 하고 바람 소리를 내며 자귀를 휘둘러 코는 상하지 않고 흙만 떨어뜨렸는데 그 영인은 전혀 미동도 하지 않았다. 여기서 인용한 것은 혜환이 없으니 시를 수정해 즐길 사람이 없다는 뜻으로 쓴 것이다.

23) 낙월단공량(落月但空樑) : 두보가 이태백을 생각하여 지은 시로 "낙월이 대들보에 가득차니, 친구의 얼굴을 보는 듯하네[落月滿空樑, 疑有見顔色]"이라 했다. 여기서는 죽은 혜환이 몹시 생각난다는 뜻으로 쓴 것.

24) 금전(金錢) : 초부용(艸芙蓉)을 이른다.

25) 유경종의 문집에 「차탁질기래제편(次鐸侄寄來諸篇)」(권3), 「제의원도(題意園圖)」(권4), 「우(又)」(권5), 「의원지(意園誌)」(권10)에는 유경종이 20대 후반부터 50대까지 상상의 정원인 의원(意園)에 대한 기록이 남아 있다.

사지(謝池)[26]에는 성기(聲氣)가 머물렀는데　　謝池聲氣閟
조나라의 구슬은 풀 속에 황량해졌네.　　趙璧草來荒
쇠하고 병들어서 갈 때가 됐지만　　衰疾行應盡
사귄 세월 도타워 잊을 수 없네.　　交期篤不忘
슬픔 속에 눈물 흘리다 닦노라니　　悲哀涕還拭
상서로운 시대 그대[27] 환히 빛나네.　　瑞世鳳毛光

4. 혜환 이용휴가 시를 보내주어 수답하다[28] 惠寰李用休以詩見投 效體奉酬

[1]

그대 이름 말하는 곳, 내 이름도 말하니,　　君名言處我名言
도는 우리 집에 있으니 불이문이네.　　道在吾家不二門
곧바로 백량[29] 잡아 벼슬할[30] 줄 알았고,　　直轡栢梁知發軔
신단은 금리에서 혼이 돌아오길 바랬었지.　　神丹錦里覓還魂

26) 사지(謝池) : 형으로서 아우를 그리는 정을 비유한 말. 남조(南朝) 송(宋)의 문장가 사영운(謝靈運)이 일찍이 영가서당(永嘉西堂)에서 종일토록 시(詩)를 생각했으나 좋은 구절을 이루지 못했는데, 갑자기 꿈에 족제(族弟)인 혜련(惠連)을 만나 "못 둑에 봄풀이 난다[池塘生春草]"라는 구절을 얻고는 매우 만족하게 여겼던 고사에서 온 말이다. 『남사(南史)』에 나옴.

27) 봉모(鳳毛) : 뛰어난 풍채, 혹은 재사(才士)를 칭찬하는 말로, 여기에서는 혜환의 뛰어난 재량을 말한다.

28) 이 시는 목만중의 만사이다. 『여와집』에 있다.

29) 백량(栢梁) : 백량(柏梁)이라고도 쓴다. 한나라 무제(武帝)가 세운 대. 대가 완성된 뒤에 연회를 베풀었는데 7언시를 지을 수 있는 사람만 참석하게 하여 백량체(柏梁體)라는 하나의 시체(詩體)를 남겼다.

30) 발인(發軔) : 수레를 내어 간다는 의미로, 여행길을 떠나거나 처음으로 벼슬길에 나아감을 뜻한다.

살아 있는 용과 범도 순하게 길들였고,	生龍活虎俱馴伏
떠가는 달과 구름 번갈아 토하고 삼켰네.	走月行雲遞吐呑
마음에 귀의할 곳 오직 성인 영역이니	心地歸依惟聖域
부처 없다고 스스로 높다 하지 않았네.	不因無佛自稱尊

[2]

삼당과 양한은 모두 높고 깊은데,	三唐兩漢儘高深
정맥과 방기를 각기 시 읊기 소비했네.	正脉旁岐各費吟
봄 지나 온갖 기이한 새들 우는데	春後怪禽啼百種
뉘 집의 해진 빗자루 천금이나 되련가[31]	誰家獘箒享千金
구름 안개 걷어 내 진면목 열었으며,	雲收霧捲開眞面
파도가 모래 씻는 고심을 드러냈네.	浪洗沙淘見苦心
기구하게 다른 길을 찾지 아니 했으니,	不用崎嶇尋別逕
법도에 맞는 소리로 유음을 남기었네.	渢渢正始有遺音

[3]

혜환의 흉금에는 팔해도 좁았으니	寳老胸襟隘八垓
반강(潘江)과 육해(陸海)[32]도 붓 앞에 왔었다네.	潘江陸海筆前來

31) 폐추천금(弊箒千金) : 자기의 소유라면 보배로 여기며 헐고 추악한 줄을 모른다는 것을 비유한 말이다. 『문선(文選)』「위문제전론논문(魏文帝典論論文)」에, "집안에 헐어빠진 비[箒]가 있는데 천금을 호가(呼價)한다는 말이 있으니, 이는 자기를 돌아보지 못하는 탓이다" 하였다.

32) 반강(潘江)과 육해(陸海) : 반악(潘岳)의 재주는 강물과 같고 육기(陸機)의 재주는 바다와 같다는 말. 여기서는 혜환의 문재가 뛰어남에 비유한 것이다.

전문가의 솜씨로 당조를 움츠리게 하였고, 專門局促羞唐調
낮은 지위 였지만 송나라 재사 비루하게 여겼네. 占地低平陋宋才
문체 변화에 손익(損益)을 궁진했으나, 體變已應窮損益
마음 신령해 처음부터 퇴고에 허비하지 않았네. 心靈初不費敲推
중양절의 시 속에 떡 고자가 없었으니,[33] 重陽詩裏無糕字
이제야 유몽득 또한 고루함 깨닫게 되네. 始覺劉郎亦固哉

[4]

만 수는 어렵잖아도 한 글자는 어려운 법, 萬首無難一字難
작은 티도 없어야만 구슬도 온전해지는 법. 微瑕淨盡璧方完
제해 비록 풍부하나 누가 일찍 세봤던가? 齊諧縱富誰曾數
한나라 법 엄격하여 관대함 없었다네. 漢法宜嚴莫太寬
문장과 세도 관련됨을 오래전에 알았지만, 久識文章關世道
기꺼이 농담으로 남을 기쁘게 함에 걸기야 할 손가? 肯將談謔賭人歡
어둔 거리, 별과 태양 원래 영원한 거니, 昏衢星日元千古
소설 같은 잔명(殘明)은 보려 하지 않았네. 小說殘明不欲觀

[5]

이유산[34]의 서적을 두루 다 베꼈으나, 遍閱名山二酉書

33) 무고자(無糕字) : 당(唐)나라 때 시인 유몽득(劉夢得)이 일찍이 중구일(重九日)에 시를 지으면서 고(糕)자를 쓰려고 하였으나, 오경(五經) 가운데 이 글자가 없기 때문에 끝내 쓰지 않고 말았는데, 이에 대하여 송(宋)나라 때 송기(宋祁)가 지은 「식찬유영시(食饌有詠詩)」에 "유랑이 감히 고(糕)자를 쓰지 못하였으니, 한 세상의 시호란 말을 헛되이 저버렸구나(劉郎不敢題糕字, 虛負詩中一世豪)" 한 데서 온 말이다.

마음에는 안근을 쌓아 두지 않았네.　　教心休向眼根儲
『논형』은 숨기려 했으나 숨기기 어려웠고,　　論衡欲秘終難秘
두둑한 배[35]는 빈 듯하나 어찌 다 비었으랴.　　便腹如虛豈盡虛
저들의 단정한 용모로 자리 다투는 걸 버리고,　　去爾矜容爭席後
그들이 교만한 낯빛으로 걸번(乞墦)[36]을 비웃었네.　　笑他驕色乞墦餘
그대의 새 시구로 더욱 깊이 살피니,　　因君新句增深省
학문의 바다에서 어찌하면 함께 고기 낚을 수 있을까　　學海何由共獵漁

[6]

사람마다 주소와 비평을 해낼 적에　　家家註疏與批評
세밀하고 지루하게 정신을 소모하네.　　細瑣支離浪費精
또 알기 쉬워도 이해하기 어려운 곳 향하여　　且向易知難解處
늘 다하지 못한 채 남은 정 두었다네.　　常留不盡有餘情
많은 말은 반드시 구율(彀率)[37]을 따를 게 없고,　　多言未必皆循彀
좋은 저술 어찌하여 요평(了枰)을 기다리랴?　　善著何曾待了枰
내 이미 몇 해째 이런 버릇 없앴으나,　　我已年來除此癖
봄 풀은 태워도 다시 생겨남 걱정되었네.　　秪愁春草燒還生

---

34) 이유(二酉) : 대유(大酉) · 소유(小酉)의 두 산(山)으로, 이곳에 수천 권의 책이 있었다는 고사에서 장서각(藏書閣)을 뜻하는 말이 되었다.

35) 편복(便腹) : 배가 두둑한 것을 말함. 후한 때 변소(邊韶)가 문학으로 이름이 높았는데, 한 번은 그의 제자가 독서에 게으르다고 그를 조롱하자 그는 "내 두둑한 배는 오경(五經) 상자이다"라고 하였다.

36) 걸번(乞墦) : 『맹자』「이루하」에 보인다. 일처와 일첩을 둔 제나라 사람이 집을 나가면 무덤 사이를 오가면서 걸식하는데, 집에 돌아와서는 처첩에게 교만한 기색을 보였다는 일화와 관련된 부분이다.

37) 순구(循彀) : 『여씨춘추(呂氏春秋)』에 나온다.

[7]

송나라 가을 같고 한나라는 봄 같은데도	宋已如秋漢似春
시가의 형통한 운세 당나라 사람에게 속했다네.	詩家亨運屬唐人
기봉[38]은 잠시 드러나도 원래 도는 아니었고	機鋒乍露元非道
성색 모두 공허해야 정신으로 변한다네.	聲色俱空始化神
쉽게 현혹되면 진실로 서박[39] 분간 어렵고,	易眩誠難分鼠璞
탐하지 않아야만 금과 은을 알 수 있다네.	不貪方許識金銀
누가 부처 되고 누가 팽조 됨을 알리오.	知誰成佛誰成祖
법안은 모름지기 친히 보아야 하리.	法眼要須見得親

[8]

조선 시는 모두 없애야 한다 말하지 말라.	莫道東詩盡可刪
어찌하여 풍기가 중관(重關)에 막히었던가?	何曾風氣限重關
위수와 낙수 없앤다 해도 어찌 물이 없으랴.	除來渭洛那無水
요(遼)와 연(燕)을 지났어도 다시 산은 있다네.	踏過遼燕更有山
월나라 여인 어찌 천하에서 모두 희다 하나	越女詎皆天下白
왕랑(王郎)[40]은 능히 대롱 속 반점을 보았다네.	王郎能見管中斑
전겸익의 과설이 공안은 아니리니,	錢翁夸設非公案

38) 기봉(機鋒) : 불교 용어. 예리하여 허점이 없이 완벽한 것을 이르는 말. 보통 시비곡절을 각박하게 따지는 마음에 비유한다.
39) 서박(鼠璞) : 쥐[鼠]와 박옥(璞玉). 옛날 정(鄭)나라 사람은 다듬지 않은 옥을 박(璞)이라 했고, 주(周)나라 사람은 쥐를 포(脯)로 만들지 않은 것을 박(璞)이라 했다. 주나라 사람이 정나라 사람에게 박(璞)을 사겠느냐고 하자 정나라 사람이 사겠다하니 쥐[璞]를 내놓았으므로 사지 않았다 한다. 보통 쓸모없는 사람이나 물건이란 뜻으로 쓴다.
40) 왕랑(王郎) : 진(晋)나라 때 명필가 왕헌지(王獻之)를 가리킨다.

나라 안에 창도 없다는 말은 본래 한사로다. 國內無戈語本閒

5. 혜환선생 만시와 소인[41] 惠寰先生挽幷小引

譯 옮김 단전이 일찍이 소매에다 시를 넣고 혜환 선생을 찾아뵈었다. 선생은 손수 벽도화(碧桃花) 한 가지를 꺾어 주어서 애정을 보이셨다. 이듬해 상원날에 선생께서 돌아가셨다. 좋은 밤 밝은 달에 울적함이 마음에서 일어나 시 한 편을 짓는다.

원문 亶佃嘗袖詩, 謁惠寰先生. 先生手折碧桃花一枝以贈, 示眷愛也. 明年上元先生卒. 良宵明月, 愴然興懷, 聊賦一詩.

외딴 학 훌쩍하고 맑은 하늘 날아가니 飄然孤鶴翥淸宵
동산속 벽도화도 봄날에 적막하네. 園裏碧桃春寂寥
비록 해마다 다리 위에 달 뜬대도 縱有年年橋上月
남은 생에 어이 차마 대보름 놀이하랴? 餘生那忍作元宵

41) 이 시와 소인은 천수경(千壽慶)의 『풍요속선(風謠續選)』 「이단전조(李亶佃條)」에 실려 있다.

6. 혜환에게 부치다[42] 寄惠寰

명성이 아래로 여항까지 미쳐서	下逮閭巷間
이서(吏胥 : 衙前)들 열네댓 명이	吏胥十四五
이따금 범속함을 벗어나	種種脫凡陋
색색으로 의취를 품고 있었네.	色色有意趣

7. 혜환 거사 이용휴 만시. 다른 사람을 대신해서 짓다[43] 輓惠寰居士李用休 代人作

[1]

십년 간 소미성을 우러러 보았으니	十年瞻仰少微星
내가 그를 따르려 해도 은하수 가득했네.	我欲從之河漢盈
흐르는 물, 높은 산에 아 끝장났으니,	流水高山嗟已矣
사생 간(死生間)에 평생을 저버림에 어쩔 수 없네	死生無那負平生

42) 이 시는 유경종(柳慶種)의 『혜암별고(海巖別稿)』에 수록된 「기혜환(寄惠寰)」이란 제목의 작품이다.

43) 이 시는 남한조(南漢朝)의 만사이다. 『손재선생문집(損齋先生文集)』참조. 남한조(南漢朝, 1744~1809)는 조선 후기의 학자. 본관은 의령(宜寧). 경상북도 상주 출생. 자는 종백(宗伯), 호는 손재(損齋). 아버지는 필용(必容)이다. 어려서부터 재주가 있어 한번 들으면 모두 외웠다고 한다. 이상정(李象靖)을 찾아가 학문하는 방법을 배운 뒤 경서(經書) 등 여러 서적들을 탐독, 거경궁리(居敬窮理)에 힘썼다. 벼슬에 뜻이 없었고, 오직 초야에 은둔하여 문경의 선유동(仙遊洞)에 옥하정(玉霞亭)을 지어놓고 후진 교육에 힘썼다. 여러 번 도백(道伯)과 암행어사의 천거를 받았지만 끝내 벼슬에 나가지 않았다. 저서로는 『손재문집』15권이 있다.

[2]

선진(先秦)이후의 글은 읽지 않았고, 不讀先秦以後書
높은 회포 우뚝해서 충어(蟲魚)[44]를 사절했네. 高懷磊落謝蟲魚
현정(玄亭)[45]이 홀로 닫히고 묻는 사람 없으니, 玄亭獨閉無人問
글자 비추는 명아주 등불은 석거각에 한정됨인가?[46]
照字藜燈限石渠

[3]

갠 날의 서재에서 베개 기대 옛 주역 완상했고, 攲枕晴齋玩古易
작은 창문 여닫으니 또한 건곤이었네. 小牕開闔亦乾坤
닭 울고 개 짖는 것 모두 참된 경지이니, 鷄鳴犬吠渾眞境
문밖의 고관 수레 저절로 시끄럽게 내맡겨뒀네. 門外朱輪任自喧

[4]

홍도 선생(이서) 빛나는 빛이 있기에 弘道先生有耿光

---

44) 충어(蟲魚) : 벌레와 물고기. 여기서 자질구레한 고증학(考證學)을 비칭(卑稱)한 것.
45) 현정(玄亭) : 한(漢)나라 양웅(揚雄)이 태현경(太玄經)을 지을 때 거처했던 초현정(草玄亭)을 말한다.
46) 이 시구는 한(漢)나라 때 학자 유향(劉向)에 관한 고사(故事)를 인용한 것이다. 『습유기(拾遺記)』에 유향이 천록각(天祿閣)에서 책을 교정하는 데 어떤 노인이 와서 명아주 지팡이 끝에 불을 붙여 밝혀 주었다는 고사에 따라 밤공부 또는 부지런히 공부한다는 뜻으로 쓴다. 천록각(天祿閣)이나 석거각(石渠閣)은 모두 한나라의 궁중장서각(宮中藏書閣)이므로 운자(韻字)나 평측(平仄)관계로 장서각이란 뜻은 같기 때문에 혼용한 것이다.

선군이 일찍이 옛 문장(門牆)[47] 쓸었다네.	先君曾掃舊門牆
여생이 풍진 밖에 불우했으니,	餘生落拓風塵外
지난해 인연으로 침상에 절을 했네.	往歲因緣拜匡牀

[5]

짧은 글과 긴 글을 떠나는 내게 줄 제	短敍長篇贈我行
물빛과 산빛 모두 다 높고 넓었네.	水光山色共崢嶸
남은 빛이 괴이한 옛 상자를 만지자니	摩挲古篋餘光怪
산남에 전송되는 정성(正聲)임을 알겠네.	傳誦山南識正聲

[6]

옛 제방에 드리운 버들 단애(斷厓)의 봄인데	古堤垂柳斷厓春
맥전(麥田) 아침 쟁끼 울고 말도 정신이 났네.	麥雉朝呴馬亦神
두 원로(元老)의 이 초상화는 모두 자연스러운데	二老丹青皆造化
선생은 또 칠분 쯤 비슷한 사람이었네.	先生又是七分人

[7]

원숭이 울고 달이 뜬 새벽이 다 될 때	猿啼月出五更殘
흰 머리의 향산이 눈물 아니 마르네.	白首香山淚不乾

47) 문장(門牆): 스승의 문과 담장. 대체로 높고 깊은 경지를 지칭함. 여기서는 혜환이 이서에게 배운 사실을 말한 것이다.

큰 붓으로 찬양해서 무덤에다 쓰노니 大筆揄揚題斷隴
흙속의 원혼이 그도 응당 관대해지리. 土中寃魄渠應寬

[8]

난촉(鑾躅)의 은영[48]은 조서(詔書) 초안이 많았으니 鑾躅恩榮草詔多
세상에서 말하기를 작은 동파라 했네. 世間爭說小東坡
한 세대에서 누가 능히 큰 벼루 전달할 수 있겠나? 一代誰能傳大硯
매산(梅山)[49] 가문 대대로 광휘(光輝)있게 되었네. 梅山家世有光華

8. 혜환 이용휴 만시[50] 挽李惠寰用休

[1]

멀고 먼 서울길을 매개할 이 없어서, 迢迢京洛路無媒
천리 밖 신교(神交)가 꿈속 매산(梅山)이었네. 千里神交夢裏梅
다만 높은 이름이 문자에 있는 것 얻게 되었으니, 只得高名文字下

48) 난촉의 은영[鑾金躅恩榮] : 상감의 은혜를 받는 영화(榮華). 난촉(鑾躅)은 어가(御駕)라는 말로서 제왕(帝王)을 일컫는다.
49) 매산(梅山) : 이하진(李夏鎭)의 호.
50) 이 시는 조운도(趙運道, 1719~1796)의 만사이다. 『월하문집(月下文集)』 참조.

문자는 여재(餘才)임을 응당 알겠네. 應知文字是餘才

[2]

문정(門庭)에 훈습(薰襲)하여 절로 전형 되니, 薰襲門庭自典刑
성시(城市)에 은둔하여 문명을 안 드러냈네. 遯藏城市內文明
조금도 영욕에는 심누(心累)가 없었으니, 一毫榮辱心無累
나의 영귀(靈龜)로 살피면서 길이 바르게 살았네. 觀我靈龜永歲貞

[3]

오동이 역산의 북쪽에서 고사(枯死)했으니, 梧桐枯死嶧山陰
뉘라서 깊이 감춘 태고음(太古音)[51]을 알리오? 誰識深藏太古音
가을밤 옥계에는 사람 이미 떠났으니 秋夜玉溪人已去
홀로 밝은 달만 남아 빈 숲에 가득하네. 獨留明月滿空林

[4]

동화(東華)의 대를 빛낸 풍부한 문장은 東華赫世富文章
끊임없는 인사들은 옥패가 빛나더라. 袞袞諸公玉佩光
군자가 온축하여 후업(後業)으로 삼으니, 君子蘊之爲後業
금규(金閨)[52]의 아망은 또 현랑(賢郞)[53]이 있네. 金閨雅望又賢郞

---

51) 태고음(太古音): 아주 먼 옛날의 음악. 여기서는 혜환(惠寰)의 고문장(古文章)에 비유한 것이다.

[5]

영외(嶺外 : 嶺南)에 깊고 깊은 일월산이 있는데, 嶺外深深日月山
산인의 자취는 세상사람 사이에는 막히었네. 山人迹阻世人間
갈대밭 흰 이슬이 푸르게 먼데 蒹葭白露蒼蒼遠
서쪽 가는 구름 보며 혜환을 곡하노라. 西望歸雲哭惠寰

9. 혜환 이용휴를 곡하다[54] 4수 哭李惠寰用休 四首

[1]

이월에 이름난 꽃 두루 폈던 건 二月名花遍
장안에 있는 처사의 집이었네. 長安處士家
향 사르고 주역에 점을 찍을 제, 焚香點周易
문 밖에는 운거가 삐거덕 거렸도다. 門外戛雲車

---

52) 금규(金閨) : 금마문(金馬門)의 이칭. 한나라 때 학사들이 대조(待詔)하던 곳으로 문학하는 선비들이 모이는 한림원(翰林院)을 가리킴.

53) 현랑(賢郎) : 아들 금대를 이르는 말이다.

54) 이 시는 조술도(趙述道)의 만사이다. 『만곡선생문집(晩谷先生文集)』참조. 조술도(趙述道, 1729~1803)는 본관이 한양(漢陽)이다. 자(字)는 성소(聖紹)이고 호(號)는 만곡(晩谷). 이상정(李象靖), 김낙행(金樂行)의 문인. 어려서 자질(資質)이 영매(英邁)하여 경전(經典), 제자백가(諸子百家)에 두루 관통하였다. 저서에 『운교문답(雲橋問答)』은 유도(儒道)와 서학(西學)을 비교한 글이며 『권농의(勸農議)』는 태고로부터 농본안민(農本安民)의 시책을 소상히 열거하였다. 만년에 도산서원장을 역임(歷任)하고 호문(湖門) 6군자로 문집 12권6책이 전한다.

[2]

문장은 현안(玄晏)[55]의 집과 같았고, 文章玄晏宅
시화는 고개지의 주방과 같았다네. 詩畵顧兵廚
동전 한 닢 못되는 물건이라고 하던 不直一錢物
선생의 우스개도 없게 되었다네. 先生笑也無

[3]

통달한 자는 끝도 없이 놀았는데, 達者遊無倪
작은 유생 하는 일은 한계가 있네. 小儒役有涯
소강절은 일을 더는 분이 아니니, 邵翁非省事
꽃 밖에서 뉘 집을 방문(訪問)했었네. 花外問誰家

[4]

한강물은 밤낮으로 흘러가는데, 漢水流日夜
고개 구름 몇 겹으로 막히었네. 嶺雲隔重重
원해도 마침내 볼 수 없으니, 願言終不見
지는 달 전봉(前峯)으로 들어가고 있었네. 斜月入前峯

---

55) 현안(玄晏) : 진(晉) 나라 때 은사(隱士)인 황보밀(皇甫謐)이다.

10. 유감有感 이월이일二月二日[56] 有感

말릉(秣陵)의 서찰(書札)이 알려지지 않아서	未報秣陵札
곽유도(郭有道)의 비문만은 부끄러울 게 없네.[57]	無慚有道碑
백두(白頭)에 적막함을 감수하면서	白頭甘寂寞
황권(黃卷)은 그대로 의탁하고 있었네.	黃卷尙因依
오래된 병환은 의약(醫藥)이 어려웠고	久病艱醫藥
길이 가난하여서 술도 먹지 못했지.	長貧闕酒巵
좌해에서 나를 알 사람 없구나.	左海賞音稀
문장인 혜환이 떠나갔으니	文章惠寰逝

11. 장난삼아 왕어양 세모회인 육십수를 본따서[58] 戲倣王漁洋歲暮懷人六十首[幷小序]

혜환은 초묘(超妙)하여 청신함 뛰어나니,	惠寰超妙出淸新
연꽃이 진흙에 아니 물든 것 같네.	譬似蓮花不染塵
한차례 사가의 법안이 열리고 부턴	一自詞家開法眼
동방에는 독서인이 하나도 없게 됐네.	東方無箇讀書人

56) 이 작품도 유경종의 것이다.

57) 후한(後漢) 채옹(蔡邕 : 字는 伯喈)가 곽유도(郭有道)의 비문을 짓고 말하기를 "내가 남의 비문을 많이 지었는데 부끄러운 모습이 없지 않았으나 오직 곽유도의 비송(碑頌)을 지은 것만은 부끄러울 것이 없다"라고 했다. 여기서 인용한 것은 유경종이 혜환의 비문을 지은 것만은 부끄러울 것이 없다는 뜻을 술회한 것이다.

58) 이 시는 박제가(朴齊家)의 『정유각시집(貞蕤閣詩集)』에 있는 「희방왕어양세모회인육십수(戲倣王漁洋歲暮懷人六十首)」에서 혜환(惠寰)에 대한 시를 여기에 전재한 것이다.

12. 종자 용휴에게 답하다 무인[59] 答從子用休戊寅

譯 옮김 최생(崔生)이 와서 말하기를 매우 상세하게 했으니 마음이 위로되고 궁금증이 풀리는 것을 이기기 어렵다. 가환(家煥)은 글을 보고 읽는 것을 멈추지 않았느냐? 듣건대 과거에 응시하는 것을 허락하지 않는다고 하니, 이와 같은 하나의 판단은 또한 쉽지 않은 것이다. 옛날에 중씨가 16살에 향시에 합격을 하여 명성이 일찍 드러나서 모두 반드시 성공할 것이라 하였으나, 선군자께서는 너무나 이르다고 하시었는데 운명이 버린 것일 뿐이었으니, 조상을 더럽히지 않았다고 할 수가 있다. 나는 서늘한 기운이 생긴 뒤로 신기가 점차 돌아왔으나 밤중에는 진진하게 오한이 더하여 그 점차로 상서스럽지 못할 것이 매우 두렵구나.

원문 崔生至, 口申甚詳, 慰釋難勝. 家煥看讀不輟耶? 聞不許赴試, 此一辦亦不易. 昔仲氏十六發解, 聲譽夙達, 皆云必得, 先君子以爲太早, 命棄之爾, 可謂不忝祖矣. 吾凉生後, 神氣稍蘇, 而夜中振振增寒, 其漸不祥可怕.

13. 중형 혜환선생 주갑 수서[60] 仲兄惠寰先生周甲壽序

譯 옮김 세상에서 모두 이르기를 "명의 길고 짧음은 타고나는 처음에 달려 있는 것이고, 몸을 보호함에 달려 있는 것은 아니다"라고

59) 이 서찰은 이익(李瀷)의 『성호선생전집(星湖先生全集)』에 있는 글이다.
60) 이 서문은 이병휴(李秉休)의 『정산잡저』에 있는 글이다.

한다. 나는 중형(仲兄) 혜환 선생(惠寰先生)에게서 그것이 그렇지 않음을 징험하였다. 내가 어머니에게 듣건대 중형은 처음에 태어날 적에 허약함이 남달라서 몇 살이 되었는데도 머리뼈가 오히려 단단해지지 아니하였다. 나의 어머니께서 양육하는 노고가 다른 사람보다도 백배나 더 하여서 어린애가 호흡을 해야만 나 또한 호흡을 하기를 마치 배 안에 있는 것 같았다. 점차 성장하자 먹는 것은 고기나 기름진 것을 주지 아니 하였고, 옷은 따뜻한 것을 허락하지 않았으며 노는 것을 방문을 벗어나지 않게 하여 품안에 있는 것 같이 하였다. 그가 이미 장성 하게 되자 중형 선생은 또 어머니의 교훈을 삼가 지켜서 섭양을 두려워하고 삼가는 것이 보통 사람보다도 지나쳤다. 평소에 안개나 이슬을 범하지 않았고, 추위와 더위에 노출되지 않았으며, 만약에 화창하고, 따뜻한 때가 아니면 감히 문에서 나가지 아니 하였으며 혹시라도 비바람이 어지러운 날이면 방문을 여는 것을 좋아하지 않았다. 문장이 세상에 알려졌어도 마음에 집착하려고 하지 않았으며 서화가 서가에 넘쳤어도 다만 뜻을 표현할 뿐이었다. 대체로 세상의 온갖 일과 집안의 온갖 일들로써 기뻐할 만하고 노여워할 만하며, 근심스럽고 서글픈 것들을 모두 하나의 잊을 망자에 붙였으며 기타의 모든 생명을 손상시키고 심성을 해치는 것들을 일체 멀리 피하였으므로 서른 살이 된 후에는 용모가 날로 충실해지고 신기가 날로 왕성해졌다. 지금에는 간지가 한바퀴 돌아서 61세에 꽉 찼는데도 고운 얼굴이 덜하지 않고 흰머리가 아주 드물었으며 보고 듣는 것이 거의 젊은 때와 같았다. 그 견고하여서 늙지 않는 모습이 또한 보통 사람들과 달랐으니 이 어찌 몸을 보호한 효험이 아니겠는가? 옛날에 선생과 연배를 같이 하여 기운이 매우 성하고 몸이 매우 건장한 자들도 절반이나 저승 사람이 되었으며 비록 더러는 살아 있는 자가 있다고 하더라도 노쇠함이 뚜렷해서 인간 세상에 뜻이 없었다. 그러나 선생은 전에 허했던 것이 뒤에는 완벽하게 되었으며 옛날에는 파리하던 것이 지금은 충실해져서 노년이 되었어도 더욱 씩씩하고, 쇠함에 임하였어도 더욱 왕성하니 또 어찌 색양함과 색양하지 않은 밝은 징험이 아니겠는가? 나 병휴는 나의 형과 똑같이 어머니의 가르침을 받았으나 잘 받들어 유지하지 못하였기 때문에 나이가 선생보다 두 살 아래인데도 노쇠한 모습은 도리어 심하니 이는 바로 나의 형에게 미치지 못하는 곳이다. 옛날에 어머니에게서 골고루 똑같은 양육을 받았다는 것을 생각할 적에 마음이 나도 모르게 서글퍼져서 감격하여 눈물이 이어진다. 금년 6월 초하루는 선생이 주갑이 되는 첫돌인데 나 병휴가 호서의 삼백 리 지점에 있기 때문에 가까이에서 헌수하는 열을 얻어서 그 춤추고 노래하고 가송하는 정성을 가까이 할 수 없으므로 삼가 서문을 지어서 감히 선생이 수를 얻은 이유를 드러내 선양한다. 이로써 세인에게 고하여 그 어리석고 현혹된 것을 풀어 주며 또 후손에게 알려서 하여금 가법을 짓도록 한다. 만약에 선생의 가문으로 하여금 대대로 자손들이 모두 선생의 가르침을 삼가 지킨다면 곧 반드시 장차 사람마다 장수하고 강령하기를 모두 선생과 같이 하게 되어서 복문(福門)과 수족(壽族)이라고 일컫게 될 것이니 어찌 경사스러운 다행이 아니겠는가? 만약에 혹시라도 능히 그렇게 못하는 자가 있다면 또한 선생이 알 바가 아닐 것이니 이것은 마땅히 두렵게 생각하여야 할 것이다.

원문

世皆謂命之脩短, 繫於稟賦之初, 而非嗇養所與. 余於仲兄惠寰先生, 徵其不然也. 余聞之先妣仲兄, 始生脆弱異常, 數歲而頭骨, 猶未固. 我先妣鞠養之勞, 百倍他人, 兒呼亦呼, 兒吸亦吸, 如在胞中. 稍長, 食不與豢腴, 衣不許燠煖, 使其遊戲, 不離閨闥之際, 如在懷中. 及其旣長, 則仲兄先生, 又能謹守先妣之敎, 畏愼攝養, 過於常人. 平生不犯霧露, 不觸寒暑, 苟非淸和暄姸之時, 未敢出門, 或當風雨乖亂之日, 不肯開戶. 文章喧世, 而不欲鉥心, 書畵溢架, 而只要寓意. 夫世間萬事, 家內百爲可喜可怒可憂可悲者, 都付一忘字, 其他凡可以傷生害性者, 一切避遠, 故立年以後, 形貌日充, 神氣日旺. 于今干支一周, 拾滿六十一, 而韶顔不減, 星髮絶稀, 視聽殆同少時. 其堅固難老之容, 亦異於常人, 此豈非嗇養之效歟? 昔之與先生等輩, 而氣甚盛體甚健者, 太半作泉下人, 雖或有存者, 衰朽厭厭, 無陽界意. 而先生則前虛後完, 昔羸今碩, 當老而益壯, 臨衰而愈旺, 又豈非嗇養, 與不嗇養之明驗歟? 如秉休者, 與吾兄, 均被先妣之敎, 而不克奉持, 齒後先生二歲, 而衰相反甚, 此正不及吾兄處. 追思昔日, 同胞均育之心, 不覺怛然, 而繼之以感涕也. 今年六月初吉, 卽先生周甲初度, 而秉休在湖西三百里之地, 不得厠於稱觴獻壽之列, 伸其蹈舞歌頌之忱, 故謹撰序文, 敢以表颺先生所以得壽之由, 以告世人, 釋其愚惑, 又以詔後孫, 俾作家法焉. 苟使先生之家, 世世子孫, 皆能謹守先生之敎, 則必將人人壽耉康寧, 皆如先生而稱爲, 福門壽族, 豈不慶幸歟? 如或有不能爾者, 亦非先生之所知, 此當惕念者也.

14. 혜환 이용휴가 시종신의 아버지라는 이유로 자급을 승진시켜 주는 데에 대한 서문[61] 賀惠寰李用休侍從臣父陞資序[辛丑]

譯 옮김 선배인 우담(愚潭)[62] 정선생(丁先生)에게서 듣건대 적손의 관직이 시종(侍從)인 넓은 은혜로써 첨지중추부사(僉知中樞府事)에 제수되자, 선생께서 기뻐하기를 "이것이야말로 참으로 내 관직이다." 선생이 일찍이 유술을 써서 천거되었는데 여러 번 불러도 나가지 않았다. 관직으로써 하면 공(公), 고(孤), 승(承), 필(弼)이라는 높은 직책이 되어야만 선생의 높은 덕에 어울릴 수 있는 것인데 헌부(憲府)와 주연(胄筵)[63]

61) 이 서문은 목만중(睦萬中)의 『여와집』에 있다.

63) 우담(愚潭) : 정시한(丁時翰, 1625~1707)의 호. 조선 중기의 학자. 본관은 나주(羅州). 자는 군익(君翊). 독학으로 성리학(性理學)을 연구, 원주(原州)에 은거하여 농업에 종

은 무슨 어려움이 있겠는가? 그러나 관직에 제수하는 것은 덕으로써 하는 것이니 덕에는 진짜와 가짜가 있다. 이로써 현자가 겸손해서 거기에 거하지 않는 것이지만 관직에 제수하기를 나이로써 하는 것은 나이는 가짜로 할 수 없는 것이니 귀천이나 현불초를 따질 것 없이 받고서는 사양하지 않는 것이다. 혜환 이공(惠寰 李公)이 젊어서 독서하여 문장을 이루었다. 일찍이 세상에 뜻을 두었으나 얼마 후에 때를 만나지 못해서 물러나 살면서 글을 저술했다. 세상의 학사 대부는 논할 것도 없고 비록 여항의 비루한 사람이라도 이혜환 선생이 있다는 것을 알지 못하는 사람은 없었다. 올해가 마침 나이가 74세였다. 맏아들 아무개가 발탁되어 사헌부의 관직에 제수되자 공도 또한 자급을 승진시켜 하대부에 견주었다. 국가(國家)에서 나이 많은 사람에게 작위를 줄 적에는 선비는 80살이고 서인(庶人)은 10살을 더해야 하는 것이다. 홀로 시종신의 부친은 70살이면 자급을 주는 것이니 이것은 나이를 높이고 또 덕을 숭상하는 것이다. 선왕(先王)의 제도가 현자를 진출시키매 상이 있었다. 무릇 사해와 구주 사람들이 천거해서 승진을 시키는 것도 오히려 그러하여 상등의 상을 받는 것인데 하물며 낳아 주고 길러 내어 아버지이면서 스승으로써 그를 왕정에 공납해 줌이랴. 예전에 지평군(持平君)이 해현의 수령이 되었을 적에 공에게 가기를 요청하자 공이 말하기를 "임금의 명령과 같으나 백성의 것을 먹는 것이니 진실로 마땅히 내가 어찌 그러한 일을 하겠는가?"라고 하고는 드디어 나아가지 않았다. 이제 시종신의

사하면서 후진 양성에 힘썼다. 유일(遺逸)로 천거되어 집의(執義)·사업(司業) 등에 임명되었으나 모두 사퇴하고 뒤에 진선(進善)에 올라 1691년(숙종 17) 앞서 기사환국(己巳換局)때 인현왕후(仁顯王后)를 폐위시킨 일을 잘못이라고 상소하였다가 삭직, 다시 기용되었으나 사직하였다. 1696년 희빈(禧賓) 장(張)씨의 강호(降號)를 반대하는 상소를 하는 등 당파를 초월하여 자기 소신을 밝혔다. 1704년 노인직(老人職)으로 중추부 첨지사가 되었다. 그의 학문은 정약용(丁若鏞)·이익(李瀷) 등 실학자에게 많은 영향을 주었다. 원주의 광암사(廣巖祠)에 제향되었다. 저술에 『우담집(愚潭集)』을 비롯하여 『산중일기(山中日記)』·『임오록(壬午錄)』·『관규록(管窺錄)』·『사칠이기변(四七理氣辨)』·『변무록(辨誣錄)』 등이 있다.

아버지로써 자급을 수여받는 것도 또한 임금의 명령이다. 공이 오히려 사양할 수 있는가? 공은 참으로 스스로 이르게 한 분이다.[64]

원문

聞之先輩愚潭丁先生, 以嫡孫官侍從覃恩, 授僉知中樞府事, 先生喜曰: "此眞吾官也." 先生嘗用儒術薦, 屢徵不起. 以官則公孤丞弼而後, 可以稱先生之德, 憲府胄筵何有焉? 然官之以德, 德有眞有假. 是以賢者, 謙而弗居, 官之以年, 年不可假, 無貴賤賢不肖, 受而弗辭. 惠寰李公, 少讀書, 成文章. 嘗有志於世, 已而弗遇, 屛居著書. 無論世之學士大夫, 雖閭巷鄙人, 無不知有李惠寰先生者. 今年適七十有四歲矣. 胤子某, 擢授憲職, 公亦進資, 視下大夫. 國家錫爵高年, 士八十, 庶人加十歲. 獨從臣父七十而授資, 是尊年而又尙德也. 先王之制, 進賢有賞. 夫四海九州之人, 而擧以進之, 猶然受上賞, 况生之敎之, 以父而師, 貢之王廷者哉. 向者持平君之知海縣也, 請公行, 公曰: "若君命也, 食於民, 固當, 我奚爲哉?" 遂不行. 今從臣父而授資, 亦君命也. 公猶欲辭之乎? 公眞自致哉.

64) 주연(胄筵): 왕세자(王世子)가 공부하는 서연(書筵)의 이칭.

부록 4

후대인의 평가

1. 「신자하시집서」[1] 申紫霞詩集序

譯 옮김 영조(英祖) 이래로 풍기(風氣)가 한 차례 바뀌었으니, 이용휴(李用休)·이가환(李家煥) 부자와 이덕무(李德懋)·유득공(柳得恭)·박제가(朴齊家)·이서구(李書九)의 무리들이 더러는 기궤(奇詭)를 주로 하거나 혹은 첨신(尖新)을 주로 하였다. 그 한 세대의 오르내림의 자취를 옛날과 비교해 보면 성당(盛唐)과 만당(晩唐)과도 같았다.

원문 自英廟以下, 則風氣一變, 如李惠寰錦帶父子, 李炯菴柳冷齋朴楚亭李薑山之倫, 或主奇詭, 或主尖新. 其一代升降之跡, 方之

1) 이 문장은 김택영(金澤榮, 1850~1927)의 『소호당문집(韶濩堂文集)』에 있는 「신자하시집서(申紫霞詩集序)」에 있는 말이다.

古, 則猶盛晚唐焉.

2. 「정헌묘지명」[2] 貞軒墓誌銘

譯 옮김 이분[李沉]이 휘(諱) 용휴(用休)를 낳았는데 이미 진사(進士)가 되자 다시는 과거 시험장에 출입하지 않았다. 온전히 문사(文詞)에만 열중하여 우리나라의 속됨을 씻어 내고 힘써 중국을 좇았으니 그의 글은 기굴(奇崛)하고 신교(新巧)하여 요컨대 전겸익과 원굉도의 아래에 있지 않았다. 자호(自號)하기를 혜환거사(惠寰居士)라 하였다. 원릉(元陵) 말년(末年)에 명성이 당대에 으뜸이 되니, 연마하여 스스로 새롭게 하려는 사람들은 모두 문장을 배우려고 찾아왔다. 몸은 포의(布衣)의 반열에 있으면서도 손으로 문원의 저울대[權]를 잡은 것이 30여 년이었으니 예로부터 있지 않았던 일이었다. 그러나 우리나라 선배들의 글에 있는 흠을 도려냄이 매우 심해서 이 때문에 속류(俗流)들이 그를 원망했다. 우리 성호선생(星湖先生)께서는 하늘이 낸 호걸로 도덕(道德)과 학문(學問)이 고금(古今)을 뛰어 넘었다. 자제(子弟)들 중에 몸소 가르침을 받아 복습(服習)한 자들은 모두 큰 유자[大儒]가 되었다. 정산(貞山) 병휴(秉休)는 주역(周易)과 삼예(三禮)를 전공하였고, 만경(萬頃) 맹휴(孟休)는 경제 실용(經濟實用)을 전공했으며 혜환(惠寰) 용휴(用休)는 문장(文章)을 전공했다. 장천(長川) 철환(嘉煥)은 박식함이 장화(張華)나 간보(干寶)와 같았고, 목재(木齋) 삼환(森煥)은 예학을 익힘이 숭의(崇義)와 계공(繼公)과 같았으며, 섬촌(剡村) 구환(九煥)도 조부의 뒤를 이어 무예로 이름이 났으니 한 집안의

---

2) 이 문장은 정약용(丁若鏞, 1762~1836)의 『여유당전서(與猶堂全書)』에 있는 「정헌묘지명(貞軒墓誌銘)」에 있는 말이다.

유학이 성대함이 이와 같았다.

원문 是生諱用休, 旣爲進士, 不復入科場. 專心攻文詞, 淘洗東俚, 力追華夏, 其爲文奇崛新巧, 要不在錢虞山袁石公之下. 自號曰惠寰居士. 當元陵末年, 名冠一代. 凡欲琢磨以自新者, 咸就斧正. 身居布衣之列, 手操文苑之權者三十餘年, 自古以來未之有也. 然抉剔邦人先輩文字之瑕太甚, 以故俗流怨之. 我星湖先生, 天挺人豪, 道德學問, 超越古今. 子弟之親炙服習者, 皆成大儒. 貞山秉休治周易三禮, 萬頃孟休治經濟實用, 惠寰用休治文章. 長川嘉煥博洽如張華干寶, 木齋森煥習禮, 若崇義繼公, 剡村九煥, 亦以繩祖武名, 一門儒學之盛如此.

3. 「선부군언행기先府君言行記」[3] 先府君言行記

譯 옮김 서류(庶類)인 이덕무(李德懋)와 박제가(朴齊家)는 당대에 명성이 있었다. 선군[沈樂洙]께서는 그들이 지은 작품을 보시고 탄식하며 말하시기를 "영조 말년에 이런 일종의 사음(邪淫)한 이용휴(李用休) 이봉환(李鳳煥) 같은 무리가 있었다. 이 무리들이(이덕무, 박제가) 그들을 본받아 마침내 여기에 이르렀으니 풍기(風氣)를 볼 수 있다. 이 무리들은 말할 것도 없고 사대부의 자제들도 본받고 있으니 세도(世道)에 작은 걱정거리가 아니다."

3) 이 문장은 심노숭(沈魯崇, 1762~1837)의 『적선세가(積善世家)』에 수록된 「선부군언행기(先府君言行記)」에 있는 문장이다.

원문 庶類李德懋・朴齊家有時名. 先君見其所爲, 歎曰: "英廟末有爲此一種邪淫, 如李用休・李鳳煥之徒. 此輩祖之, 遂至於此, 可以見風氣. 此輩無足言, 士大夫子弟款之, 非世道小憂也."

4. 「문원록文苑錄」[4] 文苑錄

譯 옮김 이용휴는 자가 혜환으로 문사가 높고 굳세었다.

원문 李用休, 字惠寰, 文辭高强.[5]

5. 『이사재기문록』[6] 二四齋記聞錄

譯 옮김 혜환거사(惠寰居士) 이용휴(李用休)는 가환(家煥)의 아버지이다. 문장(文章)은 그 아들에 못지 않았다. 그의 「강학흠을 애도하며(輓姜學欽)」에서 "성 서쪽의 누곡동(樓谷洞)에 살던 서생 강학흠(姜學欽)은 스물세 살 때 병으로 죽었으니 대낮인데도 천지 홀연 어두워졌네."[7]

---

4) 이 문구는 이규상(李奎象, 1727~1799)의 『병세재언록(幷世才彦錄)』「문원록(文苑錄)」.
5) 혜환(惠寰)은 호인데 자로 착각했다.
6) 이 문장은 조언림(趙彦林)의 『이사재기문록(二四齋記聞錄)』에 있다.

원문 惠寰居士李用休, 家煥之父也. 文章不下其子. 其「輓姜學欽」一絶曰 : "城西樓谷洞 儒者姜學欽, 二十三病死, 淸晝氣忽陰."

6. 『창해시안』[8)](#) 滄海詩眼

譯 옮김 혜환거사(惠寰居士)의 문장(文章)은 기매(奇邁)하고 절속(絶俗)하여 그의 「창해일사정란(滄海逸士鄭瀾)에게 주다」[9]라는 시의 두 구는 세속의 시어가 아니라는 것을 알 수 있다. "많은 사람 한자리서 코를 골면서, 모두 다 부자되는 꿈을 꾼다네"라는 것이 이것이다.

원문 惠寰居士, 文章, 奇邁絶俗. 其贈滄海逸士卽鄭瀾也詩二句, 可知非俗語 有曰 : "萬枕同齁齁, 皆作富貴夢"者, 是也.

---

7) 혜환의 시집에 나오는 원문과 차이가 있다. 시집의 원문은 다음과 같다. 「만강군악흠(挽姜君嶽欽)」에 "城西漏局洞 書生姜嶽欽 二十三病死 當晝氣忽陰"라고 했다.

8) 이 문구는 이경유(李敬儒, 1750~1821)의 『창해시안(滄海詩眼)』이란 글의 일부분이다.

9) 이 시제의 원제는 「송정대부란심백두산인편유역내제명산(送鄭大夫瀾尋白頭山因遍遊域內諸名山)」이라 되어 있다. 5언 절구 7수 중 여섯 번째 시이다. 여섯 번째 시의 전문은 다음과 같다. "萬枕同齁齁, 方作富貴夢. 乃聞君所爲, 反譏異於衆." 혜환의 시집에는 방(方)으로 되어 있는 것이 개(皆)로 표기되어 있다.

7. 『흠영』[10)]

갑신甲辰, 1784년 정월 13일조 甲辰年 正月 十三日條

譯 옮김 혜환의 시 백여 편은 시축으로 만들어 봄이 마땅하다. 이 사람의 문장은 매우 괴이해서 문장에서는 지(之)나 이(而)와 같은 글자를 전혀 구사하지 않으나, 시에서는 지(之)나 이(而)와 같은 글자를 전혀 피하지 않으니 결단코 다른 사람들과는 달리하려 하고 있다. 이것은 진실로 하나의 병통이기는 또한 하나의 기이한 점이기도 하다. 혜환의 장서는 매우 많은데 소유한 것이 모두 기이한 문장과 특이한 서책으로 평범한 것은 한 질도 없으니, 대개 그의 기이함은 참으로 천성에서 나온 것이다.

원문 惠寰詩百餘篇, 當以軸覽. 此人文章極怪, 於文則全不使之而字, 而於詩則全不避之而字, 決要殊異於衆. 此固一病而亦一奇也. 惠寰藏書頗富, 而所有皆奇文異冊, 無平常者一秩, 盖其奇實天性也.

갑신甲辰, 1784년 5월 24일조 甲辰年 五月 二十四日條

譯 옮김 손님 중에 육언시를 잘 짓는 사람이 있었다. 그 한두 수를 들어 보니 이 사람 또한 혜환 이용휴와 송목관 이언진의 유파였다.

10) 이 2단의 문구는 유만주(兪晩柱)의 『흠영(欽英)』 중 제17책에 실려 있는 글이다.

원문 客有善六言詩者, 聽其二三, 是亦惠寰松穆二李之流派也

8. 「청비록」[11) 惠寰]

譯 옮김 상사(上舍) 이용휴(李用休)의 호는 혜환거사(惠寰居士)이다. 시는 힘써 중국을 따르면서 우리나라의 말로 짓는 것을 부끄럽게 여겼다. 격률(格律)이 엄고(嚴苦)하고 문장이 화려했으므로 특별한 경지를 이루어 견줄 사람이 없었다. 고서를 널리 읽어서 자구마다 근거가 있었다.

들녘의 경치 날로 좋아지는데	村郊景物日芳菲
솔 그늘에 앉아서 조화 기미 완상하네.	閑坐松陰玩化機
금빛 잠자리와 은빛 나비는	金色蜻蜓銀色蝶
남새꽃 핀 정원에서 마음껏 나네.	菜花園裏盡心飛

—「숙은(塾隱)에게 보내다(寄塾隱)」

이 그림은 원래 묘사한 나머지라	此圖元出轉描餘
바위와 봉우리가 어찌 모두 같으랴만	寧得岩巒一一如
호씨(胡氏)의 춘추(春秋)[12]와 정씨(程氏)의 역(易)[13]은	胡氏春秋程氏易
모두 자가서로 만들어도 해롭지 않네.[14]	不妨皆作自家書

—「금강산도(金剛山圖)에 제하며(題金剛山圖)」

---

11) 이 문장은 이덕무의 『청장관전서』 제35권에 있는 「청비록」 4의 '혜환(惠寰)'이란 글에 있다. 민족문화추진회의 번역을 참조하였다.
12) 호씨춘추(胡氏春秋) : 송(宋)나라 호안국(胡安國)이 지은 춘추전(春秋傳).
13) 정씨역(程氏易) : 송(宋)나라 정이(程頤 : 伊川先生)가 지은 역전(易傳)을 말한다.
14) 호씨(胡氏)의 춘추전(春秋傳)과 정씨(程氏)의 역전(易傳)은 독립된 자가서(自家書)로

[자휘(字彙)를 상고하건대 정(靕)은 음(音)이 진(眞)이다. 태상(太上)이 지은 「박주노군비(亳州老君碑)」를 장도충(張道忠)이 첨주(添注)하기를, '청(靑)은 동방(東方)의 빛깔이요 북쪽[罡]의 시작이며, 정(正)은 진(眞)인데, 사람이 능히 진정(眞正)을 행하여 사곡(邪曲)에 물들지 않으면 신선(神仙)의 기본(基本)이 된다'라 하였는데, 장이공(張爾公)이 공박하여 말하기를 '육서(六書)에서 정(靕)이 없다. 반드시 세속에서 첨가한 것이니 비록 태상이 지었다 해도 없애야 한다'라 하였다.]

나가선 밝은 군주 섬기고 들어와선 집안을 다스릴지니, 出事明君入理家
어떻게 한가히 앉아 세월을 보낼 수 있으리오. 如何閑坐送年華
인생이 만약 조금이라도 하는 일이 겹펍된다면 人生若乏絲毫做
정원 안에 조그마한 대추꽃에도 미치지 못하리. 不及園中小棗花

한 걸음만 앞 다퉈도 어긋날까 염려되어 一步爭先念卽差
곧 나는 농환가[15]를 배우는 게 마땅하리. 便宜吾學弄丸家
화분의 매화는 은자의 뜻 모르고 盆梅不解幽人意
봄이 오기도 전에 이미 꽃을 피웠네. 春未來時已放花

—「정수에게 부치다(寄靕叟)」

소나무 숲을 뚫은 세 갈래 길에 松林穿盡路三丫

여겨야 하는 것과 같이 이 금강산도도 독립된 자가도(自家圖)로 여겨야 한다는 뜻이다.

15) 농환가(弄丸家): 구슬 놀이를 잘하는 사람. 농환(弄丸)은 두 손을 놀려 여러 개의 구슬을 하늘로 던져 올리면 그 구슬이 번갈아 하늘로 올라갔다가 내려오는 것을 받아 다시 하늘로 던져 올림으로써 여러 개의 구슬이 잇달아 오르내리게 하는 기예이다. 『장자(莊子)』「서무귀(徐无鬼)」에는 "시남에 사는 의료(宜僚)는 둥근 구슬[丸] 놀이를 함으로써 두 가문의 어려움을 해소시켰다[市南宜僚弄丸 而兩家之難解]"라 했고, 그 소(疏)에 이르기를 "초(楚)나라 백공승(白公勝)이 난을 일으켜 영윤자서(令尹子西)를 죽이려 하여 용사 의료(宜僚:姓은 熊이라 함)의 도움을 받으려고 사자(使者)를 보낸바 의료(宜僚)는 구슬 놀이만 할 뿐이었고 사자(使者)가 칼을 뽑아 위협하였으나 여전히 구슬 놀이만 계속하고 조금도 놀라지 않았으므로 사자(使者)는 그대로 돌아가고 말았으며 따라서 양가(兩家)의 난(難)도 해소되었다"라고 했음. 혜환(惠寰)은 이 고사(故事)를 인용하여 남과 경쟁할 생각이 없다는 뜻을 표현한 것이다.

언덕 가에 말 세우고 이씨 집을 물으니　立馬坡邊訪李家
농부가 호미 들어 동북쪽 가리키며　田父擧鋤東北指
“까치집 마을 안에 석류꽃 핀 집이요”　鵲巢村裏露榴花
—「산가를 찾는다(訪山家)」

산골 사람이 바다 물고기를 적고　峽民譜海魚
한(漢)나라 사람이 오(吳)나라 쟁을 그려서　漢客畫吳箏
그것을 본토 사람에게 보여 준다면　持示本土人
배를 쥐고 웃지 않을 사람 적으리.　鮮不捧腹哂
—「유감(有感)」

‘영사(詠史)’ 시로는 다음과 같은 것이 있다.

의도를 닦을 줄도 꽤나 알았고　頗知修儀度
고금에도 통달하게 되었지마는　亦能通古今
벼슬의 득실만을 걱정했기에　惟是患得失
성자(姓字)만을 전하고 마음은 못 전했네.　傳姓不傳心
—「공광(孔光)[16]」

글만 강하는 것은 참된 학문 아니기에,　徒講非眞學
군자는 수신을 귀하게 여기네.　君子貴修身
신(新)나라의 왕망을 도운 일 같은 것은[17]　如其贊新莽
어찌 장사꾼의 행적을 기재함만 하리오.　曷若載賈人
—「양웅(揚雄)[18]」

---

16) 공광(孔光) : 한(漢)나라 사람. 사람됨이 공평무사하였고 조정의 일을 절대로 누설하지 않았다. 그러나『한서(漢書)』「공광전찬(孔光傳贊)」에는 “선비의 옷을 입고 선왕(先王)의 말을 전하였으니 그 도량은 좋지만, 녹위(祿位)만은 끝까지 보유하려 하였으므로 아첨한다는 기롱을 받았다”고 하였다.

17) 신(新)나라는 왕망(王莽)이 한평제(漢平帝)를 시해하고 한나라를 빼앗은 다음 세운 나라 이름인데, 그 당시의 문장 양웅(揚雄)이 왕망의 공덕을 높이 칭찬하였다가 후세의 비난을 받고 있다.

18) 양웅(揚雄, B.C.53~A.D.18) : 자는 자운(子雲). 사천성(四川省) 성도(成都) 출생. 청년

이기[19]는 권세가에 뇌물 바쳤고 李錡賂權門
전의[20]는 환관에게 선물을 보냈네. 全義饋宦者
나는 이들과 달라 我則異於是
말을 사서 임금께 바치리라.[21] 買馬獻陛下
—「양이(楊履)」

연강(淵康 : 지금의 황해도 長淵)의 임소(任所)로 가는 정 사군(鄭使君)을 전송하는 시에,

몸뚱이 피와 살로 이뤄졌으니 血肉所成軀
누군들 고통이 두렵잖으랴 誰不畏痛苦
나는 병이 들면 침 맞기도 꺼리면서 我則病忌鍼
사람을 곤장 칠 때 숫자를 더할 손가 杖人輒增數
—「送鄭使君之任淵康」

라 하였는데, 이것을 읽어 보면 달이나 이슬, 꽃이나 새에 대한 쓸데없

시절에 동향의 선배인 사마상여(司馬相如)의 작품을 통하여 배운 문장력을 인정받아, 성제(成帝) 때 궁정 문인의 한 사람이 되었다. 성제의 여행에 수행하며 쓴 『감천부(甘泉賦)』·『하동부(河東賦)』·『우렵부(羽獵賦)』·『장양부(長楊賦)』 등은 화려한 문장이면서도 성제의 사치를 꼬집는 풍자도 잊지 않았다. 시대에 적응하지 못한 자신의 불우한 원인을 묘사한 『해조(解嘲)』·『해난(解難)』도 독특한 여운을 주는 산문이다. 학자로서 각 지방의 언어를 집성한 『방언(方言)』·『역경(易經)』에 기본을 둔 철학서 『태현경(太玄經)』과 『논어(論語)』의 문체를 모방한 수상록 『법언(法言)』 등을 저술하였다. 왕망(王莽)이 정권을 찬탈한 뒤 새 정권을 찬미하는 문장을 썼고 괴뢰 정권에 협조하였기 때문에, 지조가 없는 사람으로 송학(宋學) 이후에는 비난의 대상이 되기도 하였으나, 그의 식견은 한(漢)나라를 대표하였다.

19) 이기(李錡) : 당(唐)나라 사람. 관직을 역임하면서 많은 보화를 축적하여 권세가에게 뇌물을 주고 출세하였으며 드디어는 황제의 총애까지 받았으나 뒤에 모반하다가 복주(伏誅)되었다.

20) 전의(全義) : 당(唐)나라 사람의 이름일 것이나 알 수 없다.

21) 이 시의 문맥으로 보아 양리(陽履)는 권문(權門)이나 환자(宦者)에게 뇌물을 쓰는 행위와 같은 것은 절대로 하지 않고 오직 상감을 위하여 말을 사서 바쳤다는 뜻이나 출처를 찾지 못하였다.

는 글만 짓지 않았다는 것을 알 수 있다.

원문 李上舍用休, 號惠寰居士. 詩力追中國, 耻作鴨江以東語, 格律嚴苦, 藻采煥曄, 別闢洞天, 峭絶無隣. 博極墳典, 字句有根. 「寄塾隱」詩, 村郊景物日芳菲, 閑坐松陰玩化機. 金色蜻蜓銀色蝶, 菜花園裏盡心飛. 「題金剛山圖」, 此圖元出轉描餘, 寧得岩巒一一如. 胡氏春秋程氏易, 不妨皆作自家書. 寄靕叟 [業字彙, 靕音眞. 太上作亳州老君碑, 張道忠添注, '靑者東方之色, 罡之初也, 正者眞也, 人能行眞正, 不染邪曲, 爲神仙基本.' 張爾公駁之曰 : '六書無靕. 必俗增, 雖太上所作, 可廢也.'] 出事明君入理家, 如何閑坐送年華. 人生若乏絲毫做, 不及園中小棗花. 一步爭先念卽差, 便宜吾學弄丸家. 盆梅不解幽人意, 春未來時已放花.

「訪山家」, 松林穿盡路三丫, 立馬坡邊訪李家, 田父擧鋤東北指, 鵲巢村裏露榴花. 「有感」, 峽民譜海魚, 漢客畫吳筝, 持示本土人, 鮮不捧腹哂. 「詠史」, 頗知修儀度, 亦能通古今, 惟是患得失, 傳姓不傳心[孔光]. 徒講非眞學, 君子貴修身. 如其贊新莽, 曷若載賈人[揚雄]. 李錡賂權門, 全義饋宦者. 我則異於是, 買馬獻陛下[楊履]. 「送鄭使君之任淵康」, 血肉所成軀, 誰不畏痛苦? 我則病忌鍼, 杖人輒增數. 讀此, 可知不徒作月露花鳥無用之言也.

혜환 이용휴 산문 전집(上) | 찾아보기

용어 색인

도서명 색인

인명 색인

혜환 이용휴 산문 전집(下) | 찾아보기

용어 색인

도서명 색인

인명 색인